{heartlines}

{heartlines} – based on a true story
Weil das Leben die besten Geschichten schreibt.

Jede Geschichte ist es wert, erzählt zu werden. Wir schaffen einen Safe Space für die Begegnung von Autor*innen mit jungen Menschen, die ihre Erlebnisse teilen möchten. Inspiriert von den echten Geschichten und Persönlichkeiten der Storygeber*innen schreiben die Autor*innen Romane zum Eintauchen und Mitfühlen. Mit Charakteren, die Mut machen, und unvergesslichen Lovestorys, die unsere Herzen erobern.
Wenn auch du als Storygeber*in dabei sein möchtest, dann schicke uns eine E-Mail an
deinegeschichte@penguinrandomhouse.de
mit folgendem Inhalt: eine kurze Schilderung deiner wahren Erlebnisse und deine Motivation, aus deiner Geschichte einen Roman zu machen.
Die Länge sollte maximal 2-3 Seiten sein.

Wir freuen uns, von dir zu hören!

www.penguin.de/verlage/heartlines
@penguinlovestories

CASSIDY CANE

SEARCHING FOR SUNSHINE

BASED ON KEVIN'S TRUE STORY

Roman

{heartlines}

Der Verlag behält sich die Verwertung der urheberrechtlich
geschützten Inhalte dieses Werkes für Zwecke des Text- und
Data-Minings nach § 44 b UrhG ausdrücklich vor.
Jegliche unbefugte Nutzung ist hiermit ausgeschlossen.

Dieses Buch basiert zwar zum Teil auf wahren Begebenheiten und behandelt
typisierte Personen, die es so oder so ähnlich gegeben haben könnte, einen
Anspruch auf Faktizität erhebt es aber nicht. Diese Urbilder wurden jedoch durch
künstlerische Gestaltung des Stoffes und dessen Ein- und Unterordnung in
den Gesamtorganismus dieses Kunstwerkes gegenüber den im Text beschriebenen
Abbildern so stark verselbstständigt, dass das Individuelle, Persönlich-Intime
zugunsten des Allgemeinen, Zeichenhaften der Figuren objektiviert ist.
Für alle Leser und Leserinnen erkennbar, erschöpft sich der Text nicht in
einer reportagehaften Schilderung von realen Personen und Ereignissen,
sondern besitzt eine zweite Ebene hinter der realistischen Ebene.
Es findet ein Spiel mit der Verschränkung von Wahrheit und
Fiktion statt, wodurch Grenzen bewusst verschwimmen.

Penguin Random House Verlagsgruppe FSC® N001967

Originalausgabe 3/2025
Copyright © 2025 by {heartlines}, München,
in der Penguin Random House Verlagsgruppe GmbH,
Neumarkter Str. 28, 81673 München
produktsicherheit@penguinrandomhouse.de
(Vorstehende Angaben sind zugleich Pflichtinformationen nach GPSR)

Redaktion: Stephanie Röder
Umschlaggestaltung: Favoritbuero, München
Umschlagmotiv: © DAS ILLUSTRAT, München
Satz: satz-bau Leingärtner, Nabburg
Druck und Bindung: GGP Media GmbH, Pößneck
Printed in Germany
Alle Rechte vorbehalten
ISBN 978-3-453-29271-0

www.penguin-verlag.de

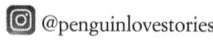 @penguinlovestories

*Für alle, die sich vom Leben verarscht fühlen.
Ihr habt mehr verdient.*

PLAYLIST

Good Charlotte · »Emotionless«
Charles Leclerc, Sofiane Pamart · »Heartbeat«
Taylor Swift · »The Man«
Casper · »Ganz schön okay (feat. Kraftklub)«
Casper · »Das Grizzly Lied«
Marianas Trench · »Good to You«
Panic! At The Disco · »Don't Let the Light Go Out«
Simple Plan · »Untitled (How Could This Happen to Me)«
George Michael · »Careless Whisper«
Bastille · »Poet«

Es geht nicht darum zu lernen,
dass man nach dem Hinfallen immer wieder aufsteht.
Es geht darum zu lernen, wie man fällt.
Damit das nicht ganz so wehtut.

K.R.

Liebe Leser*innen,
ich freue mich, dass ihr euch mit Emilian auf die Suche
nach Sonnenschein begeben wollt. Um euch das schönste
Lesevergnügen bereiten zu können, ist es mir jedoch wichtig,
euch auch auf einige Inhalte hinzuweisen, die teils schwer
zu verdauen sein könnten. Sollte es daher Themen geben,
die ihr vermeiden oder nur vorbereitet lesen möchtet,
dann werft gerne einen Blick auf S. 484,
wo die sensibleren Themen des Romans aufgelistet sind.
Bitte denkt jedoch daran, dass die Liste euch
potenziell für das Buch spoilern könnte.
Ansonsten wünsche ich euch
sehr viel Spaß mit Em und Vi!

Eure Cassie

KAPITEL 1

EMILIAN

Wie viel kann man auf den Tequila schieben, wenn das Leben – mal wieder – den Bach runtergeht? Vierzig Prozent, wie es auf dem Etikett der Flasche steht? Neunzig, weil Alkohol für fast alles Böse auf der Welt der Auslöser ist? Oder trägt er diesmal überhaupt keine Schuld? Wobei, das ist Schwachsinn. Ohne den beschissenen Billig-Tequila mit dem bescheuerten Sombrero als Deckel säße ich jetzt nicht in dieser Situation.

»Wow.«

Es ist Antonias erstes Wort, nachdem die Frage ihrer besten Freundin Vanessa das gesamte Wohnzimmer in neugierige Stille gehüllt hat. Alle im Raum hatten auf eine filmreife Vorführung gehofft, in der ich mich endlich vollkommen zu Toni bekenne, womöglich ein großes Liebesgeständnis, untermalt mit kitschiger Musik von Ed Sheeran und roten, herzförmigen Luftballons. Irgendetwas in die Richtung hatten sie … hatte Toni erwartet. Und geliefert habe ich ihnen die schweigende Emilian Sanders Show. Kein Wort hab ich rausgebracht. Und das, obwohl ich doch eigentlich so viel sagen möchte. Zum Beispiel, dass es mir leidtut, ihr nicht mehr bieten zu können. Oder, dass es nicht an ihr liegt, sondern an mir, so klischeehaft das auch klingt. Scheiße, ich fühle mich echt mies. *Dafür* gebe ich aber definitiv dem Alkohol die Schuld.

Toni reißt mir die Flasche aus der Hand. Kurz darauf breitet sich deren lauwarmer Inhalt auf meinem Kopf aus. Instinktiv springe ich von meinem Platz auf der Couch auf. Der Tequila bahnt sich in rasanter Geschwindigkeit seinen Weg über meinen Körper, rinnt zuerst mein Gesicht entlang und anschließend über meinen Rücken. Das sandfarbene Knopfhemd, das ich trage, ist nach wenigen Momenten komplett durchnässt und saugt sich unangenehm an meiner Haut fest.

Tja, das war's dann wohl mit meinem Lieblingsteil.

Durch meine runden Brillengläser erkenne ich die Umgebung nur noch verschwommen, weil auch diese nicht vom Tequila verschont geblieben sind. Aber ich kann mir denken, dass jeder im Raum mit Fassungslosigkeit verfolgt, was passiert. Die gleiche Fassungslosigkeit, die ich vor wenigen Momenten noch empfunden habe. Dabei hätte ich nicht überrascht sein sollen. Vermutlich bin ich deswegen auch jetzt schon wieder die Ruhe selbst.

Ich ziehe mein Brillengestell von der Nase und fahre mir mit der Hand durch meine Haare, um die restliche Flüssigkeit, die sich weiterhin ihren Weg nach unten sucht, von meinen Spitzen zu meinem Hinterkopf umzuleiten. In meinen Nacken kann das Zeug meinetwegen abfließen, aber erneut über mein Gesicht? Damit hört der ›Spaß‹ auf. Von meinen Nikes fange ich gar nicht erst an. Ich hab es nur meinen schnellen Reflexen zu verdanken, dass die nichts abbekommen haben.

»Du beziehungsunfähiger Arsch!«

Mit dem bisschen meines Hemdes, das verschont geblieben ist, wische ich die Brillengläser sauber. Nachdem das Gestell wieder auf meiner Nase sitzt, höre ich die Wut meiner Freundin nicht mehr nur in ihrer Stimme, ich kann ihr den Zorn gestochen scharf von ihrem Gesicht ablesen.

Toni wirft mir die leere Flasche mit erstaunlichem Schwung vor die Füße. Diesmal sehe ich, wie einige Tropfen auf meinen weißen Sneakers landen. In Gedanken reibe ich das Material bereits mit einem Mikrofasertuch sauber. In der Realität stehe ich meiner vor Wut bebenden Freundin gegenüber und zwinge mich dazu, ihrem Ausbruch zuzuhören. Damit ihre Stimme tiefer zu mir durchdringt, schließe ich sogar die Augen. Ich habe verdient, was sie mir an den Kopf wirft.

»Zwei verdammte Jahre, Em! Ich habe zwei verdammte Jahre mit dir verbracht, ohne dich zu drängen. Ohne zu jammern, weil ich wusste, dass du Zeit brauchst! Und jetzt hast du mir immer noch nichts zu sagen?« Ihre Schultern zittern, und vor Aufregung hebt und senkt sich ihre Brust zügig. Mit jeder Bewegung tanzt der kleine Anhänger ihrer Kette, die sie erst seit heute trägt, mit. Ein vergoldetes A für ihren Vornamen. Der Schmuck ist ein Geburtstagsgeschenk von mir und war Tipp Nummer einundzwanzig auf einer Website, die nur Männer anklicken, die etwas suchen, das »ich kann dich leiden, aber lass es uns nicht verkomplizieren« schreit.

Tja, im Nachhinein würde ich dieser Internetseite eine negative Bewertung geben. Toni hat die Geste eindeutig falsch interpretiert, sonst hätte sie mich nicht mit erwartungsvollen Augen angesehen, als ihre vorlaute Freundin mich beim Trinkspiel gefragt hat, ob ich plane, mit Toni auch mal eine ernste Beziehung einzugehen.

Bei der Erinnerung an die Frage schweift mein Blick flüchtig zu Antonias schlechterer Hälfte.

Hmm. Womöglich ist sie an der ganzen Sache schuld? Ist ja schließlich ihre Idee gewesen, Wahrheit oder Pflicht zu spielen, als wären wir Teenager auf einer Pyjamaparty und nicht in unseren Zwanzigern. Zumindest denke ich, dass man so was mit dreizehn gemacht hat. Vielleicht war das mit Flaschendrehen und so bloß dahergesagt, um cool zu sein, und in Wirklichkeit wurde Bingo gespielt? Womöglich wollen sie jetzt diesen

Kinderkram machen, um eine Erfahrungslücke zu schließen? Da ich selbst nie zu dieser Sorte von Party eingeladen wurde, kann ich nur spekulieren, was dort tatsächlich abgelaufen ist.

Ein weiterer Blick auf Vanessa und ein mentaler Flashback zu vorhin, als das Spiel in der Gruppe vorgeschlagen wurde, und ich muss mir eingestehen, dass weder der Alkohol noch sie für dieses Chaos verantwortlich gemacht werden können. Ich bin das Problem – ich und mein verkorkstes Vertrauen in diese noch verkorkstere Welt.

»Scheiße, verdammt, das geht dir echt total am Arsch vorbei, oder?« Tonis schrille, ungeduldige Stimme lenkt meinen Fokus wieder auf sie. Antonia tut mir leid. So hatte ich mir ihren einundzwanzigsten Geburtstag nicht ausgemalt. Es war nie meine Absicht, sie zu verletzen.

»Ich weiß nicht, was ich sagen soll«, murmele ich daher. Was in meinem Kopf nach einer legitimen Erklärung für mein Schweigen aussieht, lässt mich laut ausgesprochen eher wie ein kleinlautes Kind dastehen, das zusammengefaltet wird.

Toll gemacht, Emilian.

»Am besten, du sagst gar nichts mehr«, erwidert Toni. In ihrer Stimme schwingt mittlerweile Resignation mit.

»Echt mal. Wie konntest du nur deine Zeit mit dem da verschwenden?«

Vanessa mischt sich in das Desaster ein, legt ihrer besten Freundin den Arm um die Schultern und führt sie zur Balkontür auf der gegenüberliegenden Seite des Wohnzimmers. Toni murmelt zwar noch etwas, was sicher für mich bestimmt ist, doch ihre Stimme ist mit einem Mal leise, und ich verstehe aus der wachsenden Entfernung kein Wort mehr. Die von Nessa sind jedoch wahrscheinlich noch in Potsdam zu hören, so laut ist sie.

»Es ist nicht deine Schuld, dass er ein Arschloch ist, wie man es immer wieder im Internet sieht.«

Ja, damit hat Vanessa ausnahmsweise mal ins Schwarze getroffen.

Ein Teil von mir möchte Toni aufhalten und sich bei ihr entschuldigen. Erklären, warum ich bin, wie ich bin. Doch der viel größere Rest ... der findet weiterhin keine Worte. Jedenfalls keine, die gutmachen könnten, was schiefgelaufen ist ... damals ... und heute.

»Hey, Em. Ich denke, du solltest jetzt gehen.«

Mark, bis dahin ein guter Freund von Toni *und* mir, klopft mir einmal auf die Schulter und deutet mit der anderen Hand zur Tür, die in den Flur führt. Die restlichen Partygäste, ebenfalls bis zu diesem Zeitpunkt unsere gemeinsamen Freunde, verfolgen die Szene weiterhin in sicheres Schweigen gehüllt. Ironisch, wenn man bedenkt, dass meine Stille doch dieses Fiasko erst ins Rollen gebracht hat.

Ein Teil von ihnen beobachtet mich, der andere schaut mitfühlend rüber zu Toni, die sich gerade bemüht, die Balkontür aufzudrücken.

»Ja, ist wahrscheinlich das Beste«, entgegne ich und zupfe an meinem Hemd, um es von meiner Tequila-klebrigen Haut zu lösen. Auf einmal möchte ich auch nichts anderes, als nicht mehr da zu sein. Das hier ist nicht länger meine Welt. Und offenbar sind das nicht weiterhin meine Freunde.

Ich umschließe bereits die Türklinke, als Toni nochmals ihre Stimme erhebt.

»Ach, und nur damit du's weißt, Em. Während du dich zu Hause verkrochen und deine bescheuerten Texte geschrieben hast, habe ich gelebt. Ich mein, du hast doch nicht ernsthaft geglaubt, dass mir das zwischen uns ausgereicht hat, oder? Eine Beziehung ist mehr als das bisschen, was du mir bietest! Und da draußen sind Männer, die mir genau das geben, womit du so Probleme hast!«

Damit verschwindet Toni mit Nessa auf den Balkon. Wenn die Stille vorher schon unangenehm gewesen ist, dann hat sie nach ihren Worten ein weiteres Tief erreicht.

»Ey, Mann.« Mark legt mir seine Hand auf den Arm und drückt einmal sachte zu. In seinem Blick entdecke ich Mitleid, mir entgeht jedoch nicht, wie er mich zielstrebig Richtung Haustür lotst. »Du weißt, dass es Pillen dafür gibt, oder?«

Stört es mich, dass wahrscheinlich nun alle auf der Party denken, ich hätte Probleme, einen hochzubekommen? Nein, denn so wie es aussieht, werde ich niemanden von ihnen je wiedersehen. Diese Leute, das waren Toni-mit-Emilian-Freunde. Von diesem Abend an gehören sie nur ihr. Das ist okay, ich hatte sowieso mit niemandem von ihnen groß was am Hut, das nicht in irgendeiner Weise mit Antonia zusammenhing. Stört mich *das*? Nein, auch das kann ich nicht behaupten.

Was mir allerdings gegen den Strich geht, ist die kleine, aber nicht weniger bedeutsame Tatsache, dass ich in diesem Augenblick in dem Spiegelbild der McDonald's-Glasscheibe des Berliner Hauptbahnhofs nicht mich wiedererkenne. Mich blickt eine Person an, die ich geschworen habe, niemals zu werden.

Das Universum muss ein Fan von Ironie sein. Obwohl wir nicht blutsverwandt sind, sehen mein norditalienischer Stiefvater und ich uns verdammt ähnlich. Blass, groß und schlank. Hätte meine jüngere Schwester Gianna mir beim Tönen ihrer Haare nicht etwas von der restlichen Farbe abgedrückt, würden wir uns sogar das gleiche Blond teilen. Doch wenn man die reinen Äußerlichkeiten ignoriert, die mich zum perfekten Schein-Sohn gemacht haben, sieht man das, was mich seit meinem achten Lebensjahr verfolgt wie ein penetranter Albtraum: Einen Mann, der mehr als auf nur eine Art verloren ist.

Ich trete einen Schritt näher an die Scheibe und bemerke, wie meine Nasenflügel wackeln und mein linkes Auge zuckt. Erst durch den Schmerz in meinen Handflächen nehme ich wahr, dass ich mich in meiner Verteidigungshaltung befinde. Beide Hände zu Fäusten geballt, die Fingernägel tief in meine Haut bohrend, sodass sie höchstwahrscheinlich leichte Mondsichelabdrücke auf ihr hinterlassen.

Okay, wie war das? Fakten. Ich brauche *Wahrheiten.*

»Mein Name ist Emilian Sanders. Ich bin einundzwanzig Jahre alt. Die Queen ist tot, der BVB könnte besser dran sein und …«

Wow, wie deprimierend.

»Gut, noch mal von vorne. Ich bin Emilian Sanders, einundzwanzig Jahre alt, und ich besitze siebenundvierzig Fußballtrikots. Auf Regen folgt Sonnenschein, Affen sind die coolsten Tiere der Welt und … und mir geht es gut. Ja, ich mag heute Menschen verletzt haben, aber das ist nie meine Absicht gewesen. Und ja, ich trage dafür die volle Verantwortung, doch ich bin nicht schuld an damals. Die Vergangenheit hat mich geprägt, aber sie ist nicht meine Zukunft.«

Den letzten Satz sage ich dreimal hintereinander auf, so wie es dieser eine Möchtegern-Therapeut in seinem Youtube-Video empfohlen hat, auf das ich vor Jahren gestoßen bin. Damals, als ich es kaum ausgehalten und mir tagtäglich eingeredet habe, an allem schuld zu sein.

Ob die Sache mit dem Mantra legitim ist, weiß ich nicht. Aber es hilft, damit die Person in der Scheibe wieder zu der wird, die wirklich vor ihr steht – auch wenn es eigentlich keine großen Unterschiede zwischen ihm und mir gibt.

Er hat's vermasselt. Ich hab's vermasselt. Er hat Menschen wehgetan. Ich hab Menschen wehgetan.

Das Einzige, was mich davon abhält, mit voller Kraft gegen

die Scheibe zu schlagen, ist die Zuversicht, mit der ich mich seit mehr als zehn Jahren über Wasser halte: Niemals.

Ich werde mich niemals in dieser Situation wiederfinden. Niemals werde ich mich derart verlieren, dass ich andere mit in die Scheiße ziehe.

Ich straffe meine Schultern, richte die Cappy, die meine in Tequila getränkten Haare verdeckt, und blicke ein letztes Mal zurück zu meinem Spiegelbild.

»Niemals, Em«, murmele ich, und als ich realisiere, dass Toni heute Abend zumindest nur mit einem blauen Auge davongekommen ist, schüttele ich ungläubig den Kopf.

Wie konnte ich nicht schon früher sehen, dass mein egoistisches Handeln sie verletzt hat?

Fassungslos denke ich an all die Situationen, in denen sie von einer Beziehung gesprochen hat. An die Momente, in denen ich sie vertröstet und mit schnellem Sex und Geschenken abgelenkt habe. Augenblicke, in denen ich ihr in Wirklichkeit immer wieder wehgetan habe.

Wow.

Um ein Haar *hätte* ich mich sehr wohl verloren. Ja, ich bin nicht wie er. Doch ein Schritt zu viel in die falsche Richtung, und ich könnte genauso enden.

Brief 33 an den Vater, den ich niemandem wünsche

Heute habe ich einen neuen Tiefpunkt in meinem Leben erreicht. Wer hätte gedacht, dass ich das mal behaupten würde? Man sollte doch meinen, dass es nach dir, nach den alltäglichen Respektschellen, blauen Flecken am Arm und Narben auf und in mir eigentlich nicht mehr schlimmer werden könnte. Doch es stimmt. Ich bin auf dem besten Wege so zu werden wie du, und das ist mein schrecklichster Albtraum. Am Ende könnte ich dich sogar übertrumpfen. Das macht mir verdammt Angst, und ich hasse dich dafür noch ein Stück weit mehr, auch wenn ich echt nicht geglaubt habe, dass das möglich ist.

Hat es bei dir auch so angefangen?

Antonia hat sich von mir getrennt. Das ist insofern witzig, weil ich selbst bis heute gar nicht richtig gerafft habe, dass wir in einer Beziehung gewesen sind. Eigentlich bin ich den Gesprächen, die in diese Richtung liefen, immer aus dem Weg gegangen, weil ich niemals auch nur annähernd riskieren wollte, jemanden in meiner Nähe zu haben, wenn der Mr Hyde in mir ausbricht. Was passiert, wenn ich mich nicht unter Kontrolle habe? Ich will nicht zu dem gleichen Monster werden wie du. Und doch habe ich es mit Toni dermaßen verkackt, dass sie mich mit dem Hass im Blick angestarrt hat, den ich von mir kenne, wann immer ich es wage, einen Gedanken an dich zu vergeuden.

Wird das für immer mein Leben sein? Unfähig zu lieben, aber gierig danach, geliebt zu werden, auch wenn es für andere den Untergang bedeutet? Und Antonia hat mich geliebt, sonst hätte sie es nicht so lange mit mir ausgehalten. So wie Mama dich geliebt hat. Was mir übrigens immer noch ein verdammtes Rätsel ist. Wie hast du das trotz deines Lotterlebens nur geschafft? Trotz der nächtlichen Bordellbesuche und Spielschulden, hast du sie nicht vertrieben. Sie hat dich nie mit Hass in den Augen angesehen. Vielleicht hätte sie es, wenn sie geahnt hätte, dass nicht nur sie mit Mr Hyde Bekanntschaft gemacht hat, sondern auch ihr eigenes Kind. Schon ironisch, oder? Wenn man bedenkt, dass sie, als ich klein gewesen bin, immer unter mein Bett gekrabbelt ist, um nach Monstern Ausschau zu halten, und nicht die geringste Ahnung hatte, dass sie sich mit dem wahren Ungeheuer das Bett geteilt hat ...

Weißt du, wenn ich darüber nachdenke, dann bin ich sogar froh darüber, dass ich Toni das verkorkste Monster ge-

zeigt habe, das unter dem Namen Emilian die Welt mit seiner Existenz beschmutzt. Willst du wissen, wieso? Weil sie sich nicht noch mal einen Emilian suchen wird. Kaputt und beziehungsgestört. Diese Lehre hat sie zwar ein gebrochenes Herz gekostet, doch sie wird Gold wert sein. Kannst du dir denken, warum?

Weil ich sie damit vor Menschen wie mir und dir bewahrt habe. Denn nach heute bin ich endgültig überzeugt davon, dass ich mir von dir eine ordentliche Scheibe abgeschnitten hab.

Nicht freiwillig.

Aber nach der Scheiße, die du mir angetan hast, war es irgendwie abzusehen, dass der widerliche Dreckskerl in dir auf mich abgefärbt hat.

KAPITEL 2

VIENNA

Warum ist es in der Gesellschaft verpönt, das Dessert am Anfang zu bestellen? Jetzt bin ich pappsatt, weshalb ich ein ganzes Stück Kuchen nicht mehr schaffe. Aber das Date läuft so gut. Ich möchte nicht, dass es vorbei ist. Verstohlen blicke ich daher zu meinem unglaublich attraktiven Gegenüber.
»Möchtest du dir mit mir noch einen Nachtisch teilen?«
»Sehr gerne. Unter einer Bedingung. Wir bestellen ihn zum Mitnehmen.«
Über diese Aussage überrascht, blicke ich von der Dessertkarte in meiner Hand auf und geradewegs in die frech glänzenden grauen Augen meiner Verabredung.
»Das heißt … falls du noch mit zu mir möchtest?« Timo, der wohl charmanteste Fitness-Coach in ganz Köln, grinst spitzbübisch. Dabei kommen beide Grübchen zum Vorschein, die ihn schon auf dem Anzeigebild seines Online-Dating-Profils nahezu unwiderstehlich gemacht haben. Jetzt, in echt, und mit nur einem winzigen Tisch zwischen uns, kann ich sagen, dass mir kein einziger Grund einfallen würde, wieso wir unsere Verabredung nicht bei ihm fortsetzen könnten. Da ich dieses Gespräch schon einige Male geführt habe, rüste ich mich für eine weitere Enttäuschung, setze mich aufrecht hin und schiebe die Speisekarte von mir. »Bevor wir diesen nächsten Schritt wagen, solltest du etwas über mich wissen.«

Timo beugt sich nach vorne und ergreift meine Hände. Erst da bemerke ich, dass ich sie in einem Schub von Nervosität knete.

»Meine Aufmerksamkeit liegt vollkommen auf dir, Vi.« Er lächelt und drückt ermutigend meine Finger.

»Es … es gibt da … okay, ich mache es kurz und schmerzlos. Ich hab einen Sohn. Sein Name ist Benji. Eigentlich heißt er Benjamin, aber er ist noch ein Baby, deswegen nennen meine Eltern und ich ihn Benji. Er … er ist zehn Monate alt und … ich denke, weil das hier unser sechstes Date ist und es zwischen uns ganz in Ordnung läuft … ist es nur fair, dir von ihm zu erzählen.« Nachdem aus mir herausgesprudelt ist, was gesagt werden musste, atme ich tief durch und warte angespannt auf Timos Reaktion.

Er hält noch immer meine Hände in seinen, was ich als gutes Zeichen interpretiere … oder meine Offenbarung hat ihn so geschockt, dass er in eine Starre verfallen ist. Auch gut möglich.

»Ich verstehe, wenn ich dich damit überrumpelt habe«, füge ich leise hinzu, um eine Regung aus ihm herauszulocken. Mit Erfolg, denn er räuspert sich, zieht unsere Hände zu seinen Lippen und drückt einen Kuss auf meine Fingerknöchel.

»Danke, Vi, dass du dich mir anvertraut hast. Ich kann es kaum abwarten, Benji kennenzulernen. Ist er gerade bei deinen Eltern? Soll ich dich dort nachher absetzen?«

Überrascht und sprachlos über seine Reaktion, nicke ich, woraufhin das freche Grinsen auf sein Gesicht zurückkehrt.

»Dann lass uns noch das Dessert teilen, ja? Bei mir? Und im Anschluss … kannst du mir deinen Benji gern vorstellen. Natürlich nur, wenn du das möchtest.«

Seine Worte sind wie Musik für meine Ohren.

»Ja, das fände ich echt schön.«

Als wäre das nicht schon der Jackpot für mich, beugt sich

Timo über den Tisch und legt seine warme Hand an meine Wange.

»Wenn ich so darüber nachdenke ... im Grunde brauche ich keinen Nachtisch.« Seine Stimme ist mit einem Mal rau und leise, sein Gesicht meinem so nah, dass sich unsere Nasenspitzen berühren.

»Ach nein?«, erwidere ich und schmunzele nervös.

Timo schüttelt wortlos den Kopf und streicht mit seinem Daumen über meine Haut. Gleichzeitig neigt er meinen Kopf so, dass ich seinen Atem auf meinem Mund spüren kann. Einen Moment später spüre ich seine weichen Lippen auf meinen. Mein Verstand braucht einen Moment, um zu schnallen, was gerade passiert ist, was dieser Wahnsinnstyp mit mir anstellt, doch dann erwidere ich seinen Kuss. Ich bin hungrig nach mehr als der Sanftheit, mit der er mich berührt, doch glücklicherweise scheint es Timo ebenso zu gehen. Sobald ich meinen Mund für ihn öffne, zieht er mich enger an sich und lässt seine Zunge hineingleiten. Ein wohliges Seufzen entweicht mir, als er meine findet. Das tiefe Brummen, das als seine Antwort folgt, weckt etwas in mir auf, das sich lange Zeit im Winterschlaf befunden hat. Wärme breitet sich in meiner Brust und weiter südlich aus. Ich sitze kaum mehr auf meinem Stuhl, sondern lehne mich Timo immer weiter entgegen. Der Tisch zwischen uns stört, hält mich aber davon ab, ihn geradewegs anzuspringen.

Seit ich mit Benji schwanger gewesen bin, hat mich kein Mann mehr *so* intensiv geküsst, und offenbar möchte mein Körper sicherstellen, dass diese Durststrecke heute zum Ende kommt.

»Nachtisch?«, keucht Timo in einer Atempause. Sein Blick, wild und hungrig, liegt weiterhin auf meinen Lippen. Diesmal bin ich diejenige, die stumm den Kopf schüttelt. Sein Mund soll wieder meinen finden und am besten nie wieder verlassen ...

außer für gewisse Ausflüge auf meinem Körper, die mich weitaus mehr vergessen lassen würden, als es bei seinen Küssen bereits der Fall ist.

»Vi, möchtest du noch Nachtisch?«

Anstatt seine Lippen erneut auf meine zu pressen, starrt er mich an, als hätte ich ihm soeben keine Antwort gegeben. Abermals schüttele ich den Kopf, gehe diesmal aber auch einen Schritt weiter und ziehe ihn an dem Kragen seines Hemdes zu mir, um ihm zu signalisieren, dass mir Desserts gerade völlig egal sind. Allerdings scheint nichts davon bei Timo anzukommen, denn wieder fragt er mich, ob wir Nachtisch bestellen wollen.

Irritiert löse ich meine Finger von seinem Hemd und sinke zurück auf den Stuhl.

»Timo, ist alles in Ordnung?«, frage ich leise, doch bevor er zu einer Antwort ansetzen kann, scheppert es an der Bar. Der Lärm lässt mich zusammenzucken, und als ich meine Augen wieder öffne, betrachtet Timo mich mit einer beunruhigenden Miene. Er sieht vollkommen ungeküsst aus. Sein Mund ist nicht angeschwollen, und seine Haare sitzen perfekt, als hätte er sich in den letzten Minuten überhaupt nicht großartig gerührt, geschweige denn mich mit seinen Lippen fast um den Verstand gebracht. Auch der hungrige Blick, mit dem er mich praktisch hätte ausziehen können, ist einem Ausdruck von Nachdenklichkeit gewichen.

»Vi, geht es dir gut?«

»Ja, alles bestens«, entgegne ich und fasse mir an die Wange, die soeben noch von seiner Hand umfasst worden ist. Sie ist heiß und bestimmt in ein verräterisches Rot getaucht. »Warum fragst du?«

»Na ja, weil ich dich jetzt schon mehrmals gefragt habe, ob du Nachtisch möchtest. Falls ja, winke ich noch mal die Bedienung zu uns.«

Okay, jetzt checke ich gar nichts mehr. Doch je länger ich Timo ansehe, umso mehr verstehe ich doch.

Ich bin in einen Tagtraum abgedriftet. Das, was zwischen uns geschehen ist, hat überhaupt nicht stattgefunden! Weder der Kuss noch das Gespräch davor.

»Wollen wir uns vielleicht was teilen?«, frage ich zaghaft, ehe ich mein Wasserglas, in dem noch die Hälfte ist, in wenigen Zügen leere. Noch nie in meinem Leben war ich dankbarer dafür, so genügsam mit meinem Getränk umgegangen zu sein.

Die Flüssigkeit hilft zwar, meinem Körper etwas Abkühlung zu verschaffen, das Pochen zwischen meinen Beinen erinnert mich jedoch weiterhin gnadenlos an die Geschehnisse aus meiner Fantasie.

Timo nimmt die Speisekarte in die Hand und blättert zur Dessertseite. Nach kurzer Zeit faltet er sie jedoch vor sich zusammen und schiebt sie mir entgegen.

»Sie bieten leider nur Zuckerbomben an, deshalb bin ich raus.«

»Oh«, sage ich und senke meinen Blick auf die Vorderseite des Menüs. Das läuft nicht ab wie in meinem Kopf. »Ich bin auch satt.«

»Okay, dann ruf ich uns mal die Rechnung. Willst du danach eigentlich noch mit zu mir? Wir könnten uns einiges von der Pasta … abtrainieren.« Er zwinkert, und das spitzbübische Funkeln in seinen Augen, das aus meinem Tagtraum, blitzt auf. Ermutigt davon, dass ich doch kleine Parallelen zu meinem dämlichen Kopfkino finde, greife ich nach seiner Hand. »Vorher möchte ich dir aber noch etwas sagen.«

Timo schaut auf unsere Hände, und als eine Bedienung an unserem Tisch vorbeiläuft, entzieht er sich meinen Fingern und deutet an, dass wir bereit für die Rechnung wären.

»Was gibt's, Vi?«

»Bevor wir den nächsten Schritt gehen, sollt…«

»Das ist unsere was, fünfte Verabredung?«, unterbricht er mich und lehnt sich lässig gegen seinen Sitz. »Und wir sind beide vernünftige Erwachsene. Erwachsene mit Bedürfnissen. Es wird höchste Zeit, dass wir mehr treiben, als Cafés und Restaurants zu besuchen.«

Je mehr er von sich gibt, umso deutlicher wird mir, dass er seiner fiktiven Version in meiner Vorstellung nicht fremder sein könnte. Allein schon mit seiner Wortwahl, geschweige denn dieser Aussage, kann ich nichts anfangen … *normalerweise*. Aber hey, diese Frau ist eindeutig verzweifelt. Obwohl ich daher bereits ahne, dass auch der Rest vom Gespräch nicht im Geringsten so ablaufen wird wie das in meinem Traum, fahre ich fort.

Vielleicht irre ich mich.

Hoffentlich irre ich mich.

Ich meine, ich kann mir doch nicht *alles* rosarot gemalt haben, oder?

»Sechstes Date«, korrigiere ich ihn. »Und ja, ich bin da ganz bei dir, aber bevor sich … irgendwas ergibt und ich mit dir einen Schritt weitergehe, solltest du wissen, dass ich Mama bin. Ich hab einen zehn Monate alten Sohn namens Benji. Es gibt keinen Vater … also … doch, den gibt es, aber der wollte von Anfang an nichts mit der Schwangerschaft zu tun haben. Deswegen sind da nur Benji und ich.« Wieder einmal ist vor lauter Anspannung und Nervosität alles aus mir herausgesprudelt. Etwas, an dem ich dringend arbeiten muss.

»Wow.« Timo hat sich mit jedem meiner Worte weiter nach vorn gebeugt und stützt sich jetzt mit beiden Ellbogen auf seinen Beinen ab. Seine Stirn legt sich abwechselnd in Falten und ist dann wieder glatt. »Wow, das ist … eine ziemlich große Sache, Vi. Gut für dich, schätze ich?«

»Benji bedeutet mir die Welt.«

Timo lächelt, und die Last auf meinen Schultern fällt von mir ab. Er mag zwar nicht so reagiert haben wie in meinem Tagtraum, aber offenbar scheint er weiterhin nicht abgeneigt. Das ist mehr, als ich von den wenigen Männern behaupten konnte, die das Glück … oder Pech hatten, es mit mir auf diese Vertrauensebene geschafft zu haben. »Falls dich das nicht stört, dann …«

Noch während ich rede, fängt Timo an zu husten. Ich schiebe ihm sein Wasserglas entgegen, doch auch nachdem er daraus getrunken hat, hört der Husten nicht auf.

»Muss mich an irgendwas in der Luft verschluckt haben, Staubkorn oder so«, teilt er mir mit und steht auf. »Tut mir leid, ich bin gleich zurück.«

Verständnisvoll nicke ich und sehe ihm hinterher, als er zwischen den Gästen abtaucht.

»Bezahlen Sie bar oder mit der Karte?«

Wegen Timo registriere ich unsere Bedienung erst, als mir die Rechnung vorgelegt wird.

Mein Blick fällt noch einmal in die Richtung, in die er verschwunden ist. Normalerweise haben wir unsere Rechnung immer diplomatisch in das unterteilt, was derjenige auch verzehrt hat. Sehr deutsch und sehr fair. Außerdem war es so einfacher und distanzierter. Unverbindlicher. Da die Bedienung allerdings nicht den Eindruck macht, dass sie darauf warten möchte, bis Timo sich von seinem Hustenanfall erholt hat, beschließe ich diesmal, die Kosten zu übernehmen.

»Mit der Karte, bitte«, antworte ich, greife nach meiner Handtasche und bemerke, dass auf dem Stuhl, auf dem bis dahin noch die Sachen von uns beiden lagen, nur noch eine Jacke hängt – meine.

Eine erdrückende Vermutung breitet sich in mir aus.

»Entschuldigen Sie, ich müsste gleich noch die Waschräume

aufsuchen und bin das erste Mal hier. Die sind dort drüben, oder?«

»Oh, nein, da geht es nur zu den Parkplätzen raus. Sie müssten einmal die Treppe dort runter.« Sie zeigt dabei in die entgegengesetzte Richtung.

»Und befinden sich dort nur die Waschräume für Frauen? Neulich habe ich mich nämlich in einem Bistro verirrt und war plötzlich bei den Herren. Das Bild werde ich nicht so schnell wieder los.« Um meiner Aussage mehr Glaubwürdigkeit zu verschaffen, lache ich verlegen und komme mir dabei ziemlich lächerlich vor. Ich weiß gar nicht, wieso ich überhaupt weiter nachgehakt habe, wenn doch schon klar ist, dass Timo mich sitzen gelassen hat. Vermutlich habe ich es getan, weil meine hoffnungsvolle Seite sonst nach Ausreden sucht, die sein Verschwinden erklären und womöglich noch romantisieren. Dabei bin ich überzeugt, dass selbst Elle Woods in der berühmten Schlussmachszene am Anfang von *Natürlich blond* nicht mit der Rechnung zurückgelassen wurde.

Die Bedienung scheint von meinem inneren Dilemma nichts mitzubekommen, denn sie geht weiter munter auf meine Worte ein.

»Wem sagen Sie das? Wann immer wir die Toiletten kontrollieren, bete ich bei den Herren, dass niemand reinkommt und die Hosen voreilig runterlässt.« Die Bedienung erschaudert, bevor sie mich zuversichtlich anlächelt. »Keine Sorge. Zwar sind dort beide Anlagen, aber es ist alles ausgeschildert. Verlaufen unmöglich. Brauchen Sie einen Zahlungsbeleg?«

»Ah, dann bin ich ja beruhigt. Vielen Dank und ja, den nehme ich gern mit.« Ich hole noch fünf Euro als Trinkgeld aus meinem Portemonnaie, während sie die Quittung von ihrem Kartenlesegerät abreißt. Der Schein in meiner Hand wirkt für mich mit einem Mal als zu wenig, immerhin hatten wir für etwa siebzig

Euro bestellt. Deshalb fische ich aus meiner Kleingeldbörse zusätzlich noch ein paar lose Münzen. »Es war sehr lecker«, füge ich hinzu und drücke ihr das Geld in die Hand.

»Danke, das freut mich. Kommen Sie gerne wieder.« Sie steckt das Trinkgeld ein und verabschiedet sich. Zurück an ihrem Posten wirft sie das Geld in ein gelbes Sparschweinchen und kehrt dann nochmals zurück, um meinen Tisch abzuräumen.

Sobald ich endlich für mich bin und mein aufgesetztes Dauerlächeln fallen lassen kann, schnappe ich mir mein Handy und wähle die Nummer meiner besten Freundin. Mit dem Hörer am Ohr schäle ich mich irgendwie in meinen Anorak und schultere meine Handtasche.

Es piept zwei-, dreimal, ehe das Freizeichen erlischt und die Stimme von Sandy ertönt.

»Code Rot?«

»Code Rot.«

KAPITEL 3

EMILIAN

Egal, was für ortsspezifische Unterschiede es in den verschiedenen Teilen von Deutschland gibt, eins bleibt immer gleich: Gebrochene Seelen findet man überall.

Das ist der erste Gedanke, der mir gekommen ist, als ich um fünf Uhr morgens nach einer ordentlichen Verspätung in der Domstadt aus dem ICE ausgestiegen bin. Wie sich herausgestellt hat, waren die Stunden im Zug die angenehmsten des ganzen Tages. Die meiste Zeit habe ich geschrieben und war froh, mit meinen Worten etwas Dampf abzulassen. So konnte ich mich für den Großteil meiner Reise von dem Drama ablenken, das ich in Berlin zurückgelassen habe.

Wer einen Kampf mit seinen Gedanken führt, der braucht nicht noch zusätzliche Störfaktoren im wahren Leben. Ein Ratschlag, den ich am liebsten auch den Menschen mitgegeben hätte, die sich am Bahnhofsvorplatz versammelt und jeden – mich eingeschlossen – angepöbelt haben, bis man ein bisschen Kleingeld an sie abgetreten hat. Meine letzten Euros im Portemonnaie habe ich bereitwillig Jimini Crackhead – den Namen hat er nicht von mir – überlassen. Als Dank für meine Spende hat der mir bis zur Rolltreppe, die zu den U- und Straßenbahnen führt, seine Lebensgeschichte erzählt. Ich mag in einer Scheißsituation gesteckt haben, die noch immer droht mich nach unten zu reißen, aber hier draußen gibt es viele, die es noch einen

Ticken schlimmer getroffen hat. Doch selbst wenn wir ähnliche Geschichten in uns tragen, im Gegensatz zu Jimini Crackhead und den anderen bin ich nie allein gewesen. Zumindest nicht wirklich.

Ich hatte immer Gianna und Ricky an meiner Seite. Zugegeben, meine Geschwister haben damals nicht viel mitbekommen, weil ich mir Mühe gegeben habe, ihnen eine unbeschwerte Kindheit zu ermöglichen. Doch zu wissen, dass ich auf beide zählen konnte, wenn ich nicht dazu in der Lage gewesen bin, in meinem eigenen Leben auf heile Welt zu machen hat mich wahrscheinlich davor bewahrt, wegen des Aschenputtelregimes komplett durchzudrehen.

Eigentlich romantisiert diese Bezeichnung meine Vergangenheit, und ich sollte mir einen gnadenloseren Begriff ausdenken, allerdings trägt mein erster offizieller Text diesen Titel, und irgendwie passt es. Eine wunderschöne Witwe, ein kleiner Sohn, eine neue Liebe an ihrer Seite, danach das kleine Wunder – Zwillinge –, gefolgt von dem Albtraum, den Charles Perrault lange vor den Gebrüdern Grimm schon niedergeschrieben hat.

»Wird's heute noch was? Das hier ist die Endstation!«

Die Erinnerung an meine Mutter, an Schläuchen hängend und nicht mehr in der Lage, selbstständig zu atmen, verpufft, und meine Augen fokussieren sich auf einen korpulenten Schaffner, der genervt auf mich zustapft.

Hastig packe ich meine Reisetasche, stehe vom Platz auf und werfe einen Blick auf den flackernden Monitor.

Shit, ich hab meine Haltestelle verpasst.

Bevor der Fahrer mich erreichen kann, flüchte ich aus der Straßenbahn und schaue mich auf dem verlassenen Gleis um.

Mittlerweile spüre ich die Müdigkeit von der langen Nacht und die Kälte des frühen Tages. Als ich einen Automaten entdecke, der Heißgetränke und Suppe für einen Euro anbietet, bereue ich es, Jimini Crackhead mein einziges Kleingeld gegeben zu haben.

Die Anzeige für die Bahn in die entgegengesetzte Richtung verspricht eine Ankunft in knackigen dreißig Minuten, weshalb ich beschließe, mich auf die Drahtbank zu setzen und meine Taschen nach einem lausigen Euro abzusuchen.

Ich will einen Kaffee. Als ich an mir rieche, setze ich eine lange Dusche ebenfalls auf meine Wunschliste. Vor Ironie und Erschöpfung lache ich auf.

Würde mich jetzt jemand sehen, er könnte keinen Unterschied zu den anderen gebrochenen Menschen finden. Zugegeben, ich gebe sicherlich auch das passende Bild zu meiner Verfassung ab: verzweifelt nach einem Euro suchend. Außerdem stinke ich bestimmt noch Meter von mir entfernt nach dem billigen Tequila. Da ich Hals über Kopf aus Berlin aufgebrochen bin und nur schnell das Nötigste eingepackt habe, bestand keine Chance, unter die Dusche zu springen.

Alle Taschen abgetastet und die Reisetasche bis auf das letzte Kleidungsstück ausgeleert, muss ich mich der Erkenntnis ergeben, dass ich nicht einmal in ihren Tiefen einen verdammten Euro ausgraben konnte. *Nun, das hab ich jetzt von meiner oberschlauen Einstellung. Von wegen, die Zukunft wird bargeldlos sein.* Genervt von mir selbst, stopfe ich mein Zeug wieder zurück. Aber hey, immerhin sollte ich mit der ertraglosen Suchaktion zehn Minuten oder sogar mehr totgeschlagen haben. Doch zwei einfache Worte auf der Anzeigetafel reichen, damit meine Laune tief in den Keller sinkt: Zug entfällt.

Wahrscheinlich hätte ich von Berlin aus schneller London als Köln erreicht. Vielleicht *sollte* ich mir lieber ein Flugticket kaufen und rüberfliegen. Ich weiß schließlich aus eigener Erfahrung, dass ein Besuch der Harry-Potter-Studios weitaus magischer und zufriedenstellender ist, als mit gepackter Reisetasche vor der Wohnung von Jamil Shiva zu stehen und übermüdet darauf zu warten, von meinem ehemaligen Erzfeind aufgenommen zu werden.

Allerdings habe ich längst geklingelt, und deshalb wird mein Gedanke, der einen verlockenderen Plan B unterhält, jäh von einem statischen Knistern unterbrochen.

»Emmentaler, bist du das?«

Ich sollte definitiv in den nächsten Flieger steigen.

»Lass mich rein, ist kalt.«

Jamil lacht. Wie damals. Nur klingt sein Lachen mittlerweile tiefer, kehliger und weitaus weniger gehässig.

»Okay, Sonnenschein. Meine Casa ist im vierten Stockwerk. Im Treppenhaus ist ein Aufzug, aber ich garantiere für nichts. Er bleibt gerne mal stecken.«

Mit diesen Worten erklingt ein lautes Summen, und die Haustür lässt sich nach innen öffnen.

Da ich erschöpft von einer Reise bin, die bisher nicht unter einem glücklichen Stern steht, laufe ich an dem erwähnten Fahrstuhl vorbei und nehme die Stufen. Halbwegs die Etagen abgearbeitet, höre ich das Knarzen einer Tür, und wenig später lehnt sich Jamil über die Balustrade.

»Scheiße siehst du aus«, ruft er durch den Hausflur, als hätten wir Nachmittag und kein Nachbar die 110 parat, um eine Ruhestörung zu melden, wie es in meiner Gegend der Fall gewesen wäre.

Ich beschließe, nichts zu erwidern, bis ich die letzte Treppenstufe erklommen habe, aber als ich vor Jamil stehe, fehlt es mir an Luft, um seinen Spruch zu kommentieren.

»Yeah, vier Stockwerke in einem Altbau. Nicht easy, muss man sich dran gewöhnen. Dusche findest du geradeaus und dann die letzte Tür links. Du kannst benutzen, was du willst, nur bitte«, Jamil faltet die Hände zusammen und macht einen Schritt nach hinten, zurück in seine Wohnung, »bitte, mach, dass du nicht mehr miefst.«

Da ich mir das ebenso sehr ersehne wie er, nicke ich und folge ihm in seine Wohnung.

»Nett.« Es ist die einzige Bemerkung, die ich zu seiner Inneneinrichtung abgebe, die einem Designer-Möbelkatalog für Minimalismus entsprungen sein muss, bevor ich im Bad verschwinde und Antonia, den getrockneten Tequila auf meiner Haut, die Nacht und Berlin von mir abwasche.

»He, Emmentaler, trinkst du Kaffee?«

Drei Worte, die mich beinahe den Stress der letzten Stunden vergessen lassen, bahnen sich ihren Weg durch den Lärm der Regendusche. Drei Wörter, die mir genug Kraft geben, um die nächsten zu überstehen.

»Himmel, ja.«

»Ich muss gestehen, dass ich dich nicht als meinen Hausgast gesehen habe, bevor du angerufen hast. Nichts gegen dich, aber wäre ich in deiner Situation ... deine Couch wäre nicht meine erste Wahl.«

Jamil lehnt lässig gegen die Rückenlehne seines Küchenstuhls, und ich fühle mich, als wäre ich zwei Jahrzehnte zurück in die Vergangenheit katapultiert worden. Er kippelt noch immer herum. Nur mittlerweile gibt es niemanden mehr, der ihn warnt, dass er sich dabei das Genick brechen könnte.

Auch optisch hat Jamil sich kaum verändert, was mich nicht wundern sollte, immerhin postet er Tag für Tag Fotos von sich auf Instagram. Wobei ich zugeben muss, dass ich mir seine Sachen dort gerne anschaue, denn er kombiniert seine Selfies immer mit Texten, die eine verletzliche Seite von ihm zeigen. Das scheint sein Konzept zu sein, und ich bin der lebende Beweis, dass es aufgeht.

Jamil Shiva war zu Schulzeiten einer meiner größten Albträume. In den Jahren, in denen wir erst die Schule und dann auch noch die Klasse miteinander geteilt haben, gab es keinen Tag, an dem er mir das Leben nicht zur Hölle gemacht hatte. Wir sind auch im Laufe der Zeit nicht zu Freunden geworden. Manchmal würde ich nicht einmal jetzt so weit gehen und uns als so was bezeichnen. Aber wir teilen eine Leidenschaft und einen Schmerz, der uns im Erwachsenenalter irgendwie doch zusammengeführt hat. Wir schreiben. Schlachten unsere Gefühle auf Papier aus und erzählen Wahrheiten, die wir damals mit Lügen versucht haben zu überdecken. Ich weiß nicht einmal mehr, wie es zu dem erneuten Kontakt gekommen ist, oder wie wir in der Lage dazu sind, ihn trotz unserer Vergangenheit aufrechtzuerhalten. Womöglich, weil wir nicht mehr die Personen sind, die sich damals tagtäglich mit Magengeschwüren und Frustration oder Wut im Bauch zur Schule gekämpft haben.

Nein, heute sind wir zwei erwachsene Männer, die zwar von Ereignissen geprägt sind, aber gelernt haben, ihre Dämonen anderweitig zum Schweigen zu bringen … oder besser gesagt zum Singen. Und ich schätze, das reicht, um … *auszublenden.*

Jamil wäre als Zuflucht auch nicht meine erste Wahl. Doch er ist der Einzige aus meinem Kreis, der versteht – so traurig das auch klingt.

»Ich musste mal raus«, murmele ich und umfasse mit beiden Händen die heiße Kaffeetasse. Eigentlich hätte ich Berlin schon viel früher verlassen müssen. Nicht erst, nachdem meine Ex mich – zu Recht – abserviert hat. Die Stadt hat mir nie gutgetan. Vor allem nicht nach dem Tod meiner Mutter. Geblieben bin ich nur für Gianna und Ricky, denen es das Herz brechen wird, sobald sie erfahren, dass ich nicht mehr nur einen Sprung in die Straßenbahn von ihnen entfernt bin.

»Na, dann. Willkommen in Köln. Ist im Grunde genauso scheiße wie überall anders. Hätte man sich bei dem Bier denken können, aber na ja. Die Stadt ist offen für Kunst.« Jamil blickt auf seine Armbanduhr, zuckt gleichgültig mit den Schultern und leert seinen Kaffee. »Leider hat Künstler sein seinen Preis. Ich muss zur Arbeit. Mach's dir gemütlich, im Tiefkühlfach ist noch Pizza, das WLAN-Passwort lautet BAZINGA! – alles großgeschrieben, mit Ausrufezeichen, und die Kiste empfängt alle möglichen Sender. Ich glaube, wenn du dich beeilst, kannst du sogar noch die letzten Minuten von der Wiederholung des letzten Lakers-Spiels vergangener Saison anschauen.«

Überrascht hebe ich eine Braue.

»Woher weißt du ...«

»... dass du Sport magst?« Er schwingt sich von seinem Stuhl und grinst. »Du hast damals immer diese hässlichen Fanklamotten von verschiedenen Mannschaften getragen. Das macht man nur, weil man entweder selbst aktiv ist oder ihn im Fernsehen verfolgt. In Sport warst du eine Niete. Den Rest kannst du dir daher selbst zusammenreimen, oder?« Er verschwindet in einem der Zimmer, und wenige Minuten später kommt er als neuer Mensch zurück.

Anstatt seiner schwarzen Trainingsshorts trägt er eine graue Hose, und sein Oberkörper, den er bis dahin stolz ohne Kleidung, dafür aber mit vielen bunten Tattoos präsentiert hat, wird nun von einem gebügelten weißen Hemd bedeckt. Ob es eine Künstlersache ist, sich Zeilen in die Haut zu stechen, weil sie auf dem Papier nahezu bedeutungslos erscheinen? Bei mir ist das so, weshalb auch ich seit meinem achtzehnten Lebensjahr schon mehr als einmal in den Genuss einer Tattoonadel gekommen bin.

Jamils Haar ist ordentlich nach hinten gegelt. Auf den ersten und zweiten Blick nimmt man gar nicht wahr, dass es nicht mehr nur schwarz ist, sondern sich blonde Strähnen dazwischengemogelt haben.

»Nach der Arbeit treff ich mich noch mit ein paar Freunden.«
Er scheint noch immer beliebt zu sein – was ich mir bei seiner hohen Followerzahl auch hätte denken können.

»Cool.« Ich sehe ihm dabei zu, wie er sich ein Jackett, passend zu seiner Hose, überzieht. Diese Version von ihm schreit nach einem angesehenen Job und Struktur. Nichts deutet auf den Jamil hin, der im Internet regelmäßig Seelenstripteases hinlegt, die Einblicke in seine dysfunktionale Familie gewähren. Verglichen mit meiner Kindheit und Jugend, gleicht seine in den Augen Außenstehender einem Paradies: Beide Elternteile im Leben vorhanden, hervorragende Noten in der Schule, stets die aktuellste Spielkonsole und auch sonst gab es keinen Wunsch, der unerfüllt geblieben ist. Doch Eltern, die hohe Erwartungen an ihren Nachwuchs haben … die ihre Liebe als Belohnungssystem nutzen, können ebenso tiefe Narben in ihren Kindern hinterlassen wie Eltern, die ihr Kind vernachlässigen … oder Eltern, die einen mit ihren eigenen Problemen überschütten.

Bevor ich mich zu sehr in Erinnerungen verstricke, über die ich nicht nachdenken möchte, schiebe ich eine Frage hinterher.

»Wann bist du denn wieder zurück?«

Jamil hält darin inne, seine Armbanduhr neu anzulegen, und zwinkert mir zu.

»Die Frage sollte eher lauten: Wann stößt du dazu?«

KAPITEL 4

VIENNA

»Kürbis-Karotten-Brei für den kleinen Prinzen, billiges Vanilleeis für dich, und ein Fläschchen Chardonnay für mich.«

Sandy zieht alles nach und nach aus ihrer XXL-Handtasche, mit der sie meiner Meinung nach glatt als Mary Poppins durchgehen könnte.

»Ich versteh zwar immer noch nicht, wie du das einem Ben & Jerry's vorziehen kannst, aber you do you.« Sobald alles auf dem Couchtisch steht, nimmt sie mir die *Paw-Patrol*-Schale aus der Hand, in die ich etwas Babybrei schaufeln wollte. »Nix da! Du konzentrierst dich jetzt erst mal schön darauf, dein Körpergewicht in Eiscreme zu verschlingen. Tante Sandy kümmert sich in der Zeit um Benji.«

Sie schüttet den Inhalt des Gläschens in die Schüssel, die mein Sohn so liebt und mit der das Essen zu einem leichteren Ritual wird, und schiebt mir im Anschluss den Kanister an Vanilleeis entgegen.

Anfangs versuche ich noch, mich gegen ihre Hilfe zu wehren, aber sobald sie mir ihren Todesblick zuwirft, lasse ich meine Arme sinken.

»Du hattest auch einen langen Tag«, sage ich kleinlaut, setze mich aber im Schneidersitz auf meine Couch und lege mir meine Kuscheldecke über die Beine. Ein klares Zeichen dafür, dass ich mich geschlagen gebe und ihr den Sieg überlasse.

»Der aber nicht damit geendet hat, dass mich ein Mann im Restaurant sitzen gelassen hat. Mich und die Rechnung.«

»Nein, dafür müsstest du dich nämlich in den Dating-Pool wagen«, merke ich an, während ich nach Löffel und Eis greife.

»Pah, dafür bin ich zu beschäftigt. Allein diese Woche bin ich fünfmal für die lange Schicht eingetragen!«

»Und genau deswegen solltest du mir die Raubtierfütterung überlassen«, erwidere ich sanft und schaue dabei zu, wie Sandy geduldig und liebevoll versucht, Benji zum Essen zu animieren. Glücklicherweise mag mein Sohn seine Patentante sehr. Manchmal habe ich den Eindruck, dass er sie sogar lieber um sich hat als mich. Ich kann es ihm nicht verübeln. Hätte ich an seiner Stelle die Wahl zwischen einer entspannten, coolen und witzigen Person, die mich füttert, und ... na ja, mir – ich würde Sandy auch mehr mögen.

»... und dann hab ich gesagt, im Namen des Gesetzes, du bist verhaftet und ...«

»Häh?«

»Ah, du bist wieder da. Herzlich willkommen zurück, Vienna. War es schön in deiner Gedankenwelt?« Sandy zwinkert provokativ und türmt den nächsten Löffel mit Babybrei.

Zu meiner laschen Verteidigung strecke ich ihr meine Zunge entgegen und schiebe mir dann einen großzügig gehäuften Löffel Eiscreme in den Mund. Von Kopfkino habe ich fürs Erste die Nase voll.

»Wo war ich stehen geblieben? Ah ja, natürlich habe ich den Kerl nicht selbst verhaftet, wir leben schließlich nicht in den USA, wo man Ladendiebstahl eigenhändig mit einer Knarre klärt. Aber ich hab die Geschäftsleitung informiert, die daraufhin die Polizei gerufen hat. Es mag heute nur ein Energydrink gewesen sein – für die wir übrigens auch mittlerweile den Ausweis verlangen –, aber nächstes Mal landet vielleicht etwas anderes im Rucksack. Da muss man früh handeln.«

Sandy hat im Teenageralter im Supermarkt gejobbt, um ihren Führerschein finanzieren zu können. Unglaublicherweise hat ihr die Arbeit dort derartig gut gefallen, dass sie nach ihrem Realschulabschluss eine Ausbildung zur Einzelhandelskauffrau angefangen und mittlerweile erfolgreich abgeschlossen hat. Jetzt führt sie sich auf, als gehörte ihr der Laden, und die gesamte Verantwortung läge auf ihr, auch wenn sie bisher noch immer jemanden hat, der ihr übergeordnet ist. Aber wenn sie so weitermacht, ist auch das nur noch eine Frage der Zeit.

»Super-Sandy rettet wieder den Tag.«

»Aber so was von. Deswegen darf sich Super-Sandy jetzt auch ein Chardonnaychen gönnen. Bist du sicher, dass du nicht auch was davon möchtest?«

Ich stelle den Kanister Eis auf den Couchtisch vor mir hin, lecke meinen Löffel ab und befreie mich von meiner Decke.

»Kein Wein neben meinem Sohn, schon vergessen? Das letzte Mal hast du das Zeug vor Erschöpfung beinahe in sein Fläschchen gefüllt!«

»Zu meiner Verteidigung, an dem Abend stand Inventur an, und ich war danach sehr, sehr müde. Es hat auch nicht geholfen, dass wir einer Gutenachtgeschichte gelauscht haben, die du uns im Übrigen angemacht hast. Heute bin ich hellwach. Du weißt ja, bei Date-Fiaskos blühe ich auf! Außerdem, ich hab es ja noch rechtzeitig bemerkt …«

Ich verdrehe meine Augen und klettere vom Sofa.

»Komm, ich lös dich ab. Dann kannst du dir auch dein Chardonnaychen gönnen, und ich brauch keine Angst zu haben, dass wir Benji versehentlich etwas davon unterjubeln. Nach dem Tag heute brauche ich nicht auch noch die Auszeichnung zur Rabenmutter des Jahrhunderts.«

»Keine Sorge, dafür gibt es ganz andere Kandidatinnen. Aber in Ordnung, Mom. Lass uns tauschen.«

Sandy überreicht mir mit einem Seufzen die Schüssel. Der Brei darin ist fast weggeputzt. Abermals empfinde ich Neid darüber, dass sie keine Probleme damit hat, meinem Sohn Essen anzudrehen, während es bei mir so oft zu einem Chaos von frustrierendem Kaliber ausartet. Ein Chaos, bei dem am Ende kaum etwas von dem Brei angerührt wurde.

Niemand sagt einem, dass man als Mutter lernen muss, Niederlagen zu akzeptieren. Nein, das bringt man sich nach Heulkrämpfen und grünen Erbsenbreiflecken an der Decke selbst bei.

Benji schaut gluckernd zu seiner Lieblingsperson, die es sich jetzt auf meinem alten Platz gemütlich macht. Sobald er sieht, dass seine Mama nun mit dem Füttern an der Reihe ist, stellt er sich – wie erwartet – quer. Seine kleinen Händchen klatschen munter auf die Tischplatte des Hochstuhls, und wann immer ich mit dem Löffel in die Nähe seines Mundes komme, zappelt er herum und weigert sich, seine Lippen zu öffnen. Nach drei Versuchen gebe ich es auf, stelle die Schale weg und baue stattdessen mein Handy in seiner babysicheren Hülle vor ihm auf. Für seine Verhältnisse hat er bei Sandy gut gegessen.

»Schätze, du hast dir damit ausnahmsweise eine Belohnung verdient.«

Ich spiele ihm einen Clip seiner geliebten Superhelden-Hunde vor. Er ist zwar kurzgehalten, was Videounterhaltung betrifft, aber Benjis Aufmerksamkeit wird in wenigen Minuten eh wieder auf etwas ganz anderem ruhen.

Als sich sein ganzes Verhalten verändert, weil die bunten Bilder auf meinem Display erscheinen, er quiekt und lacht, schwillt mein Herz auf die doppelte Größe an. Das tut es jedes Mal, wenn ich sehe, was für ein unfassbares Glück ich habe, die

Mutter dieses kleinen Rackers sein zu dürfen. Es ist nicht immer alles einfach, aber in Momenten wie diesen weiß ich, dass sich jeder Kampf lohnt und ich für Benji immer wieder von Neuem mein Leben umkrempeln würde. Er ist die einzige Person, für die mein Herz schlägt. Der einzige Mann, der eine Rolle spielen sollte.

Sorry, Pa, das hast du jetzt nicht gehört.

Aber mit Ausnahme von meinem Vater stimmt es. Warum also gebe ich mir so viel Mühe, verbringe Stunden damit, einen Partner zu finden, wenn das, was zählt, nur Benji ist?

»Weißt du, was, Sandy? Du machst alles richtig.«

»Ich weiß, aber was *genau* meinst du mit alles?«, entgegnet meine beste Freundin und nippt an ihrem Weißwein.

»Du lebst dein Leben. Stehst morgens auf, machst Sport, fährst zur Arbeit, triffst dich mit Freunden, feierst oder shoppst und dann gehst du als zufriedene Frau wieder schlafen.«

»Hmmm, ja. So ziemlich. Worauf willst du hinaus?«

»Das finde ich toll. Vielleicht hast du das Spiel schon lange verstanden, wer weiß?«

»Vienna? Komm zur Sache.«

»Du kommst ohne Mann zurecht. Also kriege ich das auch hin. Ab sofort schwöre ich dem ganzen Dating-Mist und Männern im Allgemeinen ab.«

KAPITEL 5

EMILIAN

Lange habe ich überlegt, ob ich meinen Abend tatsächlich mit Jamil und seinen Freunden verbringen möchte. Erfahrungsgemäß sind das nämlich keine guten Menschen. Doch nachdem ich den halben Tag verschlafen und mir um sechzehn Uhr eine noch halb gefrorene Pizza reingepfiffen habe, gab es von mir die Zusage.

Stunden später bereue ich sie allerdings zutiefst.

Jamils Freunde *sind* keine guten Menschen. Sie behandeln weder die Servicemitarbeiter in dem Schnellimbiss noch die Barkeeperinnen im Pub mit Respekt. Mir graust es, dass Außenstehende den Eindruck erhalten könnten, dass ich zu der Gruppe gehöre. Deshalb klinke ich mich so wenig wie möglich in die Gespräche ein und sage an ihrer Stelle *bitte* und *danke*, wenn neue Getränke bestellt und gebracht werden. Mein Bemühen, Jamils Clique davor zu bewahren, zum unverschämtesten Pack in ganz Köln gekürt zu werden, bedeutet jedoch, dass ich keinen Spaß habe und mir wünschte, ich wäre in der Wohnung geblieben. Schlimmer noch, meine Distanz, mein Anderssein, hatte zur Folge, dass ich zu ihrer auserwählten Lachnummer geworden bin. Jamil hat ihnen die Tür dafür geöffnet, indem er mich vor versammelter Mannschaft als Emmentaler vorgestellt hat, ansonsten hält er sich aber zurück. Die ganzen nervigen Sprüche kommen von den anderen. Wobei, es gibt eine

Ausnahme. Eine Person hat bisher keinen Witz über mich, meinen Vornamen, meine Harry-Potter-Brille oder mein allgemeines Scheitern im Leben gerissen: Cat.

Gut möglich, dass *sie* der Grund ist, wieso ich nicht längst Reißaus genommen habe. Schon als ich zu der Truppe gestoßen bin, ist sie mir ins Auge gefallen. Sie scheint ebenfalls nicht festes Mitglied zu sein, sondern wirkt eher wie der emotionale Support ihrer Freundin Lisa, die irgendwann am Abend lauthals verkündet hat, dass sie heute ihren Job gekündigt hat. Vermutlich haben die meisten der Gruppe zu dem Zeitpunkt schon tiefer ins Glas geschaut oder bereits insgeheim darauf gehofft, dass sie hinwirft, denn die kollektive Reaktion zu ihren Neuigkeiten war Applaus. Der war jedoch schnell verstummt, sobald Lisa eine weitere Bombe hinterhergeworfen hat. Vor den Augen aller hat sie sich von ihrem Freund Malte getrennt. Den hatte sie auf der Arbeit nämlich in flagranti mit einer anderen Frau in seinem Büro erwischt. Nachvollziehbar, dass sie nicht mehr in der Firma bleiben wollte. Wobei ich persönlich es fairer gefunden hätte, wenn Malte seine Kündigung eingereicht hätte. Er ist schließlich ihr gegenüber untreu gewesen.

»Interessierst du dich für sie?«

In Gedanken bin ich so in das Drama anderer vertieft gewesen, dass mir nicht aufgefallen ist, dass der Platz neben mir frei geworden ist und Cat sich ihn direkt geschnappt hat.

Bisher saß sie brav an der Seite ihrer Freundin, hat still an ihrem Bier genippt und hin und wieder zu mir rübergeschaut, doch das ist es schon gewesen – bis jetzt.

»Lisa?«, erwidere ich und mustere meine neue Gesellschaft. Cat trägt einen Blazer, der sie ziemlich zierlich und süß wirken lässt und wahrscheinlich in so einigen Männern den Beschützer-Schrägstrich-Machoinstinkt weckt.

Alles an ihr ist in Schwarz gehalten, doch sie selbst ist der

Kontrast schlechthin. Ihre Haare sind hellblond und zu einem lockeren Zopf gebunden, und für ihren Teint muss man wahrscheinlich noch Sonnencreme mit Lichtschutzfaktor zweihundert erfinden. Am faszinierendsten finde ich jedoch ihre Ausstrahlung. Als wüsste sie genau, welchen Platz sie in der Gesellschaft einnimmt. In der einen Minute habe ich sie nur als die beste Freundin, das offene Ohr, wahrgenommen. Und in der nächsten? Bam! Da könnte sie glatt zur Hauptrolle werden – zumindest, was meinen heutigen Abend angeht.

»Wenn du jetzt behauptest, sie ist nicht dein Typ, schlag ich dich.«

»Musst du das sagen, weil sie deine beste Freundin ist?«

»Und weil sie wirklich die Allerbeste ist. Was Malte getan hat, ist unverzeihlich, und ich bin froh, dass sie ihm endlich den Laufpass gegeben hat. Eigentlich bin ich heute nur mitgekommen, um sicherzustellen, dass sie die Aktion durchzieht und sich nicht wieder von ihm einlullen lässt. Dazu tendiert sie leider. Bisher macht sie ihre Sache aber ziemlich souverän … weshalb ich beschlossen habe, ihr ein wenig Raum zu geben.« Ganz unauffällig schiebt sie ihr fast leeres Glas näher an meins und streift damit meine Hand. »Du scheinst dich von dem Rest ihrer Freunde abzuheben.«

Diese Beobachtung bringt mich zum Lachen.

»Liegt wahrscheinlich daran, dass ich nicht dazugehöre. Ich genieße bei Jamil für ein paar Tage einen Tapetenwechsel.« Kein Grund, ihr zu erzählen, warum es mich nach NRW verschlagen hat. Meine Geschichte mag zwar nicht so schlimm sein wie die von Lisa und Malte, aber ich bin auch nicht gerade stolz auf sie.

»Und wie lange planst du zu bleiben?«

Das ist eine gute Frage. Gepackt habe ich nur für wenige Tage, in Gedanken sehe ich mich jedoch nicht so bald wieder in Berlin.

»Schätze, das kommt … ganz auf Köln an?«

»Köln? Warum das?« Ihre gesamte Aufmerksamkeit ruht nun auf mir. Vielleicht liegt es an ihrem hypnotisierenden Parfüm, aber ich verspüre den Drang, ihr von meinem qualitativ beschissenen Tag zu erzählen.

»Womit soll ich anfangen? Mit der unübertrefflichen Pünktlichkeit der Bahn? Ich hoffe, man hört meinen Sarkasmus raus. Der Tatsache, dass ein Hauptbahnhof-Junkie mehr Bargeld in der Tasche hatte als ich? Oder nein, ich weiß! Wie wäre es mit der gefrorenen Pizza, die ich vorhin zu Mittag hatte?«

Cat lacht leise in sich hinein, leert ihr Glas und rutscht von ihrem Stuhl.

»Das klingt nach einem wirklich furchtbaren ersten Tag. Aber hey, so würde es dir wahrscheinlich in jeder fremden Stadt gehen.« Sie schürzt nachdenklich ihre Lippen. »Hmm, wie wäre es, wenn ich dir zeige, wie toll es hier sein kann?«

»Willst du mit mir etwa alle Stufen des Doms besteigen?«

»Nächstes Mal, vielleicht. Aber wenn du dich unbedingt auspowern möchtest, kannst du mir deine Ausdauer … anderweitig unter Beweis stellen … wenn du verstehst?« Cat grinst breit.

»Oh, ich verstehe.«

Auch wenn ich mir ihr Angebot lieber zweimal durch den Kopf gehen lassen sollte. Vor allem nach dem Fiasko mit Toni sollte ich mich nicht sofort … aber na ja, womöglich ist es genau das, was ich machen sollte. Eine Nacht mit Cat verbringen und mich daran erinnern, wofür ich zu haben bin. Und wofür nicht.

»Also, was sagst du?«

»Da du die Einzige bist, die mich heute bei meinem richtigen Namen genannt hat, darfst du mich hinbringen, wohin du willst.«

Das Onyxgrau ihrer Augen leuchtet auf, und sie beißt sich angetan auf die Unterlippe.

»Perfekt. Dann lass uns abhauen.«

Ich erhebe mich von meinem Platz, und während ich mir meine Jacke überziehe, sehe ich noch mal in die Runde. Allmählich scheint die Luft bei ihnen raus zu sein. Mein Blick bleibt auf Lisa hängen, deren Fokus stur auf ihrem Handy liegt.

»Was ist mit deiner Freundin? Solltest du ihr nicht Gesellschaft leisten? Oder aufpassen, dass sie keine Dummheiten macht?«

Cat folgt meinem Blick und seufzt.

»Oki-doki. Als ich gesagt habe, ich gebe Lisa Raum, da habe ich eventuell gelogen. Sie hat sich vorhin ein Uber bestellt und wartet eigentlich nur darauf, von hier wegzukommen – um allein zu sein. Ich hingegen … möchte Gesellschaft, also, was ist nun? Kommst du?« Sie streckt ihre Hand nach mir aus. Da ich echt nicht zu der lauten, oberflächlichen Gruppe von Jamil gehören will, aber sehr gerne Teil von Cats Nacht werden möchte, ergreife ich sie.

»Hey, Emmentaler!«

Mein temporärer Gastgeber schlängelt sich an Torben oder Thorsten vorbei, und sobald er uns erreicht, legt er seinen Arm nahezu besitzergreifend um meine Schultern. »Du willst doch nicht jetzt schon gehen, oder? Wir haben nicht mal auf deine Ankunft angestoßen!«

»Oh, ich wusste nicht, dass …«

»Em und ich wollten zu P&P«, fällt Cat mir ins Wort. Ich meine, einen angesäuerten Ton in ihrer Stimme rauszuhören. Verständlich, wenn man bedenkt, dass wir bis eben noch irgendwie miteinander geflirtet haben und Jamil da nicht so recht in die Gleichung passt.

»Oh, Pizza? Gute Idee! Da komm ich mit! Hey, Leute? Cat und ich zeigen Emmentaler das P&P. Jemand Bock?«

Keiner der anderen scheint motiviert, sich vom Fleck zu

bewegen. Erleichterung breitet sich in mir aus, denn noch länger mit ihnen abzuhängen hätte mich weitere Nerven gekostet.

»Emilian und ich wollten *allein* zu P&P.«

Jamil verstärkt seinen Griff um meine Schultern, als wären wir die besten Freunde, und lächelt Cat zuckersüß an. Vielleicht habe ich doch mehr getrunken als gedacht, denn ich glaube, schlechte, richtig schlechte Schwingungen zwischen den beiden wahrzunehmen.

»Emmentaler ist so was wie mein Bruder. Deswegen trage ich die Verantwortung für ihn.«

»Hey!«

»Vertrau mir, Em. Also, Catty? Entweder du akzeptierst, dass ich mitkomme, oder du kannst dich allein auf den Weg machen.«

Ich fühle mich wie im falschen Film. Cat und Jamil funkeln sich an und führen einen stummen Kampf miteinander. Bei ihrem Anblick frage ich mich, ob die beiden eine gemeinsame Vergangenheit haben. Das wäre schön zu wissen, denn dann wäre Cat für mich tabu und mein Abend damit endgültig gegessen.

»Schön.« Cat bricht den Blickkontakt schließlich unzufrieden ab und verschränkt die Arme vor der Brust. »Ich hatte sowieso keinen Hunger mehr.«

Eh?

Jamil klopft mir daraufhin auf die Schulter.

»Dann eben nur wir zwei.«

Ehh?

»Dir entgeht was, Emilian.«

Und so, wie Cat mich bei diesen Worten ansieht, nicht enttäuscht oder traurig, sondern in ihrem Stolz getroffen und vielleicht sogar eingeschnappt, wird mir klar, dass mir längst etwas entgangen sein muss.

»Lief mal was zwischen euch?«

Jamil und ich sitzen vor dem P&P auf dem Asphalt und schieben uns die wohl beste Pizza Funghi Deutschlands rein.

»Cat ist eine schwierige Person.«

»Inwiefern?«

»Die Frau ist … sagen wir … leidenschaftlich.«

»Das ist meistens was Gutes, oder nicht?«

»Nicht, wenn wir über sie reden. Cat kann eine ziemliche Bitch sein, wenn sie möchte. Und glaub mir, zu neunundneunzig Prozent der Zeit möchte sie das.«

Überrascht über diese Worte, halte ich mitten beim Essen inne.

»Sie schien nett.«

»Ja, weil sie dich ins Bett bekommen wollte. Doch ich sag dir eins: Mit ihr zu schlafen – großer Fehler. Die Kleine wirkt zwar cool, aber hat nicht mehr alle Tassen im Schrank, vertrau mir. Knall sie, und sie klebt an dir wie Kaugummi. Mit dem Unterschied, dass dieser dir das Leben nicht aus Eifersucht zur Hölle macht, nur weil du mit einer anderen Frau gesprochen hast. Falls du mir nicht glaubst, ich kann dich zu zwei meiner Kumpels weiterleiten, die noch heute an den Folgen leiden. Einer von ihnen kämpft immer noch mit der Versicherung, weil sie sein Auto geschrottet hat, nur weil er darin eine Kollegin mit zur Arbeit genommen hat. Na ja, lange Rede, kurzer Sinn: Um Cat solltest du einen weiten Bogen machen, wenn dir ein chaosfreies Leben lieb ist.«

»Deswegen hast du dich eingemischt? Weil du mich vor ihr beschützen wolltest?« So langsam fügt sich das Puzzle in meinem Kopf zusammen.

»Du wohnst momentan bei mir. Ich hab bloß keinen Bock, dass sie mein Zuhause in Brand steckt.« Er schiebt sich den Rest seiner Pizza in den Mund und wischt seine fettigen Hände an seiner Hose ab. »Dann wären wir *beide* obdachlos. Wo wir davon reden, du hast nicht besonders viel Zeug dabei. Wie lange planst du, auf meiner Couch zu pennen?«

Ich lege meinen Kopf in den Nacken und blicke in den Himmel, als stünde dort die Antwort auf diese Frage geschrieben.

»Keine Ahnung, um ehrlich zu sein«, gebe ich schließlich zu, widme mich wieder meiner Funghi und zupfe an ihrer Kruste. Jetzt, wo ich darüber nachdenke, habe ich in Berlin einiges zurückgelassen. Falls ich wirklich nicht mehr vorhabe zurückzukehren, sollte ich mich darum kümmern, meine Wohnung zu kündigen. Drei Kreuze, dass ich nie mit Toni zusammengelebt habe. Auf den Stress, der damit auf uns zugekommen wäre, verzichte ich gerne. Es reicht, dass ich ihr das Herz gebrochen habe, da muss ich echt nicht noch um den Reiskocher kämpfen.

»Meinetwegen kannst du so lang bleiben, wie du willst.«

»Danke, aber ich will kein Schmarotzer sein.«

»Dann zahl halt Miete, und ich räum dir mein Büro frei. Vertrau mir, ich weiß, wie es ist, von jetzt auf gleich kein Dach über den Kopf zu haben.« Diesmal ist es Jamil, der gedankenverloren in den Nachthimmel starrt.

»Dafür bräuchte ich erst mal einen neuen Job, der ordentlich Geld bringt, damit ich mir die Quadratmeter in deiner Designer-Studiowohnung leisten kann«, murmele ich und denke an seine sicher sehr teure Einrichtung. »Ich bezweifle, dass mein jetziger Arbeitgeber meinen Wechsel nach Köln so toll findet. Es lassen sich aus der Ferne nicht so leicht Kunden zum Autokauf animieren, weißt du.«

Jamil grinst.

»Soso. Du brauchst also einen Job, was? Na gut, dass ich jemanden kenne, der weiß, wo gerade ein Platz frei geworden ist.«

KAPITEL 6

VIENNA

Wenn man sich wie eine Göttin oder Kriegerin fühlt, kniet die Welt vor einem nieder.
Dieser Spruch von Sandy, geprägt, nachdem wir uns den ersten *Wonder Woman* im Kino angesehen haben, hat so starken Eindruck bei mir hinterlassen, dass ich ihn ausgedruckt und eingerahmt in meinem Schlafzimmer hängen habe. Jeden Tag vor der Arbeit nehme ich mir die Worte zu Herzen und kleide mich dementsprechend. Seit ich dieses Ritual befolge, fühle ich mich nicht nur selbstbewusster und stärker, sondern im Büro deutlich mehr gesehen. Was lächerlich ist, denn in einem gemütlichen übergroßen Strickpullover kann man schließlich ebenso viel abliefern wie in einem farblich abgestimmten Kostüm und auf Dauer unbequemen Pumps. Da ich jedoch davon überzeugt bin, kurz vor meinem persönlichen beruflichen Durchbruch zu stehen, will ich nichts riskieren und halte mich brav an Sandys Weisheit. Sie scheint den Dreh mit dem Leben schließlich rauszuhaben. Ich hätte sie mir schon viel früher als Beispiel nehmen sollen.

Ein Leben ohne Männer gleicht einem Paradies. Ihnen abzuschwören war die beste Entscheidung. Die diversen Dating-Apps auf meinem Handy zu löschen fühlte sich wie ein Befreiungsschlag an. Keine roten Hinweise, dass eine neue Nachricht eingetrudelt ist, in der sich zu mindestens fünfzig Prozent weniger charmanter Inhalt versteckt.

Noch bin ich unschlüssig, was ich an meinem neuen Lebensstil am meisten mag. Fakt ist aber, dass es mir auch mental besser geht, jetzt, da ich keine Benachrichtigung mehr über vermeintlich passende Matches erhalte, die mich arg an mir selbst zweifeln lassen. Bis heute habe ich nicht verstanden, wie mein Profil zu Kerlen passen konnte, die ein Clubbing-Foto als Anzeigebild haben, auf dem sie hackedicht in die Kamera grinsen. Und dann gibt es noch die Typen, die halb nackt ihre muskelbepackten Arme anspannen und im schlimmsten Fall auch noch küssen. Ich suche keinen Bodybuilder, der stolz auf seine Work-out-Routine ist. Mir reicht schon jemand, der für mich ein Gurkenglas aufschraubt, wenn ich es nicht schaffe.

Ab einem Punkt war mein Selbstwertgefühl ganz schön tief im Keller. Ich hab mich sogar gefragt, ob ich nicht unterbewusst auf diese Art von Männern stehe. Männer, deren Profil eigentlich von vornherein klarmacht, dass sie sich oder das Leben mehr lieben würden als mich. Mich und Benji.

Tatsächlich wollte ich mir zu Zeiten sogar einreden, dass ich gar nicht mehr nach einem richtigen Partner suche, mit dem ich mir ein gemeinsames Leben aufbauen könnte. Ein Mann, der zum Vorbild für Benji werden könnte. Nein, irgendwann kam ein Punkt, an dem ich überzeugt davon gewesen bin, dass ich bloß einen Kerl für die einsamen Nächte haben wollte, in denen meine Eltern Oma-Opa-Zeit mit Benji hatten … In dieser Phase meiner Verzweiflung waren meine Erwartungen an die Online-Dating-Community auch nicht besonders hoch, und ich hab so gut wie jedem Match in meinen privaten Nachrichten Aufmerksamkeit geschenkt. Im Nachhinein kann ich darüber nur noch entsetzt mit dem Kopf schütteln.

Glücklicherweise habe ich dieses Gefühlschaos bei einem Treffen mit Sandy laut ausgesprochen. Sie hat mir daraufhin natürlich den Kopf gewaschen und mich daran erinnert, dass ich mir das perfekte Bilderbuch-Familienleben wünsche und One-Night-Stands für mich nicht das Wahre sind. Nach einiger Überlegung und Schmollen habe ich schließlich eingesehen, dass sie recht hat. Ich suche nicht den schnellen Spaß, sondern das wahre Glück. So kitschig es auch klingt, genau das will ich. Na ja, *wollte* ich.

Jetzt können mir Männer am Allerwertesten vorbeigehen. Manche sind nett anzuschauen, aber wirklich brauchen tue ich sie nicht mehr. Ich krieg auch allein ein Ikea-Regal aufgebaut, und mit Benji habe ich meinen Teil zur Weltbevölkerung längst beigetragen. Und das kurzfristige Vergnügen könnte ich mir dank Sandys Geschenk auch selbst besorgen – würde der Lady Pleaser nicht noch in seiner Originalverpackung unter meinem Bett liegen. Doch wer weiß? So oft, wie Sandy nachhakt, ist es sicher nur eine Frage der Zeit, bis ich ihn verwende, nur damit sie aufhört, mich damit zu nerven.

Damit ich nicht sofort beim erstbesten Typen, der Ähnlichkeit mit Ryan Gosling hat, einknicke, hat Sandy übrigens auch an meinem Selbstwertgefühl und Stolz gearbeitet. Erst wegen dem exzessiven Shopping-Nachmittag, auf den sie gedrängt hatte, fühle ich mich wie eine Göttin oder Kriegerin und ja, zu gut, um mich mit der männlichen Population abzugeben. Wir haben meinem Kleiderschrank ein komplettes Makeover gegeben ... und mir damit quasi auch.

Da ich gemerkt habe, wie gut mir diese Veränderung getan hat, habe ich auch diesen Brauch beibehalten. Deswegen warte ich jetzt – wenige Tage, nachdem ich mein Dating-Leben begraben habe – nicht nur auf den lang ersehnten Karriereschritt nach vorne. Ich trage auch meine von Natur aus hellbraunen Haare nun in einem granatroten schulterlangen Bob. Eine radikale Typveränderung nach einer drastischen Lebensveränderung – passt doch.

Ironischerweise scheine ich *damit* in der realen Männerwelt Aufmerksamkeit zu erregen. Die vergangenen Tage haben mich unterwegs bereits mehr von ihnen angesprochen als die letzten Monate zusammengezählt.

Auch im Büro habe ich von meinen Kollegen viele Komplimente bekommen und bin überraschend oft nach meiner Meinung zu ihren Ideen gefragt worden. Im Gegensatz dazu scheinen meine Kolleginnen nun weniger auf mich zuzukommen.

Linda, meine Vertrauensperson und absoluter Lieblingsmensch auf der Arbeit, meinte sogar im Scherz, dass ich für das weibliche Kollegium damit zu einer Gefahr werden könnte, weil ich angeblich von Klaus, meinem Vorgesetzten, mehr Beachtung geschenkt bekomme. Auch das finde ich blödsinnig. Erstens ist der Typ mit einem Mann verheiratet, und zweitens: Ich mache einen vorbildlichen Job, komme nie zu spät und tratsche nicht herum. Wenn ich Beachtung erhalte, dann weil ich eine gute Mitarbeiterin bin. Falls andere denken, ich würde aus anderen … optischen Gründen herausstechen … dann fände ich das ziemlich traurig. Wir Frauen befinden uns ohnehin schon in der Minderheit, da sollten wir eigentlich zusammenhalten. Doch falls sie wirklich der Meinung sind, dass ich versuche, mir durch meine äußere Erscheinung Vorteile im Job zu beschaffen, dann kann ich ihnen auch nicht weiterhelfen. Wenn sie mich jetzt erst als Bedrohung sehen, haben sie mich und meine Arbeit vorher überhaupt nicht ernst genommen.

Ich bin es leid, im Hintergrund zu sein. Deshalb habe ich beschlossen, mein Glück selbst in die Hand zu nehmen. Meine Lieblingsbluse, weiß und Schnickschnack-frei, und der dazu kombinierte strenge Bleistiftrock helfen dabei, dass ich mich stark und tough fühle und hoffentlich heute endlich für mich einstehe.

Bei jedem Schritt durch das Großraumbüro hallen die Absätze meiner Pumps im Raum wider, das Klacken selbstsicher und bestimmt. Eventuell laufe ich ein paar Extraschritte, um jeden in der Nähe spüren zu lassen, dass ich nicht hier arbeite, um unsichtbar zu bleiben.

Ab diesem Tag bin ich hier, um gesehen zu werden, aber es kann natürlich auch nicht schaden, wenn man mich *hört*.

»Und? Wie ist es gelaufen? Was hat Klausi-Mausi gesagt?« Linda setzt sich mit einem erledigten Seufzer neben mich auf die Parkbank, bindet ihre wilde Mähne zusammen, damit ihre Haare ihr beim Essen nicht vom Wind in den Mund geweht werden, und packt ihre geliebten überbackenen Laugenstangen mit Frischkäse aus.

Seit sie in die Grafikdesign-Abteilung gewechselt ist und wir uns weniger sehen, verbringen wir unsere Mittagspause bei trockenem Wetter draußen im Park vor der Agentur. Hier fühlen wir uns befreit von dem erstickenden Arbeitsklima und sicher genug, um uns über Dinge auszutauschen, die im Büro nichts zu suchen haben. Auf genau derselben Bank, auf der wir gerade sitzen, habe ich ihr von Benji erzählt. Sie ist die Einzige meiner unmittelbaren Kollegen, die über ihn Bescheid weiß. Zwar ist ihr der Vater unbekannt, aber sie hat auch nicht nachgehakt. Dafür bin ich ihr sehr dankbar, denn ich bin nicht scharf darauf gewesen, meine einzige richtige Freundschaft im Büro auf einer Lüge basieren zu müssen. Außerdem ist diese Information unwichtig, da Benji nur mein Kind ist. Er braucht keinen Vater, der ihn nicht wollte.

Als wäre es erst gestern gewesen, erinnere ich mich an den Tag, an dem ich mit einem positiven Test auf den kalten Fliesen im Badezimmer meiner Eltern gesessen habe – einsam und allein. Was für ein Muster in meinem Leben.

Die Fingerspitzen sind schwarz von der verlaufenen Mascara gewesen, die ich versucht habe, von meinem Gesicht zu wischen. Meine Hände haben zitternd das Handy umklammert, während ich auf die Nachrichten gestarrt habe, die im Sekundentakt reinkamen und auf dem Display aufleuchteten. Jede Einzelne kann ich bis heute auswendig.

> Fuck, Vi!

> Wir hatten nur ein bisschen Spaß.

> Was soll die Scheiße?!

> Mach keinen Scheiß. Bist du echt schwanger??

> Treib es ab.

> Ich will kein Vater werden!

> Vi?

> Verdammt, antworte!

> Hallo?

Ein einziges Mal habe ich geantwortet.

> Ich werde das Baby nicht töten, Sam.

Die Schwangerschaft war ein Unfall, aber *das* stand für mich seit den zwei Streifen fest.

Ein einziges Mal kam noch eine Antwort.

> Vi, sei vernünftig. Du bist nicht bereit.

Danach war auf meinem Handy und in meinem Leben zwischen uns Funkstille.

»Vi?«

Lindas Stimme holt mich aus dem Badezimmer und zurück in die Gegenwart. Mein Blick fällt auf meine Hände, die wie damals mein Telefon umklammern. Nur sind meine Finger diesmal sauber. Vor Frustration und Wut weinen und mir deshalb das Make-up versauen, das tue ich schon lange nicht mehr.

»Vi, was hat er gesagt?«

Ich atme kontrolliert durch, bevor ich mich Linda mit einem hoffentlich gleichgültig wirkenden Schulterzucken zuwende. »Er hat gesagt, ich bin nicht bereit.«

KAPITEL 7

EMILIAN

In den letzten Zug der Nacht zu steigen und Berlin zu verlassen, habe ich pur aus dem Bauch heraus entschieden. Mir ist zu diesem Zeitpunkt nicht klar gewesen, ob ich den Ort, an dem ich aufgewachsen bin, endgültig hinter mir lasse, oder mir nur eine kurze Auszeit nehme. Doch jetzt warte ich in einem überfüllten Café, in dem die Kuchen nur halb so viel kosten wie daheim, auf einen Quasi-Fremden, von dem ich mir gute Nachrichten erhoffe.

Tja, damit hätte ich dann wohl meine Antwort.

Auch wenn ich mir seit meiner Ankunft vor einer Woche fast keine Gedanken mehr über meine Zukunft gemacht habe, so deute ich das Tischplattenklopfkonzert meiner Finger als eine Reaktion auf eine längst unterbewusst getroffene Entscheidung. Ich bin angespannt, weil ich hoffe, dass Malte sich mit positiven Nachrichten zu mir setzt.

Jamil und ich haben uns nach unserem kleinen Pizzaausflug bei ihm wegen des Jobs erkundigt. Durch Lisas Kündigung ist tatsächlich eine Stelle als Texter offen, und dank ein wenig Vitamin B und meiner bisherigen Erfahrungen im Marketingbereich konnte ich überzeugen und wurde zu einem Vorstellungsgespräch eingeladen. Zugegeben, ich war ein bisschen überrascht, als ich dieses dann ausgerechnet mit Malte, dem Junior-HR-Spezialisten von Jann & Rhode, geführt habe. Dazu muss ich aber fairerweise sagen, dass ich bis dahin keine Ahnung davon hatte, welche Position er in der Werbeagentur einnimmt. Im Nachhinein hat sich der Kontakt zu einem Personalmanager für mich jedoch als Vorteil herausgestellt. Offenbar hat er mich im Pub für einen stillen, aber netten Kerl gehalten. Das Bewerbungsgespräch mit ihm lief auch gut. Laut seinen Worten hätte er mir am liebsten direkt die Stelle angeboten. Da die Entscheidung jedoch anscheinend nicht bei ihm allein liegt, musste er mich fürs Erste vertrösten. Er hat zwar versprochen, sich auf der Stelle zu melden, sobald meine Bewerbung mit seinem Vorgesetzten besprochen wurde, trotzdem dachte ich anfangs, dass er mir damit auf nette Weise einen Korb gibt. Heute Morgen ist dann tatsächlich eine E-Mail von ihm eingegangen. Darin hatte Malte in fett gedruckt auf einen heutigen Folgetermin bestanden, um alles Weitere zu klären. Diese Dringlichkeit sollte mir Sorgen bereiten. Niemand im Personalmanagement hat es in einem ausgeglichenen Arbeitsumfeld mit dem Recruiting so eilig ... außer es handelt sich bei der einzustellenden Person um eine VIP, die sie unbedingt haben möchten. Da ich vorhin im Spiegel nicht den Deutschrap-King und Wörter-Gott Casper, sondern bloß mich, Hobbytexter Emilian, erblickt habe, nehme ich allerdings mal an, dass es nicht an mir liegt, dass nun alles so überstürzt über die Bühne gebracht werden soll. Ich meine, es ist schon ziemlich fragwürdig, das Folgegespräch in einem überlaufenen Café zu führen. Dann wiederum ... wenn ein Manager, der für sämtliche Angelegenheiten im Personalwesen zuständig ist, mitten im Büro eine Angestellte vögelt, sollte es mich nicht wundern, wenn es noch anderweitig ... unprofessionell zugeht.

Allerdings hat ein Blick auf mein Onlinekonto ausgereicht, um Zweifel jeglicher Art auszublenden. Aktuell befinde ich mich nicht in der luxuriösen Lage, bei der Jobsuche wählerisch sein zu können. Fakt ist, dass ich auf Dauer Einkommen brauche, wenn ich …

Mein Grübeln wird von der Vibration meines Handys unterbrochen, und als ich das freche Grinsen meiner kleinen Schwester auf dem Bildschirm aufleuchten sehe, sackt mir das Herz in die Hose.

Seit ich Reißaus genommen habe, habe ich mich nicht mehr bei ihr oder meinem Bruder gemeldet. Die beiden wissen nicht einmal, dass wir uns momentan nicht in derselben Stadt befinden.

Bevor ich mein Telefon in die Hand nehme, sehe ich zur Tür. Insgeheim sehne ich mich danach, dass Malte in genau diesem Moment das Café betritt. Dann hätte ich eine ehrliche Ausrede, um dem Anruf zu entgehen. Doch niemand schneit durch die Tür herein, und ein Blick auf das Foto von Gianna genügt, damit ich mich mies fühle. Was für ein Bruder wäre ich, wenn ich den Anruf meiner kleinen Schwester absichtlich ins Nichts laufen lassen würde? Anstatt daher das Klingeln auszusitzen und mir mental eine Ausrede, warum sie mich nicht erreichen konnte, für später zurechtzulegen, nehme ich den Anruf letztlich entgegen.

»Oh, Em! Du glaubst nicht, was passiert ist!«

Kein Hallo. Kein Wo-bist-du? Nein, ich bin mittendrin im Leben meiner jüngeren Schwester. Kurz versuche ich, ihre Tonlage zu analysieren. Klingt sie aufgeregt oder aufgebracht? Bei Gianna kann ich es nie raushören. Wenn sie mir gegenübersäße, dann könnte ich augenblicklich sagen, wie es ihr geht, da sie ihre Emotionen immer zeigt. Hunderte Kilometer entfernt und nur mit ihrer Stimme am anderen Ende der Leitung, habe ich jedoch keine Chance.

»Ich bin ganz Ohr«, erwidere ich daher mit einem Grummeln und hoffe, dass sie heraushört, dass ich mir zumindest eine Begrüßung gewünscht hätte. Aber nein, Fehlanzeige.

»Wenigstens einer. Ricky will mir gar nicht zuhören und hockt seit Stunden mit Kopfhörern in seinem Zimmer. Dabei betrifft es ihn doch auch!«

Meine Alarmglocken schrillen, und ich drücke mein Handy enger an mein Ohr. Die Vergangenheit hat mich gelehrt, dass es automatisch immer um ihren Vater geht, wenn es sie beide betrifft. Doch bisher war ich stets vor Ort, um mich der Sache anzunehmen. Dinge zu klären, ohne dass meine Geschwister davon mitbekommen. Für Gianna ist ihr Vater ein tapferer Held, der nach dem Tod unserer Mutter sein Bestes gibt. Es würde sie zerstören, sollte sie erfahren, dass ihr Vater ein narzisstischer Arsch mit einem ausgeprägten Hang zum Glücksspiel ist und mehr als einmal unsere gesamte Existenz deswegen auf dem Spiel stand.

»Die Schule hat uns einen Brief für die Eltern mitgegeben plus einen Flyer für irgend so eine Förderung. Wir haben die anderen gefragt, ob sie auch so was bekommen haben. Em, nur wir beide haben das bekommen! Deswegen hab ich Ricky versucht dazu zu überreden, den Brief mit mir zu öffnen. Aber er wollte nicht, weshalb ich ihn allein ...«

»Gianna«, ermahne ich sie und kneife mir in die Nasenwurzel. Ich kann regelrecht spüren, wie mich der Ärger aus Berlin in Köln gefunden hat, und nur erahnen, dass dieses Telefonat erst der Anfang von jeder Menge Stress sein wird. »Man öffnet nicht die Post von anderen. Sagt dir der Begriff ›Briefgeheimnis‹ etwas?«

»Jaja, natürlich. Aber komm schon! Du hättest das doch auch gemacht!«

»Nein, tatsächlich nicht.«

»Auf jeden Fall steht in dem Brief, dass unsere Beiträge für die Klassenfahrt nicht abgebucht werden konnten. Dad wurde nochmals eine zweiwöchige Frist gegeben. Ricky juckt das anscheinend gar nicht, mich dafür umso mehr! Und dann ... vorhin, beim Mittagessen, da hab ich mich mit Dad wegen meinem neuen Nebenjob gestritten. Man würde denken, er freut sich, dass ich meinen Führerschein selbstständig finanzieren kann, aber nein. Er ist vollkommen ausgetickt, sagt, dass ich keinen Job brauche, er die Kosten übernimmt und mich auf meine Noten konzentrieren soll. Und dann ...«

»... Dann was?«, falle ich ihr angespannt ins Wort und rechne mit dem Schlimmsten.

»... ja, dann ist mir rausgeplatzt, dass er sich erst mal um die Fahrten kümmern sollte.«

»Du hast ihm von dem geöffneten Brief erzählt?«

»Nein, nur dass die Schule nachgehakt hat, was mit den offenen Beträgen ist. Em, er hat mir meinen Job verboten! Das kann er doch nicht machen!«

»Ich rede mit ihm.«

Reden, hah.

»Meinst du, du kannst da überhaupt was machen? Er wirkte so sauer.«

»Gianna, vertrau mir. Ich krieg das hin.«

»Und wenn nicht? Ich flipp aus, Em! Alle fahren und ...«

»Jetzt beruhige dich und ...«

»Urgh! Wenn ich eine Meditationsstunde gewollt hätte, dann wäre ich ins Yoga-Studio gegangen. Am liebsten will ich schreien. Und was kaputt machen.«

»Hey, ich regele das, okay? Hab ich dich je hängen lassen?«

Dabei ignoriere ich die Tatsache, dass ich ihr weiterhin verschweige, dass ich nicht mehr in Berlin bin.

»Nein ... okay. Okay, ich vertrau dir. Danke, Em, wirklich. Du bist der beste Bruder auf der Welt.« Den letzten Satz brüllt sie, und ich vermute, dass sie damit Ricky provozieren möchte.

»Nur weil Ricky keinen Bock auf die Schweiz hat, kann er doch trotzdem ... für mich da sein, oder? Es ist ja nicht meine Schuld, dass er Bio statt Englisch gewählt ...«

»Sorry, dass ich zu spät bin.«

Malte setzt sich mir gegenüber auf den freien Stuhl. Ich muss so in das Telefonat vertieft gewesen sein, dass ich nicht mitbekommen habe, wie er das Café betreten hat.

»Gianna, ich muss auflegen. Mach dir keinen Kopf, okay?«

Malte bedeutet mir, das Telefonat ruhig zu Ende zu führen, doch ich werde mich erst später mit diesem neuen Problem herumschlagen. Dafür muss ich nämlich mit Carlo Casino sprechen. Etwas, das ich ganz sicher nicht vor den Augen meines womöglich künftigen Vorgesetzten machen werde.

»Auch wegen des Jobs? Alle haben nämlich einen. Es ist echt scheiße, auf ...«

»Gianna«, wiederhole ich eindringlicher, damit sie aufhört zu brabbeln. »Ich klär das. Alles. Okay? Aber jetzt muss ich wirklich Schluss machen.«

»Hm. Okay. Meld dich danach, ja? Sofort!« Meine kleine Schwester klingt verstimmt, aber daran kann ich nichts ändern. Jedenfalls fürs Erste nicht.

»Versprochen.«

Damit beende ich das Gespräch, schalte mein Handy stumm und schiebe es in meine Hosentasche.

»Tut mir leid.«

»Nicht doch. Wartest du schon lange?« Malte schnappt sich das Menükärtchen und studiert die Angebote flüchtig.

»Der Tisch wurde erst vor ein paar Minuten frei«, erwidere ich, ohne wirklich auf seine Frage einzugehen. Da er mir im Beruf übergeordnet wäre, braucht er nicht zu wissen, dass ich schon seit einer Stunde hier bin, weil ich es in der Wohnung vor Nervosität nicht länger ausgehalten hab.

Ich kann nicht mal sagen, warum ich so aufgeregt bin. Entweder ich hab den Job oder eben nicht. Es ist nicht so, als gäbe es da draußen keine anderen freien Stellen. Doch sobald ich an das Telefonat mit Gianna denke, ist es mit meiner Pseudo-Gelassenheit schnell wieder vorbei. Wenn Carlo Casino seinen geliebten Kindern ihre Klassenfahrt verwehrt, steckt mehr dahinter. Für diesen Fall sollte ich ganz schnell wieder an einer verlässlichen Geldquelle sitzen.

»Americano?« Malte sieht auf unseren leeren Tisch und deutet auf die Getränkesparte der Karte.

»Super Idee.«

Sobald eine Bedienung auf uns aufmerksam wird, bestellt er zwei schwarze Kaffee. Obendrein ordert er sich noch ein Stück Käsekuchen. Sobald unsere Sachen serviert werden, vertilgt er sein Dessert in wenigen Bissen.

»Frühstück, Mittag und Abend in einem«, sagt er und sammelt mit der Gabel die restlichen Krümel auf. »Emilian, ich mach es kurz, denn der Tag war lang genug. Alle in der Personalabteilung sind angetan von deiner Bewerbung. Es ist jedoch so, dass wir noch zwei weitere Bewerbungen prüfen und ähm … aus politischen Gründen würden wir gerne wieder einer Frau die Stelle als Texterin anbieten.«

»Oh, okay.«

»Ja, die Frauenquote, du kennst das sicher.«

»Klar.« Ich bemühe mich, meine Enttäuschung über die Absage zu verstecken. Als sich allerdings noch Wut in sie hineinmischt – dafür hätten wir uns echt nicht extra treffen müssen –, verstecke ich mich lieber doch hinter meiner Kaffeetasse. Gedanklich rufe ich bereits weitere Jobangebote ab, die mir in den vergangenen Tagen ins Auge gesprungen sind.

»Falls du aber damit einverstanden wärst, in der Social-Media-Abteilung anzufangen … da hätten wir auch eine freie Position, und du wärst für sie mit deinem Werdegang ebenso qualifiziert. Es hat nicht viel mit Schreiben an sich zu tun, aber ich bin sicher, du kannst dort auch hier und da etwas Kreativität einfließen lassen.« Malte holt tief Luft und wirkt, als wollte er noch etwas hinzufügen, aber entscheidet sich dagegen. Stattdessen lächelt er mich abwartend an.

»Du machst auf mich den Eindruck, als gäbe es einen Haken?«, frage ich argwöhnisch, aber nicht überrascht, und stelle die Tasse vor mir ab.

Haken hin oder her, du brauchst die Stelle, deswegen sag schon zu.

»Kennst du Harry Potter?«

Ungläubig starre ich ihn an.

»Du machst Witze, oder? Wer in unserem Alter kennt Harry Potter nicht?«

Malte runzelt die Stirn, beschließt dann aber, meine rhetorisch gemeinte Frage zu ignorieren.

»Wir vergleichen die Stelle gerne mit dem Posten als Lehrer für Verteidigung gegen die dunklen Künste.«

»Meinst du damit, sie ist verflucht?« Ich bemühe mich, nicht zu lachen, denn er sieht so aus, als wäre er tatsächlich felsenfest davon überzeugt.

»Nicht direkt.« Er räuspert sich, nimmt einen Schluck von seinem Kaffee und stellt ihn dann in aller Ruhe wieder ab. »Es ist so, dass ...« Mit der Spitze seines Zeigefingers tippt er auf den Rand seiner Tasse und scheint nach den passenden Worten zu suchen. »Uns gelingt es nicht, eine Person dort langfristig zu beschäftigen. Du wärst allein in diesem Jahr der vierte, der die Stelle besetzen würde.«

Eigentlich sollte ich fragen, warum. Ist die Bezahlung schlecht? Mutet man den Mitarbeitern zu viel zu? Miese Arbeitszeiten? Es gibt unzählige Anlässe, warum in Betrieben eine hohe Fluktuation herrscht. Vielleicht wäre es von Vorteil, wenn ich mindestens einen davon in diesem Gespräch herausfinden würde. Immerhin habe ich mir vorhin doch selbst über die Unprofessionalität noch Gedanken gemacht.

Stattdessen höre ich mich sagen, dass ich den Job gerne hätte. Damit schließe ich das Zeitfenster, in dem Malte mir ganz freundschaftlich von den faulen Seiten in meinem möglichen Job hätte erzählen können.

»Ohne dass ich dir sage, warum wir Probleme darin haben, die Stelle langfristig besetzt halten zu können?« Malte lehnt sich verwundert zurück und mustert mich. »Es gibt da nämlich ein kleines Prob…«

»… es würde keinen Unterschied machen … denke ich«, falle ich ihm ins Wort. »Ich brauche einen Job, wenn ich neu anfangen möchte, und … es ist besser, wenn ich unvoreingenommen an die Sache rangehe … oder?«

Malte wägt meine Worte ab und nickt schließlich.

»Dann gehört er dir. Du kannst gleich Montag gern einmal probearbeiten, und falls du nach dem Tag dann weiterhin nicht abgeneigt bist, erledigen wir den restlichen Papierkram. Klingt das nach einem Plan?«

»Absolut. Ich hab übrigens schon mal den Account von einem Start-up gepflegt. Sollte also kein Problem sein, den von euch …«

»… Oh, das wäre gar nicht deine Aufgabe. Um unseren Auftritt kümmert sich eine externe Agentur. Ist auf diese Weise einfacher. Dein Job bestünde darin, anderen Firmen mit ihrer Internetpräsenz zu helfen und ihre Marken sichtbar im Netz zu positionieren.«

»Ahh.« Etwas verlegen male ich die Logoprägung auf meiner Tasse nach. »Da hätte ich mich wohl besser über Jann & Rhode schlaumachen sollen, oder?« Wie naiv von mir, das nicht vorher getan zu haben. Nach dem ersten Gespräch mit Malte hatte ich anscheinend ein derart positives Gefühl, war mir so sicher, den Job zu bekommen, dass ich es nicht für nötig gehalten habe, etwas Recherche zu betreiben.

Klasse Schachzug, Em.

Glücklicherweise lacht Malte.

»Bei einem normalen Gespräch würde ich dir wahrscheinlich nicht widersprechen, aber wir sind unter Freunden, und wenn man bedenkt, was ... na ja, also ist das schon in Ordnung.«

Erleichtert atme ich aus, dann schweigen wir uns einen Moment an.

»Falls du Fragen hast, nur her damit.«

Offenbar bemerkt Malte, dass ich mich mit meinem Fettnäpfchen komplett aus dem Konzept gebracht habe.

»Um ehrlich zu sein, weiß ich nicht, was ich fragen kann, ohne wie der letzte Trottel auszusehen. Tut mir leid, es ist mir so unangenehm, dass ich nicht mal wusste, was für einem Job ich zusage.«

»Emilian, du brauchst dich nicht dafür zu entschuldigen. Du hast dich als Texter beworben, und ich hab dir eine Position in der Social-Media-Abteilung angedreht, ohne dir zu sagen, was deine Aufgaben wären. Wenn sich jemand entschuldigen sollte, dann ich. Daher tut mir leid, für Verwirrung gesorgt zu haben. Wie wär's, wenn ich am besten anschneide, was so in deinen Bereich fällt?«

»Bitte.« Mit einem Mal möchte ich vor allem auch wissen, warum er den Posten als verflucht bezeichnet hat.

»Also, du ...« Sein Handy vibriert. »Sorry, das muss ich ... Em, wärst du damit einverstanden, wenn wir deine Fragen nächste Woche klären?« Er steht bereits auf, ohne eine Antwort abzuwarten, und mit einem Mal fühle ich mich wie eine Last.

»Klar, kein Problem. Bis dahin werde ich ordentlich recherchieren.«

Malte lacht erneut auf.

»Du gefällst mir. Keine Sorge, Donnerstag kannst du mich fragen, was du willst.«

»Montag.«

»Pardon?«

»Du hast gesagt, ich habe Montag mein erstes Probearbeiten.«

»Ah, ja. Ich selbst bin über den Feiertag im Urlaub und erst Donnerstag wieder zurück. Du wirst von Frau Lorenz betreut.« Er lächelt, dann scheint er es sich anders zu überlegen und verzieht sein Gesicht zu einer Grimasse, als hätte er in eine saure Zitrone gebissen. »Für einen reibungslosen ersten Tag solltest du den Drachen lieber nicht zu viel fragen. Ich sag dir, mein Irrwicht würde aussehen wie sie.«

»Das macht Mut«, murmele ich. Besonders die Anspielung bereitet mir Sorge, denn wirklich vielversprechend klingt das nicht.

»Das wird schon. Mach's einfach wie letztens im Pub. Bleib im Hintergrund.«

Mit den Worten klopft er mir auf die Schulter, ehe er mit dem Handy am Ohr das Café verlässt.

Etwas bedröppelt bleibe ich mit meinem Kaffee zurück.

Das ganze Treffen glich eher einer Szene eines schlecht geschriebenen Theaterstückes und hat regelrecht Unprofessionalität geschrien. Wenn die eigentliche Arbeit auch nur annähernd im gleichen Muster abläuft, dann prost Mahlzeit, kann ich mir direkt einen neuen Job suchen. Außerdem frage ich mich, wie Malte sich das vorstellt. Wie um Himmels willen soll ich mich beim Probearbeiten, der einen Phase im Job, in der ich permanent im Fokus stehen werde, unsichtbar machen?

KAPITEL 8

VIENNA

Noch nie zuvor habe ich mich so darüber gefreut, die Arbeitswoche abhaken zu können, wie jetzt. Nach dem Gespräch mit Klaus Jann, meinem Vorgesetzten, habe ich mich klein und unbedeutend gefühlt. Danach wollte ich mit niemandem mehr sprechen – normalerweise eine Sache der Unmöglichkeit, wenn man in einer Marketing-Agentur arbeitet, die an ein Enges-Miteinander-Konzept glaubt. Doch ich habe es geschafft, indem ich mich freiwillig dazu gemeldet habe, zwei unserer Kellerräume leer zu räumen, die nach dem letzten Unwetter unter Wasser gestanden hatten. Den Rest der Woche war ich daher erfolgreich damit beschäftigt.

Traurigerweise habe ich mit dieser selbstlosen Tat anscheinend mehr Anerkennung und Respekt von den anderen erhalten als für die gesamte Zeit, die ich bereits für die Firma arbeite. Wenn das mal nicht meine bisherige Karriere zusammenfasst. Deshalb ist es nicht nur physisch, sondern auch mental eine Last, die mir von den Schultern genommen wird, als meine Mutter mir am Freitagnachmittag bei sich zu Hause meine schwere Handtasche abnimmt und mich zu meinem Lieblingsplatz am Küchentisch lotst.

»Du siehst müde aus.«

Sie stellt eine Schale, die bis obenhin vollgepackt ist mit Fertigkeksen, vor mir ab und hantiert im Anschluss an ihrer geliebten Kaffeemaschine herum.

Ich lasse mir Zeit damit, mir meine Lieblingssorte Gebäck herauszufischen. Erst mit einem Marmeladenkeks als seelische Unterstützung in der Hand, antworte ich ihr.

Sosehr ich meine Mutter auch liebe, sie findet immer in den unpassendsten Momenten die falschen Worte.

»Das ist nicht gerade das, was eine junge Frau hören möchte«, murmele ich an meinem Keks knabbernd.

»Du bist aber nicht nur eine junge Frau, sondern Mutter eines zehn Monate alten Kindes.«

»Na gut.« Ich lege den angebissenen Biskuit auf die Tischplatte und setze mich in den Schneidersitz. »Dann ist es halt nicht gerade das, was eine junge Frau und Mutter hören möchte.«

»Ach, Vienna.« Meine Mutter stellt nacheinander drei Tassen mit dampfendem Cappuccino zwischen uns ab und holt danach ebenso viele Teller aus dem Küchenschrank. Auf einen davon packt sie mit einer Miniaturzange meinen Halbkeks, bevor sie zum Kühlschrank huscht.

Dort zaubert sie einen No-Bake-Kuchen mit Himbeeren hervor. Seit sie in Rente ist und, Zitat, »sie die Langeweile überfallen hat, wie ein Einbrecher«, hat sie das Internet für sich entdeckt. Sowohl Onlineshops für Küchenhelfer als auch Rezepte auf Pinterest sind nicht mehr vor ihr sicher. »Es ist verständlich, dass du erschöpft bist. Alleinerziehend und in Vollzeit zu arbeiten … bist du sicher, dass es ernsthaft das ist, was du möchtest? Dein Vater und ich, wir können dir doch unter die Arme greifen.«

»Das macht ihr doch schon längst«, erwidere ich.

»Was machen wir?«

Mein Vater taucht mit Benji auf dem Arm im Türrahmen auf und lächelt neugierig in die Runde, ehe sein Blick einen Moment länger auf seiner Frau ruhen bleibt. Mir wird augenblicklich wärmer ums Herz, sobald ich die beiden miteinander sehe.

»Johannes, deine Schuhe«, ermahnt meine Mutter meinen Vater, doch ich kann auch aus ihrer Stimme heraushören, dass sie sich freut, ihn zu sehen.

Die beiden sind zu neunundneunzig Prozent der Grund, wieso ich mich nach einem Partner gesehnt habe. Sie führen mir jedes Mal, wenn sie miteinander turteln, vor Augen, wie schön Liebe sein kann. Und sie erinnern mich daran, dass die beiden mir – mit ihrer Zuneigung füreinander – das beste Zuhause geboten haben. Genau das wünsche ich mir auch für Benji.

Falls wir für den Rest unserer Reise nur zu zweit bleiben sollten, kann ich ihm immerhin die liebevollsten Großeltern auf der Welt bieten.

Mein Vater huscht für eine Sekunde aus meinem Sichtfeld und kehrt danach in seinen Hausschuhen wieder in die Küche zurück.

»Hübsch siehst du aus, Nana. Ich muss sagen, das Rot gefällt mir von Tag zu Tag mehr.« Sein aufrichtiges Lächeln gilt mir, während Ma Benji aus seinen Armen nimmt und ihn knuddelt, als hätte sie ihn ewig nicht gesehen. Dabei waren Pa und er nur für eine Stunde draußen spazieren, damit Ma in Ruhe noch ihre Serie im Fernsehen gucken konnte.

»Danke, mir auch.« Ich klettere von meinem Stuhl und lasse mich von ihm in eine Bärenumarmung schließen.

Mein Vater ist hochgewachsen, seit Minute eins der größte Fan von Mas Koch- und Backkünsten und deswegen seit ihrem neuen Hobby um ein paar gesunde Kilo schwerer. Seine Umarmungen sind perfekt – warm und weich.

Nachdem er mich begrüßt hat, widmet er sich meiner Ma, und auch Benji bekommt noch mal eine Extraportion Liebe von ihm, bevor mein Sohn für seine Keksfutterei auf meinem Schoß Platz findet.

»Na dann, worüber habt ihr eben geredet?« Pa angelt sich ein paar gebrochene Butterkeksstücke aus einer weiteren Schale, die Ma für Benji hingestellt hat, und schiebt sie sich nacheinander in den Mund, wie ein Hamster.

»Das sind nicht deine, Johannes«, schimpft Ma und klopft ihm tadelnd auf den Handrücken, damit er den Rest wieder zurückgibt. »Sie gehören Benji.«

»Quatsch, wir haben mehr als der in einem Jahr verputzen kann. Außerdem ist zu viel Zucker ungesund, nicht wahr, Pa?«, sage ich feixend. Er grinst und bedient sich weiter.

»Ich darf das, schließlich bin ich eben über fünftausend Schritte gelaufen. Also, worüber habt ihr gesprochen?«

»Ich hab Vienna unsere Hilfe angeboten, damit sie sich nicht so abhetzt und zur Abwechslung auch mal durchatmen kann«, erläutert Ma und lädt ihm ein Stück Beerenkuchen auf seinen Teller.

Mein Vater und ich schielen zu dem großzügigen Stück.

»Was?«, fragt Ma und zuckt mit den Schultern. »Da sind Früchte drauf, und dein Vater muss den Kuchen ausgiebig probieren, damit ich meine Bewertung hochladen kann.«

»Ich sag ja gar nichts«, entgegne ich verteidigend.

»Jedenfalls, Nana, deine Mutter hat recht. Geld oder Zeit, was es auch ist, wir sind für dich da.«

»Pa ...«

»Wir könnten uns nichts Besseres vorstellen, als Zeit mit unserem Enkel zu verbringen, und dass du dir so viel zumutest, das muss nicht sein. Falls du daher kürzertreten ... oder mal abends ausgehen möchtest, wir unterstützen dich sehr gerne.«

Ihre Worte mögen gut gemeint sein, aber was bei mir ankommt, ist die unterschwellige Anschuldigung, dass ich allein nicht zurechtkomme und nur das eine, nicht aber beides – Job und Kind – haben kann.

»Unsinn, ihr habt es beide endlich geschafft und seid in Rente! Auf die freie Zeit habt ihr euch doch immer gefreut. Außerdem belästigen wir euch beide schon genug.«

»Sag noch einmal, dass ihr uns belästigt, dann … dann … na ja, das ist jedenfalls nicht der Fall. Du weißt, wir freuen uns über jeden Tag, den wir mit Benjamin verbringen dürfen.«

Ma sieht verliebt und urplötzlich überhaupt nicht mehr verärgert zu dem kleinen Racker auf meinem Schoß und drückt ihm ein winziges Stück Butterkeks in die Hand. Benji führt es direkt zu seinen Lippen, obwohl sich darin noch der zerkaute Rest des Vorgängers befindet. »Und es ist ein netter Nebeneffekt, wenn wir dich damit zusätzlich noch entlasten.«

»Ich bin euch auch unendlich dankbar dafür, dass ihr eure Zeit mit ihm teilt und ihn nehmt, wenn ich arbeite. Aber Benji zu haben, das ist meine Entscheidung gewesen. Es war nie meine Absicht, euch in eurem Ruhestand damit zu belasten.«

Da meine Mutter entrüstet mit der Gabel auf den Weg zu ihrem Mund, in der Luft innehält und wahrscheinlich jeden Augenblick ihre unausgesprochene Drohung von eben in die Tat umsetzen wird, rede ich schnell weiter. »Ihr hattet so viele Pläne für die Zeit danach. Was ist mit eurer Kreuzfahrt? Ma, du hattest doch sogar schon Kleider dafür gekauft und Englisch gelernt.«

»Das waren Pläne, die wir hatten, bevor wir zu Großeltern wurden, Vienna. Nun wartet ein völlig anderes Leben auf uns. Wir wollen ja nicht verpassen, wie Benji seine ersten Schritte macht. Oder er zum ersten Mal Oma sagt. Als du zum ersten Mal gelaufen bist … Vienna, wir wollen nur, dass du deine Erfahrungen als junge Mutter zu hundert Prozent genießt und nicht mit dem Kopf noch halb im Büro bist. Du hast noch viele

Jahre, um uns zu beweisen, dass ...« Ihre Stimme verstummt, sobald sie realisiert, was sie beinahe gesagt hätte.

»Ja?« Ich habe offenbar schon die ganze restliche Woche auf einen Moment gewartet, der zur Eskalation führt, denn ich fühle mich angestachelt, die sich anbahnende Katastrophe ins Rollen zu bringen.

Schon als Kind habe ich meinen Frust in mich reingefressen, um ihn mit Karacho an Leuten auszulassen, die zur falschen Zeit am falschen Ort gewesen sind. Es ist keine gesunde Art der Frustbewältigung, aber mit ihr und vor allem danach habe ich mich besser gefühlt. Und nach dieser durchwachsenen Woche brauche ich die Explosion. »Was will ich beweisen?«

»Nana, deine Mutter meinte das nicht so«, versucht mein Vater, die Situation zu entschärfen, stößt dabei aber auf die tauben Ohren seiner Tochter und die Sturheit seiner Frau.

»Du willst beweisen, dass ...« Sie sieht zu ihrem Mann, der ihr warnend eine Hand auf den Arm legt und den Kopf schüttelt. »Vienna, wir lieben Benjamin, das weißt du. Mit allem, was wir sind, haben wir ihn seit seiner Geburt in unser Herz geschlossen. Er ist das Beste, was dieser Familie passiert ist. Eine Bereicherung für uns alle.«

»So hast du das aber nicht immer betrachtet«, sage ich leise und streiche über das Haar meines Sohnes, dessen Farbe mich immer an einen warmen Kakao erinnert.

»Nein«, erwidert meine Mutter, greift nach der kleinen Hand von Benjamin und lächelt bedrückt. »Und ich befürchte, dass ich schuld daran bin, dass du jetzt allen beweisen möchtest, dass du damals die richtige Entscheidung getroffen hast und beides auf die Reihe bekommst.«

»Ich hab richtig entschieden«, bestätige ich stur. Meine Wut erlischt, sobald ich ihnen ins Gesicht sehe. Kleinere Falten erzählen von dem turbulenten Jahr, das ich ihnen beschert habe.

»Ja, das hast du. Aber du musst dir das Leben nicht unnötig schwer machen. Lass uns dir etwas Last abnehmen. Dein Vater und ich, wir haben lange gearbeitet und gut verdient. Du musst nicht arbeiten, wenn du das nicht möchtest. Vor allem nicht in Vollzeit.«

Mein Vater sieht zwar aus, als wolle er etwas einwerfen, aber entscheidet sich dagegen und legt stattdessen vielsagend seinen Arm um meine Mutter. Er unterstützt sie, gibt mir gleichzeitig durch sein Schweigen aber auch den Raum, damit ich meinen Standpunkt verdeutlichen kann.

»Ich will aber.«

»Du willst lieber deine Zeit in einem stickigen Büro verbringen als mit deinem Sohn?«

»Das ist nicht fair, und das weißt du. Ja, vielleicht hast du recht und ich möchte mich beweisen. Aber nicht, weil ich dir und den anderen, die mir von Benji abgeraten haben, unter die Nase reiben möchte, wie falsch sie gelegen haben. Und nein, ich trage dir das nicht nach, Ma. Ich war gerade in meinen ersten Job gestartet und hatte vor … hatte davor eine einzige richtige Beziehung. Ein Kind stand auch nicht in meinem Fünfjahresplan. Es ist absolut nachvollziehbar, dass keiner mir Benji zugetraut hat. Hab ich auch nicht. Doch jetzt ist er da und … irgendwie klappt es. Trotzdem …«, ich atme tief durch und drücke Benji an mich, als müsste ich so verdeutlichen, wie sehr ich meinen Sohn liebe … und er trotzdem nicht alles sein kann, was ich in diesem Leben erreiche. »Ich weigere mich zu akzeptieren, dass ich nur Mutter sein soll. Das mag für viele das Richtige sein, und das ist toll und kann die Erfüllung schlechthin sein. Für mich jedoch … ich möchte auch arbeiten, weil ich daran Spaß habe und mich noch mal anders verwirklichen kann. Ich bin gut in meinem Job, Ma. Verdammt gut.«

Und weil ich diese Woche nicht schon genug Material für eine schlechte Reality-Show angehäuft habe, reiße ich meine Klappe leider noch ein Stück weiter auf.

»Ich betreue mittlerweile sogar meinen ersten eigenen Kunden.«

Ich bin eine Hochstaplerin.

Nachdem ich meinen tollen, fiktiven Karrieresprung herausposaunt habe, wurde ich von meinen Eltern gelöchert und habe ihnen das Blaue vom Himmel heruntergelogen. Nun ist ihre Tochter in ihren Augen eine toughe Projektleiterin für einen großen, geheimnisvollen Klienten, koordiniert unter sich ein Team, wird mit Respekt behandelt und ist eine Inspiration für andere Frauen, die in meiner Situation stecken.

Tja, die Realität sieht anders aus. Das wird mir – wie schon so oft in den vergangenen Tagen – deutlich, als ich Benji am Abend, dank des Zuckerschocks durch die Kekse, viel später als geplant, ins Bett bringe.

Ihn zu füttern glich wieder mal einer Breischlacht par excellence. Zwei, drei Löffel habe ich geschafft, ihm unterzujubeln, ohne dass er sie wieder ausgespuckt hat. In Anbetracht der Tatsache, dass er bei Oma und Opa schon genascht hat, habe ich das bisschen als Erfolg verbucht und es dabei belassen. Um ihn zu beschäftigen, während ich die Wohnung aufräume, habe ich ihm ein Hörspiel angemacht und ihm seinen Rassel-Dino in die Hand gedrückt, mit dessen Geräuschen er meine Putzaktion in einem schrecklich unregelmäßigen Takt untermalt.

Was bin ich für eine dämliche Kuh?

Anstatt mich meinen Eltern anzuvertrauen, habe ich mich in ein Lügennetz verstrickt. Deshalb fühle ich mich noch beschissener als ohnehin schon. Mit der ausgemalten Situation habe ich mir nämlich vor Augen geführt, wie gerne ich wirklich die

Person wäre, die ich ihnen beschrieben habe ... und wie sehr ich darin gescheitert bin, zu dieser Person zu werden.

Was mache ich falsch? Warum traut mir niemand zu, allein die Verantwortung übernehmen zu können? Bin ich wirklich nicht bereit für mehr? Leider habe ich für keine dieser Fragen eine Antwort, weshalb ich wenig später gezwungen bin, meine Dämonen mit ins Bett zu nehmen. Ich schlafe auch fast mit ihnen ein, doch dann leuchtet mitten in der Nacht mein Handy auf meinem Nachttisch auf.

Etwas benommen taste ich danach und entdecke, dass ich es irgendwie geschafft habe, vor dem Zubettgehen gleich zwei Benachrichtigungen zu übersehen.

Die erste ist eine Mitteilung, in der ich darüber informiert werde, dass es eine Veränderung in der Arbeitsapp gab. Da ich für diese Woche allerdings die Schnauze voll von Jann & Rhode habe, beschließe ich, sie zu ignorieren.

Dann ist vor einer Stunde noch eine Nachricht von Sandy eingetrudelt. In der erinnert sie mich anhand einiger Bilder von halb nackten Männern zum millionsten Mal an den Pleaser.

Mit einem genervten Augenrollen schließe ich, ohne zu antworten, unsere Unterhaltung und drücke zum Abschluss auf die Nachricht, die mich aus meinem Halbschlaf geholt hat. Sie stammt von meiner Mutter, und nachdem ich kurz abgewogen habe, ob ich mir ihre Worte nicht lieber für den nächsten Tag aufhebe, öffne ich sie.

Der erste Teil freut mich, denn in diesem informiert sie mich darüber, dass Pa und sie noch mal über die Kreuzfahrt nachdenken werden. Die zweite Hälfte hätte ich mir lieber für niemals sparen sollen.

Ich überfliege ihre Worte einmal, dann schalte ich das Handy aus und lehne mich beschämt und frustriert stöhnend gegen den Rahmen meines Bettes.

Wir sind sehr stolz auf dich, Vienna.
Worauf? Darauf, dass ich eine scheiternde, alleinerziehende Frau bin, die ihren Eltern eiskalt etwas vormacht?
Ich bin eine Lügnerin.

KAPITEL 9

EMILIAN

Okay, wer hat sich vorgenommen, früh aufzustehen, gesund zu frühstücken und den besten Start in den Tag zu haben?
Ich.
Wer hat trotzdem verschlafen, ohne was im Magen das Haus verlassen und selbstverständlich die Bahn verpasst?
Richtig, auch ich.
Da der nächste Zug erst in zwanzig Minuten kommt, habe ich mir gedacht, meinen ersten und garantiert schlechten Eindruck, mit einem Mitbringsel wettzumachen ... oder zumindest zu retten, was zu retten ist. Nach meiner Bestellung am Tresen ist mir dann allerdings in den Sinn gekommen, dass ich alles nur noch schlimmer machen könnte, sollte ich mit meiner Auswahl falschliegen. Mich haben Croissants früher glücklich gemacht. Daher hoffe ich, dass sich auf der Arbeit meine Kollegen auch darüber freuen werden.
»Emily?«
Die Barista sieht in die Menge wartender Kunden, die meisten davon noch nicht ganz wach. Nachvollziehbar, denn halb acht ist immer noch eine unmenschliche Zeit. Da keiner reagiert, verzieht sie genervt das Gesicht.
Mein Blick fällt nach draußen auf das Gleis. Die Anzeige für den Zug ist schon lange in den einstelligen Bereich gewechselt, und in der Ferne sehe ich bereits, wie die nächste Bahn anfährt.

Shit.

»Einmal Cappuccino mit Mandelmilch, ohne Sahne für Emily!«

Erneut hält die Barista den Becher hoch, und da sich noch immer keiner angesprochen fühlt, ich aber exakt dieses Getränk bestellt habe, melde ich mich hastig und quetsche mich nach vorne.

»Du bist Emily?«, hakt sie nach und mustert mich skeptisch.

»Jep. Also, nein, sorry, ich bin nicht Emily, aber das ist mein Kaffee!« Zum Beweis halte ich meinen Beleg in die Höhe. Aus den Augenwinkeln beobachte ich gleichzeitig, wie der Zug immer näher kommt, und stopfe hastig die Tüte mit den Croissants in meinen Rucksack, um mich für einen Sprint zu wappnen. »Mein Name ist Emilian«, sage ich daher hastig und wedele ungeduldig mit dem Bon herum. »Und ich bin schon verdammt spät dran.«

Einer orientierungslosen Frau, die die Tür blockiert hat, habe ich es zu verdanken, dass ich es trotz meines heißen Kaffees in der Hand rechtzeitig in die Bahn geschafft habe.

Sobald ich einen Sitzplatz ergattere, begutachte ich den Becher und wische mit dem Saum meines Mantels die paar Tropfen weg, die während meines Sprints aus der Öffnung des Deckels entwichen sind. Im Anschluss öffne ich meine Tasche und stelle sicher, dass mein Gebäck nicht von meinem Laptop zerquetscht wird oder die Tüte Fettflecken auf dem teuren Gerät hinterlässt. Sobald ich etwas umgeräumt habe und alles sicher verstaut ist, gönne ich mir den ersten Schluck meines Getränks. Eine gewohnt wohlige Wärme breitet sich in mir aus und war den Stress am Morgen definitiv wert. Zuversicht mischt sich in mein kleines Glück.

Vielleicht kriege ich doch die Kurve, was den optimalen Start in die Woche angeht. Er mag zwar nicht ideal angefangen haben, doch ich habe das Gefühl, dass heute dennoch mein Tag werden könnte.

Obwohl ich kurz nach acht aus dem Aufzug steige und damit laut Maltes Spickzettel bereits zu spät für mein Probearbeiten bin, herrscht im Büro gähnende Leere.

Zuerst bin ich unsicher, ob ich mich überhaupt auf der richtigen Etage befinde. Ein Blick auf den Lageplan reicht jedoch aus, um Gewissheit zu haben, dass ich genau dort bin, wo ich sein sollte. Nur ist dort eben kein anderer.

Ausgerüstet mit meinem Getränk, laufe ich umher und nehme meinen neuen Arbeitsplatz näher unter die Lupe.

Das Büro ist riesig, und die hohe Fensterfront schenkt sicher, sobald die Sonne aufgegangen ist, sehr viel natürliches Licht.

Es gibt verglaste Büros, die von dem Rest durch Türen abgetrennt sind. Auch nummerierte Besprechungsräume entdecke ich, die Tür an Tür liegen. Ansonsten sieht der Rest auf den ersten Blick ziemlich offen und für alle zugänglich aus. Gegenüber vom Fahrstuhl befinden sich viele aneinandergereihte Schreibtische. Der Abstand zwischen ihnen, so scheint es, ist nicht besonders großzügig gehalten. Ich würde mal tippen, dass er eine halbe Schreibtischlänge beträgt. Doch weiter hinten entdecke ich noch mehr Arbeitsplätze, die in eigenen Räumen und damit privater gelegen sind. Diese scheinen auch mehr Platz zu bieten und geben einem nicht das Gefühl, in einem Zimmer des Informatik-LKs in der Schule zu sitzen – obwohl man sich auch dort das Arbeitsumfeld offenbar mit anderen teilt.

Nur die hinterste Reihe ist mit PCs ausgestattet, aber ich denke, dass heutzutage sowieso fast jeder mit einem Laptop arbeitet.

Meine Erkundungstour führt mich zu einem Pausenraum, in dem man bestimmt gerne seine freie Zeit verbringt.

Es gibt ein üppig gefülltes Bücherregal, und ich erkenne Romane wieder, die mir bereits immer mal unterwegs in Supermärkten an der Kasse und an Tankstellen begegnet sind.

Ich hole die Tüte mit den Croissants aus meiner Tasche und stelle sie zusammen mit meinem fast leeren Becher auf dem langen Tisch in der Mitte des Raumes ab, um in Ruhe zu stöbern. Dann überlege ich es mir doch anders und beschließe, die Auswahl lieber in meiner Pause, anstatt in meiner Arbeitszeit, genauer zu begutachten.

Neben dem Regal gibt es noch einen Kühlschrank, auf dem allerlei Memos kleben, und mehrere Küchenschränke, in denen sich unzählige Tassen befinden. Auch entdecke ich ein Küchenradio und, was mein Herz besonders erfreut: eine sauber gehaltene Kaffeemaschine, die einem sogar die Milch aufschäumt.

»Hey ... Em ... Emily?«

Erschrocken breche ich meinen Rundgang ab und wirbele zu dem Türbogen, an dem eine Frau lehnt, deren Aura buchstäblich kick-ass schreit.

Mit ihren roten Haaren und dem tannengrünen Hosenanzug könnte sie glatt einem Comic wie Daredevil entsprungen sein. Sie ist ein starker Kontrast zu dem sonst minimalistisch, farblich schlicht gehaltenen Großraumbüro. Ihr Kopf ist geneigt, und ihre Augen sind auf den Kaffeebecher gerichtet.

Sicherlich fragt sie sich, wieso ich extra von draußen Kaffee mitgebracht habe, wenn vor Ort eine Maschine steht.

Tja, hätte ich das gewusst, hätte ich mir die sechs Euro auch gern gespart.

»Emilian«, korrigiere ich sie mit einem freundlichen Lächeln, woraufhin sie aufschaut.

Sobald sich unsere Blicke treffen, ahne ich, dass ich es mit ihr nicht leicht haben werde. Zum einen, weil sie mein Lächeln nicht erwidert, sondern mit ihren dunkelgrünen Augen unbeeindruckt bis in die Tiefen meiner Seele starrt. Zum anderen, weil mein Herz kurz stolpert, als ich sie im Ganzen wahrnehme. Doch ihre Attraktivität nimmt augenblicklich ab, als sie das Wort wieder an mich richtet – kalt und schroff.
»Ich bin Vienna, oder auch Vi, und du bist zu spät.«
»Ja, äh, aber ... ich hab Frühstück dabei?«

Obwohl unsere erste Begegnung der Albtraum jedes Frischfleisch-Mitarbeiters gewesen ist, fühle ich mich bei Vienna schnell gut aufgehoben. Sie erscheint – trotz ihres ungeduldigen Auftretens – diszipliniert und zielstrebig, und ich glaube, dass sie mich gründlich in meine Tätigkeiten einweisen wird.
Wie sich herausstellt, hätte ich den Bürorundgang bei meiner Ankunft sausen lassen können, da sie mich noch mal herumführt. Andererseits ist ihr Schritt so zügig, dass wir die verschiedenen Bereiche ruckzuck abarbeiten und uns recht bald an ihrem Schreibtisch wiederfinden. Ihrer befindet sich in einem der abgetrennten Räume, fernab der Gruppentische, was mich in keiner Weise wundert. Sie wirkt auf mich wie eine Frau, die Sachen effizient und schnell erledigen möchte. Büroklatsch und -tratsch sind da fehl am Platz.
»Gut, das hätten wir.«
Mein Eindruck von ihr bestätigt sich, als sie einen kleinen Block aus ihrer Tasche holt, ihn aufklappt und eine vollgepackte To-do-Liste zum Vorschein kommt, auf der sie hinter Punkt ... elf »den Neuen herumführen« einen Haken setzt. Die Hälfte ihrer ellenlangen Liste ist bereits erledigt, was mich durchaus fasziniert und gleichzeitig schockt. Ich selbst bin vor drei Stunden erst aufgestanden!

»Wow, du hast heute schon viel geschafft, dabei haben wir nicht mal zehn Uhr.«

»Falsch. Wir haben *bald* zehn Uhr, und bis auf deinen kleinen Ausflug durch das Büro haben wir noch nichts vorzuweisen. Deswegen machen wir besser direkt weiter mit ... Punkt zwölf.«

Ich werfe einen Blick über ihre Schulter.

Den Neuen in die Technik einweisen.

»Hast du schon mal einen Drucker bedient?«

Sie macht Witze, oder?

»Ja?«, flüstere ich, woraufhin sie ihre Stirn in Falten legt.

»Warum flüsterst du?«

»Damit sie mich nicht hören. Sobald Drucker Wind davon bekommen, dass man sie braucht, geben sie den Geist auf. So will es das Druckergesetz.« Ich versuche mich an einem Grinsen, doch ihr Ausdruck bleibt stoisch.

»Nicht? Ist dir das nie zuvor in der Schule passiert? Du musst kurzfristig eine wichtige Arbeit abgeben, und genau dann stirbt der Printer?«

Vi schüttelt den Kopf.

»Nein, ist mir nicht bekannt. Außerdem, kurzfristig eine Arbeit abgeben?« Sie schüttelt missbilligend den Kopf.

Klappe, unbeeindruckt, die Zweite.

»Heute Nachmittag steht ein wichtiger Termin mit einem potenziellen Klienten für die Agentur an. Bis dahin muss Dave gebrieft worden sein. Das geht aber nur, wenn er die Unterlagen bekommt, die auf diesem USB-Stick gespeichert sind. Du kannst den PC dort drüben benutzen, um die Druckaufträge freizugeben.«

»Wer ist Dave?«

Vi hebt irritiert die Braue, dann deutet sie zu einem Kerl am anderen Ende des Raumes, der uns, als wir reingekommen sind, nicht mal begrüßt hat.

Ich habe mehr als eine Handvoll Menschen kennengelernt, die meinen, sie seien besser als andere. Und wenn ich eine Sache aus meiner Vergangenheit mitgenommen habe, dann die Gewissheit, dass solche Leute bis ans Ende ihrer Tage in diesem Glauben bleiben werden, wenn keiner den Mund aufmacht. Mit Dave hat offenbar noch niemand geredet, denn bei ihm habe ich dieselben Schwingungen wahrgenommen, die mir bei anderen damals Magenschmerzen bereitet haben.

»Er möchte diesen Klienten unbedingt an uns binden.«

»Warum hast *du* dann die Dokumente und nicht er?«

Urgh, Emilian! Halt dich raus! Du wirst nicht die Person sein, die eine unverhoffte Charakterentwicklung bei ihm ankurbelt, indem du etwas provozierst, kapiert? Konzentrier dich einfach auf deinen Kram.

»Weil … ich hab für ihn eine Kartei angelegt. Die Sache ist wichtig … für uns alle. Wir sind immerhin eine große Familie.«

»Kleiner Tipp, sobald das in einer Ausschreibung angepriesen wird: Lauf.«

Vi und ich drehen uns bei diesem Kommentar um. Hinter uns steht eine Frau, die einen abfälligen Blick in Richtung Dave wirft und im Anschluss erschaudert.

»Wär der da Teil meiner Familie, würd ich ganz schnell in eine Mafia-Familie einheiraten, nach Sizilien ziehen und meinem verruchten, blutdürstigen Ehemann immer mal wieder kleine Hinweise geben, wie schön die Welt ohne Dave wäre und wie sehr mich seine Existenz stört.« Je mehr sie redet, umso heller funkeln ihre Augen und umso sympathischer finde ich sie.

»Linda! So etwas sagt man nicht!« Vi schielt zu Dave, während die dazugestoßene Kollegin sich einen Stuhl besorgt.

»Oh, glaub mir, ich würde noch viel mehr von mir geben, würdest du dir nicht direkt in die Hose machen.« Sie lässt sich auf dem Polster ihres Bürosessels nieder und dreht sich mir mit ausgestreckter Hand zu. »Hi, ich bin Linda Rodriguez.«

»Emilian Sanders«, entgegne ich und schüttele ihre Hand.

»Was machst du hier, Linda? Musst du nicht irgendwas designen?« Vi scheint nicht begeistert von dem Besuch ihrer Kollegin. Sprengt wahrscheinlich ihren Zeitplan. Und als hätte sie meine Gedanken gelesen, blickt sie auf ihre Armbanduhr.

»Och, ich war in der Gegend, und es wäre doch unhöflich gewesen, nicht Hallo zu sagen. Und? Hat Vi dir schon gezeigt, wie man einen Drucker benutzt?« Sie linst belustigt auf Vis Liste, ehe diese sie wegziehen kann.

»Na klar, schon längst. Tatsächlich war ich gerade dabei, Dokumente für Dave vorzubereiten«, erzähle ich und halte den USB-Stick, den Vi mir gegeben hat, in die Luft. Eigentlich haben wir nur über das Drucken *geredet*. Aber in Anbetracht der Tatsache, dass Vi mir zugewiesen worden ist, und wir noch mindestens einen Tag zusammen hinter uns bringen müssen, halte ich es für klug, auf ihrer guten Seite zu bleiben.

»Ach, ist das so?« Linda nimmt mir das Teil aus der Hand und begutachtet es aus von allen Seiten, als könnte sie so in das Innere blicken. »Und warum befinden sich Daves Sachen auf deinem Stick, Vi?«

»Es ist wichtig, dass er den Klienten erfolgreich anwirbt.« Viennas ausweichende Worte sind schnippisch. »Und falls es dir nichts ausmacht, würde ich das gerne sicherstellen, also kann ich meinen USB-Stick wieder zurückbekommen? Bitte?«

»Indem du seine Unterlagen zusammengestellt hast«, schlussfolgert Linda, übergibt Vi aber das Speichermedium.

»Du weißt, dass ich Thorsten Weiler als Kunden unbedingt für die Firma gewinnen will.«

»Und dir ist schon bewusst, dass keiner deine Bemühungen

wahrnehmen wird, wenn du dich hinter dem Namen von Dave versteckst.«

Wieder schweigt Vi.

Ich versuche, die Situation zu analysieren, damit ich helfen kann. Mein Blick wandert dabei zurück zu Dave, selbstverliebt und faul, wie er da auf seinem Stuhl sitzt und sich ungeniert durch Internetseiten klickt, die rein gar nichts mit seiner Arbeit zu tun haben.

Mir kommt eine Idee, und bevor ich sie anständig in meinem Kopf durchgehen und ihre Risiken abwägen kann, höre ich mich bereits sprechen.

»Warum fragst du Dave dann nicht einfach, ob du den Termin übernehmen darfst? Wir haben auf meiner Arbeit auch untereinander getauscht, wenn es gepasst hat.«

Das darauffolgende Blitzen in Vis Augen sagt mir, dass ich mich soeben auf ein Minenfeld gewagt habe.

»So einfach ist da…«

»Au ja! Der freut sich bestimmt, wenn er früher Feierabend machen kann«, meldet sich Linda zu Wort. »Und du kennst dich ohnehin besser aus, als …«

»Das ist genug, okay?« Bei ihrer lauten Stimme zuckt Linda zusammen, und selbst Dave taucht hinter seinem Bildschirm hervor, um zu sehen, was los ist.

»Aber ein Versu…«

»Ich will nichts mehr davon hören, Maximilian.«

»Es ist bitte nur Emilian«, verbessere ich sie zwar, wie so viele andere vor ihr, beschließe jedoch, das offenbar für sie sehr empfindliche Thema fallen zu lassen.

»… ja, und ich bin nur Vienna«, murmelt Vi, ehe sie sich ihren Laptop schnappt, Linda und mir den Rücken zudreht und mit ihren Schuhen auf dem Laminat klackernd den Raum verlässt.

Mein ursprünglicher Plan ist es gewesen, Vienna zu folgen und mich für mein Auftreten zu entschuldigen, aber Linda hat mir geraten, Vi Zeit zu geben.

Super. Ich bin seit gefühlten fünf Minuten hier, konnte bislang nicht mal meinen Laptop anschmeißen, und mit dieser Aktion habe ich es diesmal echt vergeigt.

»Sie hasst mich jetzt, richtig?«

Linda mustert mich und setzt gerade zu einer Antwort an, als Dave an seinem Platz laut auflacht.

»Warte mal hier.« Sie steht von ihrem Stuhl auf, und ehe ich realisiere, was sie vorhat, steuert sie seinen Arbeitsplatz an.

Maßlos überfordert mit der gesamten Situation höre ich natürlich nicht auf sie, sondern stolpere hinterher, um im Notfall Schlimmeres zu verhindern. Ich habe die Vermutung, dass Linda sich von Dave nichts sagen lässt und es deswegen zwischen den beiden zu einer Explosion kommen könnte, auf die wir alle drei sicher gern verzichten könnten.

»Vi hat erzählt, dass wir heute die Chance haben, einen wichtigen Klienten für die Agentur zu gewinnen. Thorsten Weiler, der Kuchen-König.«

»Und wo ist da das ›Wir‹, Schätzchen?«

So viel zum Thema Familie.

Linda setzt sich auf die Tischplatte, überschlägt ihre Beine und klappt seinen Laptop zu – langsam und provokativ.

»Na, wir sind doch ein Team, oder nicht? Vi hat schließlich die ganze Vorarbeit übernommen. Sogar jetzt, in diesem Moment ist sie noch fleißig. Sie druckt dir deine ... *ihre* Unterlagen aus. Ohne würdest du es nachher sicher schwer haben. Jedenfalls würde ich das mal behaupten.«

»Ein Jammer, dass wir das wohl nicht herausfinden werden«, gibt er mit einem ruhmreichen Lächeln zurück. Im nächsten Augenblick taucht Vi mit einer Mappe unter ihrem

Arm wieder auf. Sie legt die Unterlagen fein säuberlich auf seinen Tisch.

»Vor allem die letzten zehn Seiten solltest du dir durchlesen. Die Marke hat einen Wandel in ihrer Philosophie gehabt.« Während sie Dave informiert, meidet sie jeglichen Blickkontakt zu Linda und mir.

Dave überfliegt flüchtig ihren zusammengestellten Index und klappt dann die Mappe zu.

»Wunderbar. Da werden sich gemeinsame Nenner finden lassen.«

Bei seinen Worten strahlt Vi, als hätte er ihr ein Kompliment gemacht, dabei hat er sich nicht mal für ihre Arbeit bedankt.

»Na dann ...«

Man braucht kein Experte zu sein, um zu sehen, dass sie ebenfalls auf eine Wertschätzung wartet. Mit jeder Sekunde, die ohne verstreicht, wird sie angespannter. Es passt ihr eindeutig nicht, so behandelt zu werden. Warum sagt sie dann nichts?

»Na dann ...«, wiederholt Linda die Worte von Vi und begutachtet mit einem Mal höchst interessiert ihre Schuhe. Unangenehme Stille breitet sich aus. Der innere Drang, *irgendetwas* zu sagen, um sie zu durchbrechen, wird immer größer, weshalb ich mich ebenfalls auf Lindas lackierte Schuhspitze konzentriere, um den Mund zu halten.

Das ist nicht dein Kampf, Em.

»Ist noch was?« Dave schiebt die neuen Unterlagen zur Seite und öffnet wieder seinen Laptop. Von meinem Platz aus sehe ich, dass er sich auf einer Dating-Website herumtreibt und völlig ungeniert ein Profil öffnet, obwohl wir noch an seinem Tisch stehen. Linda und ich wechseln einen verstohlenen *Was-für-ein-Arschloch-Blick* miteinander, und als meine Augen zu Vi wandern, bin ich mir ziemlich sicher, dass sie ihm am liebsten denselben Gedanken an den Kopf werfen möchte. Ihr Mund ist zu einem Strich verzogen – nur kurz, doch lang genug, dass ihre Unzufriedenheit hervorblitzt. Aber noch bevor ihre Lippen wieder an Farbe gewinnen, schüttelt sie den Kopf und setzt ein gekünsteltes Lächeln auf.

»Nein, nein. Ich wollte nur noch viel Glü...«

»Schon mal von dem Begriff ›Danke‹ gehört?«, fällt Linda ihr ins Wort und geschockt richten Vi und ich unsere Aufmerksamkeit auf sie.

»Linda!« Vi stemmt empört ihre Hände in die Seiten, aber diese scheint dadurch nur noch mehr Lust zu bekommen, sich einzumischen. Ein wenig beneide, nein, bewundere ich sie für ihren Mut. Zu Schulzeiten hätte ich gerne jemanden wie sie an meiner Seite gehabt. Jemanden, der nicht nur Gerechtigkeitssinn hat, sondern auch dafür einsteht. Eine Linda hätte mir damals viel Theater ersparen können.

»Der Inhalt dieser Mappe sieht nicht danach aus, als hättest du das eben mal in deiner Kaffeepause zusammengebastelt, Vi. Er wird damit einen neuen Klienten an Land holen und die Lorbeeren dafür abgreifen. Das Mindeste, was er machen kann, ist, sich bei dir für den Aufwand zu bedanken.« Um nicht gänzlich wie ein Statist in einem Film zu wirken, nicke ich, damit auch ich meinen Standpunkt zu der Situation deutlich mache.

»Ich hab ihm meine Hilfe angeboten!«

»Ja und? Trotzdem hast du Wertschätzung verdient, oder etwa nicht?«

Dave lacht, aber es ist weder freundlich noch einladend.

»Du hast vollkommen recht, Schätzchen. Wie unhöflich von mir. Vienna, danke, dass du trotz der ... Planänderung diese fabelhafte und makellos recherchierte Mappe zusammengestellt hast.«

»Planänderung?«, fragt Linda und rutscht vom Tisch. Auch ich vermute mit einem Mal, dass wir einen wichtigen Teil der

Story nicht kennen. Vielleicht hätten wir uns lieber erst mal ein richtiges Bild machen sollen, bevor wir uns einmischen. Gut, Linda ist diejenige, die hier an vorderster Front kämpft, aber ich nehme mir einfach mal ein Beispiel an der Frau und stehe geschlossen hinter ihr.

»Da. Sind wir jetzt ... *befriedigt*?«

Mir fällt die Kinnlade runter, doch da ich anscheinend der Einzige bin, der geschockt von Daves unpassender Wortwahl ist, reiße ich mich schnell wieder zusammen. Eigentlich sollte es mich nicht schockieren. Schmieriger Typ, schmierige Frage.

»Oh, *Schätzchen*«, Linda stützt sich mit beiden Händen auf dem Tisch ab und beugt sich zu Dave vor, der sich nun ebenfalls näher nach vorne lehnt. »Nicht mal in deinen dreckigsten Träumen.«

Neben mir zieht Vi hörbar die Luft ein, und als ich zu ihr blicke, beobachte ich, wie sie ihre Handfläche knetet.

Dave räuspert sich.

»Ist das so? Ich hab ja gehört, du kommst schn...«

»Da jetzt alles gesagt ist«, fällt Linda ihm laut und bestimmt ins Wort und wirbelt zu uns herum. »Vienna, wir sehen uns in der Mittagspause!« Damit stürmt sie regelrecht aus dem Raum und lässt Vi und mich sprachlos, und Dave dämlich grinsend, zurück.

»Aufbrausend, die Kleine.« Er sieht ihr hinterher, bis sie aus dem Blickfeld verschwindet, dann dreht er sich zu uns.

»Ist noch was?«

Seine Worte brechen Vi aus ihrer Schockstarre. Sie strafft ihre Schultern und setzt ein gekünsteltes Lächeln auf.

»Ich wollte nur noch viel Glück wünschen ... für gleich. Thorsten Weiler ist ... es wäre toll, wenn wir ihn hier bei uns begrüßen dürften.«

Dave blinzelt in gespieltem Unglauben.

»Ich brauch kein Glück, Süße. Mein Job erfordert Können und ... na ja, dass es mir daran nicht fehlt, weißt du ja selbst.«

»Jeder Dahergelaufene könnte mit diesen Unterlagen den Kunden für uns gewinnen«, murmelt Vi verbittert und sichtlich mit ihrer Geduld am Ende.

»Warum machst du es dann nicht? Sind schließlich deine Unterlagen. Oh, richtig. Man traut es dir nicht zu.«

Vis Gesicht nimmt die Farbe ihres dunkelroten Lippenstiftes an, und ich bereite mich innerlich schon auf die nächste Auseinandersetzung vor. Doch dazu kommt es nicht. Anstatt sich weiter mit Dave abzugeben, lässt sie ihn kommentarlos stehen und stolziert mit erhobenem Kopf aus dem Zimmer.

»Weiber«, murmelt Dave und sieht auch Vi kopfschüttelnd hinterher. Dann bemerkt er, dass ich noch da bin, und grinst. »Hab ich recht?« Anscheinend sieht er in mir, weil ich ein Mann bin, einen Verbündeten, aber ehe ich mich auf die Seite der Tyrannen stelle, werfe ich mich lieber vor einen fahrenden Lkw.

»Sie hat sich Mühe mit den Unterlagen gegeben. Ein kleines Danke hätte gereicht, um all das hier zu vermeiden.«

Dave legt den Kopf schief und mustert mich.

»Vienna?«

Wir sehen beide in den Flur, wo Vi bei dem Ruf ihres Namens stehen bleibt und sich entnervt umdreht.

»Was?«

»Du hast dein Schoßhündchen vergessen.«

KAPITEL 10

VIENNA

»Warum bin ich heute nicht im Bett geblieben?«

Nach dem Vorfall brauchte ich Zeit für mich und habe Emilian ohne große Anweisungen, aber mit einem ordentlichen Stapel an Mappen, die gar nicht gescannt werden mussten, da sie längst digitalisiert sind, in den Kopierraum gesteckt. Damit konnte ich ihn mir bis zur Mittagspause vom Hals halten und den furchtbaren Verlauf der ersten Tageshälfte immer wieder in meinem Kopf Revue passieren lassen.

Mittlerweile sind Stunden seit dem Fiasko mit Dave vergangen, und ich bin nach wie vor stinksauer. Auf ihn, weil er so ein misogyner Arsch ist, und auf Emilian, weil er den Stein überhaupt erst ins Rollen gebracht hat. Vor allem aber bin ich sauer auf mich. Dachte ich wirklich, wenn Dave den Klienten mit *meinen* Unterlagen für die Firma gewinnt, dass es mein Sieg wäre?

»Darauf, dass Männer Schweine sind.«

Eigentlich bin ich auch wütend auf Linda, doch da sie mir einen Smoothie mitgebracht hat, verzeihe ich ihr den Auftritt vorhin.

Meine Kollegin schwenkt ihren Green Juice, um symbolisch anzustoßen, ehe sie einen kräftigen Schluck nimmt.

»Was glauben sie eigentlich, wer sie sind?«, jammere ich genervt. »Götter der Agentur? Ich sag dir, würden sie nur halb so viel Eier in der Hose haben, wie sie behaupten, und zur

Abwechslung mal Frauen in Führungspositionen einstellen, unser Geschlecht würde in Nullkommanichts das Büro übernehmen.«

»Und alle Kerle rauswerfen.«

»Eine Schande, dass man Männer für die Erhaltung der Menschheit braucht.«

»Das ist auch wirklich das Einzige, wofür sie gut sind. Sobald sie in eine Situation geraten, in der sie ohne Schwanz zurechtkommen müssen, kann man sie allesamt in die Tonne kloppen.« Linda schnaubt und wirft jedem Mann, der an unserer Pausenparkbank vorbeiläuft, einen hasserfüllten Blick zu. Verständlich, nach der Szene mit Dave. Dabei fällt mir ein ...

»Sag mal, Linda ...« Ich führe den Strohhalm an meine Lippen und drehe mich so, dass ich ihr direkt gegenübersitze. »Was wollte Dave da eigentlich andeuten?«

»Oh.« Ertappt schaut sie zu mir, bevor sie zuerst ihre Aufmerksamkeit auf ihre Lack-Ballerinas richtet und plötzlich höchst interessiert ihre manikürten Nägel begutachtet.

»Lin?« Die letzten Tage ging es bei unseren Mittagspausen immer um mich und meine Probleme. Kann es sein, dass ich in meinem Selbstmitleid übersehen habe, dass es bei ihr in der Firma auch nicht rund läuft? »Was ist los?«

»Ach, nichts. Jedenfalls ... nichts von Bedeutung«, hängt sie dran, wobei der bittere Unterton in ihrer Stimme deutlich mitschwingt und das Gegenteil ihrer Aussage bezeugt.

»Du kannst immer mit mir reden, Lin.«

»Emilian scheint aber ganz okay zu sein, oder?« Sie wechselt das Thema. Natürlich.

»Ich denke, der kommt nach heute nicht mehr wieder.«

»Da wäre ich mir nicht so sicher. Glaub mir, es hat ihn in den Fingern gejuckt, sich einzumischen, das hab ich ihm angesehen. Irgendwie macht mir das Hoffnung. Stell dir bloß mal vor, wir hätten mehr *solche* Männer. Männer, die noch wissen, was fair ist. Ich sag dir eins, wäre das heute nicht sein erster Tag gewesen und du quasi seine Vorgesetzte, dann hätte er sich bestimmt für dich eingesetzt. Oh, vielleicht hätte er sich sogar mit Dave geprügelt.« Sie seufzt. »Wie schön die Welt sein könnte, wenn es mehr Emilians gäbe. Bestimmt dürftest du dann längst dein eigenes Projekt leiten und müsstest Deppen wie Dave nicht die Arbeit vorkauen und dir deinen-seinen Erfolg nicht heimlich zuschreiben.«

Ihr da zu widersprechen wäre sinnlos, denn sie hat recht. Die Mappe für Dave hatte ich für mich zusammengestellt, als ich noch daran geglaubt habe, auch mal einen Klienten betreuen zu dürfen. Ich bin es nämlich gewesen, die direkt hinter Thorsten Weiler, dem Pionier der veganen Every-Day-Cakes aus dem Fernsehen, an der Supermarktkasse anstand. Da kann man sagen, was man will, in meinen Augen ist das Schicksal gewesen. Ich liebe seine Kuchen, sie haben die perfekte Größe für einen Single mit Heißhunger auf Torten, und auf seinem Instagram-Kanal stellt er jeden Monat eine neue Sorte vor – immer vegan und immer verdammt lecker. Weil ich seinem Blog folge, weiß ich auch, dass er sich nach der Trennung von seinem Geschäftspartner vor allem online neu erfinden möchte. Was könnte da besser passen als eine Zusammenarbeit mit einer renommierten Marketing-Agentur, die all seine Wünsche umsetzen könnte? Also habe ich mich für J&R selbstlos zum Narren gemacht und mein Nuss-Nougat-Glas fallen gelassen, um mit ihm ins Gespräch zu kommen. Ohne mich hätte Weiler niemals von Jann & Rhode erfahren. Leider habe ich Klaus nie erzählt, dass Weiler wegen meines Einsatzes Interesse an einer Zusammenarbeit zeigt, was ich im Nachhinein ziemlich bereue. Was hab ich jetzt davon? Klaus sieht nach wie vor eine Frau in mir, die keine nennenswerten Erfolge vorzuweisen hat, und Dave heimst die

Lorbeeren für meine Arbeit ein. Immerhin kann nachher der Kuchen-König einen Erfolg verbuchen. Selbst wenn ich nicht diejenige bin, die ihn an Bord holt, von unserer Firma vertreten zu werden ... besser geht's kaum.

»Vienna, ich appelliere an die Mam...«

Sobald mein Blick warnend zu ihr fliegt, verbessert Linda sich. Sollte jemand aus meiner Abteilung erfahren, dass ich Mutter bin, wartet ein ganz anderes Problem auf mich. Es ist schon unangenehm genug, dass die Chefetage mich mit guten Absichten nach der Schwangerschaft in das »organisiertere« Tochterunternehmen transferiert hat, damit ich mich nicht überanstrenge. Würde jemand meiner Kollegen jedoch davon erfahren ... Ciao, Seriosität. Hallo, Miss-in-Watte-Gepackt. Falls ich dann je eine Position mit mehr Verantwortung übernähme, würden sie mir nur auf der Nase herumtanzen. Ich seh es ja bereits an Klaus. Er mag ein gewiefter Geschäftsmann sein, aber kaum einer nimmt ihn ernst, nur weil er sich kleidet, als wäre er vor fünf Minuten erst aus einem Flieger von Mallorca gestiegen – inklusive Flip-Flops!

»... Mammutsfrau in dir«, »rettet« Linda sich hastig, als ihr der Fehler bewusst wird. Meinen daraufhin entgeisterten Ausdruck ignoriert sie stur.

»Wenn Emilian nach diesem ersten Arbeitstag doch noch da ist ... Tu mir einen Gefallen und vergraul ihn nicht, nur weil er ein Typ ist und wir sie gern allesamt in der Hölle schmoren sehen würden, ja? Vielleicht ist er echt einer der Guten, und bei Gott, die können wir zur Abwechslung mal gebrauchen.«

Ich lasse mir ihre Worte durch den Kopf gehen. Wohl oder übel muss ich zugeben, dass sie wieder ins Schwarze getroffen hat.

»Okay, okay, ich versuch's. Unter einer Bedingung: Nenn mich nicht noch einmal Mammutsfrau!«

»Das ist mir so rausgerutscht!«, verteidigt Lin sich kleinlaut.
»Lösch das Wort aus deinem Vokabular. Niemand sollte als Mammut bezeichnet werden.«
»Okay, okay. Schon vergessen.« Linda tut so, als würde sie den Begriff aus ihrem Kopf ziehen und in die Mülltonne werfen. »Da, zufrieden?«
»Sehr.«
Linda lächelt, doch eine Traurigkeit liegt in ihren sonst vor Temperament lodernden Augen, weshalb ich erneut zurück zu dem eigentlichen Thema komme, von dem sie mich gekonnt abgelenkt hat.
»Was ist eigentlich bei dir los? Und jetzt sag nicht nichts.«
Sie seufzt und hadert anscheinend einige Sekunden damit, ob sie sich mir anvertrauen möchte. Um zu verdeutlichen, dass ich auf ihrer Seite stehe, egal was kommt, nehme ich ihre freie Hand in meine und drücke sie einmal sanft.
»Ich kann nicht fassen, dass ich das laut ausspreche, und noch viel weniger, dass ...« Sie zögert, fährt sich durch ihre dunklen Locken und schaut mich verzweifelt an. »Noch viel weniger, dass *andere* offenbar darüber reden. Vi, ich hab mit Malte geschlafen.«

Lindas Enthüllung beschäftigt mich auch nach der Pause noch. Dabei geht mir nicht nur durch den Kopf, wie wütend ich darüber bin, dass ihr Schäferstündchen anscheinend schon die Runde macht, sondern auch, dass ich nichts zwischen den beiden mitbekommen habe. Wäre ich nicht so beschäftigt mit meinem eigenen Kram gewesen, dann wäre es mir bestimmt nicht entgangen. Schließlich muss es Anzeichen für eine Affäre gegeben haben, oder nicht? Malte und Linda? Echt jetzt? Dass die beiden mal was miteinander haben würden, das habe ich definitiv nicht kommen sehen.

Ein Blick zu Emilian, der sich am Schreibtisch mir gegenüber ausgebreitet hat, genügt, um mir einzugestehen, dass ich tatsächlich mit so einigem nicht gerechnet hätte.

Da ich wegen meines egozentrischen Verhaltens einen weiteren Grund gefunden habe, um mich mies zu fühlen, habe ich Lindas Worte bereits nach der Mittagspause ernst genommen und meinen Schützling von seiner sinnlosen Tätigkeit befreit.

Ich habe mich sogar bei ihm für mein schnöseliges Verhalten von heute Morgen entschuldigt.

Gleichzeitig habe ich ihm am Rande erklärt, warum ich diejenige gewesen bin, die die Mappe erstellt hat. Er hat von mir erfahren, weshalb ich sie nach einem spontanen Strategiewechsel von Klaus lieber an Dave abgetreten habe, als sie in den Papierkorb zu werfen. Den wahren Grund, nämlich dass ich gehofft hatte, endlich einen Klienten zu übernehmen, und kläglich daran gescheitert bin, meinen Vorgesetzten von meinen Qualitäten zu überzeugen, habe ich ihm verschwiegen. Doch es ist nur fair von mir, zumindest zu erwähnen, dass Dave nicht gänzlich der Arsch des Tages ist, auch wenn dessen Verhalten es mir sehr schwer macht, ihn nicht trotzdem als solchen hinzustellen. Nach meinem Gespräch mit Linda denke ich jedoch, dass heute Malte diesen Titel verdient hat. Ich kann immer noch nicht fassen, dass er mit Linda geschlafen hat, obwohl er vergeben ist. Okay, *war*. Laut Linda ist er jetzt – nachdem seine Ex die beiden in flagranti in seinem Büro erwischt hat – ein Single-Pringle, der sicher mit wenigen Bemühungen das Herz meiner Lieblingskollegin brechen könnte. Erst verführt er sie, gaukelt ihr vor, echtes Interesse an ihr zu haben, und dann lässt er sie fallen und zerreißt sich mit anderen das Maul über sie? Wer macht so was? Nein, nein, nach allem, was ich von Linda erfahren habe, darf Malte ruhig die Arschloch-Liste anführen.

Urgh, Männer.

Wie ist sie überhaupt auf seinem Radar aufgetaucht? Jede Frau im Büro weiß, dass Malte einen anderen, blonderen Typ bevorzugt, und obwohl Linda umwerfend ist, sie passt null in sein Beuteschema...

»Hey, Vi?«

Emilian klappt den Deckel seines Laptops geräuschvoll zu und lenkt meine Aufmerksamkeit auf sich.

»Hm?«

»Ich würd mir einen Kaffee kochen. Möchtest du auch einen?«

Wir mögen keinen besonders positiven Start gehabt haben, doch anscheinend teilen wir beide eine ungesunde Liebe zu dem Wachmacher.

Ich überschlage flüchtig, wie lange mein letzter Energiekick her ist, und wäge ab, ob es eine schlaue Aktion von mir wäre, mir kurz vor Feierabend, kurz vor Benji, noch einen zu genehmigen.

Doch sobald ich an den Haushalt denke, der danach auf der Tagesordnung steht, nicke ich und beobachte Emilian dabei, wie er in der Küche verschwindet.

Da mir meine Konzentration ohnehin schon lange abhandengekommen ist, entschließe ich mich nach kurzer Überlegung dazu, mir ebenfalls die Beine zu vertreten, und folge ihm.

»Was trinkst du am liebsten?«

Emilian steht vor der Kaffeemaschine, und ich geselle mich zu ihm. In der Hand hält er bereits zwei Tassen, doch er scheint überfordert mit der Auswahl zu sein.

»Je mehr Koffein, desto besser«, sage ich, woraufhin er die Optionen abwägt.

Während seine Konzentration auf dem Gerät liegt, erlaube ich mir, minimal näher zu rücken.

Auch wenn ich die gesamte Männerpopulation am liebsten mit einem One-Way-Ticket auf den Mars schießen möchte, kann ich nicht abstreiten, dass ich gerne inmitten ihrer Duftwolke aus Rasierschaum und Cologne stehe.

Leider, leider scheint Emilian die süßlich-würzige Note dem herben Sortiment der Parfümerie vorzuziehen, was zum einen bedeutet, dass er einen guten Geschmack hat und zum anderen, dass ich am liebsten einmal tief einatmen möchte. Wenn mir meine Autonomie am Herzen liegt – und das tut sie –, sollte ich schleunigst Abstand zwischen uns gewinnen. Doch anstatt Raum zwischen uns zu bringen, bewege ich mich keinen Millimeter, weil mir an Emilian noch eine Sache auffällt, bei der ich auf meinen Dating-Apps oftmals nach rechts gewischt habe. Unter dem dünnen Stoff seines weißen Knopfhemdes scheinen filigrane, schwarze Linien hindurch.

Wie viele Tattoos er wohl hat? Da ich selbst Angst vor Nadeln habe, werde ich meinen Körper damit nie dekorieren können. Das heißt nicht, dass sie mich nicht faszinieren und … na ja, ansprechen.

»Espresso?« Emilian dreht sich zu mir und deutet mit dem Zeigefinger auf den Knopf, der einen starken Shot Koffein verspricht.

Hastig nehme ich meinen Blick von ihm und richte ihn hoch konzentriert auf die Maschine. Hoffentlich hat er nicht bemerkt, wie ich ihn angestarrt habe. Nachher erlaubt er sich damit noch einen blöden Spruch oder so.

»Ja, perfekt«, murmele ich und fahre mir durch die Haare, um mit irgendwas beschäftigt zu sein, damit ich mich nicht wieder dabei ertappe, den Neuen auf der Arbeit abzuchecken.

In einer Welt, in der ich Männern nicht abgeschworen hätte, stünde ich jetzt vor einem großen Problem. Emilian ist nämlich mit seinen wild frisierten Haaren, der nerdigen Harry-Potter-

Brille und den versteckten Tattoos auf seiner Haut der perfekte Cocktail an Ärger und Zurückhaltung für mich.
Gut, dass Ärger nicht mehr auf dem Programm steht.
Emilian hebt auf meine Antwort hin eine seiner Brauen.
»Äh ... es würde dich nicht stören, wenn ich meinen mit Zucker zukippe? Ich mag eigentlich keinen Espresso.«
Seine Wangen färben sich rot, und er stupst verlegen den Rahmen seiner Brille zurück auf seinen Nasenrücken. Um nicht selbst rot anzulaufen, weil das Verhalten auf sein Geständnis irgendwie süß ist, aber Gedanken wie diese in meiner männerfreien Welt nichts zu suchen haben, hefte ich meinen Blick auf die Küchenfliesen.
»Wenn du ihn nicht magst, warum hast du ihn vorgeschlagen?«
»Ich hab den Eindruck, dass ich in deiner Gegenwart wachsam bleiben muss.«
Bei seiner Antwort sehe ich hoch und bereue es augenblicklich. Im Gegensatz zu eben kann ich seinen Ausdruck nun nicht mehr lesen. Allerdings könnte ich mich schlagartig in seinen warmen, braunen Augen verlieren.
Okay. Nein.
Ärger. Ärger. Ärger.
»Gut beobachtet«, gebe ich bemüht gelassen wieder und nehme die halb volle Tasse entgegen, die er mir reicht.
Emilian schmunzelt, und ich rufe im Schnelldurchlauf Themen in meinem Kopf ab, die unverfänglich und locker sind. Themen, die davon ablenken, dass er gut riecht und mit seinen Tattoos und dem blöden charmanten Lachen genau mein Typ wäre. Jedoch kenne ich Emilian kaum, weshalb uns nur Small Talk bleibt, in dem ich grausam schlecht bin.
»Emilian, darf ich dich etwas fragen?«
Etwas Belangloses. Etwas *Harmloses.*

»Klar.«

»Warum heißt du nicht Maximilian?«

Bitte, was? Das hast du jetzt nicht gefragt, Vi!

Emilian legt seine Stirn derart tief in Falten. Ihm muss das Gleiche durch den Kopf gehen. Sicherlich versucht er zu verstehen, warum ich ihn ausgerechnet das gefragt habe. Tja, viel Erfolg, ich verstehe es ja selbst nicht. Mit einem Lächeln hoffe ich daher, die Dämlichkeit meiner Worte abzuschwächen.

»Okay, ich verrate dir ein Geheimnis.«

Emilian stellt die zweite Tasse unter die Kaffeemaschine und betätigt den Knopf. »Eigentlich wollte meine Mutter mich Maximilian nennen, hat aber so genuschelt, dass alle nur Emilian verstanden haben.«

»Echt jetzt?«

Er dreht sich breit grinsend zu mir um.

»Nope, es ist nur Emilian, ehrlich. Wär aber 'ne nette Anekdote, oder?«

»Absolut.« Außerdem hätte sie meine Frage in ein besseres Licht gerückt, weil sie mit einer plausiblen Geschichte nicht mehr so unbegründet und sinnlos gewirkt hätte.

Danke also für nichts, nur-Emilian.

»Darf ich dir jetzt auch eine Gegenfrage stellen?«

»Eine.«

»Heißt du *wirklich* Vienna?«

Die Unterbrechung schien nötig gewesen zu sein. Sobald Emilian und ich uns zurück an unseren Arbeitsplätzen befinden, fällt es mir leichter, wieder meinen Fokus zu finden. Die Pause mit ihm war – größtenteils – ganz nett, weshalb ich entschieden habe, die Geschehnisse der vergangenen Stunden zu vergessen.

Mit neuer Energie und vor allem besserem Mindset bin ich die erste Hälfte des Arbeitstages noch mal im Kopf durchgegangen. Leider musste ich zu dem Schluss kommen, dass ich bisher keine Leistung erbracht habe und weit unter meinem eigentlichen Niveau arbeite.

Nur weil ich mich in meinem Stolz verletzt gefühlt und mich eventuell für etwas Besseres gehalten habe, habe ich einen miesen Job darin erledigt, Emilian seine Aufgaben näherzubringen. Er scheint tatsächlich in Ordnung zu sein und hat eine vernünftige Einarbeitung verdient.

Ironischerweise war das exakt meine Intention gewesen, als ich gestern meine To-do-Liste geschrieben habe. Sie sollte verhindern, dass wir von unserem Fahrplan für die beste Einarbeitung aller Zeiten abkommen und mein Schützling am Ende der Schicht mit dem Fazit nach Hause geht, dass ich seine Zeit verschwendet habe.

Mein erster Tag bei Jann & Rhode war das reinste Desaster, und die Person, die für mich zuständig gewesen ist, ist in meinen Augen bis zu ihrer Kündigung deswegen unfähig geblieben. Es war so schrecklich, dass ich nicht mal mehr den Namen weiß.

Auf keinen Fall wollte ich, dass der Neue so über mich denkt. Vor allem jetzt, da ich deutlich gemacht habe, dass ich mehr Verantwortung übernehmen möchte, darf ich mir diese egozentrischen Fehler nicht erlauben. Würde Emilian daher heute nach Feierabend demotiviert nach Hause gehen, dann würde das bedeuten, dass ich es ebenso vermasselt habe. Damit könnte ich direkt mein Kündigungsschreiben einreichen. Und wenn ich ehrlich zu mir bin und meine bisherige Performance benoten müsste ... ich würde eigenhändig *durchgefallen* in meiner Akte vermerken.

»Bist du beschäftigt, oder hast du kurz Zeit für mich?«

Dankbar, dass Emilian mich davor bewahrt hat, weiter in meinen negativen Gedanken herumzuirren, blicke ich von meinem Laptop auf.

Meine alte To-do-Liste habe ich nach unserer Pause verworfen. Stattdessen habe ich mich dazu entschieden, Emilian in meine aktuellen Aufgaben einzubinden, und habe ihm eines der Firmentablets zur Verfügung gestellt, für welches er seinen mitgebrachten Laptop vorübergehend in seinem Rucksack verstaut hat. Wenn er schon die ersten Stunden nichts gelernt hat, soll er die restlichen zumindest als stinknormalen Agenturalltag in der Social-Media-Abteilung erleben. Damit könnte ich mein *Ungenügend* vielleicht noch verhindern und mich mit einem *Ausreichend* ausstempeln.

»Worum geht es?«

»Ich bin ein paar Profile anderer Marken durchgegangen und ... Wie wäre es, wenn wir uns noch einen Catch-Phrase überlegen, den wir dann auch als Hashtag nutzen können? Je mehr Benutzer dann ihre Bilder und Videos damit versehen und hochladen, umso mehr Sichtbarkeit würden wir gewinnen. Die Zielgruppe ist uns quasi auf einem Silbertablett serviert worden. Wer zwischen zwölf und sechzig liebt keine Chips? Jetzt müssen wir versuchen, mit unserem Produkt herauszustechen, denn es gibt bestimmt um die hundert verschiedene Sorten. Ich hab da grad mal was ausgearbeitet.«

Er schiebt mir ein Blatt Papier zu, das schon bis zur Hälfte vollgeschrieben ist. »Falls es okay ist ... Das sind ein paar Kombinationsmöglichkeiten.«

»Eigeninitiative ist immer gern gesehen«, erwidere ich, nehme seine Notizen in die Hand und lese mir seine Vorschläge durch.

»Chippas and Chill?«, hake ich amüsiert nach und sehe zu Emilian. Dieser zuckt mit den Schultern.

»Ist nur ein Vorschlag. Mit dem Markennamen kann man viel anstellen.«

»Mhmm«, stimme ich zu und gehe die Ideen weiter durch. Sie sind kreativ und witzig, aber ich sehe nicht, wie wir zu ihnen einen Upload-Plan ausarbeiten können, der die Interaktion und damit auch die Kaufzahlen steigern könnte.

»Sie haben Pfiff und bleiben einem durch die bekannten Wortspiele zwar im Kopf. Aber was wir wirklich brauchen, ist eine Aktion, um sie dazu zu animieren, das Produkt auf ihren Accounts zu teilen. Wir brauchen eine Art Schneeballeffektkonzept. Und es muss zum Produkt und zum Thema passen.«

»Aber Vienna! Kennst du irgendeinen Menschen auf der Welt, der Bock auf Lebkuchen-Chips hat?« Emilian fährt sich aufgebracht durch die Haare, die daraufhin in sämtliche Richtungen abstehen.

Ärger, Ärger, Ärger.

»Das zu hinterfragen ist leider nicht unsere Aufgabe, so frustrierend die Produkte auch manchmal sind. Also denk nach. Wie können wir das Engagement steigern?«

Wir verfallen beide in Schweigen, während wir uns darüber den Kopf zerbrechen, wie man die Limited Edition von Chippas bewerben und für Weihnachten nächstes Jahr am besten platzieren könnte.

»Was ist typisch für die Saison?«, frage ich schließlich laut.

»*Last Christmas*«, scherzt Emilian und entlockt mir damit ein echtes Lächeln.

»… und wie sollen wir dazu ein Konzept erstellen? Es muss nicht originell sein. Wir brauchen nur Ergebnisse. Selbst ein Youtuber, der die Dinger vor laufender Kamera isst und wegen was anderem viral geht, reicht schon aus, damit die Leute das Zeug probieren wollen.«

Emilian seufzt und trommelt nachdenklich mit dem Kugelschreiber auf den Tisch.

»Wie wäre es mit einem A…«

»… Adventskalender vielleicht?«, fällt er mir zeitgleich ins Wort.

»Aber anders. Wir könnten einen Aufruf starten und die Leute auffordern Bilder oder Videos unter … einem speziellen Hashtag hochzuladen, wie du gesagt hast. Die besten vierundzwanzig könnte man dann als Adventskalender und zeitgleich als Community-Posting nutzen.«

»Oh! Und man könnte zusätzlich unter den Teilnehmenden Probierpakete rausschicken.«

»Genau!«

Angefixt von der Idee, die sich allmählich formt, setzen wir beide uns an das schriftliche Brainstorming. Emilian ist für das Erfinden des passenden Hashtags zuständig, und ich arbeite bereits an einem Konzept, damit dieses noch vor Ende des Tages unserer Projektleitung vorgelegt werden kann.

Wir sind so beschäftigt, dass wir nicht merken, wie die Zeit voranschreitet, und schrecken beide auf, als es an der offenen Tür klopft.

»Wie läuft es?«

Klaus Jann, der eine Mensch in dieser Firma, den es für einen Karriereaufstieg zu beeindrucken gilt, schaut in die kleine Runde. Nein, er schaut zu Emilian. Plötzlich werde ich nervös, denn Klaus möchte anscheinend kein Update von mir, sondern von ihm.

»Super«, antwortet dieser, steht auf und stellt sich Klaus ordentlich vor. »Mit Vienna zu arbeiten, ist sehr inspirierend.«

»Bist du der Ansicht, dass sie die Philosophie unserer Firma ›mit Leidenschaft und Leistung‹ gut vertritt?«

»Absolut.« Emilians Antwort kommt ohne ein Zögern. »Sie brennt für die Projekte und ist sehr effizient, zielstrebig und marktorientiert.«

»… Und wie gefällt dir die Zusammenarbeit mit ihr?«

»Ich fühle mich gut aufgehoben.«

»Wunderbar. Dann störe ich nicht länger.« Klaus hebt lässig die Hand zum Gruß, dann schlendert er wieder davon.

Seltsame Stille breitet sich nach seinem Besuch bei uns aus, bis ich sie nicht mehr ertragen kann.

»Warst du ehrlich zu ihm?«

Emilian erlaubt sich einen Augenblick, um mich zu mustern, dann nickt er.

»Ja. Am Anfang hatte ich noch die Befürchtung, dass Malte recht hat und du wirklich ein Drachen bist, aber …«

»… Ich bin ein was?«

KAPITEL 11

EMILIAN

Ich kann den Moment sehen, in dem ein Schalter in ihr umspringt und meine Worte sie nicht nur erreichen, sondern ihre Bedeutung entfalten.

Way to go, Em.

Um die Situation zu retten, lenke ich den Fokus wieder auf unsere Arbeit.

»Für den Augenblick habe ich vier Hashtags, die ...«

»Vergiss es.« Vi klappt ihren Laptop zu und schiebt ihn in ihre Handtasche. »Da wir früher angefangen haben, können wir eher Feierabend machen.«

»Vi, was ich gesagt habe ... so war das nicht gemeint. Na ja, was ich sagen *wollte,* nämlich, dass ich dich anders kennengelernt habe, das schon, aber ...«

»Spar dir das, Emilian. Ich bin ein großes Mädchen. Man muss mir nichts vormachen. Und du kannst mir nicht erzählen, dass du nicht genauso denkst wie Malte. Nicht nach dem Fiasko heute Morgen.«

»Wir hatten einen nicht so optimalen Start, ja, aber ich bin davon überzeugt, dass ...«

»Ich brauche keinen weißen Ritter.« Sie schultert ihre Tasche und schiebt ihren Stuhl mit Kraft an den Tisch. »Darauf läuft es nämlich offenbar hinaus. Du versuchst, Dinge zu retten, die längst zum Scheitern verurteilt sind, mischst dich in Angelegenheiten ein, von denen du keine Ahnung hast. Lass stecken, ehe du es schlimmer machst. Schönen Abend noch.« Mit diesen Worten steuert sie den Aufzug an.

An ihrer schnippischen Tonlage wird deutlich, dass sie mir *keinen* schönen Abend wünscht. Hastig packe ich meine Sachen zusammen, um dieselbe Fahrt zu erwischen wie sie. Doch als ich mich dem Fahrstuhl nähere, während ich gleichzeitig versuche, den Reißverschluss meines Rucksacks zu schließen, sehe ich, wie Vi energisch auf die Schaltfläche drückt. Die Türen schließen vor meiner Nase, und Vienna verschwindet mit einem süffisanten Lächeln hinter den Metallwänden.

Irgendwas sagt mir, dass ich morgen nicht mehr aufkreuzen muss, falls wir im Schlechten auseinandergehen. Wenn ich nicht zumindest noch einmal versucht habe richtigzustellen, dass ich nicht die Intention hatte, den Helden zu spielen. Tatsächlich sehe ich in ihr eine clevere, kompetente Frau, die sich in der Firma unter ihrem Wert verkauft. Letzteres werde ich aber schön für mich behalten, denn es gibt absolut keinen Grund, mich wieder ins Aus zu schießen – falls ich mich überhaupt wieder ins Spiel manövrieren kann.

Ich nehme einen Schritt nach hinten, um herauszufinden, wie viel Zeit ich habe, um Vienna zu Fuß einzuholen.

Es dauert etwas, bis ich das Treppenhaus entdecke. Entgegen den Vorschriften ist das Notausgangschild über der Tür nicht beleuchtet, was es von außen aussehen lässt wie ein weiteres stinknormales Büro. Doch sobald ich im Flur stehe und ein Bewegungsmelder mich erfasst, leuchtet das ganze Treppenhaus auf. Es ähnelt einem Ort, durch den man von einem psychopathischen Clown gejagt wird. In genau so einem Tempo – minus der Panik von einem Serienkiller umgelegt zu werden, hechte ich die Stufen runter. Es ist dabei nicht nennenswert, dass meine fehlende Sportlichkeit durchsickert, als ich bei meinem Versuch, zwei Treppenstufen auf einmal zu nehmen, auf der zweiten unglücklich aufkomme und dank meiner glatten Sneaker-Sohlen beinahe ausrutsche. Glücklicherweise kann ich mich noch rechtzeitig auffangen. Meine Hände umklammern noch das Geländer, als ich beschließe, Tempo rauszunehmen. Deutlich langsamer, aber sicherer, laufe ich nun Stufe für Stufe nach unten, bin dafür aber im Erdgeschoss angekommen weniger außer Atem. Das ist auch irgendwo ein Gewinn, richtig?

Bevor ich die Tür zum Foyer aufziehe, wische ich mir über die Stirn, um mögliche Schweißperlen verschwinden zu lassen. Im Anschluss richte ich hastig meine Haare. Zwar wird Vienna wissen, dass ich die sieben Stockwerke runtergesprintet bin, da sie schließlich die bequemere Route genommen hat und im Aufzug steckt, aber sie muss mir ja nicht ansehen, wie sehr mir diese Sporteinheit zu schaffen gemacht hat.

Die Tür quietscht, als ich sie aufziehe. Ich frage mich, wie viele Leute das Treppenhaus benutzen, als ich Vi im Foyer entdecke. Sie hat schon fast den Ausgang erreicht, weshalb ich nun doch noch mal einen Gang zulege.

»Vienna, hey!«

Sie dreht sich nicht um, und als ich zu ihr aufschließe, merke ich, dass sie telefoniert. Ein Glück, dass es mir aufgefallen ist, denn sonst hätte ich beinahe instinktiv nach ihrem Handgelenk gegriffen – das Handgelenk einer fremden Frau. Vor meinem inneren Auge male ich mir bereits aus, wie das ausgegangen wäre, als Vi sich zu mir dreht und der Duft ihres Parfüms – luxuriös und feminin – mich kalt erwischt. Mit einem Mal weiß ich nicht mehr, wieso ich ihr nachgelaufen bin. Ich weiß nur, dass ich nichts dagegen hätte, länger in ihrer Gegenwart zu sein.

»Ist noch was?«

Vi deckt das Mikrofon ihres Handys mit ihren Fingern ab

und verlagert das Gewicht von einem Bein aufs andere, sichtlich ungeduldig und von meiner Anwesenheit gestört.

»Ich ... äh, ich wollte nur sagen, dass ich, nach dem Feiertag morgen, wieder am Start sein werde. Und wir dann sicher einen besseren Tag haben werden.«

Puh, noch mal die Kurve bekommen.

»Wow, ich bin ja so ein Glückspilz«, erwidert sie mit triefendem Sarkasmus. Dann drückt sie die Tür auf. Sobald der Spalt weit genug für sie, aber nicht breit genug für mich ist, mogelt sie sich durch die Öffnung. Draußen, hinter der Glasscheibe, nimmt sie das Telefon wieder in die Hand, schiebt es aber wenig später in ihre Tasche. Anstatt den Vorplatz zu verlassen, scheint sie auf mich zu warten.

Gibt sie mir etwa doch eine Chance?

Überrascht über diese Erkenntnis, folge ich ihr nach draußen.

»Ist da etwas, was ich dann zur Versöhnung als Frühstück mitbringen könnte, damit ... wir heute vergessen?«

Sie lächelt wie gerade im Aufzug.

»Tatsächlich gäbe es da was.«

»Ach ja?« Hoffnungsvoll ziehe ich an den Riemen meines Rucksacks, lasse sie jedoch los, sobald mir auffällt, dass ich auf sie wirken muss wie ein naives, viel zu wissbegieriges Schulkind.

»Ja. Deine Kündigung.«

»Wer hat dir denn ins Bier gespuckt?«

Wenn es eine Sache gibt, die man über meinen neuen Mitbewohner Jamil wissen sollte, dann, dass er jede noch so kleine Gelegenheit nutzt, um sie zu feiern. Letztens erst hat er seine teure Uhr verlegt. Als er sie schließlich Stunden später im Kühlschrank entdeckt hat – soll mal einer wissen, wie sie da hingekommen ist –, hat er das als legitimen Grund gesehen, um die Sushi-Partybox beim Lieferservice zu bestellen. Sie kam inklusive Wunderkerzen, und es wäre nicht Jamil, wenn er sie nicht angezündet und in seine California Roll zwischen Avocado und Fisch gesteckt hätte. Es war eine wackelige Angelegenheit, und beinahe hätte er sein Apartment in Brand gesteckt. Als das glücklicherweise nicht passiert ist, hat er *das* als Anlass gesehen, um anzustoßen. Und heute? Heute steht auf seinem imaginären Party-Banner und der nicht so imaginären Schultüte, gefüllt mit Süßkram: Ich habe meinen ersten Arbeitstag überlebt. Das jedoch reicht Jamil noch nicht. Selbst nachdem ich ihm mitgeteilt hatte, dass ich nur duschen, etwas essen und dann mit Sky Sport den Tag auf der Couch ausklingen lassen möchte, weil ich meinen ersten Arbeitstag *gerade so* überlebt habe, hat er es irgendwie geschafft, mich zu einer Open-Mic-Bar mitzuschleppen, in der man sich spontan vor das Mikro stellen kann. Das tut auch gefühlt jeder. Anfangs dachte ich noch, dass ich vor Fremdscham im Boden versinken würde. Nach einiger Zeit habe ich aber gemerkt, dass die beleuchtete Bühne im Herzen der kleinen Location für viel Unterhaltung sorgt und ich eigentlich diejenigen beneide, die sich trauen, vor einem Publikum ein Lied, einen Slam-Text, eine Impro-Vorstellung oder einen Witz vorzutragen.

Nach meinem ersten Bier und unzähligen Erdnüssen reizt es sogar mich – der Texte für sich und niemanden sonst schreibt – aufzutreten. Glücklicherweise habe ich genug Verstand, um auf meinem Hocker an der Bar kleben zu bleiben. Im Rampenlicht habe ich nichts verloren.

»Und jetzt hören wir eine Anekdote von Janek Dote. Der Name ist bei ihm offenbar Programm, huh?« Die Auftritte werden von einem jungen Kerl moderiert, der auch für die gesamte Technik verantwortlich ist. Er macht seine Sache sehr gut, auch wenn der Sound manchmal übersteuert ist. Wie der Rest im Publikum klatsche ich, als der Nächste auf die Bühne steigt und sich vorstellt.

»Waren sie wenigstens heiß?«

Genervt sehe ich zu Jamil. Dieser wollte, nachdem ich von meinem ersten Arbeitstag zurück in die Wohnung gekommen bin, alles wissen. Ich war so erledigt von dem Tag, von Vienna und von meinem Rückweg, der mir dank der Bahn natürlich noch mal erschwert wurde, sodass ich mir keine tolle Geschichte ausgedacht habe und ihn ungefiltert vom Probearbeiten erzählt habe. Er würde es ohnehin beim nächsten Treffen mit Malte erfahren. Vienna gibt hundert Pro mieses Feedback zu meinem glorreichen ersten Tag ab. Malte wird es sich dann mit meiner Einstellung sicher noch mal überlegen.

Im Nachhinein hätte ich trotzdem besser gebluff, den langweiligsten Tag in der Weltgeschichte beschrieben und kein Wort über die Auseinandersetzung mit Dave, Linda und Vi verloren. Dann wäre er jetzt nicht so interessiert an den zwei Frauen, denn die beiden sind anscheinend das Einzige, was bei ihm hängen geblieben ist.

»Sind wir nicht für das Ambiente hier?«, hake ich nach und bemühe mich, Janek Dote auf der Bühne zuzuhören.

»Nah. Wir sind hier, damit du locker wirst und mir endlich von deinen Kolleginnen erzählst. Malte hat schon angedeutet, dass es da einige Perlen gibt.«

»Und eine davon möchte mich tot sehen«, murmele ich, woraufhin Jamil zu mir herumwirbelt und seine Hand schwungvoll auf meine Schulter legt.

»Uh, ich rieche Leidenschaft.«

»Jaha, triefenden Hass.«

»Ah ja, schon Zeus kannte es: Aphrodisia.«

»Aphro-was?«

Jamil zückt sein Handy, öffnet die Merriam-Webster-Wörterbuch-App und tippt auf dem Display herum.

»Et voilà, Aphrodisia.«

Er schiebt sein Telefon über den Tisch. Als ich die Definition für das mir fremde Wort lese und im Kopf auf Deutsch übersetze, verschlucke ich mich fast an meinem Speichel.

»Sexuelles Verlangen? Insbesondere verursacht durch Aggress...«

»In deinem Fall würde ich eher behaupten, Frustration statt Aggression. Wobei das eine für gewöhnlich zum anderen führt.« Er lächelt verschmitzt. »Also, hau schon raus!«

Ich finde mich in einer Unterhaltung wieder, die ich weder jetzt, noch morgen, noch irgendwann zu meinen Lebzeiten mit Jamil führen möchte – vor allem nicht, wenn es um Vienna, meine Vorgesetzte, die mich nicht ausstehen kann, geht. Vienna, mit der ich mir einen besseren Start gewünscht hätte und die sich trotz allem, was heute geschehen ist, bereits ein-, zweimal zu oft in meinen Gedanken eingenistet hat.

Oh Mann, was, wenn Jamil mit seinem Aphrodite-Mist recht hat?

Da ich mich mit seiner Idee nicht mal eine Sekunde weiter beschäftigen möchte, schlucke ich den Rest meines mittlerweile abgestandenen Biers hinunter. Noch während meine Lippen an dem Glas liegen, nimmt Jamil sein Handy wieder in die Hand und hält mir kurz danach die geöffnete Webseite von Jann & Rhode vors Gesicht. Er scrollt sich durch den Team-Reiter.

»Ist das eine von ihnen? Falls nicht, die ist trotzdem süß. Kannst du mir ihre Nummer besorgen?«

Ich schweige. Nicht nachzugeben erscheint mir die beste Wahl.

»Oh! Oder die hier? Sie kann einem bestimmt gut auf den Geist gehen.« Seine Stimme wird von der Ansage des Moderators übertönt.

»Und bitte noch mal einen kräftigen Applaus für Janek! So, wer hat Bock? Wer hat was zu sagen?«

Jamil schenkt ihm keinerlei Beachtung, sondern scrollt weiter durch die Homepage. Mittlerweile etwas desinteressierter, was mir Hoffnung gibt, dass er bald aufgibt. Doch dann hält er plötzlich inne und wischt zurück. Mein Herz sackt mir in die Hose, als ich ein Foto von Vienna sehe. Sie hat braune Haare und sieht freundlicher aus, als ich sie von heute in Erinnerung habe. Jamil betrachtet das Bild einen Tick länger und legt dabei sogar den Kopf schief.

»Sie würde ich auch nicht von der Bettkan…«

»… Okay, das reicht jetzt! Handy weg, Jam!« Ich strecke meine Hand nach seinem Telefon aus, doch mein Kumpel ist schneller und weicht meinem Bemühen gekonnt aus, indem er das Gerät in die Luft hält.

»Oho, Em! Hab ich da etwa einen Volltreffer gelandet?«

»Nein!«, widerspreche ich und stehe auf, um ihm das Handy abzunehmen. »Es ist nur unangemessen, weil …«

»Hallo!«

Herr Moderator schiebt sich zwischen uns und hält mir sein Mikrofon vor die Nase. Er muss unser Gerangel als Meldung interpretiert haben.

»Wie heißt du?«

»Ich? Äh … Emilian?«

Mein Mitbewohner kann sich sein Grinsen kaum verkneifen, als ich ihm einen panischen Blick zuwerfe und von dem Moderator nach vorne geschoben werde.

»Freut mich. Lass mich raten. Sprüche-Klopfer?«

Was passiert hier gerade?

Abermals sehe ich zurück zu Jamil. Anstatt dass er mich aus der Situation rettet, verfolgt er das Treiben neugierig. Sein Handy hat er weggelegt.

Na ja, wenigstens das.

»Erde an Emilian. Du hast doch nicht etwa Lampenfieber,

oder? Keine Sorge, wir sind hier eine kleine Familie.« Seine Worte sind sicherlich beruhigend gemeint. Mir bricht trotzdem der Schweiß aus. Zum einen erinnert er mich mit seiner Wortwahl daran, dass ich heute schon mal Teil einer Familie gewesen bin, und das glich eher einem kleinen Krieg. Zum anderen hat er voll ins Schwarze getroffen.

Verdammt richtig, ich habe Lampenfieber.

KAPITEL 12

VIENNA

»Als du gefragt hast, ob ich Lust zum Quatschen hätte, hab ich eher gedacht, dass wir in einem versteckten, ruhigen Café sitzen und uns über die neueste Folge von *The Kardashians* austauschen.«

Ich schaue zu meiner besten Freundin hoch und puste lose Haarsträhnen aus meinem Gesicht, die mir jedoch direkt danach wieder in die Stirn fallen.

»Sandy, wir haben noch nie *The Kardashians* gesehen. Reichst du mir bitte den Essigreiniger?«

»Ja, ja, aber du verstehst, worauf ich hinauswill, oder? Das nächste Mal, wenn du mich zu Klatsch und Tratsch einlädst, warn mich bitte vor, okay?« Sie verzieht das Gesicht, gehorcht jedoch und händigt mir die Flasche aus. Ich gebe einen großzügigen Schuss davon in mein Putzwasser, und weil man – meiner Meinung nach – nie zu viel Essigreiniger benutzen kann, kippe ich noch mal nach, bevor ich Bürste, Schwamm und Lappen in die Mischung eintauche. Das Wasser schäumt auf, und ein doch sehr penetranter und stechender Geruch steigt auf.

»Boah, Vi!« Sandy hustet und wedelt sich Luft zu. Sobald sie bemerkt, dass es dadurch nur schlimmer wird, verlässt sie die Küche.

»Sorry«, murmele ich und beiße mir schuldbewusst auf die Unterlippe. »Möchtest du ein Glas Wasser?«

»Äh, ja, natürlich? Oder willst du die Kripo in deinem Wohnzimmer stehen haben?«

Ich erhebe mich aus der Hocke, ziehe die gelben Handschuhe von meinen Fingern und fülle hektisch eine frisch gespülte Tasse, die noch abtropft, mit Leitungswasser.

»Warum sollte die Kripo kommen?«, frage ich, während sie zurück in die Küche kommt, das Getränk entgegennimmt und einen großen Schluck daraus nimmt.

»Weil du mich mit deiner Giftwolke hättest umbringen können«, meint Sandy und drückt mir das fast leere Geschirr in die Hand.

»Du übertreibst«, spotte ich und kehre zurück in die Küche. Der Essiggeruch löst auch ein Kratzen in meinem Rachen aus, aber ich überspiele es, indem ich mich genau dann erst räuspere, als ich das quietschende Küchenfenster öffne.

»Nein, *du* übertreibst. Deine Wohnung ist trotz Kleinkind längst so sauber, dass wir problemlos den König von England zu dir einladen könnten! Du hättest dein Putzzeug ruhig in der Abstellkammer lassen und stattdessen deine beste Freundin ins Kino einladen können. Aber nein, du …«

»Okay, okay. Ich hab schon verstanden.«

»Hast du das? Wir hatten heute beide einen langen Arbeitstag, aber während ich den Abend entspannt ausklingen lassen möchte, hat dich der Putzteufel geritten. Etwas sagt mir, dass Madame aber nur schlechte Frustrationsbewältigung betreibt.« Sie entledigt sich nonchalant ihrer pinken Handschuhe und wirft sie in einer extradramatischen Bewegung in die Spüle. »Hab ich recht?«

»Es ist nur«, fange ich an, und im Gegensatz zu ihr schlüpfe ich wieder in meine Handschuhe und fische die Bürste aus dem Wasser, um mich an die nächste Fliesenfuge zu machen. »Ich hab heute erfahren, dass ich scheiße bin. Stimmt das?«

Sandy hört geduldig zu, als ich ihr von meinem Arbeitstag und Emilian erzähle. Es ärgert mich, dass er – ein Fremder – eine neue Unsicherheit in mir ausgelöst hat. Ja, ich bin ehrgeizig und will meine Aufgaben ordentlich erledigen, da muss ich manchmal dem ein oder anderen in den Hintern treten. Es kann sich schließlich nicht jeder leisten, einen auf Dave zu machen und eine ruhige Kugel zu schieben.

»Das macht mich doch nicht derart unsympathisch, oder?«

»Man kann es nicht allen recht machen, Vi. Aber ich bin ehrlich zu dir: Hätte ich heute in Emilians Schuhen gesteckt ... mich würdest du morgen nicht noch mal sehen. Dass er nicht nur plant zu kommen, sondern *dir* zur Versöhnung was mitbringen möchte ... ist süß. Vergesst heute einfach und fangt morgen neu an. Immerhin rettet er dir den Arsch.« Sandy schiebt mir mit dem Fuß den Putzeimer hinterher, während ich meinen gesamten Küchenboden schrubbe und mich über den Tag auskotze.

»Wieso das?«, hake ich nach und widme mich der letzten Ecke.

»Er könnte auch zu deinem Chef gehen und ihm von seinen Erfahrungen mit dir berichten. Ich bezweifele, dass man dir so schnell einen eigenen Klienten anvertraut ... wenn du nicht mal mit einem Kollegen klarkommst. Emilian ist bereit für einen Waffenstillstand, und da dir deine Karriere wichtig ist, solltest die Möglichkeit nutzen und dich von deiner besten Seite zeigen.«

Sandys Worte beschäftigen mich selbst noch dann, als wir eine Stunde später zusammen auf einer Bank am Bahnhof sitzen. Zum Dank für ihr offenes Ohr und als Entschädigung für meinen Putz-Überfall habe ich ihr eine Box Donuts spendiert. Einen davon hat sie großzügigerweise an mich abgetreten.

Gedankenverloren zupfe ich ihn auseinander, während wir auf ihre Bahn warten.

»Ich weiß nicht, wie lange ich das noch aushalte«, sage ich schließlich aus dem Nichts, doch Sandy scheint genau zu wissen, was ich meine, denn sie drückt mir aufmunternd das Knie. Dabei hinterlassen ihre Finger eine Puderzuckerspur auf meinen schwarzen Leggins, und ich fühle mich zurückversetzt in die Schulzeit. Früher saßen wir auch oft entweder an ihrer oder meiner Haltestelle. Wir haben uns bunte Tüten, eigenhändig zusammengestellte Süßigkeiten, aus dem Kiosk und später, als dieser der Bäckerei weichen musste, die billigsten Donuts im Sortiment geteilt. Wegen Jungs geheult, die es im Endeffekt ohnehin nicht wert gewesen sind, und uns über unfaire Noten in Fächern wie Chemie aufgeregt, die uns völlig umsonst das Leben schwer gemacht haben. Seit ich bei Jann & Rhode arbeite, hab ich nicht ein einziges Mal das Periodensystem gebraucht, und die einzige Formel, für die sich Sandy nach dem Abschluss noch interessiert, ist die Formel 1. Und die findet man ebenfalls in keinem Chemiebuch – leider. Es wäre ein eindeutig spannenderes Fach gewesen, wenn sich der Inhalt um zwanzig attraktive und steinreiche Typen gedreht hätte, die sich für den Nervenkitzel und Hunger nach Triumph im Kreis jagen.

»Ich weiß, du willst es nicht hören, aber du musst es nicht aushalten, Vi. Du kannst aufhören, dir was anderes suchen und, während du auf Rückmeldungen wartest, ganz viel Zeit mit Benji verbringen.«

»Jetzt klingst du wie meine Mutter«, entgegne ich und wische über meine Hose. Der Puderzucker verschwindet, genau wie meine Erinnerungen an eine komplizierte, aber größtenteils unbeschwerte Jugend. Nein, hätte ich damals geahnt, dass mein Leben nur wenige Jahre später härter denn je werden würde, ich hätte Sandy in meine Arme geschlossen und mich so lang wie möglich an das damalige Hier und Jetzt geklammert.

»Ach, weißt du, wahrscheinlich bekomm ich meine Tage und sehe deswegen gerade nur noch rot.« Die ganze Zeit habe ich eine Glanzleistung darin hingelegt, meine düsteren Gedanken für mich zu behalten, und ich kann nicht erlauben, dass sie wegen eines simplen Durchhängers auf der Arbeit durchsickern.

Sandy mustert mich, dann hält sie mir die restliche Pappschachtel entgegen.

»Dann brauchst du sie mehr als ich.«

Meine Wohnung funkelt und blitzt, als meine Eltern klingeln, um Benji abzusetzen.

»Und? Wie ist es gelaufen, Vienna?« Meine Mutter überreicht mir meinen Sohn, und während ich mich an ihn schmiege, stelle ich fest, dass er nicht nur nach Babypuder, sondern auch Heu riecht.

»Natürlich großartig. Ich bin sicher, ihr Kunde ist restlos begeistert von ihr, Denise. Schließlich reden wir von unserer Nana.« Mein Vater strahlt mich an, bevor er sich zu mir beugt und mir einen Kuss auf die Wange gibt. Auch er riecht nach Natur.

»Ist das wahr?« Meine Mutter gesellt sich zu ihrem Mann, und nun sehen mich beide an, als würden sie jeden Moment vor Stolz platzen. Warum auch nicht? Immerhin hatte ich ihnen erzählt, dass ich heute einen großen, eigenen Auftrag übernehme und meine Kollegen darauf anstoßen wollen, weshalb sie diesmal auch länger Benji betreuen mussten. Immer noch im Unglauben darüber, was für eine große Schnauze ich gehabt habe und wie tief ich heute gefallen bin, beschließe ich, mich lieber in mysteriöses Schweigen zu hüllen und dann, bei der nächstbesten Gelegenheit, das Thema zu wechseln. Diese Gelegenheit kommt, als ich auf die dreckigen Abdrücke blicke, die mein unwissender Vater bei jedem Schritt hinterlässt. Innerlich greife ich bereits nach dem Putzeimer, und glücklicherweise fällt Ma die Schmutzspur auch auf, weshalb ich meinen Drang, ihm hinterherzuwischen, nicht unterdrücken, sondern ausleben darf.

»Ach, Johannes, sieh, was du anrichtest! Vienna, hast du mal einen Wischm...«

»Ich mach das schon! Geht ruhig vor ins Wohnzimmer und macht es euch gemütlich«, unterbreche ich sie dankbar, drücke Benji einen Kuss auf sein Haar und übergebe ihn dann meinem Vater.

»In Ordnung. Tut mir leid, mein Sonnenschein. Wir sind heute mit Benji auf dem Bauernhof von Edgar gewesen.«

»Das ist toll! Erzählt mir gleich alles, ja?«

Sobald sie mit Benji im Wohnzimmer verschwunden sind, hole ich den Mopp und wische den Flur sauber. Ich lasse mir Zeit und lege mir im Kopf Themen zurecht, über die ich mit meinen Eltern reden könnte, damit sie mich nicht erneut auf das Projekt ansprechen. Bis auf den üblichen Small Talk fällt mir aber nichts ein, was ziemlich traurig ist, schließlich sind das meine Eltern. Die beiden haben ihr Leben pausiert, damit ich in meinem abgrundtief versagen kann. Als meine Laune selbst durch das übergründliche Wischen nicht mehr steigt, wasche ich den Mopp im Bad aus, stelle ihn ausgewrungen in der Abstellkammer ab und versuche die Tür zuzudrücken, doch sie klemmt. Da ich jedoch eine schlecht gelaunte, sture Frau bin, sehe ich nicht nach der Ursache, sondern versuche erneut, die Tür zu verschließen.

»Vienna, brauchst du Hilfe?«

Der Kopf meiner Mutter guckt aus dem Türrahmen zum

Wohnzimmer, und als sich unsere Blicke treffen, legt sich in mir ein Schalter um.

Es ist nur eine dämliche Abstellkammer. Ein bescheuerter Wischmopp und eine bockige Tür. Doch sie alle sind offenbar für heute, für mich, drei Dinge zu viel.

Zwar schüttele ich den Kopf, doch ich kann das verräterische Brennen in meiner Nase bereits spüren.

»Vienna? Schatz, ist …«

»Alles gut!«, stoße ich aus, und bevor meine Mutter Zeugin davon wird, wie mir nach einem absolut durchschnittlichen, wenn auch miserablen Tag alles zu entgleiten droht, flüchte ich ins Bad und schließe mich ein.

»Warum bist du so?«, keife ich mein Spiegelbild an. Es funkelt wütend und mit Tränen in den Augen zurück.

»Verlogen und schwach und unfähig und unsympathisch«, zähle ich voller Selbstverachtung auf und fasse damit wahrscheinlich sämtliche Eindrücke meiner Eltern, Dave, Klaus und Emilian in einem zusammen. »Wieso bist du nicht einfach zufrieden mit dem, was du hast, und akzeptierst, dass es eine Grenze gibt? Dass du womöglich schon dein Bestes gegeben hast und es für dich nicht mehr weiter nach oben geht?« Ich wische mir mit den Fingern grob über die Wangen, frustriert, meine Emotionen nicht im Griff gehabt zu haben, als es darauf ankam. Ich will nicht, dass Ma in mir ein Mädchen sieht, das strauchelt und ihre Bedenken bestätigt. »Sieh den Tatsachen ins Auge, Vi. Nach heute musst doch selbst du zugeben, dass du nicht bereit für mehr bist.« Ich inspiziere mein Make-up-freies Spiegelbild, sehe die dunklen Augenringe, die ich jeden Tag abdecke, und nehme die Blässe meiner Haut wahr, der es an gesundem Glanz fehlt.

Selbst meine äußere Erscheinung ist eine Lüge.

Ich entferne mich vom Spiegel und setze mich an den Rand

der Badewanne. Trost suchend greife ich nach Benjis Lieblingsbadeente Queek und drücke sie an mich.

Wäre es wirklich so schlimm, wenn das alles wäre? Mit zweiundzwanzig bin ich Mutter. Andere sehnen sich nach nichts anderem mehr. Sind restlos glücklich. Könnte ich das nicht auch schaffen? Benji ist perfekt. Hat er es nicht verdient, mehr als ausreichend zu sein? Außerdem, wenn ich mich nicht mehr hinter Lügen verstecken würde, wenn ich aufhören würde, mich vergebens um eine bessere Position im Job zu bemühen ... dann könnte ich vielleicht auch schaffen, zu der alten Vienna zu werden. Die, die ihren Eltern keinen Bären aufbindet, oder ihre beste Freundin zum gemeinsamen Putzen überredet, nur um sich nicht mit ihren Gedanken auseinandersetzen zu müssen. Etwas wehmütig lächele ich. So schön die Vorstellung auch ist, diese Person existiert nicht mehr. Damals gab es nur mich. Heute habe ich einen Sohn, der jetzt noch zu jung ist, aber irgendwann womöglich fragen wird, ob ich glücklich mit meinem Leben bin. Ich möchte nicht jetzt schon wissen, dass ich ihn in Zukunft anlügen werde, denn das würde ich. Klar möchte ich die Vienna sein, mit der man Pferde stehlen kann. Doch wenn das bedeutet, dass ich mich dafür auf lange Sicht mit weniger zufriedengeben muss, als ich für mich selbst im Leben erreichen will ... dann muss ich eben Opfer bringen. Ich bin nicht dort, um Freundschaften zu schließen, sondern um meinen Job pflichtbewusst und sorgfältig zu erledigen. Und das mache ich, Tag für Tag. Jeder Kunde wäre bei mir bestens aufgehoben. Wenn diese Professionalität heißt, dass ich die Person bin, die man hinter ihrem Rücken als Drachen bezeichnet ... nur weil ich ambitioniert bin und meinem Sohn ein gutes Vorbild sein möchte ... ja, dann ist das halt so.

Die Ente quietscht zwischen meinen Fingern.

»Jede erfolgreiche Frau hat Sachen geopfert und es überlebt, Queek.«

Und sie haben nicht aufgegeben, bloß weil die anderen Möglichkeiten einfacher gewesen sind.

Als hätte das Schicksal nur auf mich und meine Erleuchtung gewartet, klingelt mein Handy. Sobald ich Klaus' Nummer auf dem Display ausmache, atme ich tief durch und nehme ab.

Wer hätte gedacht, dass ich meine neue Sicht auf die Dinge so früh schon auf die Probe stellen kann?

»Lorenz?«

»Ah, Vienna! Schön, dass du auch nach Feierabend noch zu erreichen bist. Klaus Jann hier! Hör zu, ich mach es schnell. Ein kleines Vögelchen hat mir gezwitschert, dass du mitverantwortlich dafür bist, dass Thorsten Weiler nun bei uns unter Vertrag steht.«

»Ach ja?«, frage ich, meine Stimme überraschend piepsig.

Erfolgreiche Frauen piepsen auch nicht, Vi!

»Mit Weiler haben wir einen in der Branche sehr heiß umkämpften Namen an Land gezogen. Dank dir! Ich muss dir nicht sagen, dass wir sehr stolz darauf sind, dich bei uns im Team zu haben, nicht wahr?«

»Oh … danke, schätze ich.« Es dauert einige Sekunden, bis ich mich fange. So viel Lob ist mir neu.

Aber das ist es doch, was du willst. Anerkennung! Jetzt belass es nicht dabei!

»Klaus, das freut mich sehr zu hören. Vor allem nach unserem vorherigen Gesprä…«

»Das liegt in der Vergangenheit«, fällt er mir in beiläufigem Ton ins Wort. »Ich denke, es ist Zeit für eine neue Unterhaltung, findest du nicht? Nun, Vienna, ich bin ganz Ohr. Womit kann ich dich glücklich machen?«

Ich erhebe mich vom Badewannenrand und straffe meine

Schultern. Dann sehe ich meinem traurigen Spiegelbild in die Augen, atme tief durch und gebe mir und Jann & Rhode eine letzte Chance.

»Indem du mir mehr gibst.«

KAPITEL 13

EMILIAN

Ich mag es mir einbilden, doch sobald ich mich vor dem Ständer aufstelle, in dem ein eigenes Mikrofon steckt, nimmt der Raum an Lautstärke ab.
Bitte, lass es nur eine Einbildung sein.
Meiner leichten Hornhautverkrümmung habe ich es immerhin zu verdanken, dass das Publikum mehr aus Lichtern als aus echten Menschen besteht. Deswegen flippe ich wahrscheinlich auch nicht aus und flüchte von der Bühne, wie damals bei dieser einen Schulaufführung, der ich mein Lampenfieber zu verdanken habe. Aber ich bin nicht mehr der zehnjährige Emilian, der einen wildfremden Text in einer unlesbaren Schrift in der Hand gehalten und in der Flut der Zuschauer nach bekannten Gesichtern Ausschau gehalten hat. Gesichter, die er nie in der Menge entdeckt hat.
»Hey«, krächze ich ins Mikro, und weil meine Finger dann doch verräterisch zittern, umschließe ich das Gestell mit beiden Händen. »Ich bin Em. Falls ich auf euch wirke wie ein nervöses Reh im Scheinwerferlicht, dann liegt das wohl daran, dass ich mich ebenfalls ganz schön ertappt fühle. Ich hatte nicht geplant, mich heute auf die Bühne zu stellen. Außerdem hatte ich heute auch nicht vor, meine Vorgesetzte einen Drachen zu nennen.« Ich lache nervös und stelle überrascht fest, dass einige der Zuschauer mich anscheinend witzig finden, denn auch sie lachen,

wenn auch noch etwas verhalten. »Ihr denkt euch sicher, ich bin ein Sprüche-Klopfer und hab Flachwitze dabei, aber da muss ich euch enttäuschen. Wie schon gesagt, mein Name ist Em. Das E steht für Ehrlichkeit und das M offenbar für Masochist.« Mein Blick schweift durch das Publikum, und mit ein wenig Mühe entdecke ich Jamil, der aufmerksam zusieht.

»Mein Name ist Em, und falls ihr euch allmählich fragt: Wieso wiederholt der Typ das ständig? Hat der noch alle Tassen im Schrank? Dann kann ich nur sagen: Ich besitze keine einzige Tasse. Im Grunde besitze ich kaum mehr Sachen, seit das Aschenputtel-Regime zugeschlagen hat. Und äh ja, so heißt auch der Text, den ich ... Sorry, ich muss ihn leider vom Handy ablesen.« Ich rufe den Text in meinen Notizen auf und versuche dabei, die Stille im Saal, erschaffen von Neugier und Ungeduld, auszublenden.

Kein Grund, nervös zu sein. Das ist dein Text. Ordentlich abgetippt und leserlich. Du weißt, dass er Leuten gefällt, weil du ihn hochgeladen hast.

»Mein Name ist Em, und das ist alles, was mir von ihr geblieben ist. Em, der Sohn einer Königin und doch kein Prinz. Aber hey, das hier ist ja auch kein Märchen, denn nichts ist erfunden. Das ist das Aschenputtel-Regime, und ich kann euch jetzt schon verraten, es lebten nicht alle glücklich bis an ihr Lebensende.«

Wer hat eigentlich die Phrase »Früher war alles besser« in Umlauf gebracht? Unsere Vergangenheit basiert aus Vorurteilen, Krieg und dank einem bedeutenden Mangel an technischem Fortschritt, laut *Medical Detectives,* einem Haufen ungeklärter Mordfälle. Und ich bin ein Paradebeispiel dafür, dass früher eben auch richtig, richtig kacke gewesen ist. Früher war nicht alles besser. Früher war – wenn überhaupt – nur *wenig* besser. Diese bunten, matschigen Cornflakes-Kringel jedoch ... die waren damals echt eine andere Liga ... zwar um einiges künstlicher, dafür aber so viel leckerer.

Enttäuscht schiebe ich die Schüssel mit den in Milch getauchten Froot Loops von mir. Sie kratzt dabei lautstark gegen die Tischplatte, weshalb ich in der Bewegung innehalte und zu der geschlossenen Tür sehe, hinter der das Schlafzimmer von Jamil liegt. Wir sind seit etwa einer Stunde wieder zurück, und der Uhr nach sollte ich ebenfalls längst am Schlafen sein. Doch ich bin noch zu aufgedreht von meinem spontanen Ausflug auf die Bühne und die durchweg positive Reaktion auf meinen Text. Es sind Jahre vergangen, seit ich das letzte Mal so beflügelt, so glücklich und sorglos gewesen bin. Ich wollte nicht, dass es aufhört, weshalb ich mit Jamil noch einen Abstecher in einen Supermarkt gemacht habe, der bis Mitternacht aufhat. Ohne eine Erklärung habe ich die Cerealien-Abteilung angesteuert, mir Froot Loops aus dem Regal geschnappt und unseren Milchvorrat aufgestockt. Jamil hat meinen Einkauf zwar belustigt beäugt, aber nicht hinterfragt.

Zu Hause angekommen habe ich die schmerzliche Erkenntnis gehabt, dass sich heutzutage wohl keine Spielzeuge mehr in den Packungen verstecken, denn auch das Fischen danach ist Teil der Erinnerung an eine unbeschwerte Zeit. Ziemlich wehmütig habe ich zurück an den Plastiklöffel gedacht, den ich mal in meiner Box Cornflakes hatte. Man musste ihn aufklappen, und sobald man ihn in die Milch getaucht hatte, hat er seine Farbe gewechselt. Damals fand ich das so cool. Heutzutage ... *heute* hätte ich das auch cool gefunden. Aber ich hab mich auch mit einem normalen Löffel zufriedengegeben und mir voller Vorfreude auf Nostalgie eine Schüssel Froot Loops zubereitet. Ich hatte vor, mich mit den Cerealien in die schönen Momente meiner Vergangenheit zurückversetzen zu lassen. Das High, in dem ich mich seit meiner Performance befinde, so lange wie möglich zu reiten. Doch in fast zwei Jahrzehnten kann sich viel ändern, so offenbar auch die Rezeptur meiner geliebten Frooties. Der Geschmack erinnert nur noch ganz dezent an damals. Darüber enttäuscht, starre ich die Schüssel eine Weile an, hin- und hergerissen, ob ich die Flakes jetzt überhaupt noch essen möchte. Nach einiger Zeit jedoch meldet sich mein Magen, und ich schätze, schlechte Frooties sind immer noch besser als gar keine Frooties.

Vorsichtig ziehe ich die Schale also wieder zu mir, sammele alle grünen Kringel auf meinen Löffel zusammen und schaufele mir den Berg in den Mund.

Sie schmecken weiterhin anders, als ich es in Erinnerung hatte, doch kurioserweise lösen sie dennoch ein wohliges Gefühl in mir aus, weshalb ich auch den Rest schnell verputze. Anscheinend beinhalten die Frooties trotz der überholten Rezeptur immer noch sehr viel Zucker, denn als ich später auf der Couch liege und versuche einzuschlafen, bin ich hellwach. Zuerst wälze ich mich frustriert hin und her. Dann jedoch akzeptiere ich die Tatsache, dass der Schlaf mich nicht finden wird, schalte den Fernseher ein und suche mich zum Sportsender durch, auf dem eine Aufzeichnung eines alten Fußballspiels läuft. Ich verfolge es nur halbherzig und schalte nach wenigen Minuten um.

Eine Tierdoku. Weiter. SpongeBob. Weiter. Ein Porno mit einer ziemlich lauten und offensichtlich verzweifelten Darstellerin.
Woah!

Schnell drücke ich auf die Stummtaste. Jamil deswegen aus seinem Schlummerschlaf zu holen? Nein danke, auf dieses Gespräch kann ich gern verzichten.

Desinteressiert wechsele ich weiter von Sender zu Sender. Da ich mich auch Minuten später nicht auf ein Programm festlegen kann, schalte ich das Gerät wieder ab. Stattdessen starre ich den schwarzen Bildschirm an. Und dann, als hätte mein Körper für mich die Entscheidung getroffen, stehe ich auf und verschwinde in Jamils Büro, welches wir mit jedem Tag ein bisschen mehr in mein WG-Zimmer verwandeln. Das Bett fehlt noch, weshalb ich weiterhin die Couch benutze, denn anscheinend gibt es aktuell Lieferengpässe in der Bett-Industrie. War mir auch neu. Fakt ist jedoch, dass ich lieber weiterhin im Wohnzimmer schlafe, als mich notgedrungen für ein Prinzessinnen-Bett zu entscheiden. Das *war* nämlich lieferbar.

In meinem zukünftigen Zimmer fällt mein Blick direkt auf meinen Rucksack. Plötzlich juckt es mich in den Fingern, und ich weiß, was ich die nächsten Stunden machen werde. Wie ich meine zusätzliche Energie in Ruhe umwandeln kann.

Brief 38 an den Vater, den ich niemandem wünsche

Mir geht es gut. Ich bin aufgedreht und nostalgisch, aber mir geht es gut. Mit dir ging es mir nie gut. Aber das weißt du ja, schließlich ist das dein Ziel gewesen, oder? In deiner Nähe konnte ich nicht wachsen und aus mir herauskommen. Auch dafür hast du gesorgt. Weißt du noch, als ich mich besonders unbedeutend und klein gefühlt habe? Das war, als ich eine Nebenrolle im Schultheater bekommen hab. Ich war so stolz. Du hast versprochen, mit Gianna und Ricky zur Aufführung zu kommen, und hast mich auf Wolken schweben lassen. Konnte es sein, dass ich mir endlich deine Aufmerksamkeit verdient hatte? Ich war so verdammt aufgeregt, als ich euch im Publikum entdeckt hatte, dass ich den Text vergessen hab. Frau Grütz hatte Mitleid und erlaubte mir, meinen Spickzettel zu benutzen. Doch meine Hände haben so gezittert, dass ich meine eigenen Worte nicht mehr entziffern konnte und letztlich nur gestammelt habe. Es war eine Katastrophe, und ich wollte im Erdboden versinken. Ich glaube, ich habe sogar geweint.

Doch wenn ich jetzt so darüber nachdenke, weiß ich nicht, wieso es mich derart traumatisiert hat, dass ich deswegen noch heute unter Lampenfieber leide. Denn es ist damals schließlich alles gut ausgegangen.

Ich habe mich nicht vor wichtigen Menschen blamiert.

Kannst du dich noch erinnern, warum?

Weil eure drei Plätze auf einmal leer waren. Du hast Gianna und Ricky genommen und bist gegangen, bevor ich meinen Auftritt hatte.

Ich bin dir deswegen nicht böse, ehrlich nicht. Schließlich geht doch jeder gerne ins Kino, oder?

KAPITEL 14

VIENNA

»Das wird schon. Falls nicht, gib mir die Adresse, und ich schicke deinem Boss …« Ich höre, wie bei Sandy im Hintergrund ein Karton aufgerissen wird. »Wenn er sich bis Ende der Woche nicht mehr gemeldet hat, schicke ich ihm Hühnerschenkel! Aufgetaut und … jup, die gehen. Hühnerschenkel, die bis dahin fast abgelaufen sind. Wie ist das?«

Ich lache in den Hörer und nicke, auch wenn sie mich nicht sieht.

»Das klingt nach einem Plan. Ich halt dich auf dem Laufenden, die Bahn fährt gerade in die Funkloch-Station ein.«

»Meine Lieferung wartet eh auf mich. Ach, und Vi? Friss den Neuen nicht auf.«

Ich verdrehe die Augen. War ja klar, dass sie das Thema nicht fallen lässt. Heute Morgen hatte ich mir noch eine Entschuldigung für vorgestern überlegt. Dann habe ich es mir allerdings anders überlegt, da ich nicht die Einzige bin, die sich danebenbenommen hat. Gut, sein Fehler bestand bloß darin, mir meine Laune zu vermiesen, aber das reicht ja schon. Wenn er sich entschuldigt, mache ich das auch. Wenn nicht … dann werde ich so tun, als wäre heute sein erster Tag.

»Keine Sorge, dafür bin ich zu gut gelaunt«, versichere ich Sandy trotzdem, damit sie die Sache abhakt. »Okay, hier kommt das Funkloch!«

Sie erwidert noch etwas, doch der Empfang bricht wie erwartet ab. Ich werfe mein Handy zurück in meine Tasche. Sobald die Bahn hält und sich die Türen öffnen, eile ich mit den anderen aussteigenden Passagieren aus dem Wagen.

Obwohl wir nicht mal halb acht haben, bin ich schon seit mehreren Stunden auf den Beinen. Noch während Benji vor sich hin geschlafen hat, habe ich mir meine Sportmatte geschnappt und ein paar Yoga-Posen gemacht. Sobald mein kleiner Racker dann aufgewacht ist, habe ich mich – durch das Telefonat mit Klaus am Vortag übermotiviert – an ein weiteres Babybrei-Rezept aus dem Internet gewagt und durfte in meiner Küche den ersten Erfolg des Tages verbuchen. Von seiner Portion hat Benji beinahe alles verschlungen. Am liebsten hätte ich Luftsprünge gemacht. Auch das Anziehen von ihm ging heute überraschenderweise unerwartet schnell und problemlos. Anstatt sich auf alles andere, nur nicht auf die Mama und die Klamotten zu konzentrieren, schien er heute nicht genug von mir zu bekommen. Als stünde er in meinem Bann, hat er seine gesamte Aufmerksamkeit auf mich und meine Grimassen gelenkt, während ich ihm den Zwiebellook für Babys verpasst habe. Als ich ihn im Anschluss begutachtet habe, bin ich sogar in Tränen ausgebrochen. Zum einen, weil ich so stolz auf ihn gewesen bin und den Fortschritt, den wir heute zusammen gemacht haben. Zum anderen, weil mir der »*Wow, sie werden so schnell groß*«-Gedanke in den Sinn kam. Der macht mir mit jedem Tag mehr Angst. Wenn ich schon mit Baby-Benji meine Probleme habe, will ich mir nicht ausmalen, wie schwer es erst sein wird, wenn er laufen und sprechen kann. Ich bete, dass es einfacher wird, sobald wir mehr Möglichkeiten haben, miteinander zu kommunizieren, denn bisher sehe ich mich da eher als Versagerin. In den Ratgebern und im Internet steht, dass vieles intuitiv ist und man allein durch Beobachtung merkt, woran es dem Kind fehlt. Eigentlich war ich auch optimistisch, meine Sache als Mutter gut zu machen, bis ich Benji das erste Mal mit Ma, Pa oder Sandy erlebt habe. Zu sehen, dass Benji bei ihnen viel pflegeleichter wirkte, weil es für sie so natürlich gewesen ist, sich um ihn zu kümmern ... das war für mich wie eine Ohrfeige.

Inzwischen habe ich mich mit der Tatsache abgefunden, dass ich zu der Sorte Mütter gehöre, denen das Ganze nicht so leicht in den Schoß fällt. Ich habe auch Frieden damit geschlossen, dass ich erst mit den Aufgaben wachsen und lernen werde. Vor allem aber weiß ich, dass ich mich trotz all der Komplikationen und Niederlagen jeden Tag darum bemühe, Benji eine gute Mutter zu sein. Erfolge wie die von heute Morgen zeigen mir, dass ich auf dem richtigen Weg bin.

Draußen zeigt sich der Herbst mit Sprühregen, und ohne Regenschirm betrete ich Minuten später durchnässt das Großraumbüro. Das Wetter hat zwar meine Stimmung ein wenig getrübt, doch das ist nichts, was ein frischer Kaffee nicht retten kann.

»Oder ein Geschenk in Form eines Klienten von Klaus«, murmele ich, als ich an seinem Office vorbeilaufe. Ganz unschuldig linse ich zwischen den klaren Lücken des Milchglases hindurch, muss aber ernüchtert feststellen, dass das Zimmer leer ist.

Hast du etwa gedacht, dass Klaus sich in aller Frühe an seinen Schreibtisch setzt und direkt als Erstes einen Auftrag für dich zusammensucht?

Seufzend steuere ich die Küche im Herzen der Agentur an, um meine noch zu siebzig Prozent gute Laune mit einem heißen Milchkaffee zu konservieren. Während die Maschine zaubert, frische ich mich in den anliegenden Waschräumen auf.

Mit einem neu gezogenen Eyeliner und einer weiteren Schicht meines geliebten dunkelroten Lippenstiftes fühle ich mich wenig später bereit, um den Tag mit all seinen Herausforderungen und hoffentlich auch tollen Neuigkeiten in Angriff zu nehmen.

Zurück in der Küche inhaliere ich den Dampf meines Heißgetränks, als es zaghaft klopft.

»Guten Morgen, Vi.«

Ich drehe mich zur Tür um und kann mir gerade noch ein »Ach du Scheiße«, verkneifen, als ich Emilian erblicke. Wenn ich mich fühle, als könnte ich Bäume ausreißen, dann muss er sich fühlen, als hätte er die Nacht unter der Hohenzollernbrücke verbracht. War ich zu hart zu ihm? Man liest ja immer mal wieder, dass Arbeitnehmer Magenschmerzen und Angstzustände bekommen, wenn sie an den nächsten Arbeitstag denken. Dunkle Augenringe scheinen durch seine fahle Haut, und seine Haare stehen bereits jetzt in sämtliche Richtungen ab. Doch sobald ich sein Grinsen sehe, verwerfe ich jeglichen Anflug von Schuldgefühlen. Der Kerl sieht nicht wegen mir so aus. Wahrscheinlich ist er gestern um die Häuser gezogen und hat mit Malte über mich abgelästert. Ich kann förmlich sehen, wie die beiden bis tief in die Nacht über mich hergezogen haben!

Und ich wollte mich entschuldigen!

Augenblicklich überkommt mich eine Kälte, und dem unwillkürlichen Absacken meiner Mundwinkel nach zu urteilen, tippe ich darauf, dass meine gute Laune soeben von siebzig auf fünfzig Prozent gesunken ist.

»Ich hab wieder Croiss…«

»Ist das heute dein erster Tag?«, falle ich ihm scharf ins Wort.

»Nein?«

»Dann bist du nicht mehr mein Problem.« Damit sause ich mit meinem Getränk an ihm vorbei.

Okay, genau genommen stimmt es nicht. Emilian befindet sich noch immer in der zweitägigen Probephase. Sollte er eingestellt werden – wovon ich ausgehe, schließlich ist er ja offenbar Maltes BFF –, werden wir leider auch weiterhin in derselben Abteilung beschäftigt sein. Doch sobald Klaus im Haus ist, werde ich ihm ein Ultimatum stellen. Entweder ich leite mein eigenes Projekt, oder ich bestehe darauf, wieder allein arbeiten zu dürfen. Die Alternative wären aufgetaute Hühnerschenkel von Sandy und eine sehr unzufriedene Frau Lorenz. Ein Drache, der bisher nicht mal annähernd damit angefangen hat, Feuer zu speien.

»Warum nur hatte ich im Gefühl, dass du mir heute einen Besuch abstatten würdest?«

Klaus kommt gerade aus einem Meeting, als er mich vor seinem geschlossenen Büro entdeckt. Er klemmt sich die Unterlagen, die er mit sich führt, unter den Arm und öffnet die Tür.

»Komm rein, ich wollte sowieso mit dir sprechen. Trinken? Schokolade? Mein Göttergatte hat im Supermarkt wieder ordentlich zugeschlagen und dabei – bedauerlicherweise für ihn – auch Zartbitter erwischt, was er nicht verträgt.«

Er wühlt in einer Schüssel, in der sich allerlei Nervennahrung befindet, und rüstet sich mit einer Handvoll kleiner Pralinen aus. Erst als er sich in seinen Chefsessel setzt und mir eine davon entgegenstreckt, lasse ich mich ebenfalls auf dem freien Stuhl ihm gegenüber nieder. Uns trennt ein großer weißer Tisch, den Klaus anscheinend als Ablage für jedes Dokument benutzt, das er in seinen zwanzig Jahren erhalten hat.

»Nein, danke«, entgegne ich, als er mir erneut die Schokolade anbietet.

»Ja, ich sollte wohl auch weniger davon naschen, wenn wir nächstes Jahr nach Griechenland wollen.« Trotz seiner Worte und dem theatralischen Seufzen, schiebt er sich noch eine Praline in den Mund.

Klaus ist ein interessanter Charakter. Obwohl er unser Chef ist, plaudert er mit uns Angestellten aus dem Nähkästchen. Er teilt dabei viel von seinem Privatleben. Seine liebsten Themen: Die Schnäppchensucht seines Mannes Jochen und seine Chihuahuadame Prada, getauft als Anspielung auf den Film *Der Teufel trägt Prada*, in dem Meryl Streep in einer Glanzrolle brilliert. Sie ist seine Lieblingsschauspielerin, deswegen war ihm schon lange vor der Adoption des Hundes sonnenklar, dass dessen Name eine Hommage an sie sein muss. Laut Klaus kam ihm die Idee, als er den Film gesehen hat. Würde man mich fragen, dann wäre bei mir eher das Wort »Teufel« statt »Prada« hängen geblieben, denn das trifft ganz gut, was Madame Prada in Wirklichkeit für ein Geschöpf ist. Keiner im Büro ist ein Fan von dem Hund, weshalb wir alle sehr erleichtert gewesen sind, als Jochen Klaus überzeugen konnte, dass Prada bei ihm zu Hause im Home Office besser aufgehoben ist, als bei Jann & Rhode. Für meinen Chef waren die letzten Stunden mit Prada im Büro ein grauer Tag, und er war für keine Termine oder Gespräche zugegen. Die halbe Belegschaft jedoch hat den Abgang des Chihuahuas nach Feierabend noch mit einem Bier am Rhein gefeiert. So wurde es mir jedenfalls erzählt.

»Wie geht es Prada?«, frage ich, während Klaus die Verpackung der verzehrten Pralinen auf dem Tisch glatt faltet und in eine Kiste legt, auf dessen Deckel »Zur Visualisierung deiner Sünden. Ich liebe dich«, steht. Ich sag ja, mein Chef ist ein interessanter Charakter. Leider gibt es einen riesigen Haken an der ganzen Sache, denn er ist nicht nur verpeilt und verspielt, sondern auch stur und launisch. Erwischt man ihn auf dem falschen Fuß, kann man gleich einpacken.

»Ach, Prada«, er seufzt kraftlos und schaut zu einem Schwarz-Weiß-Foto von ihr, das auf der Fensterbank steht.

Oh, oh.

»Sie war neulich beim Tierarzt.«

»Ach herrje, etwas Schlimmes?«

Eigentlich interessiert mich das Wohlergehen seines Hundes recht wenig, da ich nur schlechte Erinnerungen an dieses Tier habe. Trotzdem wünsche ich mir natürlich, dass es ihr an nichts fehlt, denn – Prada mal ausgeschlossen – ich mag Hunde.

»Sie kommt nicht gut damit zurecht, dass wir getrennt sind ... sie simuliert deswegen immer häufiger Bauchschmerzen.«

Prada, du machst deinem Ruf alle Ehre.

»Sicherlich kannst du deine Zeit so aufteilen, dass du öfter wieder bei ihr zu Hause bist, oder?«

Wäre Klaus nicht mein Chef, würde ich seine Finger drücken, um ihm außerdem mein Mitgefühl auszusprechen. Es ist nur vorgegaukelt, weil ich unser Gespräch ehrlich gesagt nicht so recht einordnen kann. Wie benimmt man sich in so einer Situation? Der Hund hat Symptome vorgetäuscht, weil er sein Herrchen vermisst, und Klaus nimmt es derart mit, als hätte er beim Tierarzt eine Hiobsbotschaft erhalten.

Je länger ich mit ihm in seinem Büro sitze, umso weniger weiß ich, wie ich die Unterhaltung auf mein eigentliches Anliegen zurücklenken könnte.

Nach unserem Telefonat war ich mir sicher, dass Klaus mir einen eigenen Auftrag geben würde. Außerdem hat er selbst gesagt, dass er mit mir sprechen möchte. Warum reden wir dann bisher über seinen dämlichen Hund?

Vielleicht hat er es sich noch mal anders überlegt?

Bevor meine Selbstzweifel wieder überhand gewinnen können, ergreift Klaus erneut das Wort, nimmt den Blick von Pradas Schnappschuss und widmet sich erneut mir.

»Deswegen wollte ich auch mit dir sprechen. Ich bin beeindruckt von dir, Vienna. Am Telefon hast du mir ohne viel Schnickschnack und Unsicherheit vermittelt, was du in dieser

Firma erreichen möchtest. Mit diesem Biss hast du mir bewiesen, dass du vielleicht doch schon ... weiter bist, als ich bis dahin angenommen habe.«

Mir stockt der Atem, und ich kralle meine Finger in den Saum meines Rockes, damit ich Klaus nicht in den Satz falle. Ich möchte hören, was er zu sagen hat. Jedes einzelne Wort.

»Da es mit der Gesundheit von Prada nicht so optimal steht, möchte ich, dass du mein zuletzt angenommenes Projekt übernimmst. Glaubst du, du schaffst das?«

»Auf ... auf jeden Fall.«

»Dachte ich mir schon. Ich habe auch keine Zweifel daran, dass die Zusammenarbeit funktionieren wird, da ihr beide Social-Media-affin seid. Christian hat eine App entwickelt, furchtbar spannendes Konzept. Wir sind sehr froh, ihn für uns gewonnen zu haben, und haben ihm hundertprozentige Zufriedenheit garantiert. Salopp gesagt bedeutet das, du wirst ihm jeden Wunsch erfüllen.« Klaus beugt sich vor. »Aber falls das nicht umsetzbar ist, dann stell Veränderungen im Plan so hin, als wären sie seine Idee gewesen, okay? Ein Kinderspiel.«

»Okay. Ja, das krieg ich hin.« Meine Wangen schmerzen schon, weil ich so breit grinse.

»Ich schicke dir sämtliche Unterlagen per E-Mail. Bei Fragen kannst du dich immer melden.«

»Vielen, vielen Dank! Du hast ... dein Vertrauen bedeutet mir wirklich viel.« Ich bemühe mich, professionell zu wirken, dabei würde ich am liebsten aufstehen und einen Freudentanz aufführen.

»Zeig, was du draufhast, Vienna.«

»Mach ich!«

Klaus steht auf und signalisiert damit, dass die Unterhaltung beendet ist, weshalb ich mich auch erhebe.

»Morgen Nachmittag steht ein Kennenlern-Treffen mit

Christian an. Bis dahin solltest du sein Konzept gesichtet und einen branchentauglichen Plan erstellt haben.«

»Krieg ich hin.«

»Wunderbar.« Klaus wühlt wieder in der Süßigkeitenschüssel, weshalb ich mich leise verabschiede und ihm einen schönen Tag wünsche. An der Tür jedoch bleibe ich stehen und drehe mich ein weiteres Mal zu ihm.

»Was ist mit Emilian? An wen soll ich ihn übergeben?«

Klaus beißt von einer Nusstafel ab und blinzelt ertappt.

»Falls du keine Einwände hast, würden wir ihn gern einstellen. Du hast doch keine Einwände, oder?«, fügt er mit Nachdrücklichkeit in seiner Stimme hinzu und mustert mich.

Je lauter dein Lobgesang, umso schneller wird er seinen festen Platz weit, weit weg von dir erhalten.

»Ich bin äußerst zufrieden mit ihm. Er hat sich schnell zurechtgefunden. Ist wie gemacht für den Posten.«

»Wunderbar, nichts anderes habe ich erwartet! Macht in Ruhe den Online-Auftritt für diese Chips-Marke fertig, und dann könnt ihr euch Christians App anschauen.«

»Ihr?«, hake ich entgeistert nach.

»Ja, du und Emilian. Das ist doch kein Problem, oder?«

Doch! Doch, doch, doch!

»Nein, überhaupt nicht.«

KAPITEL 15

EMILIAN

Wie erwartet, verläuft auch der zweite Tag nicht ideal. Ich muss Vienna wirklich auf die Füße getreten haben, wenn sie selbst nach einer Mütze voll Schlaf *und* einem Feiertag nicht zu einem Waffenstillstand bereit ist. Wobei, wäre es das überhaupt? Schließlich ist unser Krieg einseitig.

Zeit, mir darüber Gedanken zu machen, habe ich genug, da unsere restliche Zusammenarbeit für heute aus stillem Brainstorming für Chippas besteht. Wie schon am ersten Tag brütet Vi stur über ihrem Laptop. Im Gegensatz zu den anderen im Raum, die immer mal wieder aufstehen, um sich Snacks zu holen oder die Toilette aufzusuchen, klebt sie regelrecht an ihrem Platz – und ich demnach auch. Allerdings streikt auch mein Kopf nach einiger Zeit, weshalb ich mich irgendwann dem Falten von Papierfliegern widme. Nur um auf Nummer sicher zu gehen, dass Vi in den vergangenen Stunden nicht vor meinen Augen zu Stein erstarrt ist, lasse ich einen davon in ihre Richtung fliegen. Sie schaut nicht einmal hoch, als sie das Flugzeug mit einer simplen Bewegung ihres Armes in ihren Papierkorb schiebt.

Na ja, immerhin lebt sie noch.

Die Stimmung zwischen uns gleicht einem Kühlhaus. Deshalb beschließe ich, als ich nichts mehr zu brainstormen habe, die Zeit bis zur Mittagspause anderweitig zu verbringen. Glücklicherweise werden zusätzliche Kräfte gesucht, um mehrere Kellerräume leer zu räumen. Ich melde mich freiwillig, was schon viel über das Arbeitsklima zwischen Vi und mir aussagt. Zusammen mit Svenja und Tolga, unseren zwei Praktikanten, räume ich also die nächste Stunde Kisten von A nach B und höre mir an, wie sehr sie sich über ihre Aufgabe beklagen. Ich bezweifle auch, dass diese Arbeit für die beiden Mehrwert hat, aber das haben Schulpraktika meiner Erfahrung nach selten. Falls ihnen die Wochen dazu dienen sollen, sich über ihre Zukunft in der Berufswelt klarzuwerden, kann ich ruhigen Gewissens behaupten, dass sie so schnell nicht noch mal jemand in einen Bürojob locken wird.

Ich selbst bin auch nicht der größte Fan von Kistenschleppen, aber ich bin dankbar, zur Abwechslung mal etwas freundliche Gesellschaft und Abstand von Vi zu haben. Um ehrlich zu sein, hätte ich am liebsten sogar meinen Arbeitsplatz nach hier unten verlegt, um ihr weiter aus dem Weg gehen zu können.

Svenja ist der Meinung, dass »die Frau« Probleme hat, die nichts mit mir zu tun haben, und mir ihre Ablehnung am Allerwertesten vorbeigehen sollte. Tolga besteht darauf, dass Vi ihre Tage hat und ich deswegen besser noch eine Woche einen Bogen um sie machen sollte. Svenja war von dieser Aussage gar nicht begeistert und hat die Zeit genutzt, um uns über die Natur der Menstruation, PMS, Endometriose und überteuerte Hygieneartikel zu unterrichten. Da ich einige Jahre älter bin als Tolga und die ein oder andere Frau in meinem Leben hatte, ist für mich nichts davon neu gewesen. Aber ich habe geschwiegen, Svenja ihren Moment überlassen und damit hoffentlich dazu beigetragen, dass Tolga heute als neu deklarierter Feminist oder zumindest als aufgeklärter Teenager das Gebäude verlässt. Gianna wäre stolz auf mich. Gianna ...

Oh, Shit, Gianna!

»Wir wollen uns in der Pause einen Pom-Döner holen. Kommst du mit?«

»Klingt verlockend, aber ich hab was dabei. Danke, trotzdem.«

Svenja und Tolga sehen mich geschockt an, dann tuscheln sie miteinander. Sobald ich Wörter wie »Generation, alt und uncool«, aufschnappe, stelle ich fest, dass die Praktikanten wohl doch nicht zu meinen Verbündeten bei Jann & Rhode gehören werden. Wir verlassen zwar für die Mittagspause noch gemeinsam das Gebäude, während sie jedoch die nächste Dönerbude ansteuern, suche ich mir einen ruhigen Platz im anliegenden Park.

Seit ich in Köln bin, ist so viel passiert, dass ich vollkommen verpennt habe, mich um Giannas und Rickys Problem zu kümmern. Und jetzt, da es mir wieder in den Sinn gekommen ist, realisiere ich auch, dass Gia sich seit unserem letzten Telefonat nicht mehr bei mir gemeldet hat – verständlich, aber auch zutiefst beunruhigend. Ich hoffe, dass meine kleine Schwester mich bloß mit Schweigen straft, weil sie angepisst darüber ist, dass ich bisher mein Wort nicht gehalten habe.

Auf der Suche nach meinem heutigen Pausenplatz entdecke ich einen Foodtruck, der auch Smoothies anbietet.

Da meinem Körper dringend Energie zukommen muss, kaufe ich einen und stelle fest, dass er die gleiche grünliche Farbe hat wie Tolgas Gesicht, nachdem Svenja ihm den Zykluswechsel bis ins kleinste Detail geschildert hat. Mit meinem Tolga-Getränk in der Hand sehe ich mich um. Um diese Zeit ist im Park viel los und sämtliche Parkbänke belegt. Nach dem regnerischen Start ist pünktlich zum Mittag die Sonne herausgekommen, und es scheint, dass jeder etwas Vitamin D produzieren möchte, ehe es zurück an den Schreibtisch geht.

Schätze, ich verbringe meine Pause im Gehen.

Nachdem ich mein Schicksal akzeptiert habe, fische ich mein Handy aus der Hosentasche und suche, an meinem Tolga-Getränk schlürfend, die Nummer von Gia raus.

»Sorry, dass ich mich erst jetzt melde«, murmele ich vor mich hin und lächele zwei ältere Damen an, die mit Brot die Tauben füttern.

Sollte meine Schwester tatsächlich eingeschnappt sein, dann ist es besser, wenn ich das Telefonat vorher probe. Doch selbst nach mehreren verschiedenen Versionen, in denen ich mich für meinen Patzer entschuldige, habe ich nicht den Eindruck, dass das eigentliche Gespräch mit ihr ein Spaziergang im Park wird.

Haha, Wortspiel.

Trotzdem, ich schulde ihr eine Erklärung, und es wäre unfair von mir, diese absichtlich noch länger hinauszuzögern.

Augen zu und durch!

Ich drücke auf das Anrufsymbol. Genau im gleichen Moment steht eine Gruppe Jugendlicher von einer der Bänke auf, sichtlich geblendet und gestört von der Sonne über ihnen.

Innerlich sehe ich mich bereits die warmen Strahlen genießen, weshalb meine Schritte größer werden und ich regelrecht auf die Parkbank zuchchte.

»Hallo?«, plärrt Gias Stimme derweil aus meinem Handy.

Eilig klemme ich mir das Telefon zwischen Schulter und Ohr.

»Hey, Gia«, begrüße ich sie, als ich die Parkbank erreiche, und lasse mich erleichtert auf den Platz fallen.

»Ich sitz grad in Mathe!«, flüstert meine Schwester.

Warum wundert es mich nicht, dass sie mitten im Unterricht ans Handy geht?

Die Standpauke liegt mir bereits auf der Zunge, als ich es wahrnehme. Das luxuriöse, feminine Parfüm. Gefolgt von einem schnippischen Räuspern.

Ich muss viel zu beschäftigt mit Gianna gewesen sein, weshalb mir erst jetzt auffällt, dass sich zeitgleich mit mir noch jemand auf die Bank gesetzt hat. Jemand, auf den ich in diesem Augenblick echt gut verzichten könnte. Nichtsdestotrotz schicke ich ein stummes Flehen in den Himmel.

Bitte, liebes Universum, spiel einmal in meinem Team, ja?
»Was denkst du, machst du hier?«
Eigentlich müsste ich mich nicht zur Seite drehen, um zu wissen, mit wem ich das *Vergnügen* habe. Dennoch tu ich es. Am liebsten möchte ich vor Frustration schreien.

»Gia, ich ruf zurück«, wispere ich ins Telefon und lege dann auf, ohne auf eine Antwort zu warten.

Selbstverständlich hat das Universum keinen Bock im Team Emilian zu sein. Das war damals schon nicht der Fall, warum sollte es jetzt anders sein?

»Oh, hey, Vienna«, grüße ich sie kraftlos und stecke mein Handy weg.

»*Tschüss*, Vienna«, korrigiert sie mich kühl.

»Komm schon, auf der Bank ist Platz für uns beide«, versuche ich es mit einem nervösen Lachen, rutsche aber dennoch zur Seite, als sie demonstrativ ihre Handtasche zwischen uns schiebt. Trotzdem liegt sie halb auf meinem Schoß.

»Wenn du das meinst«, murmelt sie, lässt das Thema damit aber überraschenderweise fallen. »Was hast du zu essen dabei?«

Ich hole zwei abgepackte Thunfischsandwiches aus meinem Rucksack. »Das hier. Möchtest du etwas davon abhaben?«

Man kann schließlich nie genug Friedensangebote machen, oder?

Vi rümpft die Nase.

»Das planst du nicht wirklich, neben mir zu essen, oder?«
»Bist du allergisch gegen Fisch?«
»Ich bin allergisch gegen Belästigung und das«, sie deutet auf mein Essen, »*ist* Belästigung.«

Zuerst weiß ich nicht, wie ich reagieren soll. Einen Moment erwäge ich sogar, mein Brot wegzupacken und es wie damals später auf der Toilette zu essen. Als aber mein Magen lautstark knurrt und mich daran erinnert, dass ich seit meinem Mitternachtssnack nichts mehr gegessen habe, ändere ich meine Meinung.

»Ich dreh mich zur Seite, in Ordnung?«

Natürlich könnte ich auch aufstehen und weggehen, aber diese Genugtuung möchte ich ihr nicht geben. Wer weiß, was ihr sonst noch einfällt, wenn sie den Eindruck erhält, dass ich schnell einlenke. Man muss sich sein Leben nicht unnötig schwerer machen, als es ohnehin schon ist.

Viennas Antwort ist eine Mischung aus einem Schnauben und Murmeln, aber mein Hunger macht sich mit einem Mal so bemerkbar, dass ich sie ignoriere und mein Sandwich auspacke. Zugegeben, der Thunfisch-Gurken-Remouladen-Geruch ist schon penetrant, weshalb ich bis an den Rand der Bank rutsche und ihr sogar den Rücken zuwende.

Pfft, pffft, pfffft.

In dem Augenblick, in dem ich in mein Brot reinbeiße, zischt es mehrmals hinter mir, und keine Sekunde später bin ich von einem vanilligen Duft umhüllt, der so intensiv ist, dass ich nicht einmal mehr den Thunfisch auf meiner Zunge schmecke.

Pffft, pffft.

Irritiert drehe ich mich zu Vienna um. Sie hat ihr Parfüm aus der Tasche geholt und sprüht damit großzügig in die Luft. Sobald sie mich bemerkt und ich still und fassungslos mein Essen hochhalte, zuckt sie mit den Schultern.

»Ungenießbar, oder?«, fragt sie und deutet auf mein Sandwich.

Ohne ein weiteres Wort werfe ich sowohl mein Essen als auch meinen Smoothie in die Mülltonne, schultere meinen Rucksack und räume das Feld.

Ich rieche wie eine Scheiß-Parfümerie und sterbe fast vor Kohldampf. Nächstes Mal werde ich mich definitiv für einen Pom-Döner, weit, weit weg von Vienna entscheiden.

Wenn ich meine Arbeit gut erledigen soll – und das will ich –, dann kann ich Vi nicht ewig aus dem Weg gehen. Deswegen befinde ich mich nach der Mittagspause wieder an meinem ursprünglichen Arbeitsplatz und schiebe auf meinem Tablet Beispiel-Posts hin und her. Vienna sitzt ebenfalls an ihrem Schreibtisch und verfasst die dazu passenden Beiträge. Seit der Parksituation spielt sie wieder das »Emilian-existiert-nicht-Spiel«. Dennoch bin ich fest davon überzeugt, dass nicht jeder Tag in Zukunft so ablaufen wird wie der vorgestern ... und heute. Es gab auch schon schöne Momente. Die eine Stunde mit Vi, in der wir zusammen an dem Social-Media-Konzept für Chippas gearbeitet haben, hat zum Beispiel Spaß gemacht. Wenn solche Augenblicke auf Dauer überwiegen, dann wäre ich damit schon absolut fein. Mir gefällt die Arbeit, und ich werde mich um eine Festanstellung bemühen. Damit wäre mein Einkommen gesichert, und ich müsste mir nicht allzu schnell überlegen, was ich mit den nächsten paar Jahren in meinem Leben vorhabe. Es würde mir Druck von den Schultern nehmen, und zu wissen, dass ich Gia und Ricky auch von hier aus problemlos finanziell unterstützen könnte ... ja, das wäre eine Sorge weniger. Klar könnte ich mich für den leichteren Weg entscheiden und mich bei einem der vielen Autohäuser bewerben und damit zurück in einen Tätigkeitsbereich, in dem ich mich bestens auskenne. Allerdings ... hat mir die Kundenberatung nur halb so viel Spaß gemacht wie das Brainstorming vorgestern mit Vi. Nope, ich möchte sehen, was ich bei Jann & Rhode aus mir rausholen kann. Bleibt nur die Frage, ob ich mir tagtäglich Vienna Lorenz' Laune gefallen lassen kann. Was, wenn es irgendwann zu viel wird? Wenn ich mich derartig von ihr provoziert fühle und ... ausflippe, wie er?

Ein kalter Schauer überkommt mich bei dem Gedanken an meinen Stiefvater, Carlo Casino.

Verdammt, ich muss immer noch mit ihm wegen Gia sprechen. Ob ich mich jetzt davonschleichen könnte? Oder sollte ich lieber warten?

Ich beschließe durchzuziehen, bis Vi zuerst ihre Sachen zusammenpackt. Wir nähern uns mit großen Schritten dem Feierabend, was man vor allem an der schrumpfenden Anwesenheit der Mitarbeiter festmachen kann. Einige von ihnen arbeiten nur halbtags, andere befinden sich in den letzten Meetings für den Tag. Gut möglich, dass ein paar auch einfach gegangen sind, da der gesamte Raum trotz offenem Fenster nach Viennas Parfüm riecht. Ich kann mir vorstellen, dass es bei dem ein oder anderen mit der Zeit Kopfschmerzen auslöst. Mir hingegen kam bisher leider nur der verräterische Gedanke, dass meine kleine Hölle gerne dauerhaft so angenehm duften darf.

Okay, wir haben's geschnallt. Du stehst auf ihr Parfüm. Kannst du dich bitte trotzdem auf deine Arbeit konzentrieren?

Ich kratze das letzte bisschen Motivation und Energie zusammen und widme mich wieder meinem Programm. Vi hat bereits ihre Texte reingeschickt, doch als ich sie den Beiträgen zuordnen möchte, hängt es sich auf.

Toll, da will man arbeiten, und dann streikt die Technik.

Genervt tippe ich mehrmals auf das Speichern-Symbol, woraufhin der gesamte Bildschirm einfriert.

»Hey, Vi! Geht dein ...« Mir bleiben die Worte im Hals stecken, sobald ich zu Vienna hochsehe und merke, dass sie mich beobachtet. Es scheint nicht so, als würde sie das erst seit eben machen, denn als sie realisiert, dass ich sie erwischt habe, färben sich ihre Wangen rot. Hastig blickt sie weg und tippt mit einem

Mal wieder hoch konzentriert auf ihrem Laptop herum. Jetzt, da es mir aufgefallen ist, glaube ich nicht, dass ich in den letzten zehn Minuten auch nur eine Taste von ihr klicken gehört hab.

Verwirrt, aber auch gleichzeitig amüsiert über ihre Reaktion, lenke ich ebenfalls meine Aufmerksamkeit wieder auf mein Gerät. Die App hängt noch immer, weshalb ich schon einen Neustart und möglichen Datenverlust in Kauf nehme, als Vienna sich plötzlich räuspert.

»Ich hole mir einen Tee.«

Naiverweise habe ich erwartet, dass sie anbietet, mir auch was aus der Küche mitzubringen, aber natürlich ist das nicht der Fall. Ohne ein weiteres Wort verlässt sie den Raum. Erst als sie weg ist, merke ich, wie erdrückend es wirklich ist, mit ihr allein in einem Raum zu sein, denn ich lehne mich in meinem Stuhl zurück und atme tief durch. Selbstverständlich inhaliere ich dabei *ihren* Duft ein und stöhne frustriert auf.

Sie ist weg und trotzdem weiterhin da!

Um wenigstens ein paar Minuten nicht von ihr – auf welche Art auch immer – umgeben zu sein, beschließe ich, mir ebenfalls die Beine zu vertreten und frische Luft auf der Raucherterrasse zu schnappen. Ich klappe mein Tablet zu, nehme mein Handy und verlasse dann ebenfalls das Zimmer.

Absichtlich schlage ich eine Richtung ein, die einen großen Bogen um die Pausenküche macht, damit Vienna mich nicht sieht, und trete wenig später nach draußen. Angenehm überrascht stelle ich fest, dass ich allein bin. Normalerweise befindet sich immer jemand hier. Nicht, weil J&R überaus viele Leute beschäftigt, die nikotinabhängig sind, sondern weil es eine kleine Lounge gibt, in der anscheinend gern gearbeitet wird.

Doch jetzt habe ich sie für mich. Zufrieden lasse ich mich auf der Couch nieder. Ein wenig erinnert mich das kleine Set-up an eine Ecke in einer Strandbar – minus Strand und Bar. Doch hätte ich meinen Arbeitstag hier verbracht, dann wäre ich ganz bestimmt deutlich entspannter. Vielleicht liegt es an der frischen Luft oder dem allmählich orange werdenden Himmel ... *oder an der Abwesenheit einer gewissen Person,* aber ich fühle mich schon nach wenigen Momenten besser. Energiegeladener.

Dieses Gefühl verfliegt allerdings, sobald ich mein Handy aus der Hose hole und mich eine böse Nachricht meiner Schwester begrüßt. Ich tippe eine lange und ehrliche Entschuldigung, die ich selbst ohne zu zögern annehmen würde. Doch Gianna tickt nicht wie ich. Sie ist stolz und stur. Selbst wenn sie nachvollziehen kann, warum ich mittendrin aufgelegt und mich seither nicht mehr gemeldet habe, sie würde es mich tagelang nicht wissen lassen. Zeitgleich ist Gia auch berechenbar, weshalb es mich weder überrascht, dass sie antwortet, anstatt die Nachricht zu ignorieren, noch, dass sie weiterhin etwas von mir möchte.

> Hast du eigentlich endlich mal mit Dad gesprochen?

Ohne zurückzuschreiben, beiße ich in den sauren Apfel und rufe bei Carlo Casino an.

Kümmere dich nur um das Nötigste. Vergewissere dich, dass die Klassenfahrten bezahlt sind. Das war's.

Doch obwohl ich mich selbst dazu ermahne, herrscht in meinem Kopf wieder pures Chaos, als mein Stiefvater nach ewig langem Klingeln endlich drangeht.

»Was willst du denn?«

Das fängt ja schon gut an.

Cool bleiben, Emilian.

»Mir kam zu Ohren, dass du Probleme mit den Klassenfahrten deiner Kinder hast.«

Carlo schnaubt. »Geht dich nichts an.«

»Und ob. Ich bin zwar kein Teil *deiner* Familie, aber Gianna und Ricky sind meine Geschwister. Also, warum wurden die offenen Beiträge noch nicht beglichen?«

Wieder ein Schnauben. Wenn er so weitermacht, denke ich noch, dass ich mit einem Schwein telefoniere.

»Muss ein Fehler sein«, folgt schließlich seine Antwort.

Das Ironische ist, Carlo liebt Gianna und Ricky. Wenn er könnte, würde er den beiden jeden Wunsch erfüllen … wären da nicht gigantisch große Haken.

Erstens: Carlo Casino hat Probleme mit Geld. Sobald er flüssig ist, wirft er es für allen möglichen Scheiß aus dem Fenster. Neues Handy für Gia, X-Box für Ricky, teurer Schmuck für meine Mutter, damit die über seine Untreue hinwegsieht. An und für sich ist es keine schlechte Eigenschaft, andere zu beschenken, ja. Wäre da nicht die Sache mit dem Pech. Womöglich gibt es in ganz Berlin niemanden, der so davon verfolgt ist wie er. Damit meine ich allerdings nicht die Art von Unglück, bei der man bei einem Spaziergang in Hundekacke tritt oder sich aus Versehen Salz statt Zucker in den Kaffee schüttet. Nein, Carlo ist jemand, der zur falschen Zeit die falschen Entscheidungen trifft. Er erhält einen Bonus auf der Arbeit und verprasst ihn für seine Familie, und keine Woche später trudelt eine unerwartet hohe Stromrechnung ein. Er gewinnt ein paar Hundert Euro im Lotto und haut alles davon auf den Kopf. Sein Auto geht kaputt. Es ist die Art von Pech, die einen schnell in die Abwärtsspirale werfen kann. Und wenn man davon ganz viel hat? Gefährlich. Man gerät in einen Teufelskreis, weil man einerseits den Liebsten weiterhin keinen Wunsch abschlagen möchte, andererseits der Schuldenstapel immer größer wird. So hat es auch mit Carlo Casino angefangen. Ihm ist es wichtig, den Schein zu wahren, doch auch das kostet. Ich erinnere mich noch immer an die Woche, in der meine Mutter ein altes Armband gesucht hat. Ich habe das Haus auf den Kopf gestellt, aber nichts gefunden. Erst Monate später hat Carlo es in meinem Zimmer »entdeckt«. Bis heute habe ich den leeren Blick meiner Mutter im Kopf, und wenn ich mich anstrenge, kann ich auch den Schmerz noch spüren, als Carlo mich einen »respektlosen Dieb« genannt und verdroschen hat. Meine Mutter … sagen wir, sie hat nichts davon … *mitbekommen*. Ich hasse den Gedanken, dass sie in dem Glauben gestorben ist, dass ich sie bestohlen, belogen und enttäuscht habe.

Was wirklich passiert ist, habe ich erst erfahren, als ich zufällig beim Suchen eines Ladekabels auf die Quittung für ein Pfandleihhaus gestoßen bin. Mein Stiefvater hat zweihundert Euro für das Armband bekommen. Es hat ihn zweihundert Euro gekostet, meine Beziehung zu meiner Mutter für immer zu beschmutzen.

Doch das ist erst der Anfang gewesen. Hätte ich damals schon gewusst, wie tief bergab es nach ihrem Tod für mich gehen würde … ich hätte mir noch sehr viel früher meine persönliche Endstation herbeigesehnt.

Regentropfen reißen mich aus meinen Gedanken. Es dauert einen Moment, bis ich zurück in das Hier und Jetzt finde und mich an das Telefonat erinnere. Sobald ich jedoch auf mein Handy schaue, zeigt dieses keinen Anruf mehr an.

Nach meinem Ausflug in die Vergangenheit fühle ich mich wie überrollt. Trotzdem schreibe ich meinem Stiefvater, dass er die Klassenfahrten bezahlen soll, und weil ich weiß, wieso er damit Probleme hat – weil es immer nach dem gleichen Muster verläuft –, füge ich hinzu, dass ich ihm das nötige Geld überweisen werde. Seine Antwort: Ein Daumen-hoch-Emoji.

Erschöpft vom Leben, lehne ich mich zurück und lege den Kopf in den Nacken.

»Na, hattest du eine schöne Pause?«

Mein Blick fliegt zur Terrassentür. Vienna lehnt lässig arrogant gegen den Türrahmen. Sofort springe ich auf und eile zu ihr.

»Sorry! Ich bin sofort wieder am Schreibtisch!«

Sie schaut auf ihre Armbanduhr.

»Wir haben Feierabend. Was hast du hier draußen gemacht?«

»Nur bisschen Luft geschnappt.« Ich werfe ihr einen vielsagenden Seitenblick zu, doch sie geht nicht darauf ein. »Musste für einen Moment allein sein«, füge ich daher ungefragt hinzu.

»Wunderbar«, erwidert Vi. »Dann hoffe ich, dass du deinen Moment in vollen Zügen genossen hast. Ab morgen weichst du mir nämlich leider nicht mehr von der Seite.«

KAPITEL 16

VIENNA

»Seit er mich als Drachen bezeichnet hat, beschwört er ständig das Monster in mir herauf! Nach dem Gespräch mit Klaus habe ich mich völlig schwerelos gefühlt und konnte selbst mit der Idee, Emilian mit an Bord zu nehmen, warm werden, und dann stiehlt er mir meine Parkbank und verpestet die Luft mit seinem Thunfisch? Es war eine absolut nachvollziehbare Reaktion von mir, ihn mit meinem Parfüm vollzusprühen. Und es ist mir ein Rätsel, wie ich mit ihm auf Dauer zusammenarbeiten soll.« Ich greife nach dem Babypuder und schüttele eine großzügige Portion auf den nackten Popo von Benji, während ich ihm von meinem Tag erzähle. Er hat das Los gezogen, heute zu meinem Therapeuten befördert worden zu sein, und was soll ich sagen? Dadurch, dass er nicht antworten *kann*, fühle ich mich in jedem meiner Gedankengänge bestätigt.

»Du hast vollkommen recht, Benji. Ich konnte Klaus beweisen, dass er mir einen eigenen Klienten anvertrauen kann. Warum sollte ich ihm dann nicht auch zeigen, dass ich ohne ein Team zurechtkomme, oder? Ich hab, seit ich bei Jann & Rhode arbeite, mehr Workload am Tag geschafft als die meisten anderen. Außerdem hab ich mir die Unterlagen auf der Arbeit schon intensiv angesehen. Wäre doch gelacht, wenn ich nicht allein ein Social-Media-Konzept für eine Dating-App zusammenstellen könnte.« Während ich den Puder auf der Haut meines Sohnes verteile, rufe ich die Informationen auf, die mir bisher im Kopf geblieben sind. Erfahrungsgemäß sind das die Details, auf die man den Schwerpunkt legen sollte. Zu meinem Bedauern wird jedoch jegliche Information von der kleinen, aber definitiv nicht unbedeutsamen Tatsache verdrängt, dass der Name der App grässlich ist. Ich kann mir nicht vorstellen, dass er viele Interessenten bringen wird ... was somit einen gigantischen Flop bedeuten würde. Loaded? Wer bitte vermutet hinter dem Namen eine Plattform zur Partnersuche? Würde er mir im Internet begegnen, ich würde ihn mit Computerspielen oder Waffen assoziieren. Aber Dating? Es gibt so viele tolle, ansprechende Namen, mit denen der Internetauftritt durch die Decke gehen könnte, denn die Idee hinter der App ist kreativ, innovativ und spannend. Finde ein Match und tausche dich anhand der TTCM (texting-talking-calling-meeting)-Methode mit ihm aus – kennenlernen garantiert, aber sicher. Und falls man merkt, dass man nicht auf der gleichen Wellenlänge ist? Dann kann man das Match auflösen und wird nie wieder davon belästigt. Das ist die Kurzfassung. Wenn es wirklich so gut funktioniert wie angepriesen, dann könnte dieser Christian an was Riesigem dran sein. Wie oft ist man noch von Matches belästigt worden, nachdem es doch nicht gepasst hat?

»Aber loaded?«, frage ich Benji, hebe ihn an seinen Michelin-Männchen-Beinchen hoch und lege ihm eine Windel unter den Körper. »Warum nicht locked-in oder so? Etwas, das zumindest einen Hauch attraktiv klingt?« Kopfschüttelnd wickele ich meinen Sohn, der meine Einstellung mit Blubbern seinerseits bedingungslos unterstützt – jedenfalls rede ich mir das ein.

Sobald mein kleiner Kerl wieder fertig angezogen und bereit zum Schlafen ist, setze ich mich mit ihm im Wohnzimmer auf seine Spielmatte und lasse ihn ein bisschen seine kleine Welt entdecken. Es fehlt nicht mehr viel, bis er durch das Apartment krabbeln wird, aber noch ist seine Fortbewegung der Wahl das Robben. Mein Mutterherz füllt sich mit so viel Stolz, wenn ich ihn dabei beobachte, wie er von A nach B kriecht. Das amüsierte Glucksen ist dabei für mich Musik in den Ohren.

Um das letzte bisschen seiner Energie aus ihm herauszukitzeln, damit er im Anschluss schläft wie ein Engel, spiele ich mit ihm Fangen à la Benji. Sobald er es zu mir geschafft hat, gebe ich ihm ein Küsschen und knuddele ihn. Dann krabbele ich selbst in eine andere Ecke und warte darauf, dass er mir folgt. Mit jedem Tag wird er dabei ausdauernder. Aus Sicht von Eltern ist das toll. Er macht Fortschritte und entwickelt sich so, wie man es sich von einem gesunden Kind erhofft. Doch als Mama, die schon seit Sonnenaufgang auf den Beinen ist und noch Arbeit zu erledigen hat, ist das Herumtollen auf Dauer kräftezehrend. Deswegen bin ich froh, als Benji langsam Anzeichen von Müdigkeit zeigt und er sich ohne großes Gute-Nacht-Programm von mir in den Schlaf wiegen lässt.

Mittlerweile merke ich den Tag in meinen Knochen, weswegen ich mir, nachdem ich Benjis Spielzeug weggeräumt habe, fünf Minuten Pause auf der Couch gönne. Offenbar muss ich mich dabei zu schnell hingesetzt haben, denn das Wohnzimmer beginnt sich um mich herum zu drehen. Erschöpft lehne ich mich zurück und warte, dass es aufhört. Aber selbst als ich meine Handballen auf meine geschlossenen Lider presse und den Raum mental dazu auffordere stillzustehen, empfinde ich noch immer ein Gefühl von Schwindel.

»Urgh«, grummele ich. In der Hoffnung, die Wasserflasche, von der ich weiß, dass sie auf dem Tisch steht, in die Finger zu bekommen, strecke ich blind meine Hand aus. Sobald ich sie zu fassen bekomme, drehe ich den Verschluss auf und nehme mehrere große Schlucke. Möglicherweise habe ich die letzten Tage zu wenig Flüssigkeit zu mir genommen, und eventuell hätte ich auch mehr essen können. Mir ist bewusst, dass ich nicht besonders auf meinen Körper aufpasse, wenn ich meinen Fokus auf andere Dinge lege, und ich bin selbst schuld an meinem aktuellen Zustand. Doch so schlecht das Timing für meine mangelnde Selbstpflege auch ist, ich kann mir nicht leisten, sie als Ausrede zu benutzen. Es ist bereits fast zwanzig Uhr, und ich habe für das Treffen mit Christian morgen noch nichts geschafft. Wenn ich zumindest versuchen möchte, meinem Körper Erholung in Form von Schlaf zu schenken, dann sollte ich besser loslegen, damit ich nicht bis spät in die Nacht am Laptop sitze.

Vorsichtig linse ich durch ein Auge in das Zimmer und öffne dann auch das andere. Der Raum steht wieder still, und auch die kleinen Sternchen in meiner Vision verschwinden, nachdem ich mehrmals blinzele. Um meinem Körper zu signalisieren, dass ich ihn trotz meiner Achtlosigkeit ernst nehme, trinke ich den Rest Wasser aus. Mit der Flasche noch am Mund greife ich zu meinem Laptop, den ich vorausschauend schon auf die Couch gelegt habe, und schalte ihn ein. Genauso ungünstig wie mein kleiner Schwächeanfall ist das auf dem Bildschirm angekündigte Update. Und da ich blöd bin – oder einfach nur erledigt –, verklicke ich mich. Anstatt das Softwareupdate auf den nächsten Tag zu verschieben, wie ich es sonst immer mache, drücke ich auf *jetzt*.

»Na, großartig«, murmele ich und beobachte, wie mein Computer sämtliche Programme schließt und im Anschluss das Display schwarz wird. Aus Erfahrung weiß ich, dass ich nun mehrere Minuten nichts mit meinem Laptop anfangen kann, weshalb ich ihn auf den Tisch stelle und mir in der Küche einen Butter-Nutella-Toast zubereite. Damit bewaffnet, schleiche ich in Benjis Zimmer und an sein Bett, um nach ihm zu schauen. Er schläft tief und fest und sieht dabei so putzig aus, dass ich leise mein Handy rausbohle, um einen Schnappschuss von ihm zu machen.

Andere haben unzählige Fotos von ihren Haustieren. Meine Fotogalerie ist voll von meinem Sohn. Beim Aufwachen, Spielen, Essen, ich mache sehr gerne Bilder von ihm. Am liebsten jedoch halte ich fest, wenn er friedlich vor sich hin schlummert. Das sind auch die Aufnahmen, die meine Mutter so liebt. Sie behauptet immer, dass man da dann ganz besonders die Ähnlichkeit zu ihr sieht. Weil ich das nicht bestätigen konnte, habe ich sie mal gefragt, was genau sie denn meint. Ihre Antwort: Na, einen Engel. Die Stille, die sie daraufhin von mir geerntet hat ... sagen wir, sie hält sie mir noch immer vor, wenn ihr danach ist.

Ich knabbere an meinem Brot und mache noch ein, zwei Fotos für sie, bevor ich Benji wieder in Ruhe lasse und ins Wohnzimmer zurückkehre.

»So, Madame. Genug getrödelt.«

Das Update läuft jedoch noch immer, weshalb ich mich wieder hinsetze und mir die Zeit mit meinem Handy vertreibe. Um dennoch produktiv zu sein, besuche ich die Internetseite von Christian. Es kann nie schaden herauszufinden, wie jemand tickt. Die Website ist veraltet und nicht sonderlich informativ, weshalb ich sein Profil auf Instagram suche. Und siehe da, dort habe ich mehr Erfolg. Der Account wird extrem stark bespielt, und wenn ich bis eben nicht wusste, wer Christian Château ist, dann weiß ich jetzt sogar Sachen über ihn, die *niemand* jemals über ihn erfahren müsste. Trotzdem arbeite ich mich durch alle Beiträge, um mir ein Bild von meinem Kunden zu machen. Irgendwann folgen nur noch Video-Uploads, und auch wenn es in meinem Magen zwickt, weil ich echt nicht noch ein weiteres Nackter-Mann-trifft-Schokosoße-Video in meinem Leben sehen muss, kämpfe ich mich auch hier durch.

»Das wird morgen ein sehr, sehr spannendes Meeting. Kein Wunder, dass er so begeistert von dem Namen loaded ist.«

Der Typ scheint nicht viel in der Birne zu haben, was nicht

zweideutig ist und mit Sex oder Frauen zu tun hat. Deshalb bin ich echt gespannt auf das Treffen. Ob er überhaupt Vorschläge von mir – einer Frau – annehmen wird? Ist das der Grund, wieso ich Emilian mit in mein Team holen musste?

Auf einmal sehe ich Klaus' *Großzügigkeit* aus einer neuen Perspektive. Doch sobald ich wieder auf Christians Profil schaue, verschwinden die ersten Anzeichen für Selbstzweifel, denn dieser Kerl braucht dringend Struktur und Hilfe, wenn er mit seiner Dating-App langfristig Erfolg haben möchte. Niemand, der etwas Seriöses sucht, würde sich momentan bei einer Partner-Such-Plattform anmelden, wenn der Gründer sich als Nackedei und Partylöwe präsentiert. Ich frage mich sogar, wie da eine Zusammenarbeit mit Klaus zustande gekommen ist. Wahrscheinlich hat er den Vogel auf einer Jachtparty auf Mallorca kennengelernt. Er würde zumindest gut in das Bild von den Urlauben passen, von denen Klaus danach immer so schwärmt.

Reich und ...

Mein Computer leuchtet auf und signalisiert damit, dass er nun wieder benutzt werden kann.

»Wurde aber auch Zeit.« Ich beuge mich vor und ziehe den Laptop auf meinen Schoß. Die Bewegung muss für meinen Körper dabei allerdings zu hastig oder ungünstig gewesen sein, denn völlig aus dem Nichts rebelliert er plötzlich. In meinem Magen zipt es, als hätte ich Hunger, gleichzeitig fühlt er sich voll an. Beides kann nicht stimmen, schließlich habe ich einen kleinen Snack gehabt. Doch ehe ich mich ein weiteres Mal von meinem Körper betrogen fühlen kann, wird mir schlecht. Schnell stelle ich den Laptop neben mich auf die Couch und renne ins Badezimmer. Mit jedem Schritt wird die Übelkeit stärker, und ich gehe hastig in meinem Kopf durch, was ich heute alles gegessen habe, das zu dieser Magenverstimmung geführt haben könnte. Mein Verdacht fällt auf den Tee im Pausenraum. Er ist für die

Gemeinschaft, aber wer garantiert, dass das Haltbarkeitsdatum überprüft wird? Gedanklich setze ich diesen Punkt auf meine morgige To-do-Liste. In der Realität umarme ich längst die Kloschüssel.

KAPITEL 17

EMILIAN

Die schlaflose Nacht hat sich Stunde für Stunde bemerkbarer gemacht, vor allem, seit ich zu Hause bin und heiß geduscht hab. Ich hatte einen ruhigen Abend vor dem TV geplant, doch mir sind bereits bei der ersten angeschmissenen Folge von *Stranger Things* immer mal wieder die Augen zugefallen. So richtig bemerkt, dass ich eingepennt bin, habe ich erst, als mich ein lautes Klirren aus dem Schlaf gerissen hat. Die Glasschüssel mit meinem zuckerüberladenen Abendessen muss von meinem Schoß gerutscht sein, denn nun zieren hell leuchtende Scherben, Popcorn und bunte M&Ms den dunklen Granitboden.

Genervt pausiere ich die Episode, von der ich ohnehin nichts mitbekommen habe, und stehe vorsichtig auf.

Ich wohne noch nicht lang genug bei Jamil, um zu wissen, wo sich sein Putzkram befindet, und offenbar lagert er Handfeger und Kehrblech nicht in der Nähe des Mülleimers, wie es bei mir immer gewesen ist. Ehrlich gesagt, ich bin mir nicht einmal sicher, ob Jamil überhaupt so was besitzt. Bisher ist mir nur ein Staubsauger-Roboter aufgefallen, über den ich letztens fast gestolpert wäre. Um ein Haar hätte es mich hingelegt, und ich hätte meinen ersten Tag bei Jann & Rhode mit einem aufgeschlagenen Kinn beginnen können.

Na ja, vielleicht hätte ich dann wenigstens mein Maul nicht so weit aufgerissen und mir das ganze Vienna-Drama erspart.

Etwas wehmütig denke ich an die zwei Minuten, in denen sie mich nicht auf dem Kieker hatte. Die Zusammenarbeit mit ihr war so vielversprechend. Wir waren der gleichen Meinung und haben einander gefördert. Sie hat bestimmt den Posting-Plan von Chippas allein fertiggestellt, nachdem mein Tablet eingefroren war.

Darf sie das?

Will ich das?

Ich seufze und denke an den anderen friedlichen Moment mit ihr. Der, in dem wir beide in der Küche standen und uns beschnuppert haben. Der Small Talk ... wie ich sie aufgezogen habe. Es ist, nach dem Vormittag, erfrischend gewesen, ihr diese Seite von mir zeigen zu dürfen ... und diese Seite von ihr gesehen zu haben. Die Unterhaltung hat mir vor Augen geführt, dass Vi *eigentlich* – ganz fettes Ausrufezeichen – in Ordnung ist. Außerdem ... wenn ich mich nicht irre, dann war da auch etwas anderes mit uns im Raum. Sie hat mich eindeutig abgecheckt, als sie sich sicher war, dass ich es nicht bemerken würde. Aber was soll ich sagen? Jemand, auf den seit Kindheitstagen mit dem Finger gezeigt wurde ... der merkt mit der Zeit auch, wenn Blicke auf einem ruhen. Doch ... diesmal hat es mich nicht gestört. Ich hatte nicht das Gefühl, dass ich mich wie damals in meinem ausgebeulten, abgetragenen Herbstmantel verstecken musste und aufhören wollte zu existieren. Ganz im Gegenteil ... mit ihrer Aufmerksamkeit auf mir wollte ich laut und auffällig sein. Statt mich zu verstecken, *wollte* ich da sein und auch dableiben. Ich wollte ihr im Gedächtnis bleiben, weshalb ich eventuell auch ein winziges kleines bisschen mit ihr geflirtet habe – falls man meinen kleinen Witz überhaupt als so etwas bezeichnen kann.

Nun, Em. Du bist ihr im Gedächtnis geblieben. Nur nicht auf die Art, mit der man angeben könnte.

Leider spukt sie auch immer mal wieder in meinem Kopf herum. Das könnte ich auf die Bauchschmerzen schieben, die sie mir die letzten Stunden bereitet hat, oder die Nerven, die sie mich kostet. Es könnte aber – und das ist ein überdimensionales »aber« – auch damit zusammenhängen, dass sich mir ihr Lächeln, ihre verdammten roten Lippen und ihr bescheuertes Parfüm weitaus mehr in meine Erinnerung gebrannt haben, als es mir lieb ist. Also ja ... wäre es so verkehrt zu wollen, dass sie nicht unbedingt nur »urgh, der schon wieder« denkt, wenn wir uns sehen, sondern auch vielleicht mal Gedanken für den Emilian übrighat, der ich für einen flüchtigen Moment mit ihr in der Küche gewesen bin?

Ich seufze. In meinem Kopf herrscht zu viel Chaos, für das ich heute nicht mehr bereit bin. Um ihn freizubekommen, wuschele ich mir durch die Haare wie ein überforderter Hund und lenke meine Konzentration wieder auf mein Popcornschüssel-Malheur. Kurz erwäge ich, den Staubsauger-Roboter auf ein glasiges Abenteuer zu schicken. Da ich allerdings keine Erfahrung mit den Teilen habe und nur weiß, dass sie ein halbes Vermögen kosten, entscheide ich mich dagegen. Nicht dass ich ihn aus Versehen schrotte.

Stattdessen ziehe ich den Mülleimer aus seiner Halterung unter dem Waschbecken und schleppe ihn zu meinem Tatort.

Es ist ein ätzender Job, jede einzelne Schokoladen-Linse vom Fußboden aufzusammeln. Doch sobald ich bei den Scherben angelangt bin und mir prompt in den Finger schneide, stelle ich verstimmt fest, dass das Pflücken der M&Ms im Vergleich dazu ein Kinderspiel gewesen ist.

Ich schiebe den Abfalleimer gerade wieder an seinen Platz zurück, als die Wohnungstür aufgeht und Jamil reinkommt. Jamil und eine Horde an Leuten, die ich nicht kenne. Wobei, doch, ich erblicke neben den drei Mädels ein paar Kerle, die auch im

Pub mit dabei gewesen sind. Das Schlusslicht der Truppe bildet Malte, der mich irgendwie ertappt anstarrt und sich dann schnell mit einer Frau in seinem Arm an mir vorbeimogelt.

Ich zähle nach. Es befinden sich jetzt ungefähr zehn Menschen im Raum, was meiner Meinung nach acht zu viel sind. Wir haben Dienstagabend!

»Emmentaler!«, begrüßt mich mein Mitbewohner und schwingt seinen Arm um meine Schultern. »Cool, dass du da bist!«

»Wo sollte ich sonst sein?«, gebe ich trocken zurück. Jamils Freunde machen es sich im Wohnzimmer gemütlich – unter anderem auch auf *meiner* Couch. Sie sind ausgestattet mit Sixpacks und offenen Chipstüten. Neben Malte, nein, jetzt *auf* ihm, sitzt eine Frau, die ihren eigenen Sekt dabeihat. Anfangs sehe ich sie nur von hinten, weil sie versucht, einen Kuss von ihrer Begleitung zu erhaschen. Sobald Malte sie von sich schiebt und sie verärgert zu mir sieht, wird sie jedoch kreidebleich. Linda? Wir müssen einander im gleichen Moment erkannt haben, denn sie springt augenblicklich von Maltes Schoß.

»Gibt's was zu feiern?«, frage ich Jamil, ohne den Blick von ihr zu nehmen. Vorsichtig lächele ich sie an. Sie winkt verlegen, flüchtet dann aber mit ihrer Flasche Richtung Bad.

»Das gibt es doch immer«, erwidert mein Mitbewohner und drückt mir ein Becks in die Hand. »Was hast du da eigentlich an?«

Ich sehe auf mich herab.

»Meinen Schlafanzug?«

Jamil wirft mir einen entgeisterten Blick zu, und mit einem Mal fühle ich mich wieder in eine Zeit versetzt, in der ich nicht mit ihm klargekommen bin. Angewidert von der Vergangenheit, schiebe ich seinen Arm von mir und nehme einen Schritt Abstand von ihm.

»Warum sind all die Leute hier?«, frage ich, obwohl ich wahrscheinlich kein Recht dazu habe. Seine Stadt, seine Wohnung.

»Hättest du mir nicht zumindest eine Nachricht schreiben können, damit ich mich hätte vorbereiten können?«

Jamil kneift die Augen zusammen. Er hat eindeutig schon einen sitzen, und jetzt, da mir der Verdacht gekommen ist, nehme ich auch die Fahne, die von ihm ausgeht, wahr.

»Hey, Emilian, was geht?«

Malte gesellt sich zu uns, und Jamil nutzt den Moment, um sich wegzustehlen und dessen Platz einzunehmen. Ein Blinzeln später, und er turtelt mit einer Frau herum. Wobei, bei genauem Hinsehen, bin ich mir nicht sicher, ob es sich dabei um eine Frau handelt. Jamil war immer offen für alles … und damit meine ich *alles*.

»Eigentlich nur ein bisschen Netflix«, antworte ich und frage mich dabei, wie mein schöner, ruhiger Abend zu so einem Desaster werden konnte. Jetzt sieht es stattdessen so aus, als müsste ich eine zweite schlaflose Nacht an die erste dranhängen. Vor meinem inneren Auge sehe ich mich schon während der wichtigen Präsentation von Vienna einschlafen. Und dann sehe ich sie, wie sie mich mit hochrotem Kopf anschreit.

»Hab gehört, du hast bei J&R unterschrieben? Respekt! Ich muss ja zugeben, dass ich überrascht darüber bin, dass du mich heute nicht aufgesucht hast, um nach einer Versetzung zu fragen.« Malte grinst vielsagend und nippt an seiner Flasche.

»Ach ja?«

Tatsächlich hatte ich das für einen kurzen Moment nach Viennas Parfüm-Aktion in Erwägung gezogen. Doch wegen der Büroküchen-Momente trage ich weiter die Hoffnung in mir, dass es mit der Zeit besser wird. Das ist leider eine meiner Macken. Ich hoffe immer, dass es irgendwann besser wird. Nur ist das selten der Fall.

Ich sehe nachdenklich auf meine Flasche.

»Soll ich sie dir öffnen?«

Malte fragt zwar, schnappt sie mir jedoch aus der Hand, ohne auf eine Antwort zu warten. Ebenso still nehme ich sie zurück, aber führe sie nicht zu meinen Lippen. Zur Erinnerung: Ich wollte *schlafen.*

»Darf ich dann annehmen, dass mit Vienna alles glatt läuft? Ich hab gehört, sie hat einen hochkarätigen Kunden an Land gezogen und deswegen jetzt das Christian-Château-Projekt zugewiesen bekommen. Diese Frau ... sie hofft schon seit ihrer Einstellung auf einen Alleingang.« Er schüttelt den Kopf, als wäre es verwerflich, Ambitionen zu haben.

»Sie ist extrem kompetent. Ich frage mich eher, warum sie nicht schon vorher in Betracht gezogen wurde«, gebe ich zurück.

Er sieht mit prüfendem Blick zu mir.

»Okay, keiner sieht es dir nach, wenn du das sagst, weil du die kleine Flamme heiß findest. Wir haben alle Augen.«

Bitte?

»Was hat das eine mit dem anderen zu tun? Nein, tue ich nicht. Sie ist mir quasi übergestellt und ...«

»Ist sie nicht. Sie mag jetzt einen Kunden direkt betreuen, aber ihr belegt weiterhin die gleiche Position in der Agentur. Warte noch einen Monat, leb dich bei uns ein, und wir werden auch einen Auftrag für dich haben.«

Das ist nicht richtig. Von mir gibt es nicht mal ein Foto auf der Website, weil ich gerade erst meinen Vertrag unterzeichnet habe, und er verspricht mir schon jetzt die eine Sache, für die Vienna so hart arbeiten musste? Malte wird mir immer unsympathischer, weswegen ich einen Ausweg aus der Unterhaltung suche. Mein Blick schweift über die Szene.

Mittlerweile läuft der Fernseher wieder, aber statt *Stranger Things* präsentieren sich Frauen in den knappsten Bikinis, bei denen die Männer in der Glotze und auch denen, die es sich auf meiner Couch gemütlich gemacht haben, jeden Augenblick anfangen könnten zu sabbern. Ich glaube, es ist diese Dating-Show, in der sie keinen Sex miteinander haben dürfen. Warum diese Sendung jetzt läuft, ist mir ein Rätsel – genau wie das restliche Geschehen. Fast glaube ich, dass ich wirklich die Person bin, die fehl am Platz ist, denn der Rest wirkt eingespielt ... als würden sie so etwas regelmäßig machen.

»Es ist Trash-TV-Tuesday«, erklärt Malte, der anscheinend die Fragezeichen über meinem Kopf gesehen haben muss. »Hat dir Jamil davon nichts erzählt? Er wurde ins Leben gerufen, damit sich unsere Buben da drüben nicht schämen müssen, auf den Kram abzufahren. Ist akzeptabler, wenn ein paar Mädels dabei sind.«

Und da ist er, mein Weg aus dieser Unterhaltung.

»Wo wir schon über Mädels reden, ist Linda immer noch im Bad? Geht es ihr gut?«

Malte zuckt mit den Schultern und schaut flüchtig zur Badezimmertür.

»Vielleicht solltest du ...« Sobald ich merke, dass seine Aufmerksamkeit längst auf dem Fernseher liegt und er keine Sekunde später mit den anderen amüsiert grölt, weil es in der Show zur Sache geht, schüttele ich sprachlos den Kopf.

Linda ist eine tolle, sympathische Frau. Das ist zumindest mein erster Eindruck von ihr gewesen. Doch mir braucht keiner zu erklären, dass selbst die stärkste Frau wegen des falschen Kerls in sich zusammenbrechen kann. Deswegen stehle ich mich von der Gruppe weg und steuere das Bad an.

Da es sich nicht gehört zu lauschen, klopfe ich direkt.

»Linda? Äh, hier ist Emilian. Der Neue von Vi? Okay, okay, das klang jetzt ziemlich falsch. Ich bin der ...«

Die Tür geht auf, und Linda zieht mich ins Bad. Sie schließt ab, was mich stutzig macht, doch dann setzt sie sich in die Badewanne, die offenbar als ihr Versteck herhält, und schaut in die

Leere. So, wie sie da hockt, Knie eng an die Brust gezogen und ihre Sektflasche umklammernd, hat sie keine Ähnlichkeit mehr mit der Linda von gestern. Ihre Haare, die sie gestern in wilden Locken getragen hat, sind glatt und zu einem strengen Zopf zusammengebunden. Vor Kurzem noch muss sie aufgebrezelt gewesen sein und Lust auf dieses Date mit Malte gehabt haben. Jetzt jedoch ist ihr Make-up verschmiert, und ihr Macker gafft nebenan andere Frauen durch einen Fernseher an. Diese Beobachtung allein reicht, um zu wissen, wer in der Beziehung der wirkliche Verlierer ist. Doch ich behalte meine Gedanken für mich und stehe etwas unbeholfen mitten im Bad rum. Ich kenne Linda kaum, trotzdem wollte sie, dass ich ihr Gesellschaft leiste. Aber erwartet sie auch, dass ich mit ihr rede? Sie tröste? Was soll ich ...

»Ich hätte nicht gedacht, dich heute hier zu sehen«, unterbricht sie meine Planlosigkeit und sieht lächelnd hoch. Bei ihrem Anblick möchte ich sie am liebsten umarmen. Der Traurigkeit in ihren Augen nach zu urteilen könnte sie das gebrauchen. Dann wiederum noch mal zur Betonung: Ich kenne Linda kaum. Da ist es wohl nicht angebracht, mich zu ihr zu knien und sie in meine Arme zu schließen.

»Jamil ist mein Mitbewohner«, erkläre ich daher und ziehe an den Bändern meiner Schlafhose.

»Du wirkst nicht wie jemand, der sich in so einem Freundeskreis glücklich fühlt«, gibt sie zu und mustert mich. »Ich hab recht, oder? Haben wir dich überfallen?«

»Gut beobachtet, Sherlock«, entgegne ich und schaffe es, ihr ein weiteres halbherziges Lächeln zu entlocken.

»Deshalb bin ich so ... überrascht gewesen, als ich dich gesehen hab. Es ist nichts Persönliches.«

»Hat sich auch nicht so angefühlt«, sage ich sanft, woraufhin sie ihre Hand nach mir ausstreckt.

Will sie, dass ich zu ihr in die Wanne steige?! Sie ist zwar leer, aber trotzdem? Da drin habe ich erst recht nichts verloren – vor allem nicht mit ihr als Gesellschaft.

»Setzt du dich auf den Badewannenrand? Bitte?«

Oh. Okay, Fehlalarm.

»Geht's dir gut?«, frage ich, folge aber ihrer Anweisung. Obwohl wir uns fremd sind, lehnt sie ihren Kopf gegen meinen Oberschenkel.

»Klar«, erwidert sie matt. »Sieht man das nicht? Ich bin das blühende Leben in Person.«

»Nimm es nicht persönlich, aber danach siehst du nicht aus«, scherze ich. Zumindest hoffe ich, dass es als Scherz und nicht als Beleidigung rüberkommt.

»So offensichtlich?« Sie seufzt und fährt sich mit ihrer Hand über ihr Gesicht. »Die Scheißmascara hat mich fast fünfzig Euro gekostet!«, flucht sie. »Und trotzdem sehe ich aus wie der fucking Joker.«

Ich stehe auf, nehme ein Handtuch aus dem Regal und halte es unter fließendes Wasser.

»Hier, vielleicht hilft das ja. Mehr hab ich leider nicht.«

»Keine Freundin?«

»Häh?«

»Dann hättest du hier Abschminktücher oder so gebunkert, vertrau mir.«

Sie gibt mir eine Steilvorlage, die ich irgendwie nicht ignorieren kann.

»Hat Malte einen Vorrat?«

Sie lacht verbittert auf.

»An Kondomen vielleicht.«

»Na ja, Verhütung ist wichtig?«, sage ich und kratze mir das Kinn.

»Ohne Frage. Aber wie kann die Schachtel so schnell leer sein, wenn ich vielleicht einmal die Woche bei ihm bin?«

Oh.

»Und dann jetzt, als er gesehen hat, dass du da bist, hat er mich losgelassen, als hätte er sich an mir verbrannt.« Sie krabbelt von der einen Seite der Badewanne auf die andere, um zu mir hochsehen zu können. »Die halbe Belegschaft weiß, dass er mich vögelt, und trotzdem hat er nicht die Eier, um zu mir zu stehen. Was sagt mir das, Em?«

Sie benutzt meinen Spitznamen, als wäre ich einer ihrer engsten Vertrauten, und wer weiß? Vielleicht bin ich das heute Abend.

»Dass du etwas sehr viel Besseres verdient hast.«

Sie hebt ihre Mundwinkel. Kurz, dann sinken sie wieder und sie schaut weiterhin unglücklich aus.

»Leider versteht mein Kopf das nicht. Von meinem beschissenen Körper fangen wir lieber gar nicht erst an. Wann immer er mich ansieht oder berührt, brauche ich ihn. Nur ihn! Dabei sind wir nicht exklusiv, oder so ... wie man an dem schwindenden Kondomvorrat sehen kann.« Sie schnaubt und schüttelt dann den Kopf. »Das ist doch nicht normal, oder? *Ich* bin nicht normal!« Sie vergräbt ihr Gesicht in den Händen.

»Als ich dich gestern das erste Mal gesehen habe, weißt du, was ich da gedacht hab?«, sage ich schnell, damit sie nicht vor mir zusammenbricht.

»Was?«, jammert sie und sieht mich mit riesigen braunen Augen an.

»Dass du eine wahnsinns-toughe Frau bist und ich dich gern zu Schulzeiten in meiner Nähe gehabt hätte.«

Eindeutig habe ich das Falsche gesagt, denn ihre Augen füllen sich mit Tränen.

»Damit wollte ich sa...«

Linda springt auf und fällt mir um den Hals. Sie holt sich die Umarmung, die ich von Anfang an bereit gewesen bin, ihr zu geben, und es fühlt sich gut an. So, als hätte ich heute eine neue, echte und vielleicht auch für die Zukunft tiefe Freundschaft geschlossen.

»Weißt du, was ich liebe?«, fragt sie in meinen Nacken hinein.

Ich schüttele den Kopf.

Sie zieht sich zurück und grinst. In ihren Augen funkelt es wieder, und ich denke, dass ich es tatsächlich irgendwie geschafft hab, sie aufzumuntern.

»Wenn ich recht habe. Du *bist* einer von den Guten, Em.«

KAPITEL 18

VIENNA

Niemals hätte ich gedacht, dass ich den wichtigsten Tag in meiner Karriere als ein Häufchen Elend angehen müsste. Vollgepumpt mit Medizin, welche meinen Körper hoffentlich aufrecht hält, bis das Meeting mit meinem Kunden vorbei ist, steige ich in den Aufzug. Dem flauen Gefühl in meinem Magen nach zu urteilen hätte ich heute aber vielleicht lieber die Treppe nehmen sollen. Angespannt schiebe ich mit meiner Zunge das Pfefferminzkaugummi in meinem Mund herum und warte ungeduldig darauf, im siebten Stockwerk anzukommen.

Für meine Verhältnisse bin ich spät dran, immerhin haben wir fast halb neun. Meine Unpünktlichkeit bedeutet, dass ich mir mindestens von einem Kollegen gleich einen blöden Spruch anhören muss, auch wenn die halbe Firma selbst meist nicht vor zehn Uhr ihren Computer anschmeißt.

Endlich auf der Etage des Büros angekommen, quetsche ich mich an den anderen Mitfahrenden vorbei. Mein Magen rumort, sobald ich den Geruch von frisch gebrühtem Kaffee wahrnehme, und der Koffein-Junkie in mir seufzt, als ich schweren Herzens an der Küche vorbeieile, ohne mir einen mit an meinen Schreibtisch zu nehmen.

Bisher verläuft der Morgen nicht nach meiner sonstigen Routine. Wäre ich abergläubisch, würde ich mir deshalb Sorgen machen, aber so bin ich wegen der bisherigen Änderungen in meinem Tagesablauf einfach nur genervt. Ich mag Regelmäßigkeiten und Routinen, weil ich dann schon im Voraus weiß, was ich zu erwarten habe. Abweichungen führen zu Überraschungen und die kann ich gar nicht ausstehen. Sie tendieren bei mir oft dazu, in die Hose zu gehen. Nein, mir ist es lieber, wenn ich weiß, was auf mich zukommt, damit ich vorbereitet bin. Für mich ist fast nichts schlimmer, als eiskalt von etwas erwischt zu werden, was mich aus der Bahn wirft – vor allem, wenn es dabei um schlechte Neuigkeiten geht. Ich behaupte nicht, dass die zwei Streifen auf dem Schwangerschaftstest schlechte News per se gewesen sind, immerhin haben sie im Nachhinein Benji bedeutet. Doch das Teil in der Hand zu halten und das positive Ergebnis zu sehen, obwohl man fest davon überzeugt gewesen ist, dass er negativ ausfallen würde ... der Schock und die Verzweiflung, weil mit einem Mal meine ganze durchgeplante Zukunft deformiert wurde ... das war definitiv kein toller Moment, den man gerne tief im Gedächtnis verankert hat. Statt klaren Bildern in meinem Kopf, herrschte nur noch Nebel, und ich hatte den Eindruck zu fallen. Selbst jetzt, wenn ich daran zurückdenke, wie ich mich in diesem Augenblick gefühlt habe, ist die Angst und Unsicherheit, die Ungewissheit noch immer greifbar.

Ich schlucke, und weil sich wieder Übelkeit anbahnt, diesmal sehr wahrscheinlich ausgelöst durch den Spaziergang durch meine Erinnerungen, schiebe ich mir einen frischen Kaugummi in den Mund und wickele den alten in die nun leere Folie.

Sobald ich an meinem Arbeitsplatz sitze, beuge ich mich nach unten zu meinem Mülleimer und entsorge sie. Die Bewegung nach unten verursacht in meinem Kopf offenbar ein kleines Erdbeben, denn wieder macht sich leichter Schwindel bemerkbar. Damit er sich nicht verschlimmert, bleibe ich erst mal in meiner Position und gebe meinem Körper Zeit, um die unerwartete

Regung zu verarbeiten. Ich schließe meine Augen, atme tief durch und fange an, in Ruhe zu zählen.

»Eins.

Zwei.

Drei.

Vie...«

»Hey, sorry! Die ... äh, Bahn hatte Verspätung.« Ein lautes Geräusch reißt mich aus meiner Entspannungsübung und erschrocken fahre ich hoch. Dabei knallt mein Kopf gegen die untere Tischplatte.

»Autsch!«

Falls meine Umgebung sich eben schon gedreht hat, dann tut sie es jetzt in doppelter Geschwindigkeit. Trotzdem, oder gerade deswegen, finde ich die Kraft, meinen Störenfried Nummer eins anzuschnauzen.

»Oh Mann, Scheiße, Emilian! Was ist nur falsch mit dir?«

Verärgert reibe ich mir die Stelle am Kopf, an der ich mich eben am Tisch gestoßen habe.

Emilian hat seinen Rucksack auf seinen Schreibtisch geworfen. Wahrscheinlich hat was auch immer er mit sich herumträgt für den Lärm gesorgt, dem ich bald eine Beule zu verdanken habe.

»Sorry, ich wollte dich nicht ... wow, geht es dir gut?«

»Willst du damit sagen, dass ich scheiße aussehe?«, brumme ich und drehe mich ganz langsam so in meinem Stuhl, dass ich ihn angemessen anfunkeln kann.

»Was? Nein, nein, auf keinen Fall, du siehst ...«

»Okay, das Kompliment kannst du dir jetzt auch sparen.«

Emilian grunzt. »Warum sollte ich dir ein Kompliment machen?«

»Wie war das?«

Anscheinend waren seine Worte an sich selbst gerichtet, denn er starrt mich nun ertappt an. In seiner Hand hält er – wie die letzten Tage auch schon – eine Gebäcktüte. Schon bei der Vorstellung an Croissants dreht sich mir der Magen um.

»Ach nichts«, winkt er ab, doch dann verändert sich etwas in seinem Blick, und er öffnet erneut den Mund. »Wobei nein, weißt du, was? Ich hab es satt, jeden Tag so zu starten. Deswegen mach ich jetzt mal reinen Tisch. Du willst ein Kompliment?«

»Warum sollte ich ein Kom...«

»Du bekommst meine Ehrlichkeit«, fällt er mir ins Wort. »Normalerweise bin ich nicht so drauf, aber du provozierst es regelrecht. Du siehst blass aus und wirkst etwas neben der Spur.«

»Ja, weil ich mich wegen dir gestoß...«

»Deswegen habe ich gefragt, ob es dir gut geht. Aber du hast direkt angenommen, dass ich damit ausdrücken wollte, dass du scheiße aussiehst. Das habe ich nie gesagt.« Er macht eine kurze Pause und mustert mich. »Warum solltest du scheiße aussehen, nur weil du heute keinen Lippenstift trägst und leichter geschminkt bist?« Er schaut mich verständnislos an. »Und warum um alles in der Welt glaubst du, dass ich ausgerechnet dir ein Kompliment machen würde, Vienna?«

Mit seinem Ausbruch habe ich nicht gerechnet. Doch es ist das Kompliment in seiner »Ich-mach-dir-keine-Komplimente-Rede«, weswegen mir jetzt die Worte für eine Erwiderung fehlen.

Emilian seufzt, lässt sich auf seinem Drehstuhl nieder und fährt sich sichtlich frustriert durch die Haare. Erst jetzt fällt mir auf, dass er selbst nicht wie frisch aus dem Ei gepellt wirkt. Tiefe Schatten zeichnen sich unter seinen Augen ab. Gestern schon habe ich gemerkt, dass er einen erschöpften Eindruck macht.

»Nimmst du Drogen?«, frage ich, weil das für mich mit seinem heutigen Verhalten und dem Zustand der letzten Tage eine durchaus plausible Erklärung wäre.

»Was?!«

»Na ...« Ich halte inne und wäge die nächsten Worte ab. *Kannst du das jetzt wirklich bringen, Vi? Möchtest du ihn unbedingt noch mehr provozieren?*

Ich sehe ihn genauer an. Auf seiner Stirn hat sich ein kleines V abgezeichnet, das seine Irritation zeigt. Sein Blick liegt auf mir, das Braun in seinen Augen dunkel. Ich muss ihn aufregen, denn sein Brustkorb hebt und senkt sich sichtlich. Dabei rutscht der Stoff seines Knopfhemdes immer mal wieder hoch, und schwarze, filigrane Spuren seines Tattoos schummeln sich an die Oberfläche. Das Oberteil sitzt an der Brust locker, doch seine sehnigen Oberarme füllen die Ärmel aus.

»Vienna.«

Emilians ungeduldiger Ton lenkt meine Aufmerksamkeit wieder auf sein Gesicht, und mit einem Mal hab ich die Antwort zu der Frage, ob ich ihn wirklich noch weiter provozieren möchte, wenn er ohnehin schon auf hundertachtzig ist.

Ja.

»Na, weil *du* ziemlich scheiße aussiehst.«

Für einen angespannten Augenblick rührt er sich nicht, und ich befürchte, dass ich doch zu weit gegangen bin. Dann jedoch schüttelt er den Kopf und hält kraftlos die Gebäcktüte in die Luft.

»Hier, ich hab dir was mitgebracht.«

Seine Reaktion, diese Beherrschung ... damit habe ich nicht gerechnet, und aus irgendeinem Grund stört es mich.

»Ich will deine Croissants nicht«, gebe ich stolz zurück und verschränke die Arme vor der Brust.

Emilian schaut hoch, woraufhin ich auffordernd eine Braue

hochziehe. Keine Ahnung, wozu ich ihn auffordere. Ich weiß nur, dass es mich von meinem lebensmittelvergifteten und geschwächten Körper ablenkt.

»Mach doch, was du willst«, murmelt er und schmeißt die Tüte auf meinen Tisch.

»Mach ich auch«, erwidere ich, ziehe meinen Abfalleimer hervor und werfe das Gebäck demonstrativ hinein.

Diesmal ist es Emilian, der eine Braue nach oben biegt, sein Blick unverändert dunkel, gefühlt noch dunkler, als er meinen findet. Wir funkeln einander an, keiner bereit, zuerst wegzusehen. Seine plötzliche Bereitschaft, mir den Kampf anzusagen, frustriert … und *erregt* mich.

Sobald mir das klar wird, breche ich den Blickkontakt ab und sehe überallhin, nur nicht zu ihm.

Was zur Hölle, Vi?

In meiner Brust klopft mein Herz deutlich schneller, als es sonst der Fall ist – nicht nur wegen der Aufregung. Auch meine Hände sind heiß und schwitzig geworden. Meine Lippen trocken … und zwischen meinen Beinen? Da pocht es.

Scheiße.

Emilians Stuhl quietscht.

Er wird nicht derjenige sein, der diese Unterhaltung gewinnt, indem er geht!

Bevor er auf die Idee kommt aufzustehen, um den Raum zu verlassen, springe also ich von meinem Platz. Adrenalin strömt durch mich hindurch und schützt mich wahrscheinlich vor einem weiteren Schwindelanfall. Doch als ich auf meinen Beinen stehe, muss ich feststellen, dass Emilian gar nicht vorhatte zu gehen.

Toll, jetzt *muss* ich irgendwohin.

»Ich brauche frische Luft. Mir wird es hier etwas zu …«

»Heiß?«, schlägt Emilian vor, und ich meine zu sehen, wie

sich seine Mundwinkel zu einem hauchdünnen Grinsen verziehen. »Gewöhn dich lieber dran.«

»Woran?«, frage ich und hoffe, dass man aus meiner Stimme meine plötzliche Unsicherheit nicht raushört. Zur Unterstützung stemme ich meine Hände in die Seiten.

Er kann unmöglich mitbekommen haben, dass es da einen Moment gab, oder?

»Daran, dass ich dir die Stirn biete.«

Gott sei Dank.

Vor Erleichterung atme ich aus. Ein kleines Lächeln will sich auf meine Lippen mogeln, denn ich kann die nächste Auseinandersetzung kaum abwarten, doch ich presse meinen Mund streng zu einer Linie zusammen. Es macht unerwartet viel Spaß, Em so weit zu provozieren, dass er Kontra gibt. Zu beobachten, dass er wegen mir die Fassung verliert ... eine erneute Hitzewelle überkommt mich, und ich stolziere ohne einen weiteren Kommentar zur Tür. Doch ich bleibe noch mal stehen, kehre um und ziehe die Tüte mit den Croissants aus dem Papierkorb.

Emilian legt wortlos den Kopf schief und dreht sich in seinem quietschenden Stuhl in meine Richtung.

»In anderen Ländern verhungern die Menschen«, erkläre ich ohne Aufforderung, stapfe erneut zum Flur und werfe die Tüte auf Daves unbesetzten Tisch.

Hinter mir höre ich Emilian grummeln, doch ich blicke nicht mehr zurück. Nein, ich steuere geradewegs die Raucherterrasse an – mit einem breiten Grinsen auf meinem Gesicht.

»Ah, hier steckst du. Em konnte mir nicht sagen, wo ich dich finde.« Linda stellt sich mit dem Rücken zum Geländer zu mir an den Rand der Terrasse.

»Hier bin ich«, gebe ich zurück und lächele sie an. Es muss

was in der Luft sein, denn auch Linda sieht aus, als hätte sie die ganze Nacht durchgemacht. Ihre Haare stecken unter einer Baseball-Cap, und sie steckt in einem übergroßen Sweater, der sie nahezu verschlingt.

»Na, schon aufgeregt wegen deinem Meeting?«

»Hast du dir das Profil angesehen, was ich dir gestern geschickt habe?«

»Oh, nein, ich war den ganzen Abend unterwegs«, antwortet sie, holt ihr Handy raus und ruft ihr Nachrichtenfach auf. Ich drehe mich zu ihr, damit ich mit auf Christians Social-Media-Account gucken und ihr die Posts zeigen kann, die sie unbedingt sehen sollte. Doch Linda hat den Link noch gar nicht geöffnet, sondern starrt auf ihr Display und seufzt.

Eigentlich halte ich mich aus privaten Sachen raus, weshalb ich mir Mühe gebe, nicht auf ihr Telefon zu schielen, aber da sie ganz stumm und steif geworden ist, werde ich doch neugierig und erhasche einen Blick darauf. Wie es aussieht, hat sie seit gestern keine Chats mehr geöffnet. Überall stehen kleine Nummern, die anzeigen, wie viele Nachrichten ungelesen sind – fast überall. Es gibt eine Unterhaltung, bei der keine steht.

> Ich bin gut nach Hause gekommen.
> Danke noch mal für gestern und das
> Frühstück heute 😊

Leider schließt Linda die App, ehe ich den Smiley-geschmückten Namen entziffern kann.

»Hast du dich wieder mit Malte versöhnt?«, frage ich skeptisch, denn er könnte ruhig noch länger ihre kalte Schulter genießen.

»Ich hab keine Lust, über ihn zu reden.«

Ach nein? Dann muss sie sich gestern ja mit jemand anderem amüsiert haben. Gut für sie. Trotzdem bin ich neugierig. Linda erzählt mir normalerweise immer von ihren Typen. Ich ändere meine Strategie.

»Okay, Themenwechsel. Seit wann bist du Fußballfan? Bis auf die ganzen WMs und EMs kann ich damit echt nichts anfangen – wobei es ja schon den ein oder anderen süßen Spieler gibt.«

Linda sieht mich verständnislos an, weshalb ich auf ihren Pulli zeige, auf dem das Logo vom BVB prangt.

»Oh, der. Der gehört mir nicht.« Sie zuckt mit den Schultern, als wäre es völlig normal, Kleidung, *übergroße* Kleidung von einer anderen Person zu tragen. »Ahhh, das ist dein Kunde?« Mittlerweile scrollt sie sich durch das Profil von Christian Château.

Dann hatte immerhin eine von uns eine wilde Nacht.

Sobald mir auffällt, dass ich neidisch bin – meinen Abend hab ich schließlich im Bad verbracht –, schüttele ich den Kopf und setze mich in Bewegung. Vielleicht kann ich so die Irritation abschütteln, die sich in mir ausbreitet.

»Vienna?« Linda sieht mir verwirrt hinterher. »Wo gehst du hin?«

»Als ich auf Christians Profil gesehen habe, ist mir eingefallen, dass ich noch etwas an der Präsentation ändern wollte«, lüge ich. »Du weißt ja, es muss alles perfekt werden.«

Linda eilt zu mir, während sie sich zeitgleich aus dem Sweater schält.

»Du machst das schon. Wenn einer die Frauen-Herrschaft dieser Firma ankurbeln kann, dann du. Und ich.« Sie grinst und schaut auf den Stoff in ihrer Hand. »Hey, wenn du zurück an deinen Arbeitsplatz gehst, kannst du das vielleicht mitnehmen? Dann spare ich mir einen Weg. Bestimmt sucht man schon nach mir, mein ›Klo-Gang‹ ist nämlich zeitlich etwas ausgeartet.«

»Wie bitte?« Ich runzele die Stirn, nehme den Pulli jedoch aus reiner Perplexität entgegen, als sie ihn mir hinhält.

»Er gehört Em.«

KAPITEL 19

EMILIAN

Es ist eine Katastrophe. Vienna wird mir den Hals umdrehen, wenn ich ihren Kunden vergraule.

Christian Château, Gründer der Dating-App loaded – furchtbarer Name, wenn man mich fragt –, sitzt auf Viennas Schreibtischstuhl und tippt gelangweilt auf seinem Handy herum. Derweil mache ich zwei Sachen gleichzeitig. Ich bete tausend Stoßgebete, dass Vi bald zurückkehrt, und bemühe mich, Christian in ein Gespräch zu verwickeln. Es wäre unhöflich, ihn zu ignorieren. Leider scheint er jedoch kein Interesse an Small Talk zu haben.

»Ich versuch noch mal, Frau Lorenz zu erreichen«, sage ich nach einer weiteren Minute des Schweigens, nehme mein Handy in die Hand und tue so, als würde ich jemanden anrufen. Die Sache ist nämlich die: Ich besitze Viennas Nummer nicht. Nach diesem Vorfall jedoch werde ich immerhin darauf bestehen, dass sie mir ihre E-Mail-Adresse gibt – falls ich nach heute überhaupt noch hier beschäftigt sein sollte. Dabei wäre es nicht meine Schuld, wenn Christian uns den Auftrag wieder entziehen würde. Er stand plötzlich vor der Tür und war der Meinung, dass es eine fabelhafte Idee wäre, das Meeting um *mehrere* Stunden vorzuverlegen. Laut ihm wäre das kein Thema, denn Klaus hätte ihm zugesichert, dass Vienna den ganzen Tag über schon bestens vorbereitet wäre und die Präsentation wahrscheinlich sogar im Schlaf halten könnte.

Tja, Vi ist nicht da. Und mir gehen die Gesprächsthemen aus, zumal sie eh im Sande verlaufen, da von Christians Seite außer Gegrummel nicht viel kommt.

»Ah, sieht schon wieder nach Regen aus«, höre ich mich sagen, weil es immer noch angenehmer ist die Leere mit Worten zu füllen, als in der Stille zu ertrinken.

»Wir haben Herbst«, erhalte ich als Antwort, ohne dass er von seinem Handy aufsieht. »Dauert das noch lange? Wie du dir sicher denken kannst, bin ich ein sehr beschäftigter Mann.«

Ich lächle verständnisvoll.

»Sie wird bestimmt bald ...«

»Christian?«

In den letzten drei Tagen war ich noch nie so erleichtert, Viennas Stimme zu hören. Sie steht mit offenem Mund am Türrahmen. In ihren Armen hält sie einen schwarzen Pulli. *Meinen Pulli.*

Warum ...

»Ist sie das?«, fragt Christian mich. Ich nicke und versuche, meine Irritation zu überspielen.

»Darf ich vorstellen? Christian Château, Vienna Lorenz.«

Vi schnappt nach Luft, dann hastet sie mit schnellen Klack-klack-klack-Schritten zu uns.

»Ich versteh nicht ganz«, sagt sie verlegen, schüttelt Christians Hand und stellt sich ihm erneut vor. »Vienna. Ist mir ein Vergnügen, dich hier zu haben. Hat Emilian dir schon etwas zu trinken angeboten?«

»Vor einer Ewigkeit«, erwidert Christian, und ich kann fast sehen, wie Vi um einen Kopf schrumpft.

Sie schaut zu mir, doch mehr als ein nutzloses Schulterzucken habe ich nicht für sie übrig. Nicht dass mir egal wäre, dass wir uns inmitten eines Fiaskos befinden, schließlich ist ihr Kunde bereits verstimmt – und das, ohne ein einziges Wort aus Viennas

Präsentation gehört zu haben. Ich hoffe, dass sie die Situation noch retten kann, aber wirklich zuversichtlich bin ich nicht.

»Unser Treffen war für heute Nachmittag, um halb vier eingeplant, oder?«, fragt sie, klemmt sich den Pulli scheinbar unbewusst unter ihren Arm und blättert in dem Terminkalender auf ihrem Tisch umher.

»Das ist korrekt«, sage ich leise, obwohl sie Christian gefragt hat. Es ist nur fair, wenn ich passiv-aggressiv in den Raum werfe, dass wir nicht diejenigen sind, die gerade Chaos stiften.

»Wo kämen wir hin, würden wir uns von der Zeit das Leben diktieren lassen?«

Von meinem Platz aus beobachte ich, wie Vienna ihre Hände zu Fäusten ballt. In nur einem Satz hat Christian womöglich ihre ganze Lebensphilosophie beleidigt. Wenn ich eins über Vi weiß, dann, dass sie ohne Struktur verloren wäre.

Ihr Kunde steht von ihrem Platz auf und streift seine quietschgrüne Hose glatt. Als er von einer Kollegin zu mir gebracht wurde, war mein erster Gedanke: Vermisst jemand einen Papagei?

Christian ist von oben bis unten gekleidet, als wäre er in einen Farbtopf gefallen. Seine Kleidung, grüne Hose, pinkes Hemd und Leoparden-Print-Sakko harmonieren weder miteinander noch mit seinem schachbrettgefärbtem Buzzcut. Jetzt, da ich genügend Zeit mit ihm verbracht hab, muss ich jedoch zugeben, dass seine Erscheinung zumindest seine Persönlichkeit unterstreicht. Er ist wild und egozentrisch. Ein Albtraum als erster Kunde, vor allem für Vienna, die vollkommen gegensätzliche Werte vertritt. Unter anderen Umständen wären die Welten der beiden nie aufeinandergetroffen, und ich kann nur hoffen, dass hier gleich keine davon untergehen wird.

»Nun gut, ich werde schnell meine Präsentat...«

»Klaus sagte mir, du könntest mir das Konzept auch im Schlaf vorstellen?«, fällt er Vi ins Wort, die daraufhin heftig schluckt. Dann nickt sie zögerlich.

»Wunderbar, dann schieß mal los. Damit ersparen wir es uns, noch mehr Lebenszeit zu verlieren.«

»Ich soll ...« Sie sieht zu mir. Ich versuche mich gerade an einem ermutigenden Lächeln, als etwas in ihren Augen aufblitzt, was sonst nur da ist, wenn sie mir das Leben zur Hölle machen möchte. Kampfgeist?

»Loaded kann absolut viral gehen«, fängt sie letztlich an und widmet sich wieder voll und ganz ihrem Kunden. »Die Idee hinter der App mit dem TTCM-Prinzip ist kreativ und einzigartig. Mit ein paar kleinen Veränderungen könnten wir es schaffen, eine noch viel größere Zielgruppe anzusprechen.«

»Veränderungen?«

»Da wäre zum einen der Name. Es ist nicht ersichtlich, dass es sich um eine Partner-Such-Plattform handelt. Ich habe in meinem Freundeskreis herumgefragt, und meine Ergebnisse lauten, dass viele sich darunter ein Spiel vorstellen.«

»Ein Spiel?« Christian wirkt immer entsetzter, doch Vienna schafft es, cool zu bleiben.

»Wenn die App einen anderen Namen hätte, etwas ... Romantischeres, da...«

»Der Name ist fix. Was sonst noch?«

Vienna wechselt ihr Gewicht von einem Bein auf das andere. Dabei haftet mein Blick eine ungesunde Sekunde länger, als es angemessen wäre, auf ihr. Sosehr sie es auch versuchen wollte zu überspielen, sie kann mir nichts vormachen. Heute geht es ihr nicht hundertprozentig gut. Trotzdem, oder vielleicht eher, weil sie davon ablenken will, trägt sie ein schwarz-weiß gemustertes, figurbetontes Wollkleid, das kurz über ihren Knien endet. Es wäre für das Büro sicherlich zu gewagt, hätte sie es nicht mit Stiefeln kombiniert, die allem Anschein nach unter dem Saum weitergehen. Ob sie die Schuhe auch privat trägt? Ehe ich mich dazu ermahnen kann, dass mich diese Frage nicht interessieren sollte, tauchen vor meinem inneren Auge Bilder einer privaten Vienna auf. Sie trägt ein Outfit nach dem anderen. Für jedes davon müsste man eine Sondergenehmigung einholen. Vi ist heiß, das kann und will ich nicht leugnen. Natürlich würde ich es niemals laut aussprechen, denn würde sie davon Wind bekommen, würde ich mich nicht mehr davon erholen. Wüsste sie, dass *sie* ganz schnell zu einer *meiner* Schwachstellen werden könnte ... oh Mann, ich möchte nicht wissen, was für Munition ich ihr damit in die Hand drücken würde.

Außerdem habe ich mal ein Gespräch zwischen Gia und Ricky aufgeschnappt, in dem sie ihm erklärt hat, warum – ihrer Meinung nach – Männer ihre Frauen nur in intimen Momenten als heiß bezeichnen sollten. Momente, in denen sie untereinander sind.

»Frauen sind kein eingeschaltetes Ceranfeld, Ricky. Wenn du das begriffen hast und den Unterschied zwischen heiß und schön begreifst, wirst du vielleicht auch irgendwann mal eine Freundin haben«, hatte sie gesagt.

Es ist eine der süßesten Unterhaltungen gewesen, die ich mitbekommen habe. Sie lieben sich, wie Zwillinge sich eben lieben, auch wenn sie oft streiten.

Die Unterhaltung muss bei Ricky gefruchtet haben, denn keinen Monat später hat er uns bei einem Kinobesuch Mika vorgestellt – ein horrorfilmliebender *Kerl*. Mit seinem Freund hat er sich jemanden ausgesucht, der sowohl von außen, vor allem aber von innen schön ist, und das erfüllt mich mit Stolz. Mag kitschig klingen, aber Mika ist durch und durch ein lieber und höflicher Typ. So etwas sieht man heutzutage nicht mehr allzu häufig. Bis heute ist er einer meiner Lieblingsmenschen in Berlin, und ich bin sehr glücklich darüber, dass Ricky *sein* Lieblingsmensch ist. Zu wissen, dass mein Bruder gut aufgehoben ist und auch Gianna bestens zurechtkommt ... das hat mir erlaubt, mich zurückzunehmen. Ich bin ihr Bruder. Das Taxi mitten in der Nacht oder die Bank, wenn das Taschengeld mal nicht reicht. Wenn etwas ist, bin ich da. Aber ich konnte dadurch endlich lernen, dass ich nicht *immer* da sein muss. Sie werden erwachsen. Ich *bin* erwachsen. So gerne ich ihnen ein sorgenloses Leben garantieren möchte, sie werden Liebeskummer und Streit mit ihren Freunden haben und vor noch weitaus schwierigere Probleme gestellt werden. Falls sie mich dann brauchen, werde ich da sein, das habe ich mir damals geschworen. Ansonsten muss ich mich auf mein eigenes Leben mit seinen Tiefpunkten konzentrieren und am besten dafür sorgen, dass in nächster Zeit nicht noch mehr dazukommt.

Ich fokussiere mich wieder auf Vienna, die bereits weitere Punkte im Konzept anspricht, bei denen noch Luft nach oben ist.

Ob sie jemand schön nennt? Und funkeln dann ihre Augen auch so, wie sie es vorhin getan haben, als wir unsere Auseinandersetzung hatten? Heute wollte ich es echt anders machen. Doch durch meinen Schlafmangel bin ich leicht reizbar gewesen und Vi ... Die Sache ist, als hätte man ein Steinchen im Schuh. Zuerst denkt man, dass es gar nicht so schlimm ist. Nach einiger Zeit ist man allerdings so genervt, dass man etwas unternimmt. Ich habe mich ehrlich bemüht, der Klügere zu sein. Sogar Frühstück hatte ich wieder dabei. Aber dann ist erneut alles eskaliert und ja, als sie mich dieses Mal provoziert hat ... Ich musste ihr zeigen, dass ich auch anders kann ... und irgendwie habe ich den Verdacht, dass sie Freude daran hatte, mit mir zu streiten. Was mich angeht ... für Gerechtigkeit zu sorgen und für sich einzustehen, ist immer eine feine Sache. Trotzdem wäre es eine Lüge, würde ich behaupten, dass ich unser kleines Gefecht vorhin nicht genossen hätte. Zu sehen, wie Vienna immer mehr die Fassung verloren hat ... dass ihr zum Teil sogar die Worte für eine Gegenbemerkung gefehlt haben ... ihr die Kontrolle zu entreißen, aber gleichzeitig auch wahrzunehmen, dass unser Streit ihr Farbe in ihr heute blasses Gesicht gebracht hat ... war schon ziemlich befriedigend. Mir gefällt, dass sie sich wegen mir aufgeregt hat. Das bedeutet nämlich, dass ich etwas mit ihr anstelle. Da sie mich bisher jeden Tag frustriert und sich trotzdem auch nach Feierabend noch in meinen Gedanken und heute Morgen auch schockierenderweise in einem Traum umhergetrieben hat, kann ich mir vorstellen, dass es ihr vielleicht jetzt auch mit mir so ergehen könnte. Ich hätte nichts dagegen, in ihrem Unterbewusstsein aufzutauchen und für Chaos zu sorgen. Wer weiß, vielleicht wird sie ja erträglicher, sobald sie merkt, dass sie mich eigentlich mehr leiden möchte, als sie es aktuell tut.

Kurz meldet sich ein Erinnerungsfetzen meines Traumes von ihr, in dem sie mich *verdammt* gut leiden konnte.

Oh, sie würde mich definitiv mit anderen Augen sehen, würde sie ähnliche Träume haben wie ich.

»Du stimmst mir da doch zu, Emilian, richtig?«

Vis Stimme reißt mich aus meinen Gedanken. Zum Glück. Ich sollte so wenig wie möglich über diese Frau nachdenken. Mit diesem Scheiß sorge ich doch nur dafür, dass sie mich auch im Tiefschlaf noch verfolgt.

»Em? Hallo!«

Vienna klopft mit den Knöcheln ihrer Hand auf die Tischplatte, um meine Aufmerksamkeit zu erlangen.

»Ja, vollkommen«, sage ich schnell, ohne zu wissen, zu was ich zustimme. Doch da ich Viennas Meinung vertrete, denke ich nicht, dass ich damit einen Fehler gemacht habe.

»Meinetwegen können wir uns deswegen nochmals zusammensetzen. Vorausgesetzt, deine Umfragen ergeben tatsächlich, dass die App Frauen nicht anspricht.« Christian rollt mit den Augen. »Was ich übrigens nicht glaube.«

»Falls es nicht aufgefallen ist«, sie gestikuliert ihren Körper entlang und fordert uns damit buchstäblich auf, ihre weiblichen Rundungen zu registrieren. »Ich *bin* eine Frau.«

Ehrlich gesagt hoffe ich, wenn sie einen Freund hat, dass ihm mehr Adjektive als »schön« einfallen, um sie zu beschreiben. Vienna ist eine Wucht. Wer auch immer an ihrer Seite sein darf, kann sich glücklich schätzen – vorausgesetzt, sie ist außerhalb des Büros nicht so ein Biest.

»... wenn du eine hohe Resonanz möchtest, Christian, dann muss die App auch attraktiv für uns sein. Aber wenn du Postings mit diesen Slogans haben willst, wird das nicht passieren.«

»Was ist an ›Dein nächstes Abenteuer ist nur noch wenige Prozent entfernt‹ denn so verkehrt?« Christian verschränkt die Arme vor der Brust. Vienna spiegelt seine Bewegung. Noch immer trägt sie dabei den Pulli auf ihrem Arm.

»Okay, dann frage ich dich jetzt ganz offen: Was willst du mit der App erreichen? Ist es eine Dating-App, die auf belanglosen Sex aus ist? Oder möchtest du, dass man dort auch sein längerfristiges Glück finden kann?«

Christian schürzt die Lippen. Entweder Vienna stellt genau die richtigen Fragen oder exakt die falschen.

»Was meinst du?« Er sieht zum ersten Mal, seit Vi dazugestoßen ist, zu mir. »Wie würdest du loaded interpretieren?«

Vienna blickt ebenfalls zu mir, ihre Braue nur minimal hochgezogen. Doch ich verstehe auch so, dass ich jetzt lieber nichts sage, was ihre Bemühungen sabotiert. Sie würde sich natürlich nach den Wünschen des Kunden richten, doch im Endeffekt würde das Produkt online floppen. Und wer wäre da die Leidtragende? Natürlich sie.

»Ich finde, sie hat recht. Selbst Männer wollen nicht immer nur das Eine.«

Oh, die Ironie.

Christian scheint über meine Aussage nicht glücklich zu sein.

»Also, ich meine, ja, sie könnte als äh, Abenteuersuche funktionieren«, füge ich daher hinzu, um ihn zu besänftigen. Ich werde hier nicht das ausschlaggebende Gewicht sein. Da könnte ich gleich meine Kündigung einreichen.

»Erläutern«, fordert Christian mich auf.

»Na ja, es gibt schon noch genug Menschen – Männer und Frauen –, die nur nach ein bisschen Spaß suchen. Wenn deine App ihnen das bringen kann, sicher und mit einer garantierten Erfolgsgarantie, dann sollten wir den Launch medial nur auch so darstellen, dass deutlich wird, dass eben das im Vordergrund steht: Sex. Dann bräuchten wir eine provozierendere Farbpalette und ziemlich eindeutige Slogans. Vielleicht auch positive Erfahrungsberichte von Leuten, die die App erfolgreich benutzt haben, um einen One-Night-Stand-Partner zu finden.«

Christian legt den Kopf schief.

»Dann muss auch die gesamte Party redesignt werden.«

»Ist nur ein Vorschlag«, murmele ich, weil ich nicht schuld daran sein möchte, wenn Christian alles umstellt.

»Es gibt eine Party?«, fragt Vienna. Ihre Stimme klingt eine Oktave höher als sonst.

»Äh, ja?« Er mustert sie. »So langsam bekomme ich den Eindruck, hier mit den falschen Ansprechpartnern zu sitzen. Der Launch um Mitternacht, exklusive VIPs, die bereit sind, die App vor Ort auszuprobieren. Das habe ich doch mit Klaus schon besprochen.«

Vienna verliert an Farbe und schaut hilflos zu mir. Plötzlich kommt mir eine Idee, wie ich die Situation vielleicht noch retten kann.

»Ach, natürlich!« Ich schlage mir gegen die Stirn. »*Die* Party. Tut mir leid, wir haben so einige Veranstaltungen, die bald anstehen und müssen leider priorisieren.«

»Und meine hat keine Priorität?« Christian starrt mich gekränkt an.

Gut, er hat angebissen.

Mein Plan ist riskant und könnte nach hinten losgehen, aber wenn wir nichts unternehmen, dann wird das auch ohne Handeln so enden.

»Selbstverständlich. Doch dein Event ist erst für Ende des Monats angesetzt. Wir arbeiten chronologisch.«

»Ah, verstehe. Ende des Monats, ja? Oh, das ist genial. Ihr plant, meinen Launch für Halloween?«

»Ja«, bluffe ich und blicke zu Vi, die kaum merklich nickt. »Wir laden Influencer ein und bestehen auf Kostüme. Es liegt in ihrer Natur, sich vor der Kamera in Schale zu werfen, oder nicht? Stell dir vor, wie viel Aufmerksamkeit du bekommst, nur weil die Videos, in denen sie sich für die Party ... *deine* Party ... fertig machen, viele Klicks generieren. Allein die Fotos von ihnen im Kostüm sind ein Social-Media-Magnet, und jeder, der ihnen folgt, wird neugierig auf den Launch und auf deine App sein.«

Ich sauge mir alles Wort für Wort aus den Fingern und bin nicht mal sicher, wie viel Sinn sie ergeben, doch Christian scheint immer begeisterter von der Idee zu sein. Seine Haltung wird freundlicher und empfänglicher.

»Okay, ja!« Er klatscht in die Hände. »Wenn das genau so abläuft, wie du es eben angerissen hast, dann kann das richtig, richtig gut werden. Ihr ... ihr kriegt das hin?«

»Längst erledigt«, verspricht Vienna, und ich meine, dass sie mir ein kleines Lächeln zuwirft.

»Ach, wirklich? Perfekt!«

»Ja … da wäre nur immer noch die offene Frage … was willst du mit der App erreichen, Christian? Wie sollen wir das Profil gestalten und aufziehen?«

Christian denkt nach.

»Es wäre natürlich schon profitabler, wenn ich mit loaded die Zielgruppe anspreche, die die App häufig und auch langfristig benutzt.«

»Dann also Team One-Night-Stand«, schlussfolgert Vi.

»Allerdings könnte die App mehr Ansehen gewinnen und hochwertiger werden, wenn dank ihr ernsthafte Beziehungen entstehen …«

»Da stimme ich zu. Du kannst ja bis Ende der Woche darüber nachdenken, und ich erstelle mit Emilian in der Zwischenzeit zwei Profile.« Offenbar hat sie keine Lust mehr, sich mit ihm im Kreis zu drehen … oder mit ihm in einem Raum zu sein. Kann es sein, dass mir hier ein Mann gegenübersitzt, der sie noch mehr Nerven kostet als ich? Christian sieht abwechselnd von ihr zu mir und wägt ihren Vorschlag ab. Dann scheint ihm eine Idee zu kommen, denn sein Mund verzieht sich zu einem unheilvollen Grinsen.

»Ich hab da etwas Besseres. Im Gespräch hatte ich den Eindruck, dass du nicht hinter meiner App stehst.«

»Oh«, Vienna errötet.

»Das ist okay, ist schließlich nicht für jeden was. Doch ich glaube, wenn du verstehen möchtest, was ich aus ihr rausholen möchte … ihr zwei, ich möchte, dass ihr loaded testet und kennenlernt. Die App ist nicht für die Öffentlichkeit freigeschaltet, aber ich richte euch Accounts ein.«

»Wir sollen die App ausprobieren?« Vienna lässt vor Schock meinen Pulli fallen. Christian beugt sich hinunter und hebt ihn für sie auf.

»Genau«, raunt er und händigt ihn ihr wieder aus. Dabei

tritt er näher, woraufhin sie einen minimalen Schritt nach hinten geht. »Und dann, an Halloween, kannst du mir gerne anhand des Nutzungsprotokolls verraten, was ihr Frauen *wirklich* wollt. Selbstverständlich gemäß der Datenschutzverordnung.«

»Äh, ich hab da noch eine Frage«, melde ich mich zu Wort. Vienna formt mit ihren Worten ein Danke, als Christians Aufmerksamkeit wieder zu mir wechselt.

»Nämlich?«

»Wenn die App für die anderen noch nicht zugänglich gemacht wurde, mit wem soll ich loaded dann ausprobieren?«

Christian breitet verdutzt die Arme aus, als wäre es die ganze Zeit schon offensichtlich gewesen.

»Na mit Vienna, natürlich.«

KAPITEL 20

VIENNA

»Hm. Ich kann verstehen, warum Klaus dir seinen Klienten überlassen hat.«

Emilian und ich haben Christian zum Aufzug begleitet, nachdem er uns loaded auf die Handys gespielt hat. Die ganze Zeit über habe ich mich zu einem Lächeln gezwungen. Sobald er weg ist, lasse ich meine Maske jedoch fallen. Meine Wangen tun schon weh von der aufgesetzten Freundlichkeit, denn am liebsten hätte ich Christian an den Schultern gepackt und so lange gerüttelt, bis er von selbst merkt, was für ein Albtraum von Kunde er ist. Mir ist bewusst, dass es nicht immer leicht sein wird, und ich bin mir auch nicht zu schade, selbst diejenigen zu betreuen, die sich ständig umentscheiden oder einem künstlerischen Freiraum geben, nur um dann an allem zu mäkeln. Das ist Teil der Jobbeschreibung und gehört dazu. Aber Christian? Der hat den Vogel abgeschossen. Nicht nur, dass er meinen gesamten Plan durcheinandergebracht hat, weil er spontan auf der Matte stand. Er hat sich von meiner Präsentation, an der ich die ganze letzte Nacht kränkelnd gesessen habe, nicht einen einzigen Slide angesehen!

»Ach ja?«, erwidere ich und knülle frustriert das Stück Stoff in meiner Hand zusammen. Sobald mir klar wird, dass ich den blöden Pullover – *Emilians* blöden Pullover – noch immer mit mir herumtrage, rege ich mich bloß noch mehr auf und werfe

Emilian sein Kleidungsstück zu. »Dann kannst du dich ja mal mit Linda über diese Theorie austauschen.«

Verärgert darüber, dass ich die ganze Zeit mit dem Teil herumgelaufen bin, als wäre es eine Emotional-Support-Decke, lasse ich Em stehen und stapfe davon.

Nicht zu fassen, aber von all den Sachen, die in der letzten Stunde schiefgelaufen sind, nervt mich das am meisten. Das und die Tatsache, dass Emilian mir vorhin den Arsch gerettet hat, als ich nicht mehr weiterwusste. Ohne ihn hätte Christian das Büro bestimmt nicht so zuversichtlich verlassen. Wenn er nicht gewesen wäre ... wer weiß, ob ich dann überhaupt noch ein Projekt hätte, um das ich mich kümmern darf? Dann wiederum sitze ich dank ihm auch vor einem neuen Haufen an Scheiße, der mich ebenfalls meinen Auftrag, wenn nicht sogar meinen Job kosten könnte. Denn sollte ich Christian und damit auch Klaus enttäuschen, dann war's das für mich.

Eine Party? Und dann ausgerechnet an Halloween? Wie sollen wir das rechtzeitig umsetzen?

An Sandys Kühlschrank hängt seit Ende Juli eine Einladung zu einer Halloweenparty. Was, wenn sie nicht die Einzige ist, die seit Sommer für den letzten Tag im Oktober verplant ist, und keiner kommt, den wir einladen? Wem schicken wir überhaupt eine Einladung? Wir haben auch keine Location. Oder Musik! Wie hoch liegen die Chancen, dass wir das noch alles pünktlich organisieren können, ohne in einem Partykeller zu landen, in dem ein selbst ernannter Hobby-DJ eine Playlist von seinem Handy abspielt? Oh Gott, ich sehe schon Christians Wutausbruch vor mir, weil meine miese Party gleichzeitig auch den Untergang für seinen App-Launch bedeutet. Sehe, wie er Klaus über mein phänomenales Scheitern informiert, und der mir mit Enttäuschung auf seinem Gesicht sagt, dass ich wohl doch nicht bereit gewesen bin, einen eigenen Klienten zu betreuen.

Unweigerlich schnappe ich nach Luft. Die Vorstellung fühlt sich viel zu real an. Unter keinen Umständen darf sie zu meiner Wirklichkeit werden. Doch das wird sie, wenn ich es nicht schaffe, eine Party zu organisieren, über die auch noch am nächsten Tag alle reden werden.

Easy, peasy. Eine App-Launch-Party ist auch bloß ein Zusammensein unter Freunden. Sehr vielen Freunden. Die alle auf Social Media unterwegs sind. Oh. Gott.

Erneut rasen meine Gedanken, und die Panik sickert immer mehr zu mir durch.

Jeder von ihnen wird darüber posten, würde das Event zur Lachnummer wer...

Eine Berührung an meiner Schulter lenkt mich rechtzeitig davon ab, in einen Strudel aus Sorgen gerissen zu werden. Ich wirbele herum. Emilian steht vor mir und schaut mich besorgt an. Seinen Pulli hat er sich unter den Arm geklemmt.

»Vielleicht solltest du dich hinsetzen und eine Pause machen.«

»Falls du es nicht bemerkt hast, ich hab eine verdammte Party zu planen! Ich kann mir keine Pausen leisten!«

Entgegen meinen Worten und zu meinem persönlichen Schock lässt Em sich davon nicht abwimmeln. Seine Hand wechselt von meiner Schulter zu meinem Handgelenk und er zieht mich überraschend bestimmt mit sich in den Pausenraum.

»Em!«, stoße ich empört aus, doch meine Bemühungen, mich von ihm loszureißen, sind halbherzig, weshalb ich hinter ihm her stolpere. Ich lasse mich von ihm auf einen Platz am Tisch bugsieren, auf den er achtlos seinen Pullover wirft. Mein Körper widerspricht auch nicht, als er mich gegen einen Stuhl drückt, damit ich mich hinsetze. Ausgezehrt lasse ich mich auf dem Platz nieder und beobachte ihn dabei, wie er ein Glas aus einem der oberen Küchenschränke holt.

»Sprudel?«, fragt er, sobald er den Kühlschrank öffnet und das Angebot an Wasserflaschen betrachtet.

»Still«, erwidere ich leise.

Er füllt das Glas bis zur Hälfte mit Wasser und reicht es mir. Dann hockt er sich vor mir hin und nimmt meine Hand in seine.

»Was soll das wer…«

Er hält die andere hoch, und ich verstumme augenblicklich. Ich!

»Vi«, fängt Emilian stattdessen an und drückt meine Finger. Die Berührung ist beinahe schon zu intim, doch ich rühre mich nicht. Wie gebannt blicke ich auf unsere Hände. »Das mit der Party tut mir ehrlich leid. Ich hab nicht über die Konsequenzen nachgedacht. Christian sah aus, als würde er jeden Augenblick unzufrieden aus dem Büro stürmen, und rein aus dem Bauch heraus habe ich dann improvisiert. Ich tendiere dazu … na ja, auf jeden Fall nehme ich die gesamte Schuld auf mich. Wenn du möchtest, dann erklär ich Klaus die gesamte Situation und …«

»Es gibt nichts zu erklären«, falle ich ihm ins Wort und entziehe mich seiner Berührung. Um meine Starre von eben zu überspielen, lege ich das Glas an meine Lippen und leere den Inhalt in wenigen Zügen. Dann stelle ich es auf dem Tisch ab, wobei mein Blick auf den Sweater fällt.

Es gibt wirklich nichts zu erklären, Vi.

Bevor sich doch eine Reihe an Fragen sammelt, die gar nichts mit Christian oder dem Meeting zu tun haben und daher absolut unangemessen sind und in meinem Kopf nichts verloren haben, stehe ich auf, schnappe mir das Glas und spüle es gründlich aus. Erst als es abgetrocknet wieder im Schrank steht, drehe ich mich zu Emilian und rede weiter.

»Das Event an Halloween ist wahrscheinlich der einzige Grund, wieso Christian mich noch nicht hat fallen lassen.« Offenbar ist Emilian ebenso überrascht über meine Ehrlichkeit wie ich, denn seine Augen weiten sich, und einen Augenblick steht sein Mund offen.

»Dann denkst du nicht, dass ich es vermasselt hab?«

»Das hab ich nicht gesagt.«

Der klitzekleine Funken Erleichterung weicht sichtlicher Enttäuschung, und ich ertappe mich dabei, wie ich am liebsten meinen Satz zurückgenommen hätte.

»Aber du bist schon der Meinung, dass wir nur an einen Plot Twist geraten sind, oder, Vi? Kein riesiges Problem, das nur in eine Katastrophe ausarten kann?«

Er lächelt zaghaft, und ich muss mich zusammenreißen, damit ich es nicht ebenso vorsichtig erwidere.

Bloß weil er sich entschuldigt hat, bedeutet das nicht, dass wir nicht erst wegen ihm in dieser Scheiße sitzen! Für jetzt mag er uns den Arsch gerettet haben, aber Emilian hat dein Lächeln nur dann verdient, wenn die Party ein Erfolg wird.

»Es ist kein Plot Twist und auch keine unaufhaltbare Katastrophe, sondern eine Herausforderung.«

»… und du bist nicht die Art Frau, die sich von Herausforderungen einschüchtern lässt, richtig?«

Vor ein paar Minuten bin ich exakt das tatsächlich noch gewesen, doch die Pause hat geholfen.

Oder das Wasser.

Oder Emilian?

Die Absurdität dieses Gedankens, kombiniert mit der miesesten Nacht und dem furchtbarsten Arbeitstag seit Langem, reicht offenbar aus, damit ich endgültig den Verstand verliere, denn ich breche in hysterisches Gelächter aus, statt ihm zu antworten. Emilian muss das Gleiche durch den Kopf gehen, denn er legt seinen Kopf schief und mustert mich. Er versucht sich sogar an einem gequälten Lächeln und sagt irgendwas von Regenwolken und verstecktem Sonnenschein, was meinen Gefühlsausbruch nur noch verstärkt. Ich sehe keine Sonne, sondern nur ein Gewitter, das zu einem tosenden Sturm ausarten wird, sollte ich meinen allerersten Auftrag verkacken. Ich lache, bis mir plötzlich nur noch zum Heulen zumute ist.

»Oh, Em«, seufze ich erledigt und kneife mir in die Nasenwurzel, um die sich anbahnenden Tränen zurückzuhalten. »Wir sind so was von am Arsch.«

Das Gute an Regelmäßigkeiten ist, dass man sich blind auf sie verlassen kann, und so habe ich um Punkt siebzehn Uhr Jann & Rhode und Christian mit seiner bescheuerten Party hinter mir gelassen.

Zumindest für den restlichen Abend bin ich wieder ein freier Mensch, denn auch wenn sehr viel ansteht, heute habe ich keinen Finger mehr gerührt. Ich habe Benji von meinen Eltern abgeholt und es mir mit ihm zu Hause noch ein bisschen gemütlich gemacht. Viel Energie hatte der kleine Kasper aber nicht mehr, da Oma und Opa mit ihm in der Innenstadt gewesen sind, weswegen der Teil des Tages, der nur mir gehört, früher anfing als geplant.

Ich habe mir ein Bad einlaufen lassen und mich mit einem Buch in die Wanne gesetzt, um den Mensch-zu-Rosine-Prozess ins Rollen zu bringen. Erst als meine Haut schrumpelig und das Wasser unangenehm kühl geworden ist, bin ich herausgestiegen und habe mich in meinen weichsten Schlafanzug gekuschelt. Nachdem ich nach Benji geschaut habe, bin ich ohne Umwege in mein Schlafzimmer gegangen und habe mich dort augenblicklich auf mein Bett fallen lassen.

Seither habe ich mich keinen Millimeter bewegt. Ich warte, dass die Müdigkeit kommt, die mich tagsüber immer mal wieder heimgesucht hat. Dank letzter Nacht fehlen mir einige Stunden Schlaf, und jetzt wäre der ideale Zeitpunkt, um sie aufzuholen.

Doch je länger ich an meine Zimmerdecke starre, umso wacher werde ich. In meinem Kopf rufe ich die Vorkommnisse des Tages ab, ärgere mich erneut über Christians arrogante Art und meine Hilflosigkeit. Leider denke ich auch an Emilian und Linda und Emilian *mit* Linda. Keiner dieser Gedanken bringt mich auch nur annähernd zur Ruhe, weshalb ich frustriert meine Augen schließe, mich auf den Bauch rolle und mir mein Kissen über den Kopf lege, in der Hoffnung mich damit vor Gedanken abzuschotten, mit denen ich mich nicht auseinandersetzen möchte. Es geht mich nichts an, wenn Linda und Emilian was miteinander am Laufen haben.

Aber es betrifft dich, sollte Ems Arbeitsleistung unter der Beziehung leiden.

Genau. Das wird es sein, was mich den Tag über ständig beschäftigt hat. Warum ich eine Verstimmung wahrgenommen habe, wann immer mein Blick auf seinen Pullover fiel. Eine Beziehung zwischen den beiden könnte sich negativ auf *meine* Arbeit auswirken. Das ist es, was mich an den beiden zusammen stört.

Zufrieden, endlich wieder im Klaren über meine Gefühle und Reaktionen zu sein, hole ich mein Handy vom Nachttisch. Um weitere Probleme diesbezüglich zu vermeiden, sollte ich Linda besser deutlich machen, dass sie Emilian nicht von der Arbeit ablenken sollte, oder?

Ich erwecke mein Telefon mit schnellen Fingerbewegungen auf dem Display zum Leben, doch halte plötzlich inne.

Vor lauter Partykram habe ich völlig vergessen, dass Christian mich ja auch noch anderweitig gestraft hat.

Vergessen oder verdrängt, Vi?

Eine Benachrichtigung von loaded leuchtet mir nämlich entgegen und erinnert mich daran, meine Profilinfos auszufüllen. Am liebsten würde ich erst meinen Account und dann die App von meinem Telefon löschen, anstatt sie mit meinen Daten zu füttern, schließlich will ich überhaupt nicht dort unterwegs sein. Doch auch an meinen Erfahrungen mit der Plattform hängt meine Zukunft, weshalb ich mich zusammenreiße und nachdenke.

Christians Dating-App ist im Grunde total innovativ. Es ist nicht gelogen gewesen, als ich gesagt habe, dass sie durchaus sehr erfolgreich sein könnte – vorausgesetzt man spricht die richtige Zielgruppe an. Das klappt aber nur, wenn man *weiß*, wen man erreichen möchte. Christian mag loaded zwar entwickelt haben, doch das Potenzial hinter der App hat er nicht gesehen. Wie auch? Seinem ersten Eindruck und den Prioritäten auf seinem Social-Media-Profil zufolge, legt er Wert auf unkomplizierten, unbegrenzten Spaß. Das ist es auch, was er mit der App erreichen will. Doch ich bin davon überzeugt, dass wir viel mehr aus ihr herausholen können. So viel mehr, dass die App mit der richtigen Online-Betreuung durch die Decke gehen könnte. Hätte sich Christian auch nur eine einzige Folie meiner vorbereiteten Präsentation angeschaut, dann hätte er vielleicht auch das in Erwägung gezogen. Richtig vermarktet, könnte loaded eine wahre Einkommensquelle werden. Das TTCM-Prinzip ist nämlich wirklich vielversprechend. Man findet ein Match und fängt eine nette Unterhaltung an. Dann, nach und nach, und wenn beide Parteien das wollen, kann man mehr Funktionen freischalten. Das garantiert Sicherheit und ist vor allem interessant für Frauen! Frauen, die nicht nach einem fehlgeschlagenen Match weiter mit Nachrichten bombardiert werden wollen. Es wäre wirklich ärgerlich, wenn wir an potenziellen Zielgruppen vorbeischliddern würden, nur weil Christian nicht über seinen eigenen Tellerrand schauen kann.

Bestimmt ist ihm das Konzept von Beziehungen fremd, weil er zufrieden mit dem Bäumchen-wechsle-dich-Spielchen ist. Mit einem attraktiveren Namen würden viel mehr Nutzer der App eine Chance geben. Keiner, der was Ernstes sucht, wird sich loaded herunterladen.

Ich verfalle erneut meinen Gedanken und überlege mir Gründe, die Christian davon überzeugen, die App anders aufzuziehen, als mein Handy in der Hand aufleuchtet und eine weitere Benachrichtigung von loaded ankündigt.

Wow! Du hast ein Match! Bist du bereit, Emilian Sanders kennenzulernen?

Nein.
Trotzdem öffne ich die App.

KAPITEL 21

EMILIAN

Seit ich in Köln bin, läuft irgendwie alles anders ab. Und weil ich mich gestern offiziell umgemeldet habe, macht es auch nicht den Anschein, als würde ich in naher Zukunft zu meiner alten Berliner Normalität zurückfinden. Ich bin kein Couch-Surfer mehr, sondern habe nun mein eigenes WG-Zimmer, für das ich Miete zahle.

Wenn ich so darüber nachdenke, dann ist dieser Neustart vielleicht sogar von Vorteil. In Berlin habe ich nur von Tag zu Tag gelebt. Meine Aufmerksamkeit galt eher meinen beiden Geschwistern. Sicherzustellen, dass sie nicht die gleiche Jugend erleben müssen wie ich … das war meine oberste und einzige Priorität. Klar geworden ist mir das sehr deutlich, als gestern mein Bett gekommen ist und Jamil und ich sein Büro in meinen Rückzugsort umgewandelt haben. Obwohl es nur ein Raum ist, den ich für mich allein habe, hat er sich schon deutlich mehr nach einem Zuhause angefühlt, als es meine Wohnung in der Hauptstadt je getan hat. Dort hatte ich nicht mal richtige Lampen, sondern nur Kabel, die aus der Decke hingen, an die Glühbirnen geschraubt waren. Mein Küchenplatz-Schrägstrich-Schreibtisch bestand aus zwei zusammengewürfelten Stühlen, die ich vor dem Sperrmüll gerettet habe, und einem billigen Tisch von Ikea, der gewackelt hat. Hier habe ich eine echte Schreibecke, die nicht zusätzlich als Essplatz herhalten muss.

Je länger ich mit Jamil an dem Zimmer gearbeitet habe, umso deutlicher wurde mir, dass ich nur auf Sparflamme gelebt habe … und das eigentlich kein Leben ist. Selbst einen Freundeskreis hatte ich mir nicht aufgebaut. Es gab nur Leute, die mich toleriert haben. Auch mein Job im Autohaus entsprach nicht mal im Ansatz einer Beschäftigung, die mich erfüllt, gefördert oder glücklich gemacht hat. Er wurde erledigt, weil ich das Geld brauchte – mehr nicht. Hier in Köln ist auch das anders. Bei Jann & Rhode kann ich mit Glück meine eigenen Interessen – das Schreiben und Texten – in die Arbeit miteinbeziehen. Und … gefördert werde ich auch. Aktuell besteht diese Förderung darin, mich intensiv mit einem Produkt zu beschäftigen, damit wir die Idee dahinter bestmöglich online und auf der Party – die wir übrigens auch organisieren müssen – präsentieren können. Schön und gut, würde es sich bei dem Produkt nicht um eine Dating-App handeln, die man zusammen mit seiner Kollegin ausprobieren muss. Apropos, wann spricht man besagte Kollegin eigentlich darauf an, dass sie in der App seit fast einer Woche eine Nachricht von mir im Postfach hat, die sie bis heute nicht geöffnet hat?

Jetzt?

Morgen?

Niemals?

Ich linse vorsichtig zu Vienna mir gegenüber am Schreibtisch hinüber. Seit wir die Aufgabe aufgebrummt bekommen haben, hat sie kein Wort darüber verloren. Ich weiß nicht mal, ob sie die App seither überhaupt geöffnet hat. Ihr Profil existiert nur, weil Christian ihr eins eingerichtet hat. Doch bisher sind ihre Biografie und ihr Profilbild leer.

Meine Seite hingegen … ich würde es natürlich nie zugeben, aber ich habe mir mehrere Stunden überlegt, was ich schreibe und wie ich mich darstellen soll. Umso nerviger ist es, dass Vienna anscheinend noch keinen Gedanken daran verschwendet hat. Außerdem, und das würde ich ebenfalls niemals laut aussprechen, bin ich neugierig, wie sie abseits des Büros so drauf ist.

Lass einfach ganz beiläufig fallen, dass du ihr geschrieben hast.

Eigentlich würde ich mich nicht in solchen Situationen wiederfinden, weil ich mich freiwillig gar nicht auf so einer Plattform anmelden würde. Ich suche nichts Festes und ziehe normalerweise oft genug abends um die Häuser, um auch ohne App Frauen für etwas Lockeres kennenzulernen.

»Soll ich ein Foto von mir machen?«

Vis schroffe Bemerkung reißt mich aus den Gedanken, und ich realisiere, dass ich mental zwar abgedriftet bin, sie dabei aber offenbar die gesamte Zeit über angestarrt habe. Hitze breitet sich auf meinen Wangen und Ohren aus, und aus Verlegenheit sehe ich weg.

»Das war ein Scherz«, höre ich sie daraufhin sagen. Mein Kopf fliegt hoch, weil es das erste Mal ist, dass sie mit ihren Worten Entwarnung gibt, und erneut sehe ich sie an. Entweder, etwas hat sich in den letzten Tagen verändert, oder ich stecke in einem unrealistischen Tagtraum, denn Vienna lächelt. Zwar sparsam und zurückhaltend, aber trotzdem verspricht ihr nach oben gebogener Mund weitaus mehr Freundlichkeit, als ich bisher von ihr kenne.

Es ist ihre Reaktion auf *meine* Reaktion, weswegen ich mir nicht mehr wünsche, dass sich der Erdboden für mich auftut.

Kann es sein, dass sie endlich warm mit mir wird?

»Trotzdem solltest du ein Foto schießen«, entgegne ich. »Das könntest du dann nämlich als dein Profilbild bei loaded nehmen. In deine Biografie könntest du …«

Ihr Lächeln erstirbt.

Shit.

»Vienna«, sage ich und seufze. »Wir *müssen* das durchziehen. Falls dein Job nicht auf dem Spiel steht, meiner definitiv.«

Sie verdreht die Augen, verschränkt ihre Arme vor der Brust und pustet eine Strähne aus ihrem Gesicht.

Ich will gerade wieder zum Sprechen ansetzen, als sie unzufrieden aufstöhnt und sich in die Lehne ihres Drehstuhls wirft.

»Ich weiß, dass wir das müssen. Nur, warum nimmst du das so ernst?«

»Ähm, weil mein Job daran hängt?«

Sie sieht zu mir und schiebt schmollend ihre Unterlippe vor.

Jetzt zum Beispiel wäre der perfekte Moment für ein Foto, kommt es mir in den Sinn.

Oder besser nicht. Keine Ahnung, was für einen Scheiß ich dann auf loaded von mir preisgebe, wenn ich die ganze Zeit dieses Bild vor mir hätte.

»Ja, aber ... ich dachte, wir machen das so larifari kurz vor dem Launch. Wir wissen, was die App von einem will und wie wir das ganze Prozedere beschleunigen können, oder? Reicht das nicht?«

»Und wie willst du Christian dann die Zeitstempel im Verlaufsprotokoll erklären? Wir müssen die App organisch angehen. Alles andere wäre Beschiss.«

»Es wäre ... eine kleine Unwahrheit«, korrigiert sie mich, ihre Stimme trotzig, weil sie längst weiß, dass wir nach Christians Regeln spielen müssen.

»Sorry, Vi. Ich steh nicht so auf Lügen.«

Sie hebt eine Braue.

»Ach komm, als ob.«

»Nein, ehrlich. Ich bin der Meinung, dass damit erst die richtigen Probleme anfangen. Darauf kann ich verzichten, und ich hoffe du auch.«

»Das heißt, du lügst nie?«

»Nein. Nicht, wenn es vermeidbar ist.«

Vienna mustert mich und kneift ihre Augen zusammen.

»Zählen Notlügen, um die Gefühle anderer nicht zu verletzen?«

Schlagartig kommt mir Antonia und ihr vergeigter Geburtstag in den Sinn.

Hätte ich gelogen, dann hätte ich sie nicht verletzt. Aber was hätte das auf Dauer gebracht? Dann hätten wir in einer noch größeren Lüge gelebt, oder nicht? Nein, es war schon gut, die Wahrheit gesagt zu haben ... zumal sie mich hierhin gebracht hat.

»Nope.«

»Was? Du lügst also quasi nie? Das kauf ich dir nicht ab.«

»Dann teste mich. Frag mich was.«

»Aber ich kenn dich doch überhaupt nicht!«

Über die Richtigkeit ihrer Aussage schmunzele ich.

»Da wär so eine loaded-App schon ganz praktisch, oder?«

»Als würdest du dort über dich auspacken.«

»Vi, das würde ich auch hier und jetzt. Also? Du kennst mich jetzt fast zwei Wochen. Eine Sache wird dir doch wohl einfallen.«

Sie denkt nach, und ich überschlage, was sie mich alles fragen könnte, was ich ihr von mir erzählt habe. Es ist nicht viel und kann noch mal ausgedünnt werden, wenn man einkalkuliert, wie oft sie zugehört hat.

»Aber eins erwarte ich von dir im Gegenzug«, füge ich schnell noch hinzu, ehe ich keine Chance mehr für einen Deal habe. »Wenn du zufrieden mit meiner Antwort bist, ziehen wir das mit loaded durch, okay? Und zwar so, wie es von Christian vorgesehen wurde.«

Dafür schenke ich ihr dann auch gerne eine Wahrheit.

»Okay«, stimmt sie zu und denkt nach.

Ob sie weiß, dass sie dabei ihre Nase kräuselt?

»Gut, ich hab was.«
»Schieß los.«
»Sag ehrlich. Was erhoffst du dir – als normaler Testverbraucher – von der App? Etwas Ernstes? Oder schnellen Sex?«
Wow, das hab ich jetzt nicht erwartet.

Ich brauche einen Moment, um das zu verarbeiten. Dabei ziehe ich vor allem in Betracht, wie leise und unsicher sie mir diese Frage gestellt hat. Fast, als hätte sie Angst vor meiner Antwort.

»Christians Fokus liegt auf Kompatibilität für schnelles Vergnügen. Mehr werden wir in ihrer jetzigen Form auch nicht aus der App rausholen können.«
Und falls doch ... Nein. Das wird nicht passieren – zumindest nicht mir.

Vienna nickt und atmet erleichtert aus.

»Ja, genau so sehe ich das auch.« Sie streicht sich ihr Haar hinters Ohr, macht aber keinen besonders überzeugten Eindruck.

Mein Bauchgefühl sagt mir, dass das gerade zwei Lügen gewesen sind, die wir miteinander ausgetauscht haben.

Nach meinem Arbeitstag mit einer wie ausgewechselten Vienna ist es in meinem Kopf sehr laut, und ich glaube, dass ich an diesem Abend einige Zeilen tippen muss, um sämtliche Gedanken loszuwerden. Die Gefahr, dass sie mir in Vis Gegenwart herausplatzen, ist zu groß. Sie mag seit heute erträglicher sein, doch sollte sie Wind davon bekommen, wie sich ihr plötzlicher Sinneswandel auf mich auswirkt ... was für ein Chaos ihr Lächeln in mir auslöst ... nein, danke. Es ist toll, dass sie mir endlich freundlich gesinnt ist und einen nützlichen Kollegen in mir sieht. Wenn sie erfährt, dass ich tief im Inneren leider auch bloß ein Neandertaler bin, der die ein oder andere triebgesteuerte

Fantasie von ihr hat, ich wäre ein toter Mann. Vienna ist eine unfassbar attraktive Frau, und je mehr sie mir gegenüber auftaut, umso attraktiver wird sie. Sowohl ihre feurige als auch ihre verletzliche Seite stellen Dinge mit mir an, um die ich mich nur hinter geschlossenen Türen kümmern kann. Doch obwohl ich mich zunehmend öfter und intensiver diesen Fantasien hingebe, habe ich mit jedem Mal mehr den Eindruck, dass es nicht reicht. Ich kann mir noch so oft morgens unter der Dusche einen runterholen, weil Vienna mich in meinen Träumen heimgesucht hat, oder abends im Bett, nur weil diese verdammte Frau wenige Stunden zuvor meinen Namen anders als sonst betont hat, und es ist nicht genug. Doch Vienna und vor allem das Verlangen, das sie in mir auslöst und das ich so verzweifelt versuche zu stillen, müssen mein kleines, dreckiges Geheimnis bleiben. Vi ist tabu. Sie ist meine Arbeitskollegin und könnte irgendwann vielleicht zu einer Freundin werden. Ich habe noch nie so eine bemerkenswerte, toughe und kluge Person kennengelernt, und ich will sie nicht auf ... ich will sie auf gar nichts reduzieren. Da ich allerdings genau das mache, wenn ich allein bin und mir vorstelle, dass nicht ich mich berühre, sondern sie, habe ich beschlossen, meinen Kopf mit seinen unzüchtigen Vorstellungen auf die einzig andere Art zu schlagen, mit der ich mich auskenne: mit Wörtern.

Ich möchte Vi nicht sexualisieren, aber verdammt noch mal, wie sehr möchte ich sie *romantisieren*. Als Poet bin ich meiner Version von ihr seit der ersten Zeile verfallen, doch weder die bildgewaltigsten Vergleiche noch die lyrischsten Wortspiele reichen aus, um der wahren Vi gerecht zu werden.

Dass ich in größeren Schwierigkeiten stecke, ist mir aufgefallen, als ich das erste Mal über sie geschrieben habe. Dass ich in *ernsthafter* Scheiße sitze, als für mich plötzlich kein Wort mehr gut genug gewesen ist. Und dass mir die Konsequenzen egal sind, na ja, das habe ich begriffen, als ich gegenüber von ihr sitzend weiter Texte über sie geschrieben habe.

Ich spiele mit dem Feuer.

Aber es ist nicht das Feuer, mit dem du wirklich spielen willst.

Oh, scheiße, eh. Warum kann Vienna keine durchschnittliche, langweilige Frau sein, die in mir nichts weckt außer den sehnlichen Wunsch nach Feierabend? Wieso erfüllt sie mit ihren Eigenschaften jeden einzelnen Punkt auf meiner Liste? Nicht dass diese ausgetüftelt und detailreich ist. Es ist nur, seit Vienna ... da scheint eben alles andere nicht mehr ... genug zu sein.

Shit, shit, shit.

Such dir besser einen anderen Job. Das wird so was von in die Hose gehen, Em. Alles, was du tust, um sie aus deinem Kopf auszusperren, macht es nur noch schlimmer.

Ich raufe mir die Haare und starre auf den mit Wörtern gefüllten Bildschirm vor mir.

Brief 42 an den Vater, den ich niemandem wünsche

Weißt du, was es bei uns nie gegeben hat? DAS Gespräch. Die Unterhaltung, die man mit seinem Sohn führt, sobald das erste Mädchen für ihn interessant wird. (Oder in Rickys Fall der erste Junge. Ich glaube, selbst diese Unterhaltung hattest du nicht? Ah nein, die hatte ich ja mit ihm. Sorry, mein Fehler.) Warum ich ausgerechnet jetzt darauf komme? Weil ich mich frage, was du in einem anderen Leben zu mir gesagt hättest. Ob du mir da beigebracht hättest, wie ich mich gegenüber der Person, die mich um den Verstand bringt, verhalten sollte?

Ich hab da nämlich jemanden kennengelernt, und ich könnte ein paar Ratschläge von diesem Vater echt gebrauchen.

Vienna geht mir nicht mehr aus dem Kopf, und ich würde gerne wissen, ob das bei dir mit Mama auch so gewesen ist?

Ob das normal ist? Wobei, ich kann es mir nicht vorstellen, denn dann hättest du sie nicht verletzt, oder? Wenn du so über Mama gedacht hättest wie ich über Vienna, dann hättest du gar keinen Platz für andere Frauen gehabt. Mag sein, dass dir Mama was bedeutet hat. Doch respektiert hast du sie nicht, sonst hättest du die Finger von den anderen gelassen. Aber zurück zu mir, okay? Also können wir kurz so tun, als wärst du der Vater, der du für mich hättest sein sollen? Und ich der Sohn, der ich wirklich gern gewesen wäre?

Denn angenommen, du hättest Ma echt geliebt und sie trotzdem betrogen und scheiße behandelt ... was bedeutet das dann für mich? Vienna ist erst seit Kurzem in meinem Leben, und dennoch könnte ich mir gerade nicht vorstellen, eine andere Frau zu berühren ...

Vienna, bla, bla, bla. Ich kann meine Gedanken selbst nicht mehr hören *oder* lesen, weshalb ich meinen Laptop zuklappe und kurz tief durchatme.

Abkühlung und Ablenkung, das ist es, was ich jetzt brauche.

Bevor ich mein Zimmer verlasse, richte ich mich im Spiegel. Heute ist wieder Trash-TV-Abend, und so, wie es sich hinter meiner Tür anhört, ist dieser bereits im vollen Gange.

»Na, sieh mal einer an«, begrüßt mich Jamil und reicht mir eine rote Rose. »Von unserer Bachelorette.«

»Äh, okay«, erwidere ich und sehe in die Runde. Ich erkenne die gleichen Gesichter wie letzte Woche, aber Enttäuschung breitet sich in mir aus, als ich realisiere, dass die eine Person, die ich wirklich gern dagehabt hätte, fehlt. Selbst Malte ist da.

»Heute ohne Li...«

»Emmy!«

Linda stürmt aus der Küche auf mich zu. In beiden Händen

hält sie Chipstüten, und im Gegensatz zu letztens strahlt sie über beide Wangen.

Sie wirft sich regelrecht in meine Arme und – nur um den Neandertaler in mir zu testen – erwidere ich ihre Umarmung und drücke sie so eng an mich, dass sich ihre Brüste in mich graben. Meine Hand lege ich dabei flüchtig auf ihren Po.

»Em!«, lacht Linda empört und schiebt meine Finger amüsiert von sich. Gespielt verlegen reibe ich mir den Nacken.

Nichts.

In einer ritterhaften Bewegung reiche ich ihr die Rose und beobachte im Anschluss, wie sie daran riecht und breit lächelt.

Rein gar nichts.

Kein unangemessener Gedanke.

Kein Blut, das sich südlich in mir staut.

Weil sie nicht Vienna ist, du Depp.

Und Nicht-Viennas einfach nicht mehr genug sind.

F u c k.

KAPITEL 22

VIENNA

Im Leben gibt es gute und schlechte Entscheidungen. In meinem überwiegen momentan die schlechten. Meine allerneueste Glanzleistung: Das Wochenende damit einzuläuten, die Einladung meiner Eltern zum Abendessen ruhigen Stunden in den eigenen vier Wänden vorgezogen zu haben.

Ich liebe meine Eltern, aber manchmal glaube ich, dass ihnen das Rentenalter nicht bekommt. Vor allem meine Mutter scheint so unterfordert davon zu sein, dass sie ein Spiel erfunden hat, welches ich liebevoll »Wie-sehr-kann-ich-Kritik-in-Liebe-verpacken« nenne. Die Regeln sind einfach: Nörgele ununterbrochen an deinen Kindern herum, aber betone immer, dass du dir nur das Beste für sie wünschst. Diese Idee schreit nach Erfolg, und ich bin fest davon überzeugt, dass sie sehr viel Anklang finden und sich rasant schnell verbreiten würde. Es fällt mir schwer, mir nicht vorzustellen, wie genau in diesem Moment irgendwo eine weitere arme Seele bei ihren Eltern sitzt und sich diese besonders liebevolle Aufmerksamkeit gefallen lassen muss – so wie ich.

Blass schaust du aus. Siehst du aus deinem Büro überhaupt mal die Sonne? Was ist mit deiner Haut los? Du isst wegen dem Stress wieder zu viel Süßkram, nicht wahr? Hier, ich hab da eine Creme, die das wieder in Ordnung bringt. Ach, Vienna, du kommst ganz nach deinem Vater. Der hat durch das ganze Arbeiten auch immer vergessen zu essen. Du bist ja nur noch Haut und Knochen. Männer wollen etwas zum Anfassen. Letzteres ist schon nah dran, zu einem meiner Favoriten zu werden. Doch dafür muss meine absolute Lieblingsaussage von ihr übertrumpft werden: *Gibt es in deiner Firma keinen willigen Burschen, der dir gerne Arbeit abnehmen würde? Ich glaub, ich muss mal mit deinen Vorgesetzten sprechen. Welcher seriöse Arbeitgeber schlachtet so ein hübsches Mädchen aus? Gib mir mal die Nummer dieser Agentur.*

Jap.

Das hat sie echt gesagt. Ich hab mir jedes ihrer Worte gemerkt. Nicht freiwillig. Sie haben sich eher in mein Gedächtnis eingebrannt wie eine traumatische Erfahrung, denn das aus ihrem Mund zu hören *war* eine traumatische Erfahrung.

Doch um den Familienfrieden zu wahren, habe ich jede hübsch verpackte Kritik geduldig über mich ergehen lassen, bis Pa mir einen Teller mit Dino-Nuggets und einem Vulkan aus Kartoffelpüree und Ketchup serviert und mir Besteck in die Hand gedrückt hat.

Pa kann nicht wirklich kochen, aber Ma ist so mit ihrem »*Spiel*« beschäftigt gewesen, dass ihr nicht aufgefallen ist, wie er in der Küche herumgewuselt und meine heiß geliebte Dino-Dada-Platte gezaubert hat.

Schon als ich ein kleines Kind gewesen bin, hat er mir dieses Essen zubereitet. Oft diente es zur Aufmunterung. Heute soll es wahrscheinlich dafür sorgen, dass ich die Ruhe bewahre, entspanne und nicht aufgebracht mit Benji im Arm aus dem Haus stürme. Viel fehlt nicht mehr. Ich kann die Sprüche meiner Mutter geduldig ertragen. Sie ist mit einem anderen Denken aufgewachsen, und Widerworte oder Korrekturen wären vergeudete Energie, weshalb ich damit gar nicht erst anfange. Doch auch meine Geduld hat ihre Grenzen, und eine davon ist erreicht, als Ma dazu übergegangen ist, nicht mehr nur mich, sondern mich als Mutter zu bemäkeln.

Kein Wunder, dass Benji so ein schlechter Esser ist, wenn du selbst nur diese Babygläschen isst.

Ja, ich gebe zu, ich esse das Zeug wirklich. Warum auch nicht? Es spart Zeit, schmeckt, und die Portionen sind klein genug, um sie sich schnell zwischendrin in den Mund zu löffeln.

Seit meiner Schwangerschaft habe ich keine besonders großen Ansprüche mehr, was meine Ernährung angeht. Als Mutter sollte ich wahrscheinlich auch bei mir auf frisches Obst und Gemüse und all den Kram achten, den ich versuche, Benji schmackhaft zu machen, aber hey. Ich bin schon stolz, wenn ich meinen Magen mit ein paar Apfelspalten füllen kann, die ich Benji aus seiner Snack-Dose stibitzt habe. Aber das bin ich. Was ich meinem Körper letztlich zuführe, ist meine Sache. Bei meinem Sohn gebe ich mir allerdings wirklich die größte Mühe, und wenn sie der Meinung ist, dass das nicht reicht ...

Pa schiebt mir den Teller mit einem aufmunternden Lächeln entgegen, und weil ich ihn liebe, tauche ich meinen Löffel tatsächlich in das Püree und schiebe mir den Brei in den Mund.

Würde Ma das Zeug auch essen, hätte mein Vater ihr auch einen Teller vor die Nase gesetzt, denn: Mit vollem Mund kann man nicht streiten. Auch dafür konnte seine Platte damals, als ich ein Teenie gewesen bin, schon gut herhalten. Es ist seine Art, um Situationen zu entschärfen, und auch wenn ich es schätze, dass er damit sagen will, dass er Ma nicht zustimmt, wünschte ich, er würde seiner Frau ab und zu – jetzt wäre eine gute Zeit – die Stirn bieten, um ihr zu zeigen, dass ihr Verhalten mir gegenüber nicht okay ist.

»Ich glaube, Benji ist aufgewacht.«

Ich knabbere an einem Dino-Kopf, als das Babyfon anspringt und mein kleiner Racker sich meldet. Hastig schlucke ich das Stück Hähnchen herunter und stehe auf, doch Ma hebt ihre Hand.

»Vienna, iss du erst mal auf. Selbst das Tiefkühlmenü von deinem Vater ist besser, als ...«

»Ma«, warne ich sie. »Es war eine lange Woche, können wir vielleicht über was anderes reden? Das Wetter vielleicht?«

»Ich mach mir doch nur Sorgen.«

»Mir geht's gut, okay? Es ist alles super.«

»Nana würde schon etwas sagen, falls was sein sollte«, fügt mein Vater hinzu und legt seine Hände auf die Schultern seiner Frau.

»Eben«, erwidere ich, auch wenn mir gefühlt tausend Sachen durch den Kopf gehen, die ich am liebsten vor mir selbst verschweigen würde. »Und jetzt, bitte«, ich gestikuliere zur offenen Tür, die in den Flur führt. »Möchtest du dich um Benji kümmern, oder soll ich?«

Der Besuch bei meinen Eltern hat einen bitteren Nachgeschmack hinterlassen, und der Blick in mein abgeschminktes Spiegelbild, Stunden später, macht es nicht besser. Meine Mutter hackt nicht grundlos auf mir herum, denn die letzten Tage habe ich mich echt vernachlässigt. Statt meiner Skincare-Routine morgens bin ich die zehn Minuten lieber früher im Büro gewesen. Ich habe nach dem Motto »Wer braucht schon Pflege, wenn er Make-up benutzt« gelebt und die Rechnung prompt in Form von Hautirritationen und Unreinheiten kassiert. Glücklicherweise habe ich starke Gene und neige nur bei Stress und den begleitenden Faktoren unter problematischer Haut – nichts, was ein wenig Concealer nicht vertuschen könnte. Doch ohne ... und unter dem brutalen Kosmetikspiegellicht ... Ich habe definitiv schon mal besser ausgesehen. Viel, viel besser.

»Urgh.« Widerwillig nehme ich die Creme, die Ma mir mitgegeben hat, in die Hand und lese mir den Text auf der Verpackung durch. Noch widerwilliger schmiere ich mir eine dicke

Schicht von dem Zeug auf mein zweimal gereinigtes, gepeeltes und vor Serum glänzendes Gesicht, als würde die doppelte Menge davon mich ebenso schnell wieder hübsch und gesund aussehen lassen.

Am Ende meiner überfälligen Hautpflegesession sieht mir eine weiße Clown-Version von mir entgegen. Um den Look komplett zu machen, fehlt nur noch die rote Nase.

Was soll die Scheiße?

Gefrustet darüber, wie tief mir Mas Worte anscheinend doch unter die Haut gegangen sind, puste ich mir meine roten Haarsträhnen aus dem Gesicht.

Ich bin zweiundzwanzig! Anstatt eines Clowns sollte mein Spiegelbild strotzen vor Selbstbewusstsein und Selbstwertgefühlen! Ich bin attraktiv, und ich bin verdammt noch mal klug. Zu klug, um zu einer Frau zu werden, die sich von den Worten ihrer Mutter in eine Depression treiben lässt!

Impulsiv streiche ich mir über das Gesicht und verschmiere damit die weiße Maske.

Dann wische ich noch mal über meine Haut.

Und dann noch mal.

Ich reibe und schrubbe, bis ich auch den letzten Rest der pappigen Masse abgetragen habe und mich statt des Clowns wieder *mein* Gesicht anfunkelt. Zornig und gerötet, aber immerhin erblicke ich wieder mich darin.

»Du bist müde. Bist überempfindlich. Leg dich hin, und morgen wird dann auch wieder die Sonne scheinen.«

Sobald ich den letzten Teil der Aussage laut ausspreche und realisiere, was ich da gesagt habe, schüttele ich den Kopf.

Jetzt hat der Kerl sich mit seiner positiven Einstellung sogar schon in meinen Pessimismus gebissen.

Aber irgendwie stört es mich nicht. Ganz im Gegenteil, ich verlasse das Bad kurz darauf deutlich besser gelaunt, und nachdem ich mich bei Benji vergewissert habe, dass er friedlich vor sich hin schlummert, treffe ich eine Entscheidung.

In meinem Schlafzimmer hole ich eine Kiste aus meinem Kleiderschrank, in die ich seit Ewigkeiten nicht geschaut habe. Sobald ich sie öffne und meine schrille Schminksammlung sehe, die ich gegen neutralere Farben und hochwertigere Produkte ausgetauscht habe, kribbelt es mir in den Fingern.

Früher habe ich mich gerne verruchter geschminkt. Heutzutage ist das Höchste der Gefühle ein gewagt geschwungener Lidstrich. Statt Smokey Eyes lege ich mittlerweile eher Wert auf einen wachen Look, der sowohl für Büroarbeit als auch Einkaufen akzeptabel ist. Nur meine geliebten Lippenstifte, die konnte ich nie wegpacken. Sie waren seit den ersten roten Lippen ein Teil von mir und werden es bestimmt für immer bleiben. Selbst mit achtzig Jahren werde ich die Art von Frau sein, die mehrere Farben in ihrer Handtasche mit sich herumträgt.

In meinem Kopf taucht ein Bild einer alten Vi auf, doch ich schüttele so vehement den Kopf, dass sie in Sekunden wieder verschwindet.

Granny-Vi kann warten.

Ich wühle in der Kiste, bis ich eine Kulturtasche finde, die ich früher bei Partys auf Schritt und Tritt mit mir geführt habe. Neugierig linse ich hinein und lächele zufrieden, als ich sämtliche Schminke darin finde, die ich brauchen würde, um die Worte meiner Mutter zu vergessen.

Eine gute Stunde später stehe ich gestylt und aufgebrezelt, als würde ich jeden Moment als Date von Ryan Gosling zur Oscarverleihung in Hollywood aufbrechen, in meinem Schlafzimmer. Der ganze Raum riecht nach meinem sinnlichen Parfüm, dem ich schon jahrelang treu bin. Dank meiner Aktion im Park erinnert es mich nun allerdings auch jedes Mal an Emilian. Selbst das hätte ich normalerweise schlimmer finden müssen, als es tatsächlich der Fall ist.

In meinem schulterfreien, dunkelblauen Kleid, welches wunderbar mit meinen roten Haaren harmoniert und mir erstaunlicherweise immer noch passt, und den goldenen High Heels, die verboten hohe und dünne Absätze haben, fühle ich mich augenblicklich tausendmal heißer. Ich kann meinen Blick gar nicht von meinem Spiegelbild abwenden. Das Outfit war immer für einen besonderen Anlass gedacht gewesen, doch zu dem kam es nie. Zu meiner Schande haben Kleid und Schuhe seither ein tristes Dasein in meinem Kleiderschrank gefristet. Eigentlich wollte ich mich auch nur schminken. Mehr würde man von mir eh nicht sehen. Doch in meinem Schlafanzug hat sich mein Makeup nicht richtig angefühlt. Ein kurzer Blick in meinen Schrank et voilà, plötzlich war ich gekleidet wie eine moderne Göttin.

Sandy wäre so stolz auf mich.

Ich kann mir nicht erklären, wieso ich plötzlich den Drang gehabt habe, mich in Schale zu werfen, doch als ich wenig später mein Handy in die Luft halte und Hunderte Fotos von mir in den verschiedensten Posen – mal gewagt, mal elegant – mache und fröhlich durch mein Schlafzimmer tanze, bin ich davon überzeugt, dass das genau das ist, was ich gebraucht habe.

In meiner Euphorie finde ich beim späteren Betrachten im Bett – immer noch aufgebrezelt – kaum ein Bild von der Session hässlich, und am liebsten hätte ich sie sofort alle meiner Mutter unter die Nase gerieben. Doch sie ist nicht die Person, die ich provozieren möchte. Nicht, wenn es da jemanden gibt, bei dem ich dabei auch noch Spaß haben kann. Außerdem wäre es schön, nach ihrer Kritik als begehrenswerte Frau wahrgenommen zu werden. Sexy und mächtig genug, um Männer in die Knie zu zwingen und ihnen den Schlaf zu rauben.

Bei Emilian besteht dazu die Chance – so verkehrt es auch ist.

Okay, Em. Du wolltest ja, dass ich die App benutze.
Ich entscheide mich für das Bild, bei dem für mich alles stimmt. Die Haare sitzen, und die Lippen sind zu einem leichten Schmollmund verzogen. Auf dem Foto kann man allerdings nur erahnen, wie tief mein Ausschnitt wirklich geht. Ideal, um nicht billig zu wirken. *Perfekt*, um Frustration beim Betrachter auszulösen.

Aufgeregt stelle ich es als Profilbild ein. Da neben Emilians Name ein grüner Punkt aufleuchtet, nehme ich mal an, dass er online ist.

Was er wohl zu meinem Bild sagt?
Angespannt warte ich auf eine Nachricht.
Und warte, warte, warte.
Doch von Emilian kommt keine Reaktion.

KAPITEL 23

EMILIAN

Irgendein weiser Mensch hat mal behauptet, dass die Zwanziger die Jahre werden, in denen man die Nacht zum Tag macht und sich selbst kennenlernt. Dabei muss diese Person verschwiegen haben, dass sie damit nicht nur lange Partys und am besten niemals endende Sommerabende meint, bei denen man Bekanntschaften für ein paar Stunden oder auch für das Leben macht. Meine Nacht wurde zum Tag, als Vienna Lorenz beschlossen hatte, mich mit einem einzigen Selfie um meinen Schlaf zu bringen. Okay, das war vielleicht nicht ihre Absicht gewesen, aber verdammt ... niemand kann mir sagen, dass sie ihr Foto wahllos ausgesucht und hochgeladen hat, denn dann hätte es auch ein einfaches Profilbild getan, das sie mal schnell nach der Arbeit im Aufzug hätte schießen können. Doch Vi hat sich in Schale geworfen und wow. Sie zeigt, dass sie was hat, dezent und elegant. Doch die Botschaft ist deutlich: Ich bin nicht für jeden.

Gleichzeitig widerspricht sie dem mit ihrem leicht geöffneten Schmollmund und ihren einladenden dunkelroten Lippen, die irgendwann sicherlich noch meinen Tod bedeuten.

Sie sind es auch, wegen denen ich mich in den darauffolgenden Minuten ziemlich gut kennengelernt habe. Leider ebbt die Ekstase meiner Handarbeit schnell wieder ab und wird verdrängt von Unzufriedenheit und Selbsthass. Vienna hat es nicht verdient, dass man sich ihr gegenüber derart respektlos verhält, doch ich kann nicht anders. Diese Frau schafft es von jetzt auf gleich, ein rasendes Verlangen in mir zu wecken. Falls ich zumindest ein paar Stunden Schlaf haben oder in ihrer Nähe lässig und entspannt wirken möchte, dann bleibt mir nichts anderes übrig, als dem Hunger nach ihr frühzeitig entgegenzuwirken – selbst wenn mich das zu einem perversen Mistkerl macht. Meinem Körper nicht das geben zu können, was er offensichtlich seit Neuestem will, ist ermüdend, und ich sage mir jedes verdammte Mal, dass es das letzte Mal sein wird.

Und dann kommt Vienna um die Ecke und stellt so ein Bild von sich rein.

Die ganze Nacht habe ich ihr Profil angesehen. Bis auf das Foto hat sich nichts getan. Ihre Biografie fehlt weiterhin. Aber sie hat nicht ohne Grund ein Profilbild eingesetzt.

Ein Profilbild, das nur du sehen kannst, Em.

Okay, vielleicht sollte ich mir darauf nichts einbilden. Vienna könnte das Foto ebenso gut hochgeladen haben, um Christian zu beweisen, wie ernst sie es mit der App meint. Wenn sich hinter ihrem lasziven Auftreten nur eine weitere Facette ihrer Professionalität verbirgt ... wie könnte ich dann darauf reagieren? Wie *müsste* mein nächster Schritt aussehen? Erwartet sie, dass ich anbeiße und wir drauflos flirten, damit unsere Ergebnisse unverfälscht sind? Oder will sie, dass wir es nur vortäuschen und immer den Plan im Blick behalten?

Wir hätten die Spielregeln vorher genauer definieren sollen, denn jetzt habe ich keine Ahnung, wie ich mich auf der App geben soll. Erfinde ich eine Version von mir, die nach der großen Liebe sucht, um Vienna in ihrer These, dass mehr Potenzial in einer Beziehungs-App als in einer Sex-App steckt, zu unterstützen? Oder sollte ich authentisch bleiben, sodass wir Christian echte Ergebnisse vorlegen können? Wobei, diese Seite von mir würde Vi nicht helfen. Vielmehr würde ich ihr in den Rücken fallen.

Ein Problem könnte allerdings sein, dass ich nicht mal weiß, ob ich überhaupt dazu in der Lage wäre, Ernsthaftigkeit zu faken, da ich für mich auf keinen Fall nach etwas Ernstem suche.

Herausfinden werde ich das wohl nur, wenn ich mich jetzt auf loaded einlasse, wie Christian es von uns verlangt. Und das bedeutet, dass ich mich wohl oder übel verstellen werde, um Vi in ihrer Behauptung den Rücken zu stärken. Bühne frei für Ich-suche-eine-echte-Beziehung-und-nicht-nur-ein-bisschen-Spaß-Emilian.

Hoffen wir, dass Vienna zu einem ähnlichen Schluss gekommen ist, sonst könnte unser Experiment ziemlich in die Hose gehen.

Wieder kommt mir Antonia in den Sinn.

Jep, ich muss nicht noch eine Frau verletzen.

Da Vienna mich ohnehin schon um die Nacht gebracht hat, beschließe ich, einen Chat mit ihr anzufangen. Früher oder später müssten wir uns ohnehin damit auseinandersetzen, wenn wir bis Halloween alle Stufen freigeschaltet haben wollen.

> Dann hast du also endlich hergefunden.

Wir haben fast fünf Uhr an einem Samstagmorgen, deshalb erwarte ich für die nächsten Stunden keine Antwort. Zu meiner Überraschung leuchtet mein Handy jedoch keine fünf Minuten später auf.

> Da bin ich. Wie gefällt dir mein Profilbild?

Zielstrebig und direkt, typisch Vienna.

Kurz denke ich nach. Den echten, offenbar notgeilen Emilian hat es umgehauen. Doch das behält man für sich, wenn man auf mehr aus ist als Sex, richtig?

> Es hat mir die Sprache verschlagen.

> Willst du mehr ...?

> Wie könnte ich da Nein sagen?

> Was bekomm ich dafür?

Oh, okay. So klärt man heutzutage ... Beziehungen?

> Was möchtest du von mir?

> Erzähl mir was von dir.

Ah, da kommen wir der Soulmate-Sache doch schon näher.

> Ich schreibe in meiner Freizeit Texte.

> Brauchst du noch eine Muse? Ich biete mich an.

Ich setze gerade zu einer Antwort an, als sie – wie versprochen – ein Foto von sich hinterherschickt. Es ist noch gewagter als ihr Anzeigebild. Augenblicklich werden meine Lippen trocken und mein Schwanz wieder hart.
Fuck, Vi.

> Darf ich dir auch etwas von mir schicken? Es ist nichts Obszönes.

Sie tippt. Hört auf. Tippt wieder. Hört wieder auf. Dann folgt ein einziges Wort.

> Ja.

Ich gehe meine Fotogalerie nach einem angemessenen Bild durch und entscheide mich, dass ich mit etwas Humorvollem nichts falsch machen kann. Frauen stehen doch auf Humor. Daher schicke ich ihr ein Bild von einem brillentragenden Affen mit einer französischen Fahne in der Hand.

»Das ist ein *Brüllaffe*«, erkläre ich und könnte sofort wieder in einen Lachkick verfallen.

> Ok …

Hmm, das finden wohl nur Ricky und ich witzig.
Ehe ich meine Ehre retten kann, nimmt ein Pop-up-Fenster das Bild ein und informiert mich darüber, dass wir die zweite der vier Stufen, den Austausch von Sprachnachrichten, freigeschaltet haben.

Sofort nutze ich die neue Funktion, drücke auf das Mikro und demonstriere ihr in meinem geschwollensten Französisch, wie sie das Wort *Brüllaffe* zu lesen hat.

Ihre Antwort darauf kommt ebenfalls in Form einer Sprachmemo.

Mein Körper hat auf ihre Fotos angesprochen. Doch das ist nichts im Vergleich zu dem Kribbeln, das ich verspüre, nachdem ich auf Play gedrückt habe und Vienna mehrere Sätze auf *Französisch* säuselt. Ihre leise, fast schon gehauchte Stimme erweckt ganz neue Fantasien in mir.

> Ich hatte keine Ahnung, dass du Französisch sprichst.

Ich entscheide mich für eine Nachricht, weil ich meiner Stimme in diesem Moment nicht vertraue. Gut möglich, dass ich piepsen oder stottern würde wie ein pubertierender Junge, der zum ersten Mal mit einem *Playboy* in der Hand erwischt wird – samt Zelt in der Hose.

> Es gibt noch so viel über mich herauszufinden. Falls du möchtest ... ☺

Was wäre eigentlich so verkehrt daran, wenn Vi und ich uns durch loaded besser kennenlernen? Unsere gemeinsame Arbeit würde davon profitieren. Vielleicht finden wir sogar ein paar Gemeinsamkeiten?

> Oh, und ob ich möchte. Aber lass es uns langsam angehen, okay?

Zufrieden schaue ich auf meinen Text.
Das hätte der echte Emilian niemals geschrieben.
Offenbar ist es jedoch das Falsche gewesen, denn der grüne Aktivitäts-Status neben Viennas Name ist plötzlich rot.
Sie ist offline.
Und bleibt es auch den ganzen restlichen Tag.

Es gibt unzählige Gründe, warum eine Person einem nicht mehr zurückschreibt, und noch mal so viele Arten die plötzliche Funkstille zu zerdenken.
Habe ich etwas Falsches geschrieben? Sie beleidigt? Denkt Vi womöglich, dass ich ihr einen Korb gegeben habe, obwohl ich das ganz offensichtlich nicht getan hab? Ich hab lediglich vorgeschlagen, dass wir nichts überstürzen. Wenn wir die Chat-Erfahrung so authentisch wie möglich halten wollen und uns auf

diese Echte-Partnersuch-Schiene konzentrieren, dann sollten wir auch das Tempo anpassen, oder nicht?

Obwohl die Bitte von mir kam, hab ich den Eindruck, dass ich es bin, der darunter leidet. Okay, ich kann nicht für Vi sprechen, aber sie ist sicherlich nicht diejenige, die auf dem Bett hockt und immer und immer wieder die App aktualisiert, in der Hoffnung, dass eine neue Nachricht eingetrudelt ist. Nein, dieses jämmerliche Bild gebe ich ab.

Vienna genießt wahrscheinlich ihr Wochenende. Eine Frau wie sie hat bestimmt ein, zwei Freundinnen, mit denen sie Brunchen geht und über den Neuen – mich – lästert. Ob sie das selbst jetzt, da wir uns schon besser verstehen als am Anfang, immer noch machen würde? Eins steht fest: Mir den Tag zu versauen, das schafft sie auch aus der Ferne. Während sie sich nämlich vergnügt und Energie für die kommende Woche tankt, klebe ich Stunde für Stunde wie ein dämlicher Teenager an meinem Handy und warte auf ein Lebenszeichen von ihr.

Mit der Zeit komme ich mir allerdings schon ziemlich erbärmlich vor, weshalb ich mein Telefon in die oberste Schreibtischschublade schiebe, meinen Laptop raushole und ein neues Dokument öffne. In meinen Fingern juckt es, weil ich Worte in mir trage, die rauswollen, dennoch fällt mir das Tippen schwerer als sonst. Und was ich geschrieben habe, macht keinen Sinn. Es gibt keinen roten Faden, und der Text liest sich, als hätte ihn ein Viertklässler geschrieben, was mich verdammt nervt.

Ich will schreiben.

Nein, du willst mit ihr schreiben.

Da ich mir nichts vormachen kann und jedes einzelne Wort erzwungen und kacke klingt, schließe ich das Dokument ohne abzuspeichern.

Das wird heute nichts mehr. Zeit für einen Tapetenwechsel.

Es hat Vorteile, mit jemandem in einer WG zu wohnen, der jeden noch so kleinen Essenstrend mitmacht. Der Rest der Wohnung mag minimalistisch gehalten sein, aber die Küche ähnelt tatsächlich der einer WG. In den Vorratsschränken befindet sich so ziemlich alles, was das Herz begehrt. Chocolate-Chip-Cookie-Proteinpulver, schockgefrorene Erdbeerscheiben und die dazu passende Fertigmischung Porridge. Sogar verschiedene Sorten Tütentassenkuchen stehen – teils ordentlich und teils reingequetscht – auf den Regalbrettern. Seit ich hier wohne, gibt es auch einen ungesunden Vorrat an Froot Loops.

Das Teesortiment kann sich auch blicken lassen. Von Kräutertees, die ich nicht mal anrühren werde, wenn ich auf meinem Sterbebett liegen sollte, bis hin zu exotischen Sorten wie Kirschkuchen-Minze oder Salted Caramel, die auch Gia zu Hause stehen hat, gibt es eine riesige Auswahl. Ich komm mir beinahe schon wie ein Langweiler vor, als ich zu einem stinknormalen Zitronentee greife und einen Beutel davon in meine Tasse hänge. Bei genauerem Hinsehen entdecke ich jedoch, dass selbst dieser mit *Zitronen-Melange Wiener Art* einen Etepetete-Namen trägt und ich anscheinend die ganze Zeit über abends einen Früchtetee getrunken habe, der Koffein enthält. Kein Wunder, dass ich Probleme habe einzuschlafen.

Ja, genau. Daran wird's liegen. Mach dir nichts vor, Em.

Mit meinem neu errungenen Wissen sollte ich lieber zu einer anderen Sorte greifen. Da ich aber schon weiß, dass auch diese Nacht kurz sein wird – immerhin gibt es Eindrücke vom Tag, die es zu verarbeiten gilt –, belasse ich es dabei und befülle den Wasserkocher.

Während ich dabei zusehe, wie das Gerät in sämtlichen Farben leuchtet, um die verschiedenen Temperaturphasen zu zeigen, hole ich wieder mein Handy aus meinem Zimmer. Zum gefühlt tausendsten Mal öffne ich loaded.

Bis zur Halloweenparty sind es nicht mal mehr zwei Wochen. So langsam sollten wir es daher auch nicht angehen, wenn wir bis dahin alle Funktionen getestet haben sollen.

Auf dem Event ist geplant, dass wir beide pünktlich zum Launch um Mitternacht von unseren Erfahrungen sprechen. Unser großes Ziel ist es dabei, Christian davon zu überzeugen, dass loaded mehr ist als eine Plattform für Situationships und Vienna damit durchgesetzt bekommt, dass die App auch nicht in diesem Stil vermarktet wird. Da es sich um Vis erstes eigenes Projekt handelt, liegt ihr der Erfolg der Marke natürlich sehr am Herzen, und der ist definitiv eher garantiert, wenn es sich nicht um eine bloße Aufreißer-Plattform handelt.

Der Wasserkocher klickt, und das mittlerweile rote Leuchten erlischt.

»He, Jam?«, rufe ich in die Richtung, in der das Zimmer meines Mitbewoners liegt. »Willst du auch 'nen Tee?«

Ich warte einen Moment, doch erhalte keine Antwort. Wahrscheinlich sitzt Jamil mit Kopfhörern vor seinem Computer und zockt.

Dann eben nur für mich.

Ich bereite meinen Tee zu und räume hinter mir auf, solange er zieht. Dabei fällt mein Blick auf die Verpackung in meiner Hand.

Zitronen-Melange Wiener Art.

Die Sorte klingt abartig genug, um einem direkt ins Auge zu fallen, doch bisher habe ich nur auf das perfekt in Szene gesetzte Obst geschaut. Jetzt hingegen liegt mein Fokus auf einem ganz bestimmten Wort.

Wien. Oder wie es mittlerweile in meinem Kopf auch oft genug heißt: Vienna.

Mir kommt eine Idee. Selbst wenn ich als Letzter im Chat geschrieben habe und demnach eine weitere Nachricht das berüchtigte Double-Texting bedeutet, ich habe diese Packung zufällig entdeckt. Also kann ich Vi auch vollkommen ohne Bezug zur vorherigen Unterhaltung ein Bild davon schicken. Und wer weiß, vielleicht bringe ich damit ja ein ganz neues Gespräch ins Rollen.

> Guck mal.

Sie ist keine Minute später online.

Ich muss zugeben, dass das ein wenig an meinem Stolz kratzt.

Dann war sie die ganze Zeit in der Nähe ihres Handys? Hat sie etwa darauf gewartet, dass ich noch mal schreibe? Sollte ich das Tempo angeben?

Mit einem Mal nervös, warte ich darauf, dass sie tippt.

Komm schon, Vi.

Ich stehe kurz davor, sie zu erinnern, dass wir miteinander agieren müssen, doch damit würde ich bei einer Frau wie Vienna sicher das Gegenteil bewirken und sie wohl eher vergraulen. Um mich deswegen davon abzuhalten, lege ich mein Handy zur Seite und umschließe mit beiden Händen meine heiß dampfende Tasse. Nach wenigen Sekunden brennt die Hitze bereits auf meiner Haut, doch ich zwinge mich dazu, noch ein paar weitere Momente durchzuhalten, ehe ich keuchend loslasse und meine Finger massiere. Erst als sie sich wieder von allein abgekühlt haben, erlaube ich mir erneut einen Blick auf mein Handy.

Vienna ist wieder offline.

KAPITEL 24

VIENNA

»Oh! Es hat geschrieben!«

Sandy rollt sich auf dem Wohnzimmerteppich auf den Bauch und wedelt mit meinem Handy. Als Entschädigung für unsere letzte Verabredung, bei der ich ihr Eimer und Lappen in die Hand gedrückt habe, habe ich sie spontan zum Nichtstun zu mir nach Hause eingeladen.

Das Gute daran, dass sie den Dating-Kram ablehnt und mehr oder weniger mit ihrer Arbeit verheiratet ist? Sie ist oftmals nur einen Anruf und eine halbe Stunde mit der Bahn entfernt und fast immer zur Stelle – sofern ihre Schicht im Supermarkt vorbei ist. Zu den Öffnungszeiten bekomme ich sie meist nur zu Gesicht, wenn ich sie auf der Arbeit besuche. Doch das ist mit meinen Arbeitszeiten und Benji selten vereinbar, weshalb uns meist nur die Abende und Wochenenden bleiben. Ich stecke bis zu den Knien in den Vorbereitungen für die Party. Daher tut es gut, sie zu sehen und mal ein bisschen Auszeit von der Arbeit zu bekommen.

Während Sandy sich mit Benjamin auf dem Boden ausgebreitet und getobt hat, bis ihm die Augen zugefallen sind, habe ich die Chance genutzt und einem Berg Babywäsche den Kampf angesagt. Ich bin noch immer dabei, Bodys und Strumpfhosen zusammenzulegen, und frage mich mittlerweile, wer von uns im Haus mehr Klamotten besitzt. Den Schmerzen in meinem Arm nach zu urteilen müsste es definitiv Benji sein. Was bedeutet, es wäre theoretisch wieder an der Zeit zum Shopp…

»Hast du mir gerade zugehört?«

Sandy rappelt sich auf und lässt sich auf den Platz neben mir auf die Couch plumpsen. Sie wirft mir mein Telefon in den Schoß, greift zu ihrem Wasserglas auf dem Tisch und stellt das Babyfon etwas lauter, damit wir trotz unserer Unterhaltung hören, falls der Kleine nebenan aufwacht.

Ich kann verstehen, wieso mein Sohn Sandy vergöttert. Sie ist sich für keinen Spaß mit ihm zu schade und schenkt ihm unendlich viel Liebe und Aufmerksamkeit, während die eigene Mama sich um die weniger spaßigen Dinge im Leben kümmern muss. Putzen liebe ich. Aber Wäsche? Urgh.

Sandy räuspert sich.

»Doch, doch«, sage ich daher schnell, wobei ich mich beim besten Willen nicht mehr daran erinnern kann, was sie gesagt hat. »Irgendjemand hat … irgendwas.«

Meine beste Freundin rollt mit den Augen.

»Es hat geschrieben.«

»Es?«

Weil ich mit ihrer Aussage offensichtlich nichts anfangen kann, zeigt sie auf mein Telefon, mit dem sie die Playlist, die wir hören, steuert.

»Das Wesen, wegen dem du dich letztens so aufgeregt hast.«

»Du meinst Emilian?«

Sandy grinst.

»Allein die Tatsache, dass du direkt weißt, wen ich meine. Ah! Babababa! Jetzt sag nicht, dass dich die ganze Welt nervt!« Sie drückt ihren Zeigefinger auf meinen Mund, sobald ich ihr tatsächlich widersprechen will. »Momentan gibt es nur eine Person, die dir derart unter die Haut geht. Ich bin sogar mutig und behaupte mal, dass er dich bestimmt schon die ein oder andere Nacht wachgehalten hat, oder?«

»Der Einzige, der mich wach…«

Ein verdächtiges Grinsen schummelt sich auf das Gesicht meiner besten Freundin, und ich ahne, dass ihr noch ein viel gewagterer Gedanke gekommen ist.

Oh, oh.

»… Und vielleicht … hat er dich ja auch zum Pleaser greifen lassen?« Ihre Brauen tanzen.

»Was?«

Hitze breitet sich in rasanter Geschwindigkeit in meinen Wangen aus.

»Wow. Das da«, sie zeigt auf mich, »sagt alles.« Sandy lacht, und hält mein Telefon vor mein erstarrtes Gesicht.

Fast schon grenzt es an ein Wunder, dass der Sicherheitsscan mein vor Entsetzen geschocktes Gesicht registriert. Doch einen Klick später ist das Gerät entsperrt, und meine beste Freundin scrollt sich zufrieden durch meine Benachrichtigungen.

»Deine Mutter möchte wissen, ob du ihr einen vernünftigen Reisekoffer empfehlen kannst«, erwähnt sie dabei beiläufig. Ich bin nicht in der Lage, ihr zu antworten. Blut rauscht laut wie Wellen am Meer in meinen Ohren, und Verlegenheit macht meine Hände weiterhin ganz schwitzig.

Es ist eine Weile her, seit ich mich so ins Scheinwerferlicht geworfen gefühlt habe. Sandy mag nur Spaß gemacht haben … oder kein großes Gewicht auf ihre Aussage legen. Mich hingegen erdrückt sie.

Ja, ich hab das verdammte Teil benutzt.

Lange habe ich mich nicht mehr so intensiv fallen lassen können. Selbst jetzt, wenn ich an den bebenden Höhepunkt denke, den der Pleaser – und definitiv nicht die Erinnerung an die

Gedanken an Emilian – mir geschenkt hat, geht mein Atem einen Tick flacher, und meine Knie werden wieder weich.

Ja, Emilian hat mir die ein oder andere Nacht gestohlen. Und ja, das Gerät hat volle fünf Sterne verdient.

Doch laut zugeben, *wie* sehr mich dieser Mann beschäftigt? Wie genau ich mich an seine Augen, sein Lächeln und seine raue Hand erinnern kann, als er mich im Pausenraum beruhigen wollte?

Emilian ist nett anzuschauen, und ich mag es, in seiner Gegenwart zu sein, weil er mir das Gefühl gibt, dass ich Dinge richtig mache … und weil er mich sieht. Nicht nur Frau Lorenz, die gegenüber von ihm am Schreibtisch sitzt und doppelt so viel Einsatz zeigen muss, um bemerkt zu werden. Nein, Emilians Blicke verraten mir, dass er in mir mehr als das sieht … und noch mehr sehen möchte.

Wenn ich all das allerdings vor Sandy laut ausspreche, dann muss ich mich dem Problem stellen, vor dem ich bisher semierfolgreich weggelaufen bin.

Ich hab für Emilian keine harmlose Schwärmerei entwickelt, wie es im Alltag ständig der Fall ist, wenn man einer Person begegnet, die einem gefällt. Ich denke nicht auf die Art an ihn wie an Ryan Gosling, bei dem ich wahrscheinlich in Ohnmacht kippen würde, sollte er mir mal halb nackt in der Stadt begegnen. Diese Reaktion wäre jedoch rein auf das Äußerliche beschränkt. Sollte ich in diesem Szenario wieder zu mir kommen und Gosling aus irgendwelchen Gründen noch immer da sein, würde ich ihn auf einen Kaffee einladen, und wir würden uns einander gegenüber sehr, sehr höflich verhalten.

Em hingegen habe ich schon angezickt. Ich habe ihm die Tür vor der Nase zugeschlagen und stundenlang ignoriert. Wir haben uns gestritten, und es hat sich verboten gut angefühlt.

Meine Bettgedanken, die erst die Fünf-Sterne-Leistung aus

dem Pleaser rausgeholt haben ... die fingen an, als er mir Kontra gegeben hat. Und auch wenn ich es niemals, niemals, niemals aussprechen werde – schon gar nicht vor Sandy –, genau *das* hat mir gefallen. Ich mag sein aufmerksames, liebes Wesen. Mehr als ich sollte. Aber ... wenn wir auf Augenhöhe sind, mein wildes Feuer auch bei ihm zündet ... dann will ich mit ihm keinen sehr, sehr höflichen, zurückhaltenden Umgang. Ich will das Gegenteil.

Und damit herzlich willkommen bei meinem riesengroßen Problem.

Sandy hat glücklicherweise genug Grips, um zu sehen, dass mich unser Gespräch mehr Kraft gekostet hat, als es ihre Absicht gewesen ist. Glücklicherweise war sie deshalb bereit, meinen Kompromissvorschlag anzunehmen. Ich musste ihr erlauben, sich Ems Profil auf loaded anzusehen. Im Gegenzug musste sie mir danach versprechen, das Thema »Emilian« fallen zu lassen.

»Vi, ich möchte wirklich gerne etwas sagen«, jammert sie jedoch zum wiederholten Mal. Ich gehe nicht auf ihre Worte ein.

Es ist seltsam therapeutisch, sich auf den wohl niemals kleiner werdenden Wäscheberg zu konzentrieren, während man der besten Freundin verbietet, über das eigene, nicht existierende Liebesleben zu reden.

Sobald sie bemerkt, dass sie bei mir auf Granit beißt, lehnt sie sich tief seufzend nach hinten, schnappt sich erneut mein Handy und lässt es abermals von mir entsperren. Ich vertraue darauf, dass sie keinen Quatsch anstellt. Doch als wenig später mein Telefon einen Ton von sich gibt, bin ich mir nicht mehr so sicher, ob das wirklich eine kluge Entscheidung gewesen ist.

»Wieder meine Ma?«, frage ich. Sie und mein Vater haben sich endlich auf eine Kreuzfahrt einigen können. Seit sie diese gebucht haben, dreht sie total am Rad. Es ist eine süße Aufregung, und ich helfe ihr selbstverständlich, wo ich kann. Nur, sehe ich so aus, als würde ich wissen, was einen guten Reisekoffer ausmacht? Mein letzter Urlaub war eine Woche Ibiza nach dem Abi!

»Mhm«, erwidert Sandy, ohne vom Bildschirm hochzusehen.

»Was möchte sie diesmal?«

»Sie will ... äh ... wissen, welche Tagespflege du benutzt.«

Ich lege den Minipullover mit Bagger-Print, den ich gerade versuche zusammenzulegen, zur Seite.

»Warum denn das? Sie hat mir doch erst eine ...«

Ein weiteres Ping ertönt.

»Immer noch?« Misstrauen hat sich in meine Stimme geschlichen. Bei mehr als zwei Anliegen ruft meine Mutter für gewöhnlich an.

Sandy atmet tief durch.

»Ähm, werd jetzt bitte nicht sauer, ja?«

Sie dreht mein Handy so zu mir, dass ich auf das geöffnete Programm schauen kann, und kneift schuldbewusst ihr Gesicht zusammen.

Loaded. Sie ist auf dieser dämlichen App unterwegs!

»Was zur ...« Ich reiße ihr das Telefon aus der Hand. Fassungslos starre ich sie an, sobald ich bemerke, dass sie nicht nur in meinem Nachrichtenfach herumgeschnüffelt hat. Sie führt allen Ernstes unter meinem Namen eine Unterhaltung mit Emilian!

»Sandy!«

»Er hat dir vorhin ein Bild geschickt, und ich war neugierig und wollte ihn nicht auf *gelesen* las...« Sie verstummt, als ich meine Hand in die Höhe halte.

»Hast du vergessen, was wir ausgemacht hatten?«

»Nein, nein. Aber er wirkte auf dem Profilbild so nett.«

»Ted Bundy sah auch ganz nett aus!«

Meine Freundin schnaubt.

»Das ist nicht das Gleiche.«

»Ich kann sie beide nicht leiden«, sage ich knapp, auch wenn ich mir mittlerweile nicht mehr so sicher bin, dass diese Aussage weiterhin auf Emilian zutrifft. Bundy finde ich natürlich dank diverser Dokumentationen widerlich.

»Vi, hörst du dir selbst auch mal zu? So gern du dich über Em echauffierst ... er ist aktuell fast immer das Gesprächsthema bei dir. Du denkst, du kannst ihn nicht ausstehen, aber was, wenn das gar nicht stimmt? Ich bin der Meinung, du solltest ihm eine faire Chance geben. Deswegen hab ich die Unterhaltung aufgenommen. Wenn du ihn richtig kennenlernst, dann ...«

»Und ich bin der Meinung, dass du jetzt gehen solltest.«

Die Wut darüber, dass sie vermutlich richtigliegt, vermischt sich mit der, dass sie mir in den Rücken gefallen ist. Das Ergebnis? Ich zeige auffordernd in den Wohnungsflur.

»Jep, ich denke, das sollte ich.« In einer schnellen Bewegung springt sie von der Couch hoch und sammelt ihr Zeug ein.

Am Türrahmen bleibt sie noch mal stehen und dreht sich zu mir um.

»Vienna, manchmal bist du echt zum Kotzen.«

Mir fällt die Kinnlade herunter.

»Ich bin zum Kotzen? Du hast doch mein Vertrauen missbraucht!«

»Weil du manchmal einen verdammten Tritt in den Arsch brauchst, Vi! Emilian scheint daran interessiert, dich kennenzulernen, und nach all den Date-Fiaskos ist er vielleicht zur Abwechslung mal keine Niete. Tatsächlich wirkt er nicht im Ansatz so unausstehlich, wie du gerne sagst. Sam fandest du auf den ersten Blick auch furchtbar.«

Bei der Erwähnung meines Ex bleiben mir die Worte weg. Auch Sandy merkt, dass sie damit einen Schritt zu weit gegangen ist.

»Tut mir leid, Vi. Das ... das war scheiße von mir. Doch du verstehst hoffentlich, worauf ich hinauswill. Du magst den Kerl, da kannst du mir nichts vormachen. Jetzt liegt es an dir. Willst du dich selbst sabotieren und auf deinen Stolz bestehen, mit dem du dich immer schon abgeschottet hast? Am Ende musst du noch dabei zusehen, wie jemand anders das bekommt, was du doch in Wirklichkeit haben möchtest ... und haben könntest.«

»Ja, und?«, gebe ich patzig zurück. »Er ist mein Kollege. Selbst wenn deine Hirngespinste logisch wären ... ich könnte ihn nicht haben.«

Genervt legt Sandy den Kopf in den Nacken und stampft mit ihrem Fuß auf dem Boden auf.

»Wir leben im 21. Jahrhundert, Vi. Formulare für Compliance-Richtlinien, mit denen man Beziehungen im Betrieb offenlegen kann, existieren, weißt du?«

Weil es so albern ist, lache ich auf. Als würde ich mir jemals solch eine Blöße geben. Frauen in einer Office-Romanze würden ja in meiner Männer-dominanten Firma noch weniger ernst genommen als ohnehin schon.

»Ja, richtig«, lache ich verächtlich auf und schüttele den Kopf. »Ich weiß gar nicht, warum wir dieses Gespräch überhaupt noch führen.«

»Weil du ... ach, warum wende ich noch Energie dafür auf? Mach, was du willst. Aber beklag dich danach nicht noch mal bei mir. Der Chat ist offen, er wartet. Ich hab's versucht. Mehr kann ich auch nicht machen.« Sie hebt demonstrativ ihre Hände, um das Thema endgültig fallen zu lassen.

»Ich hab dich nicht darum gebeten«, sage ich und verschränke die Arme vor der Brust.

»Ist notiert.«

Einen Moment funkeln wir uns an, beide in dem Wissen,

irgendwo recht und irgendwo verdammt unrecht zu haben. Doch wir sind beide zu stolz, um nachzugeben. Das war schon immer so, und es wird auch immer so bleiben. In ein paar Tagen sieht die Sache schon anders aus, länger als eine Woche haben wir uns bisher nie gestritten.

Offenbar hat unser Zoff meinen Sohn geweckt, denn es ist sein Weinen, das unsere Aufmerksamkeit auf das Babyfon auf dem Tisch lenkt.

»Du weißt ja, wo die Tür ist«, sage ich knapp, bevor ich an ihr vorbeipresche und in Benjis Zimmer verschwinde.

Er braucht nur ein paar Minuten in meinem Arm, bis er sich beruhigt und zurück in seinen Schlaf findet, doch ich bleibe noch etwas länger bei ihm.

Als ich ins Wohnzimmer zurückkehre, ist Sandy weg. Erledigt sinke ich auf die Couch.

Das ist ja super gelaufen.

Für eine Zeit schmolle ich und ignoriere, wie viel Wahrheit in den Aussagen meiner besten Freundin tatsächlich steckt.

Selbst wenn! Das gibt ihr noch lange nicht das Recht, sich dermaßen in meinen Mist einzumischen!

Ein leises Ping erinnert mich daran, dass ich den Schaden, den Sandy womöglich angerichtet hat, unter die Lupe nehmen muss. Nur widerwillig greife ich zu meinem Handy und kehre zurück in die App.

Der neue Chat-Verlauf ist kurz gehalten, doch ich sehe bereits auf den ersten Blick, dass Sandy es total übertrieben hat. Sie hat Emilian so viele enthusiastische Smileys geschickt, dass ich mich morgen nur noch mit einer Papiertüte auf dem Kopf in seine Nähe wagen werde.

Moment mal! Enthusiastisch? Wieso hat sie …

Ich nehme die Unterhaltung näher in Augenschein. Mit Entsetzen stelle ich fest, dass die beiden miteinander geflirtet haben!

Ich bringe Sandy um!
Den Anfang hat Emilian gemacht, indem er ein Bild von einem Teekarton und einen Text geschickt hat. Angeekelt verziehe ich das Gesicht.
Zitronen-Melange Wiener Art? Was soll das sein?
Unter seinem Bild steht eine Antwort darauf von »mir«. Jeder Trottel, der mich kennt, wüsste sofort, dass ich diese Nachricht nicht verfasst habe. Na ja, alle, bis auf Em. Warum auch nicht? Immerhin sollte ich – im Optimalfall – die Einzige sein, die Zugriff auf meinen Account hat, oder?
Er ist noch immer online. Anscheinend bin ich mit einer Antwort dran. Da diese bisher nicht erfolgt ist, hat er einen Text hinterhergeschickt, bei dem ich mir wünsche, dass sich mir der Erdboden aufmacht.

> Verrätst du mir dein Geheimnis denn heute noch? ☺

Geheimnis? Welches Geheimnis?
Schnell und panisch scrolle ich bis ganz nach oben. Eindeutig muss ich einen Teil der Unterhaltung überlesen haben.
Jup. Unter dem Teefoto steht eine Antwort, die ich in meinem Kopf der Kategorie Fremdscham zuordnen würde. Wobei, ist es das noch, wenn es um einen selbst geht?
Mit Horror stelle ich fest, dass Sandy vollkommen in ihrem Element gewesen ist und den Teufel rausgelassen hat.

> Verrate mir etwas Persönliches von dir, und ich erzähle dir, warum ich Vienna heiße.

Mann, sie weiß doch, dass ich die Ursprungsgeschichte meines Namens hasse!

> Ich möchte meine Texte gerne vortragen ... aber habe Scheiß-Lampenfieber, haha.

Emilian ist natürlich auf ihr Angebot eingegangen.

> Daran können wir ja mal nach Feierabend arbeiten?

> Vielleicht ... 😌

> Jetzt bist aber du dran, Vi. Verrat mir dein Geheimnis 😉

Ein Zwinker-Smiley? O Gott, nein, bitte nicht!

Wer, der keine sexuellen Absichten pflegt, verschickt denn heutzutage Zwinker-Smileys?

Es ist furchtbar. Eine Papiertüte wird nicht ausreichen. Ich muss meinen Namen ändern und das Land verlassen.

KAPITEL 25

EMILIAN

Montage stehen normalerweise für Neuanfänge. In diesem Fall jedoch bedeutet er einen weiteren Wundertütentag mit Vienna. Zur Abwechslung beginnt der Tag für uns heute mit einer Besichtigung einer Location. Obwohl ich mich über den Ausflug freue, bin ich nervös, gleich auf Vi zu treffen, denn auf loaded herrscht zwischen uns wieder Funkstille, und je länger ich über die letzte Unterhaltung nachdenke, umso mehr zieht sich mir vor Scham der Magen zusammen.

Trotz meinem ursprünglichen Plan, den beziehungssuchenden Emilian zu mimen, hatte mich Viennas plötzliche Flirtlaune angesteckt. Doch unsere Unterhaltung hörte nach meinem gesendeten Zwinker-Smiley abrupt auf und ist für den Rest des Wochenendes auch nicht wieder aufgenommen worden.

Ich erreiche das Papierwerk, die Event-Halle, vor Vi, wofür ich ganz dankbar bin. So kann ich mich noch mal mental auf die nächste Begegnung vorbereiten und die verschiedenen Begrüßungsszenarien, die ich mir seit gestern im Kopf ausmale, in Ruhe durchgehen. Am nachvollziehbarsten wäre ein flüchtig gemurmeltes »Guten Morgen« von ihr. Realistischer wäre jedoch – immerhin reden wir von Vienna –, wenn sie komplett überspielt, dass wir überhaupt miteinander im Austausch gestanden haben. Ja, das wäre typisch für sie. Sie macht auf cool, während ich innerlich beschämt schon zwanzig Tode gestorben bin.

Da sie nach zehn weiteren Minuten immer noch nicht da ist, gehe ich auf loaded und rufe sie über die App an. Ich bezweifle, dass sich vor der Party noch eine Gelegenheit dazu ergibt, wenn es zwischen uns weiterhin so seltsam ist. Jetzt habe ich immerhin einen legitimen Grund, um die Funktion zu benutzen. Erstaunlicherweise nimmt Vi sogar ab.

»Ich bin unterwegs. Ist Jenny schon da?«
»Noch nicht, brauchst du ...«
»Bin sofort da. Bis gleich.«

Damit beendet sie das wohl kürzeste Telefonat meines Lebens. Doch keine halbe Minute später biegt sie um die Ecke und eilt in großen *Klack-klack-klack*-Schritten auf mich zu. Keines meiner vorher ausgemalten Szenarien triff zu, als Vienna mich erreicht hat und gestresst auf das Gebäude vor uns schaut.

»Bahnprobleme?« Nicht die Begrüßung, die ich im Sinn hatte, aber sie sorgt immerhin dafür, dass wir ins Gespräch kommen, ohne dem Elefanten im Raum Beachtung schenken zu müssen.

Wir sind zwei erwachsene Arbeitskollegen. Sicher können wir so tun, als hätte es den Chat gestern nicht gegeben.

»Frag lieber nicht«, entgegnet sie und holt ihr Handy aus der Tasche.

»Ich schreibe Jenny eben, dass wir da sind.« Während sie die Nachricht an unsere Ansprechpartnerin verfasst, surfe ich ebenfalls auf meinem Handy herum, damit ich nicht blöd danebenstehe. Loaded ist noch immer geöffnet, weshalb ich mir unseren Chat-Verlauf noch mal durchlese.

Vielleicht war er ja doch nicht so schlimm, wie ich es mir die ganze Zeit einrede.

»Ja, wir vergessen lieber, dass das passiert ist«, meldet sich Vi zu Wort und deutet mit dem Kinn auf unser virtuelles Gespräch. Mir war nicht klar, dass sie mich beobachtet. »Das war sowieso nicht ich.«

»Ah«, entgegne ich gewollt cool. »Trotzdem bist du mir den Ursprung deines Namens schuldig«, füge ich mit einem Zwinkern hinzu und hoffe, damit gelassener zu wirken, obwohl mich ihre Aussage überraschend trifft. Sobald mein Verhalten mich jedoch noch mehr an den Chat erinnert, wünsche ich mir zum wiederholten Male, dass mich der Erdboden verschluckt oder ein Blitz mich erschlägt.

Ich komme mir bescheuert vor. Vis Worte bestätigen, dass ihr Interesse an mir nur für das Projekt vorgetäuscht war – so, wie es von Anfang an der Plan gewesen ist.

Eigentlich bin ich bisher auch überzeugt davon gewesen, dass mein Verlangen nach ihr rein körperlicher Natur ist und ich mich ebenso gut an unser Ziel und unser Vorhaben für loaded halten kann. Doch meine enttäuschte Reaktion auf Vis Aussage beweist, dass ich von unserem Vorhaben längst abgewichen bin und den wahren Emilian mit ins Chaos geworfen hab. Und Chaos trifft es ziemlich gut, denn die Tatsache, dass Vis Interesse an mir nur vorgetäuscht ist, stellt mich vor ein großes Problem.

Es stört mich. Nagt an mir. Und ich kann mir leider den Grund dafür schon denken. Ich *möchte* ihr gefallen. Und das kann ich mir nicht leisten.

Viennas Hand wedelt vor meinen Augen hin und her und reißt mich aus meinem inneren Desaster.

»Erde an Emilian.«

»Sorry, was hast du gesagt?« Ich schiebe mein Handy zurück in meine Manteltasche und lächele sie schuldbewusst an.

»Sag mir nicht, dass du grad nicht zugehört hast.« Sie schnaubt. »*Du* wolltest schließlich erfahren, warum ich nach einer Stadt benannt wurde.«

»Ja, wollte ich! Tut mir leid, dass ich … war ein komisches Wochenende, das ist alles. Sag noch mal?«

Vienna seufzt.

»Nur, weil ich eh nichts Besseres zu tun habe. Meine Eltern haben mich Vienna getauft, weil sie mich in Wien gezeugt haben. Infos, die man als Tochter nicht braucht.« Sie verzieht das Gesicht, und als ich auf ihren Mund sehe, der vor Abneigung leicht gespitzt ist, kommt mir ihr Profilbild wieder in den Sinn. Schlagartig erinnere ich mich an die Fantasien, die ihr einfaches Foto bei mir und meinem Körper ausgelöst haben. Selbst jetzt, bei dem bloßen Gedanken daran, werden meine Lippen und mein Hals ganz trocken. Ich räuspere mich mehrmals, um sowohl den Kloß als auch die Bilder in meinem Kopf loszuwerden. Meine mit einem Mal schwitzigen Hände schiebe ich in die Jackentaschen und stelle sicher, dass sich untenrum wegen des Kopfkinos nichts regt – na ja, zumindest nicht *großartig*. Ein paar Momente mehr in meinen Gedanken, und die Sache sähe schon ganz anders aus.

Vienna lacht leise, woraufhin mein Kopf wieder hochfliegt und ich sie panisch ansehe.

Sie sieht mir doch nichts an, oder?

»Ist nicht gerade der Eisbrecher, den man sich vorstellt, oder? Verständlich, dass ich dich damit aus dem Konzept gebracht hab.«

Erleichtert atme ich durch.

»Das ist es nicht, was mich aus dem Konzept bringt«, murmele ich in mich hinein. Der Herbstwind muss die Wörter, die nur für mich bestimmt waren, allerdings zu Vi rübergetragen haben, denn sie hebt neugierig eine Braue.

»Ach, nein? Was dann?«

»Äh, das willst du nicht wissen«, winke ich verlegen ab. »Hab mit mir selbst gesprochen. Hat Jenny schon geantwortet?«

Vienna bleibt sich natürlich selbst treu. Während ich mehr als bereit bin, das Thema fallen zu lassen, beißt sie sich fest.

»Woher willst du wissen, was ich will und was nicht?« Sie

rückt näher und funkelt mich herausfordernd an. Ihr Parfüm steigt mir in die Nase und scheint meinen Verstand zu vernebeln. Denn obwohl ich weiß, dass ich mich mit jedem Wort mehr in eine Situation hineinreite, die ich im Nachhinein bereuen werde, antworte ich ihr weiterhin.

»Ausschlussverfahren.«

»Huh?«

Hör auf zu reden.

»Weil wir nicht das Gleiche wollen. Also kann ich alles ausschließen, was *ich* will.«

Hör. Auf. Zu. Reden.

»Sagt wer?« Sie legt ihren Kopf schief. Die Bewegung ist unschuldig, aber in ihrem Blick entdecke ich das Feuer, das verrät, dass sie in Spiellaune ist.

Mein unbeachteter Schwanz in der Hose, vielleicht?

»Vertrau mir einfach.«

Mit jeder weiteren Sekunde, die ich herumdrucke, scheint sie neugieriger zu werden. Sie stellt sich nun geradewegs vor mich.

»Du weißt schon, dass ich dich mit meiner Ausdauer den ganzen Tag bearbeiten kann, oder?«

Hört sie sich reden? Wie zweideutig kann man seinen Satz denn bitte formulieren?

»Ja, das glaub ich dir sofort«, presse ich hervor und weiche einen Schritt nach hinten, um Abstand zwischen uns zu bringen. Ihre Nähe ist nicht hilfreich, wenn ich standhaft bleiben möchte.

Sie schiebt ihre Unterlippe leicht vor und schließt die Lücke zwischen uns wieder.

»Komm schon!«

Zu. Nah.

Plötzlich ziert ein teuflisches Lächeln ihr Gesicht.

»Oder ich frage andersherum. Was willst *du*?«

Mein inneres Auge entfacht eine Vorstellung von ihr, die ihre Frage ziemlich lückenlos beantworten würde. Es kostet mich all meine Selbstbeherrschung, das Bild auszublenden und mich auf die Vienna im Hier und Jetzt zu konzentrieren. Das bedeutet jedoch auch, dass keinerlei Kapazität mehr übrig ist, um darauf zu achten, was mein Hirn sonst noch so produziert. Die nächsten Worte verlassen meinen Mund, ohne dass ich es verhindern kann.

»Wenn du es wirklich wissen willst: *Du* bringst mich aus dem Konzept, Vi.«

Ihr Grinsen verfliegt. Damit hat sie eindeutig nicht gerechnet.

»Weil ...« Sie zögert. »Weil ich dir das Leben im Büro etwas schwerer mache, richtig?«

Ich ziehe meine Mundwinkel halbherzig nach oben und sende meinem Körper zeitgleich hoffentlich um die hundert Hier-wird-gar-nix-passieren-Compadre-Botschaften, damit er sich aufgrund der falschen Endorphinausschüttung keine Hoffnungen macht.

»Das war am Anfang so.«

»Und jetzt?« Sie wartet angespannt auf meine Antwort.

»Jetzt bringst du mich aus anderen Gründen um den Verstand.«

KAPITEL 26

VIENNA

Heute Morgen stand ich kurz vor einem Nervenzusammenbruch. Ich hatte erst beim Aussteigen aus der Bahn den bis dahin schon angetrockneten Brei von Benjis Essensattacke auf meiner Bluse entdeckt. Selbst nach einer ordentlichen Behandlung mit Desinfektionstüchern, Seife und Wasser im Bahnhofswaschraum ist ein gelblicher Rückstand geblieben. Obwohl ich ihn dank meines Mantels gut verstecken konnte, ist er dennoch in meinem Kopf nonstop präsent geblieben. Ich wollte heute professionell wirken, weil wir das Papierwerk gerne als unsere Location hätten. Stattdessen sah ich aus, als hätte mir ein Vogel auf die Schulter gekackt. Das redete ich mir jedenfalls ein. Dementsprechend war also auch meine Laune.

Ja, es hätte wieder einer solcher Tage werden können, an denen ich mich als Mutter unfähig und als Frau unattraktiv gesehen hätte. Wäre da nicht Emilian mit seinem überraschenden Geständnis gewesen.

Es steht mir absolut nicht zu, mich darüber zu freuen, dass ich meinem Arbeitskollegen anscheinend wirklich den Kopf verdreht habe. Doch die Vienna in mir, die vor nicht mal einer Stunde den Morgen an den Nagel hängen wollte, jubelt trotzdem, nachdem sie den anfänglichen Schock über Emilians Geständnis verdaut hat. Am liebsten hätte ich ihn mit Fragen gelöchert, deren Antworten mir hoffentlich noch mehr Bestätigung gegeben hätten.

Ich hätte nicht gedacht, dass ich mich weiterhin so sehr danach sehne. Aber nachdem Em sich mir anvertraut hat, hätte ich mich in dem Begehren in seinen Worten suhlen können.

Leider – oder besser gesagt glücklicherweise – kam genau in dem Moment Jenny aus dem Gebäude. Sie hat uns freundlich in Empfang genommen, und nun befinden wir uns auf einem Rundgang durch die Location. Das Papierwerk liegt im Industriegebiet, und das sieht man ihrem rustikalen Charakter auch an. Die Verkehrsanbindung ist trotz der Lage ein Traum, und allein deswegen ist die Halle unser Favorit.

Jenny führt uns herum und zeigt uns verschiedene Lagerräume und die Küche, in der ich für den Catering-Service einige Fotos mache. Zuletzt führt sie uns in die Haupthalle, auf deren Bühne eine Band damit beschäftigt ist, ihre Instrumente aufzubauen, und wo sich die ganzen Bars befinden. Wir haben gerade die Empore bestiegen, um uns ein Gesamtbild zu machen, als ein rockiges Lied angespielt wird.

»Tut mir leid wegen der Musik. Da muss sich was bei der Terminvergabe überschnitten haben. Sweet Death sollten eigentlich erst in einer Stunde proben.«

Jenny hält sich die Ohren zu, während sie gleichzeitig versucht, mit ihrer Stimme den Lärm der Band zu übertrumpfen.

»Mich stört die Band nicht«, erwidere ich. Jetzt, da der Raum mit Gitarrenklängen und vibrierendem Bass erfüllt wird und die Technik ihn in verschiedene Lichter taucht, macht die Halle sogar noch mehr her.

Emilian scheint auch vergessen zu haben, dass wir aus Arbeitsgründen hier sind, denn er schaut begeistert zu.

»Das freut mich zu hören«, meint Jenny und prüft die Unterlagen auf ihrem Klemmbrett. »Unten, im frei zugänglichen Kellergeschoss, befinden sich die Waschräume. Natürlich getrennt. Braucht ihr Reinigungskräfte oder …«

Ich sollte ihr zuhören, damit zumindest einer von uns mit brauchbaren Informationen zurück zu Jann & Rhode kommt. Doch sobald ich einen weiteren verstohlenen Blick auf Em werfe, tauchen Jennys Worte in den Hintergrund.

Er scheint die Musik richtig zu fühlen, denn mittlerweile wippt er schon zum Takt mit. Seine Augen funkeln, und als er mich dabei ertappt, wie ich ihn beobachte, zwinkert er.

Jetzt bringst du mich aus anderen Gründen um den Verstand.

Wenn er wüsste, wie sehr das auf Gegenseitigkeit beruht. Natürlich würde ich ihm niemals sagen, dass er mittlerweile in jeder meiner Fantasien die Hauptrolle spielt. Sein Geständnis, kombiniert mit meinem ... würde bedeuteten, dass die Grenze zwischen uns ganz schnell verschwimmen könnte. Und das wäre nicht so klug.

Was ein Glück, dass du dich mit schlechten Entscheidungen ja bestens auskennst, Vi.

Ich verdränge die Stimme meines inneren Teufelchens. Sie hat mir nur Ärger eingebrockt.

»Wie war das mit den Bars?«, frage ich Jenny, um wieder zurück zum Wesentlichen zu finden.

»Auf jedem Stockwerk befindet sich eine. Für einen Aufpreis würden wir sie für eure Party auch bestücken und betreuen.«

»Wunderbar. Es lässt sich dann aber trotzdem noch über die Getränkeauswahl reden, oder?«

»Klar. Wir ...« Ihr Handy klingelt. »Oh, das ist der Band-Manager. Da muss ich dran ...«

»Wir warten«, teile ich ihr freundlich mit, woraufhin Jenny uns verlässt, um den Anruf entgegenzunehmen. Eigentlich wäre jetzt der perfekte Moment zum Reden, denn ich kann und will seine Worte nicht einfach so im Raum stehen lassen. Doch Sweet Death sind mittlerweile zu Hochform aufgelaufen, und ihre Musik verschluckt jedes meiner Worte, weshalb ich es schon bald aufgebe und der Band – und viel mehr Emilian – zusehe. Dem scheint der Sound weiterhin zu gefallen. Sein zaghaftes Wippen ist zu einem selbstbewussten Hin- und Herschwenken geworden. Sobald er sieht, dass mein Fokus auf ihm liegt, streckt er lächelnd die Hand aus.

»Nein«, lehne ich befangen ab. »Das ist ... keine gute Idee.«

»Komm, hab ein bisschen Spaß. Ich werd schon nicht über dich herfallen. Es ist nur ein Tanz«, ruft er über den Lärm hinweg.

Ja, das wäre es zumindest vor deinem Du-bringst-mich-aus-dem-Konzept-Geständnis gewesen.

Jetzt ... ist alles eine Spur ... intensiver geworden, und da ich weiß, dass die Anziehung leider auf Gegenseitigkeit beruht, wäre ein Tanz zwischen uns nicht mehr nur ein Tanz. Trotzdem finde ich nicht die Kraft, um mich wirklich gegen seine Aufforderung zu sträuben, weshalb ich meine Hand schließlich in seine lege. Die Berührung wirkt auf mich wie ein kleines Feuer. Doch anstatt mich daran zu verbrennen, strömt bloß extreme Hitze durch meinen Körper. Es ist solch ein unschuldiger Kontakt, und dennoch reagiere ich so heftig auf ihn. Falls mein Verstand noch mit im Spiel ist, dann sollte er jetzt sofort eingreifen und mehr hiervon unterbinden. Offenbar jedoch hat er sich mit der Berührung ausgeschaltet. Also lasse ich mich völlig auf Emilian ein.

In einer glatten Bewegung, und ohne mich loszulassen, dreht er mich zu sich und legt seinen Arm um meine Schultern.

»Ich mag die Band«, ruft Em mir ins Ohr, sein Atem hitzig auf meiner Haut. »Denkst du, wir können sie noch für das Event buchen?«

Ich brauche einen Augenblick, um mich auf seine Frage und nicht auf seine unmittelbare Nähe zu konzentrieren.

»Zu der Musik lässt es sich nicht so toll tanzen.«

Emilian hebt eine Braue und lässt mich los. Der Verlust seiner Berührung ist augenblicklich zu spüren.

»Bist du dir sicher?«

Ehe ich antworten kann, schiebt er mich rücklings vor sich und legt beide Hände an meine Hüften. Hoch genug, um eine Grenze zu wahren, tief genug, damit mir mein Herz in die Hose rutscht. Da Sweet Death gerade einen doch eher rockigen Song proben, behalte ich natürlich recht. Ich bleibe steif wie ein Brett, doch je mehr Emilian sich und mich hin und her schiebt – besser kann man unsere ungeschickte Aktion gar nicht bezeichnen –, umso mehr findet auch mein Körper in den Rhythmus des Liedes. Meine Bewegungen passen sich allmählich seinen an, als das Lied abrupt abbricht. Ebenso schnell zerplatzt auch die Blase, in die Emilian mich entführt hat. Beschämt schiebe ich seine Hände von mir und trete einen Schritt nach vorne. Trotz des Kontaktverlustes fühlt sich mein gesamter Körper an, als würde er in Brand stehen. Ein Blick zu Emilian verrät, dass es auch für ihn gerne um die 50 Grad kälter sein dürfte. Er räuspert sich und öffnet den Mund, doch im gleichen Moment gibt es eine Rückkopplung von einem der Mikrofone der Band, und die rauchige Stimme der Frontsängerin ertönt. Sie begrüßt uns höchstpersönlich, was schon unangenehm genug ist, doch dann überredet sie ihre Bandkollegen dazu, ein langsames Lied anzuspielen. Für die zwei Love Birds.

Emilian versucht zwar, ihnen mit Handgesten zu verstehen zu geben, dass sie sich wegen uns keine Umstände machen sollen und wir definitiv keine zwei Turteltauben sind, doch sie ignorieren ihn und spielen stur ihre besorgniserregend langsame Ballade.

»O Gott«, jammere ich und wünsche mir nichts sehnlicher, als dass mich der Erdboden auf der Stelle verschluckt.

»Sorry. Ich hab echt versucht, ihnen zu erklären, dass wir«, er zeigt auf sich und auf mich, »keine Love Birds sind. Schätze, das Höflichste ist mitzuspielen?«

Entgeistert sehe ich zu ihm.

»Du meinst …«

»Ich hab die ein oder andere Erfahrung mit Künstlern gemacht, und ich verrate dir eins: Schottische Musiker möchtest du nicht verärgern.«

Ich will widersprechen, aber dann spüre ich ihn wieder enger hinter mir und kann mich nicht mehr daran erinnern, weswegen ich ihm widersprechen wollte.

»Entspann dich, Vi«, raunt er mir ins Ohr, streicht über meine Arme und stützt sein Kinn auf meiner Schulter ab. Damit zieht er mich zeitgleich noch näher zu sich. Seine Körperwärme geht auf mich über, und dann passiert das Unvorstellbare: Ich lasse mich fallen.

»Keine Love Birds«, murmele ich, eher für mich als für ihn, damit ich nicht vergesse, wer ich bin, wer Emilian ist und vor allem, was wir *nicht* sind. Doch Em hört mich offenbar.

»Keine Love Birds«, verspricht er mit einem leisen Schmunzeln. »Nur ein Tanz.«

Und während ich mich an seinen Rücken schmiege und mich von dem langsameren Gesang einhüllen lasse, frage ich mich, wem wir eigentlich etwas vormachen wollen.

»Du liebst deine Häkchen, oder?«

Emilians Stimme ertönt, und vor Schreck drücke ich die Mine meines Kugelschreibers tiefer in das Papier. Das letzte Häkchen, die ich in der Tat sehr liebe, sieht im Vergleich zu den anderen verhunzt aus. So verrät es quasi auf Anhieb, dass Emilian Sanders *mich* aus der Fassung bringt – schon wieder.

Ich drehe mich um und gehe dabei automatisch einen Schritt nach vorne, denn Em steht nah, viel zu nah, hinter mir. Seine

Aufmerksamkeit liegt auf meinem Notizbuch, in dem ich erleichtert den letzten Punkt der Halloween-To-dos, nämlich die Location, abhaken konnte. Damit steht der Party, die das Motto *schaurige Liebe* trägt, nichts mehr im Weg. Eigentlich ist das ein Grund, Stolz zu empfinden, doch die Wahrheit ist, dass ich seit unserem kleinen Tanz nichts anderes fühle als Chaos. Chaos im Kopf und Chaos im Herz. Es ist ein Wunder, dass ich überhaupt noch dazu in der Lage war, danach mit Jenny das Geschäftliche zu besprechen, geschweige denn, die Kosten für die Location runterzuhandeln. Wir werden die Empore inklusive Bar und Service nicht in Anspruch nehmen und benötigen daher die gesamte zweite Etage nicht. Sie ist für Konzerte praktisch, aber für eine Erwachsenen-Party, in der wahrscheinlich viel Alkohol fließt ... sagen wir, wir sind nicht daran interessiert, dass jemand im Kostüm volltrunken vom Geländer springt, weil er denkt, er sei ein unbesiegbarer Superheld. Nein, danke. Das sind Szenarien, denen man vorbeugen kann.

Dann wiederum gibt es Situationen, in denen man mit Vollgas und defekter Bremse hilflos den Abhang runterrast. In solch einer Situation befinde ich mich anscheinend aktuell, was Emilian betrifft. Obwohl ich weiß, dass wir schon um die zehn Schritte zu viel in eine Richtung gewagt haben, die nur in einer Sackgasse aus Ärger oder sogar Herzschmerz enden kann, schaffe ich es nicht, die Grenze zwischen uns zu wahren.

Das hast du jetzt davon, du Heuchlerin. Verbannst alle Männer aus deiner Welt, damit Emilian sich dort breitmachen kann.

Am liebsten würde ich meiner inneren Stimme widersprechen. Doch die Wahrscheinlichkeit, eine Diskussion mit mir selbst zu gewinnen, wäre deutlich höher, würde ich ehrliche Argumente vorlegen. In Anbetracht der Tatsache, dass ich mir nun seit Tagen die Emilian-Situation schönrede und immer noch weiche Knie wegen vorhin habe, bin ich nicht besonders triumphierend aufgestellt.

Gedanklich schwinge ich bereits wild die weiße Flagge hin und her.

Dann hab ich eventuell ... vielleicht eine klitzekleine Schwäche für ihn entwickelt. Na und? Solange wir uns wie zwei erwachsene Menschen benehmen, die darauf achten, keinen Schritt weiterzugehen, sollte alles okay sein, richtig?

Das ist nur leider leichter gesagt als getan. Em steht noch immer nah bei mir und inspiziert meine Liste, doch die leise Stimme in meinem Kopf schreit *näher, näher, näher*.

Demonstrativ trete ich daher einen Schritt zur Seite und klappe mein Notizbuch geräuschvoll zu.

»Ich liebe ordentliche Buchführung. Falls du also nicht mit einem Tipp-Ex in deiner Manteltasche durch die Gegend läufst, mit dem ich das letzte Häkchen retten kann, das ich wegen dir verunstaltet habe, darfst du jetzt gerne mal komplett im Hintergrund verschwinden. Wolltest du uns nicht ein Taxi rufen?«

Emilian schnaubt, doch ich meine auch ein Lächeln rauszuhören.

Ein Lächeln? Jetzt drehst du aber vollkommen ab, Vi.

Aber als ich mich gespielt empört zu ihm drehe, bestätigt sich mein Verdacht. Mein Herz stolpert, als ich ein warmes, amüsiertes Lächeln auf seinen Lippen sehe. Erst einen Augenblick später sehe ich den Kugelschreiber, den er hochhält.

»Taxi ist unterwegs. Hier. Für nächstes Mal. Schätze, jetzt ist es eh schon zu spät.«

»Schätzt du, ja?«, gebe ich matt lachend zurück. Ich bin mir nicht sicher, ob wir noch von der gleichen Sache sprechen.

»Der hier lässt sich wegradieren.« Em wedelt mit dem Stift, bis ich ihn kopfschüttelnd entgegennehme. Für den Hauch einer Sekunde streifen sich dabei unsere Finger, und ein so intensiver Stromschlag geht durch meinen gesamten Körper, dass mir kurz der Atem wegbleibt.

»Du darfst ihn auch behalten.«

»Wie äußerst großzügig«, erwidere ich und klemme seinen Kuli an meinem Notizbuch fest. »Danke.«

»Manchmal hab ich meine Momente. Oh, und ich glaube, ich hab einen Run. Guck mal, da ist schon das Taxi.«

Seine Worte und das sich nähernde Auto lösen eine plötzliche Wehmut in mir aus.

Shit, ich möchte noch nicht, dass unser Tag zu Ende geht.

»Hey, Em?«, höre ich mich sagen, während ich ihm zum Fahrzeug hinterhertrotte.

»Ja?«

»Hier ganz in der Nähe ist ein beliebtes Sushi-Restaurant. Hast du Lust ... noch dort zu essen?«

Emilian bleibt stehen und schaut mit bedauernder Miene zu mir.

»Vielleicht ein anderes Mal? Ich bin schon mit Linda verabredet.«

»Oh.«

KAPITEL 27

EMILIAN

Hätte man mir nach der Unterhaltung mit Vienna einen Zeitstrahl samt Marker in die Hand gedrückt, dann wäre ich in der Lage gewesen, genau die Stelle zu markieren, in der die Stimmung zwischen uns wieder gekippt ist. Nachdem ich ihr Angebot, noch gemeinsam Sushi zu essen, leider, leider, leider ablehnen musste, weil ich bereits Pläne habe und eh schon zu spät bin, schien es uns schwerzufallen, zurück in die Leichtigkeit von vorhin zu finden.

Die Besichtigung der Eventhalle war durch und durch ein Erfolg. Wir haben endlich eine Location für unsere Halloweenparty gefunden, die in acht Tagen stattfindet. Doch das ist in meinen Augen der unwichtigste Teil. Viel nennenswerter sind die Augenblicke, in denen Vi und ich das Büro und die Arbeit ausgeblendet haben. Momente, die wir uns höchstwahrscheinlich ansonsten niemals erlaubt hätten … und die sich in meinem Kopf unwiderruflich eingebrannt haben – nicht dass ich etwas dagegen hätte. Ich genieße die Tatsache, dass ich Vis warmen, zarten Körper, angelehnt gegen meinen, noch immer fühlen kann, wenn ich meine Augen schließe. Sie zum Tanzen aufzufordern, ihre Hand in meine zu nehmen und sie schließlich einen Hauch zu eng in meinen Armen zu halten … das ist alles nicht geplant gewesen. Wenn ich jetzt darüber nachdenke, kann ich sogar nur mit dem Kopf schütteln, was hat mich da bitte geritten?

Nein, nicht mich. Uns. Was hat *uns* da bitte geritten? Sosehr mein Verstand mir einreden möchte, dass *ich* sie niemals in diese Situation hätte bringen sollen, dass *ich* meine Finger von ihr lassen sollte … *sie* war diejenige, die ihre Hand in meine gelegt hat. *Sie* hat sich an mich gelehnt. Und selbst als die Band ihre Ballade beendet hatte, ist *sie* es gewesen, die sich keinen Millimeter von mir wegbewegt hat. Keiner von uns hat etwas gesagt, und weder sie noch ich haben uns gerührt. Wir befanden uns in einer anderen Welt. Jedes noch so leise Geräusch und jede noch so kleine Bewegung hätte bedeutet, dass wir zurück in der Realität wären und zumindest ich bin nicht bereit dafür gewesen. Es sind schließlich die immer lauter werdenden Schritte unserer Ansprechpartnerin gewesen, die den Bann zwischen uns gebrochen haben. Sie haben die Rückkehr von Jenny angekündigt, und als diese mit einem entschuldigenden Lächeln wieder auf uns zukam, fehlte von unserer Welt jede Spur. Wobei, nein. Das stimmt so nicht. Etwas aus ihr ist geblieben. Wann immer ich zu Vi gesehen hab, als Jenny ihre Abwesenheit erneut entschuldigt und erklärt hatte, hat Vi längst schon zu mir geschaut. Wenn sich unsere Blicke dann getroffen haben, hat sie jedes Mal gelächelt. Oh, und ihre Wangen haben sich zunehmend rötlicher gefärbt, wann immer ich ihr Lächeln erwidert habe. Zu beobachten, wie sich bei ihr wegen mir etwas verändert … ich glaube, ich bin selten so mit Stolz erfüllt gewesen. Doch so schön ihr warmes Lächeln auch gewesen ist, es waren ihre Augen, wegen denen ich mir die plappernde Jenny am liebsten ganz weit weg gewünscht hätte. Sie funkelten, wie sie es immer dann tun, wenn sie einen Punkt auf ihrer Liste abhakt oder eine heiße Tasse Kaffee in der Hand hält … Von Reue keine Spur.

Aber das ist jetzt Vergangenheit. Im Taxi habe ich den Eindruck, dass sie am liebsten den gesamten Tag rückgängig machen würde. Das erste Anzeichen gab es, als ich ihr die hintere

Tür aufgehalten habe, sie aber die des Beifahrers geöffnet hat. Statt neben mir sitzt sie schräg vor mir. Allein das sagt schon alles, denn wer sitzt freiwillig neben einem wildfremden Fahrer? Sie schaut auch kein einziges Mal nach hinten oder lässt sich auf einen meiner Versuche ein, sie in eine Unterhaltung zu verwickeln. Dem Taxifahrer muss die Situation bereits unangenehm gewesen sein, denn er hat die Musik lauter gedreht, weshalb wir uns jetzt zu orientalischen Balladen durch den Feierabendverkehr kämpfen.

»Ich setze zuerst die Lady ab, richtig?« Der Taxifahrer sieht durch den Rückspiegel zu mir, trotzdem ist es Vi, die antwortet.

»Nein«, widerspricht sie ihm. »Meinen Kollegen bitte zuerst.«

Weil mir egal ist, wen er zuerst absetzt, und ich mich lieber nicht in Vis Gefahrenzone begeben möchte, bleibe ich leise. Dennoch frustrieren mich ihre Worte.

Mein Kollege.

Ich weiß, dass es der Wahrheit entspricht und Vi wahrscheinlich professionell ist, aber Kollege? Sind wir mittlerweile nicht zumindest so was wie Freunde?

»Hey, ich bin ein Gentleman.« Im Rückspiegel sehe ich, wie er meiner *Kollegin* zuzwinkert. Mit einem Mal ist es mir dann doch nicht mehr so gleichgültig, wer zuerst das Auto verlässt.

»Ich bin auch dafür, dass wir dich zuerst absetzen, Vi«, sage ich daher. Sie dreht sich zu mir um – das erste Mal, seit wir ins Fahrzeug gestiegen sind.

»Kommt nicht infrage. Du hast ein Date, und man lässt eine Frau nicht warten, hab ich recht?« sie schaut zu Mister Gentleman, der auf ihre Worte hin eifrig nickt.

»Ich hab ke…«

»Dann ist es entschieden.« Sie fällt mir ins Wort, als würde sie keinen weiteren Laut von mir ertragen, und dreht sich wieder nach vorne. Während sie mir die kalte Schulter zeigt und ein lockeres Gespräch mit dem Fahrer anfängt, starre ich aus dem Fenster und frage mich, was jetzt schon wieder zwischen uns passiert ist.

»… und so sorgen wir für Eifersucht.« Linda begutachtet ihren Parmesan-Berg mit Pasta und haut dann noch mehr von dem Hartkäse drauf. Wenn das so weitergeht, müssen wir die Bedienung um eine weitere Schale bitten.

»In Italien würde man dich feiern«, merke ich amüsiert an. Vor lauter Käse sieht man weder ihre Pasta noch die Tomatensoße.

»Sie haben uns den Parmesan geschenkt, es wäre doch eine Beleidigung, ihn nicht ausgiebig zu nutzen, oder? Käse hin oder her, konntest du mir denn folgen?«

»Du hast mich exakt um diese Uhrzeit herbestellt, weil du hoffst, dass Malte auftaucht, uns zusammen in diesem äußerst romantischen Szenario – erfüllt von Käsebergen, trockenem Brot und angenehm im Hintergrund plätscherndem Lokalradio – sieht. Den Anblick – du hier mit mir – kann er nicht ertragen, und das ist der Moment, in dem er begreift, dass er unsterblich in dich verliebt ist und unbedingt mit dir zusammen sein möchte«, gebe ich ziemlich salopp ihren doch sehr kindischen Plan wieder. Ich bin nicht begeistert von ihrem Vorhaben. Zum einen möchte ich überhaupt nicht in das Linda-Malte-Drama verwickelt sein und bereue es, ihr zugestimmt zu haben, als sie mich gebeten hat, ihr mit ihm zu helfen. Sie wollte von ihm wahrgenommen werden, also dachte ich mir, ich werfe immer mal wieder Linda ins Gespräch, sollten er und ich uns unterhalten. Doch das hier? Das war nicht der Plan – jedenfalls nicht für mich.

Zum anderen … hey, ich sitze hier mit einer ziemlich hübschen

Frau, die sicherlich dem ein oder anderen Kerl den Verstand raubt ... und möchte am liebsten gar nicht hier sein.

Mir könnte in genau diesem Moment Vienna gegenübersitzen.

»Ist doch ein wasserdichter Plan, oder?« Sie grinst und strahlt und sieht wirklich umwerfend aus. Malte müssen einige Schrauben fehlen, dass er es dieser Frau so schwer macht. Vermutlich ist sie sowieso viel zu gut für ihn. Doch ich habe ihr nun mal versprochen zu helfen ... weshalb ich mitspiele, anstatt mit Vi ...

Ich hatte gehofft, dass ich Linda über sie ausfragen kann, doch seit das Taxi mich bei ihr abgesetzt hat, hieß es immer nur Malte hier, Malte da, und nirgendwo war Raum für Vi.

»Em?«

Ich zwinge meinen Kopf, mich auf den Zirkus zu konzentrieren, in dem ich mich befinde, und verdränge vorerst jeglichen Gedanken an Vi.

»Es ist ein guter Plan«, sage ich, weil sie exakt das hören möchte. »Nur ...«

»Ja?«

»Du hast dabei *mein* Ende weggelassen. Ist doch möglich, dass Malte mir eine reinhaut, weil ich mit seinem Mädchen bei flackerndem Kerzenlicht zusammensitze, sobald er uns sieht, oder?«

Lindas Blick fällt zum Eingang, und ihre Augen weiten sich, ehe sie mit einem verschmitzten Lächeln wieder zu mir sieht und sich vorbeugt.

»Schätze, das werden wir gleich herausfinden.«

Ich hätte jetzt den Abend mit Vi verbringen können.

Sosehr ich mich auch bemühe, Vienna aus meinen Gedanken fernzuhalten, so ist sie doch alles, woran ich denken kann, während ich langsam, aber sicher zum fünften Rad degradiert werde.

Lindas Plan ist absolut nicht wasserfest. Die aktuelle Situation beweist, dass er so einige Schwachstellen hat.

Ja, Malte hat Linda und mich entdeckt, und ja, er scheint angeeckt darüber, dass wir uns ein romantisches Abendessen gönnen. Schlägt er mir eine rein, schnappt sich Linda, wirft sie sich über die Schulter wie ein Steinzeitmensch und haut dann mit ihr ab wie in meiner Vorstellung?

Nein.

Nein, denn wir haben ganz außer Acht gelassen, dass die größte Waffe eines Mannes, der sich und sein *Territorium* verteidigen möchte, aus nichts weiter als einem Schwanzvergleich besteht. Also hat Malte sich einen Stuhl geschnappt, unser »Date« gecrasht und bemüht sich, Linda zu beeindrucken, indem er jedes Wort von mir versucht zu toppen. Die Sache ist die: Linda muss nicht mehr imponiert werden. So, wie sie Malte ansieht … es ist ein Wunder, dass sie noch nicht übereinander hergefallen sind.

Ich hätte verdammt noch mal Vienna sehen können.

»Emilian hat eine Location gefunden. Das Papierwerk im Industriegebiet.«

»Ach, cool. Wir haben mal eine Party am Hafen gehabt – auf einer Jacht.«

Bla, bla, bla. Am liebsten hätte ich Malte gesagt, dass ich rein gar nichts von Linda will und er aufhören kann, sich so aufzuplustern. Doch die Gefahr, damit Linda wieder uninteressant zu machen, ist zu groß, und noch so eine Aktion von ihr halte ich nicht aus.

»Weißt du schon, als was du dich verkleiden wirst, Malte?«

»Kommt drauf an. Als was wirst du gehen?«

Sie kichert und zwirbelt eine ihrer Locken zwischen ihren Fingern auf, ehe sie ihn schüchtern ansieht.

»Als was wirst *du* gehen?«, gibt sie zurück. Ich seh das

Gespräch zwischen ihnen schon für eine weitere Ewigkeit im Kreis drehend vor mir.

Als was wirst du gehen?
Hihi, nein, als was wirst du gehen?
Nein, als was wirst du gehen?

»Linda wird sich als tote Maus verkleiden«, verrate ich genervt. Sie schaut mich entrüstet an, aber ich zucke nur mit den Schultern. »Heißt, du solltest zur Mausefalle ...«, mein Blick landet auf ihrem Teller, »oder vergiftetem Käse werden.«

Malte sieht von Linda zu mir und nickt dann zögerlich.

»Ookay. Machbar ... vorausgesetzt, er sagt die Wahrheit.«

»Warum sollte ich lügen?«, fahre ich ihn an. Ich kann regelrecht hören, wie mein Geduldsfaden reißt. »Das Kostüm hängt in ihrem Schlafzi...«

»Du warst bei ihr im Schlafzimmer?« Malte ist ruhig, doch neben Verwunderung höre ich auch raus, wie wenig ihm dieses Wissen nicht passt.

»Malte ...« Linda legt besänftigend ihre Hand auf seine, aber er schüttelt sie ab und steht auf.

»Warum warst du bei ihr im Schlafzimmer?« Er zieht mich zu sich hoch und hält mich am Kragen meines Hemdes fest. Seine Stimme ist rau und tief. Schätze, der Schlag ins Gesicht war – von allen Szenarien, die ich mir zu Lindas Plan vorgestellt habe – dann doch der realistischste.

»Weil Linda, die ich unter anderen Umständen echt gern hab, mich gefragt hat, in welchem Kleid sie dir besser gefallen könnte. Sorry, Lin, ich bin raus.«

Malte runzelt die Stirn und lässt mich in seiner Irritation los.

»Häh?«

Ich nehme meinen Mantel vom Stuhlrücken und sehe zu Linda. Diese nickt verständnisvoll, bevor sie ebenfalls aufsteht und sachte ihre Hand auf Maltes Arm legt.

»Er ist aus völlig harmlosen Gründen bei mir im Schlafzimmer gewesen«, gesteht sie.

»Jep«, bestätige ich. »Aber sieh sie dir an. Linda ist eine attraktive, starke und tolle Frau. Wenn du es mit ihr nicht richtig machst ... der nächste Kerl, der es sich bei ihr gemütlich macht, wird dort sicher nicht nur Däumchen drehen.«

Malte ringt offenbar nach einer Antwort, die ihn nicht zu schlecht darstellt, während ich mir meine Jacke überziehe und mich von Linda verabschiede.

»Falls was ist, du hast meine Nummer. Tut mir leid, dass ich deinen Plan versaut hab.«

Sie zieht mich in eine Umarmung, schaut dabei aber zu Malte.

»Du hast den Höhlenmenschen in ihm geweckt«, flüstert sie mir ins Ohr. »Ich glaube, damit kann ich arbeiten.« Zum Abschied drückt sie noch einen Kuss auf meine Wange. Malte grunzt.

»Gib's zu. Du willst doch, dass er mir eine verpasst.«

Linda wischt mit ihren Fingern Spuren von ihrem pinken Lippenstift von meiner Haut.

»Ich könnte mir nichts Romantischeres vorstellen, Emmy.«

Brief 47 an den Vater, den ich niemandem wünsche

Ich gebe dir gerne die Schuld für Dinge in meinem Leben, die schieflaufen. Doch meinen neuesten Coup habe ich nur mir zu verdanken. Erinnerst du dich noch an Vienna? Klar, tust du das, schließlich rede ich ja ununterbrochen von ihr. Sie hat es sich in meinem Kopf gemütlich gemacht. Und wenn ich ehrlich bin, dann habe ich damit auch überhaupt kein Problem. Ich hab sie gern in meinen Gedanken. Leider weiß ich jetzt auch, dass ich mich auf Dauer nicht mehr damit zufriedengeben werde, denn ich hatte sie in meinem Arm. Es war ein völlig unschuldiger Moment. Gleichzeitig erinnere ich mich an keinen intimeren. Sie ist die erste Person, die ich so nah an mich herangelassen habe – jedenfalls ohne Hintergedanken. Klar, ich würde sie niemals von der Bettkante stoßen, sollte es irgendwann mal dazu kommen … aber wenn ich ehrlich bin, dann hoffe ich, dass das nicht der Fall sein wird. Dafür mag ich sie zu sehr. Ich glaube, sie kann mich auch ganz gut leiden und in einer perfekten Welt wären das die idealen Voraussetzungen für mehr, oder? Leider leben wir nicht in einer perfekten Welt, und ich bin nicht der Emilian, den ich mir für sie wünsche. Aber ich schätze, dass das sowieso keine Rolle mehr spielt, da ich ganz ohne dich bei ihr verschissen habe und sie mich wieder hasst. Ich hatte die Möglichkeit, sie privat kennenzulernen. Doch jetzt sitze ich hier und frage mich tatsächlich, warum ich diesmal nicht wie du hätte sein können. Dann hätte ich auf Linda gepfiffen und das gemacht, worauf ich Lust gehabt hätte. Beim Schreiben merke ich allerdings gerade, dass es so schon richtig gewesen ist. Wenn ich wie du bin, dann will ich kein Teil ihres Lebens sein.

KAPITEL 28

EMILIAN

»Na? Bereit für euren großen Tag?« Linda setzt sich auf meinen Schreibtisch und schlürft lautstark an ihrem Smoothie des Tages.

Ich hatte recht behalten, was Vienna angeht. Falls sie mir mit ihrem Angebot, zusammen essen zu gehen, die Tür für *irgendwas* geöffnet hat, dann hat sie sie nach meiner Absage mit einem lauten Knall wieder zugedonnert.

Anfangs hatte ich noch das Gespräch mit ihr gesucht, um ihr zu erklären, dass die Verabredung mit Linda kein Date gewesen ist. Doch Vi schert sich nicht um mein Privatleben – ihre Worte –, weshalb ich das Thema irgendwann fallen gelassen habe. Auch über den eindeutigen Moment auf der Empore verlieren wir kein Wort. Die folgenden Tage reden wir im Grunde kaum miteinander. Und wenn wir uns austauschen, dann nur, wenn es um Christians App und den Launch geht, der uns in nicht mal mehr achtundvierzig Stunden erwartet. Ich würde gerne behaupten, dass die Party steht. Dafür müsste ich jedoch wissen, wie die Vorbereitungen vorangehen, denn bis auf die Besichtigung der Location habe ich damit nichts zu tun. Meine Aufgaben bestehen nur darin, den Launch online vorzubereiten, während Vienna sich zusätzlich noch die Party-Organisation unter den Nagel gerissen hat. Doch da sie mir die vergangenen Tage aus dem Weg geht und meistens unter einem Vorwand den

Raum verlässt, sobald ich dazustoße, habe ich leider keine Ahnung, wie es mit der Party aussieht.

»Schätze, ich muss mich überraschen lassen«, entgegne ich und nehme ihr Getränk entgegen, nachdem sie mir den Rest davon anbietet. Ich verstehe nicht, wieso sie sich immer den größten Becher holt, wenn sie eh nur die Hälfte davon schafft.

»Ach, Emmy. Sie hat manchmal diese Phasen. Wirst schon sehen, sobald sie die beste Halloweenparty in der ganzen Stadt geschmissen hat und der Stress nachlässt, wird sie wieder zugänglicher.«

»Hm.« Zwar sagt mir mein Bauchgefühl, dass Viennas Verhalten mir gegenüber nichts mit dem Stress wegen des Launches zu tun hat und sehr viel mehr damit, was vor einer Woche passiert und *nicht* passiert ist, aber ich weigere mich, weiter darüber nachzudenken.

»Hast du den Countdown für die große Enthüll…«

Ich werde von der lauten Vibration meines Handys auf dem Tisch mitten im Satz unterbrochen. Linda schiebt mir das Telefon wortlos zu. Eigentlich will ich den eingehenden Anruf ignorieren, weil es unhöflich ist, mitten in einer Unterhaltung ans Telefon zu gehen. Doch als ich Rickys Namen auf dem Bildschirm lese, zögere ich keine Sekunde und nehme ab. Mein Bruder – im Gegensatz zu Gia – ruft mich nur in Notfällen an.

»Ricky, was gibt's?« Ich bemühe mich, gelassen zu klingen, obwohl innerlich bereits sämtliche Alarmglocken läuten.

»Hat Gia sich bei dir gemeldet?«

»Nein, wieso? Ist was passiert?«

Er flucht.

»Sie ist am Freitag nach der Schule nicht nach Haus gekommen! Zuerst dachte ich, sie pennt das Wochenende über bei ihrem Freund. Aber sie ist auch heute nicht in der Schule, und Kosta hat seit Tagen nichts mehr von ihr gehört!«

»Ist denn in der Schule irgendwas vorgefallen? Oder mit Kosta?« Ricky steckt mich augenblicklich mit seiner Panik an, doch ich versuche weiterhin, einen kühlen Kopf zu bewahren. Bestimmt machen wir uns umsonst Sorgen. Gianna ist jung und will ihre Grenzen austesten, aber ein ganzes Wochenende ohne ein Wort wegzubleiben? Das ist schon eine harte Nummer, selbst für sie. An andere mögliche Szenarien, die ihr Verschwinden begründen könnten, möchte ich allerdings nicht denken.

»Es gehen ein paar Geschichten herum.«

»Was für Geschichten?«

Angespannt blicke ich zu Linda, die mich besorgt beobachtet. Ich schaffe es nicht mal, ihr zuversichtlich zuzulächeln.

»Ja. Schau, Frau Marten hat Gia und mich am Freitag zur Seite genommen und gesagt, sie bedaure, dass wir nicht mit auf Klassenfahrt können und sie immer ein offenes Ohr für uns habe, falls wir finanzielle Probleme haben und Hilfe brauchen. Gia hat die ganze Zeit beteuert, dass es sich um ein Missverständnis handeln muss und Dad das Geld überwiesen hat, aber es ist anscheinend nie was angekommen. Boah, sie hat dann richtig geheult, Em! Ich hab also Dad angerufen, und er ist zur Schule, um die Sache unter vier Augen mit Frau Marten zu regeln. Und das Gespräch muss wohl jemand mitbekommen haben, sodass jetzt jeder denkt – ist ja auch egal! Gianna wird vermisst, Em!«

Obwohl ich die Infos in Rekordgeschwindigkeit verarbeite, kann ich mir keinen Reim darauf machen. Ich hab ihm doch Geld für die Fahr...

»Oh. Fuck.« Ich drehe Linda den Rücken zu.

»Kannst du laut sagen. Jedenfalls gehen jetzt voll die Gerüchte rum. Und ich sag dir, dass wir arm sein sollen, das ist noch nicht mal das Schlimmste davon! Manche behaupten, Dad hätte sich Frau Marten angeboten. Also du weißt schon, damit sie Gia mitfahren lässt. So ein Bullshit!«

Mir fehlen die Worte. Ich will einfach nicht glauben, dass was Wahres an den Gerüchten dran ist, so tief würde selbst Carlo nicht sinken, oder?

Carlo, Carlo, was hast du da schon wieder vermasselt?

Eigentlich sollte ich mich freuen, dass seine Fassade zu bröckeln beginnt. Ricky sagen, dass ich ihm Geld überwiesen habe, welches er anderweitig verprasst hat. Doch das spielt jetzt keine Rolle. Außerdem: Hätte ich es nicht besser wissen müssen? Hab ich nicht schon oft genug miterlebt, wie Carlo Casino seine eigenen Bedürfnisse über die anderer gestellt hat? Warum zur Hölle habe ich gedacht, dass es ausreicht, ihm das Geld zu schicken? Weil es um seine Kinder geht und nicht um mich? Der Mann ist krank. Ich weiß doch, dass er direkt die Spielhallen stürmt und ein Glücksspiel nach dem anderen startet, sobald er finanziell in der Lage dazu ist. Dank mir war er das. Warum hab ich nicht daran gedacht?

Weil deine Gedanken in letzter Zeit woanders sind.

Grimmig mahlt mein Kiefer.

»Hast du es mal bei ihren anderen Freunden versucht?«

Ricky schnaubt.

»Natürlich! Kosta und ich probieren es schon den ganzen Morgen! Nichts! Ey, Em, wir müssen die Polizei verständigen, oder?«

»Ricky.« Ich blicke auf meine Armbanduhr, drehe mich zu meinem Laptop und öffne die Internetseite der Bahn. »Versucht es weiter bei ihrer Clique. Vielleicht taucht sie ja noch in der Schule auf.«

»Und wenn nicht?« In seiner Stimme schwingen Trotz und Angst mit. »Fuck, Em! Hast du eine Ahnung, wie gefährlich es in Berlin ist?«

Fast hätte ich gelacht, denn ja, das ist mir durchaus bewusst. Ich hab derart hässliche Seiten von der Stadt und manch ihrer

Bewohner gesehen, und hey, für das meiste musste ich noch nicht mal das Haus verlassen. Doch hier geht es nicht um ihn oder um mich, weshalb ich die Bilder meiner Vergangenheit und den Zynismus gegenüber meinem Bruder ausblende.

»Ich bin in sechs Stunden da, okay?«, sage ich und buche die erstbeste Fahrt nach Berlin.

Einen Moment herrscht zwischen uns erdrückendes Schweigen.

»Dann lag ich richtig. Du bist nicht mehr hier.« Er fragt nicht, sondern stellt fest, leise und ruhig. Seine Enttäuschung frisst mich beinahe auf.

»Ich *werde* da sein«, versichere ich.

»Ja, was auch immer«, entgegnet Ricky mit einem Mal kühl, bevor er ohne ein weiteres Wort auflegt.

KAPITEL 29

VIENNA

»Ah, Vienna. Warte auf mich.« Klaus hastet zum Aufzug. Ich bin so kurz davor, den Knopf zu betätigen, der die Aufzugtür schließt, damit er es nicht rechtzeitig schafft. Allerdings kann ich dem Drang widerstehen und halte ihm sogar aktiv die Tür offen. Es reicht, dass ich schon zwei Menschen meide.

Wir begrüßen uns mit einem Lächeln, ehe Klaus den Knopf für die siebte Etage drückt.

»Wie läuft es mit der ominösen App?«, fragt er im Anschluss und zwinkert.

Ich hätte das Treppenhaus nehmen sollen.

»Bestens«, lüge ich. In Wahrheit ist loaded tot. Ich müsste Emilian noch einmal darüber anrufen und dann müssten wir noch die letzte Stufe, das *meet* freischalten. Beides schiebe ich bislang vor mir her, denn ich gehe Emilian nicht nur im echten Leben, sondern auch digital aus dem Weg. Heute ist damit leider Schluss.

Eine Woche habe ich mir erlaubt. Sieben Tage, in denen ich meine Wunden lecken darf und meine Prioritäten wieder in den Griff bekommen muss, nachdem Em mich gekorbt hat.

Ich kann mir nicht erklären, was mit mir los ist. Warum mich seine Abfuhr so aus der Bahn geworfen hat. Wieso es mich stört, dass er lieber mit Linda abhängt als mit mir.

Hmm, schon mal was von Eifersucht gehört?

Wie schon die letzten Tage, verdränge ich die selbstgefällige Stimme in meinem Kopf, indem ich mich auf die Arbeit konzentriere.

Die Vorbereitungen für das Halloweenevent laufen auf Hochtouren, und das Papierwerk sieht bereits jetzt schon schaurig schön aus. Alles läuft bisher nach Plan, was allerdings auch bedeutet, dass mir nach und nach die Arbeit ausgeht. Eigentlich sollte ich den Tag dazu nutzen, um mich mental auf das große Ereignis vorzubereiten. Morgen werde ich als Gastgeberin noch mehr als genug Stress haben. Doch sobald ich mir auch nur einen Moment der Ruhe erlauben würde, würden mir meine Gedanken entgleiten und ich mich wieder dabei ertappen, wie sie um Emilian und Linda kreisen. Das ist auch der Grund, wieso ich beiden aus dem Weg gehe. Auf einen Auslöser, der mein inneres Stimmchen zur Melodie von *Oh, Tannenbaum* ein *Eifersucht, oh, Eifersucht* losträllern lässt, kann ich verzichten.

Sechs Stockwerke lang glaube ich, dass Klaus mich mit meiner Lüge vom Haken lässt, doch als wir schließlich zusammen aussteigen, belehrt er mich eines Besseren.

»Ich bin wirklich schon sehr gespannt auf eure Präsentation morgen! Christian hat mir das TTCM-Prinzip richtig schmackhaft gemacht. Bei welcher Stufe befindet ihr euch momentan? Oder seid ihr schon durch?«

»Wir sind schon längst fertig«, teile ich ihm mit.

»Und? Wie ist euer Fazit?« Klaus wackelt neugierig mit seinen Augenbrauen.

»Tja, ich schätze, dass du das morgen um Mitternacht erfahren wirst«, entgegne ich. Dabei hoffe ich, mysteriös und zuversichtlich zu wirken. In Wirklichkeit fühle ich mich dank meiner Lügen mit seiner Frage in die Enge getrieben.

Es wird schleunigst Zeit, dass Em und ich diese blöde App durchspielen.

Emilians Schreibtisch ist unbesetzt, und weder auf dem Stuhl noch unter dem Tisch entdecke ich seinen Rucksack, als ich in das Büro komme.

Komisch. Ich bin doch diejenige, die ihm aus dem Weg geht.
Außer mir befindet sich nur noch Dave im Raum. Ich muss mich zweimal laut räuspern, bis er zu mir sieht.

»Hast du Emilian gesehen?« Bei Dave kommt man am besten direkt zum Punkt, ehe er mit seinen schmierigen Sprüchen antanzt.

»Wen?«

»Em?« Ich hebe ungeduldig meine Brauen und warte, dass es bei ihm klingelt. Was raucht der Typ eigentlich, dass seine Leitung so verstopft ist?

Dave lehnt sich in seinem Stuhl zurück und schaut mich mit einem leeren Blick an.

»Ähm? Was ähm?«

»Oh, gottverdammt, Dave! *Em*! E-M! Emilian, mein Partner? Der Typ, der mir immer gegenübersitzt?«

»Ach, das Schoßhündchen, das dich rammeln will.«

»Bitte, was?« Endlos geschockt und mit meiner Kinnlade derart offen, dass sie in einer Karikatur bereits den Boden berühren würde, starre ich ihn an. Für einen flüchtigen Augenblick ziehe ich in Erwägung, mich wegen Daves unangemessenen Kommentaren bei Malte zu beschweren. Doch ein Teil von mir, ein wirklich verstörter Teil, errötet bei seiner Aussage.

»Ja, mein Schoßhund«, bestätige ich, ohne auf den Rest seiner Worte einzugehen. »Hast du ihn gesehen? Weißt du, ob er schon da ist?«

»Die Kleine mit den Locken hat sich ihn geschnappt.« Linda? Natürlich.

Eifersucht, oh, Eifersucht ...

»Okay, danke.« Ich nicke ihm zu, schlüpfe aus meinem Mantel

und hänge ihn über meinen Stuhl. Als ich mich gerade hingesetzt habe, weil ich Emilian *definitiv* nicht hinterherrennen werde, gesellt sich jedoch ein neuer Gedanke, der verdächtig nach Sandy klingt, dazu, und ich springe wieder von meinem Platz.

Am Ende musst du noch dabei zusehen, wie jemand anders das bekommt, was du doch in Wirklichkeit haben möchtest ... und haben könntest.

Wenn das stimmt und Dave mit seinen Beobachtungen recht hat ... und ich Ems Signale und vor allem Aussagen letzten Montag ausnahmsweise richtig deute ... dann interessiert sich dieser doch eigentlich gar nicht für Linda, sondern für mich, oder? Was, wenn sie bloß wieder ein Trostpreis ist, weil sie – im Gegensatz zu mir, und das muss ich leider sagen, so gern ich sie auch habe – leicht zu haben ist?

Ich hab Linda schon so oft gesagt, dass sie die Männer für sich arbeiten lassen muss.

Und was wäre ich für eine miese Freundin, würde ich Linda nicht vor Herzschmerz bewahren?

Mein negatives Karmapunktekonto offenbart sich mir in der Grafikabteilung. Viele aus diesem Bereich arbeiten hauptsächlich von zu Hause aus, weshalb diese Abteilung wie ausgestorben wirkt, als ich eintrete. Einige Clark Kents hocken über ihren Bildschirmen oder zeichnen auf Tablets herum, aber die Personen, die ich suche, sind nicht zu sehen. Auf Lindas Schreibtisch steht eine Tasse Kaffee, doch als ich meine Finger an die Keramik halte, stelle ich fest, dass er vor langer Zeit schon kalt geworden ist.

»Hi, habt ihr Linda gesehen?«

Eine Grafikerin mit Sommersprossen und zwei Space Buns auf dem Kopf zeigt in die Richtung, in der weitere Einzelbüros liegen. In diesen bin ich auch schon einige Male gewesen, wenn wir zusammen Ideen besprochen und verwirklicht haben.

Ein mulmiges Gefühl breitet sich in mir aus. Obwohl ich es besser wissen müsste, die Räume kann man nämlich von innen abschließen, bedanke ich mich und peile den Gang mit den Besprechungsräumen an.

Die ersten sind besetzt, aber durch kleine Glasschlitze kann ich in sie hineinschauen. Keine Spur von Emilian oder Linda. Auch die restlichen Zimmer stehen offen und sind leer.

Ein erleichterter Seufzer entweicht mir, und als ich mein milchiges Spiegelbild in einer der Türen sehe, schüttele ich den Kopf.

Ich kann nicht fassen, dass ich nach ihm gesucht habe.

Mithilfe meines Abbildes in der Glasscheibe richte ich mein Outfit, einen für das Büro schon ziemlich gewagten Zweiteiler, der mehr verspricht, aber letztlich – insofern man sich nicht verbiegt – nicht viel hergibt. Gleichzeitig schimpfe ich mich für mein inakzeptables Verhalten aus und beschließe, zurück an meinen Arbeitsplatz zu gehen.

Ich habe den Gang fast verlassen, als ich es höre. Ein lautes, von Lust getränktes Stöhnen.

Mein Herz rutscht mir in die Hose, und mein Körper ist wie gelähmt. Ein bitterer Geschmack breitet sich in meinem Mund aus und vermischt sich mit der unangenehmen Wahrheit. Linda und Em vögeln. Selbst wenn sie für ihn bisher nur die zweite Wahl sein sollte, wird es nicht mehr lange dauern, bis sich das ändert. Die beiden könnten zu einem absoluten Power-Pärchen werden. Sie das Temperament, er die ausgleichende Ruhe.

Was für eine Freundin wäre ich, ihr ... und auch ihm ... diese Chance auf Glück zu nehmen?

Sandy hat es kommen sehen. Hier war ich und habe Em jeden Tag einen Grund gegeben, mich zu hassen. Jetzt darf ich mir buchstäblich anhören, wie er aufgibt, sich um mich zu bemühen.

Vi, wach auf! Seine Welt dreht sich nicht um dich.

Damit finde ich endlich aus meiner Schockstarre heraus. Ich versuche, mich zu sammeln, indem ich an den Ärmeln meiner Bluse zupfe und mich zwinge, mehrmals tief durchzuatmen. Im Anschluss setze ich ein tapferes Lächeln auf, obwohl ich innerlich am liebsten heulen möchte. Der Realität ins Auge zu sehen tut weh, aber ich bin ja selbst schuld. Was bin ich auch so blöd gewesen und habe in Emilians Handlungen Signale gesehen, wo ganz eindeutig keine gewesen sind?

Ein weiterer Lustschrei schreckt mich letztlich auf, und ich eile den gleichen Weg zurück, den ich gekommen bin. Vor Scham ist mir ganz heiß, und ich bete, dass mir niemand der anderen Grafiker ansehen kann, mit welcher Erkenntnis ich soeben konfrontiert worden bin.

KAPITEL 30

EMILIAN

Schlafmangel und eine vor den Augen vorbeiziehende Landschaft aus Feldern sind anscheinend der Schlüssel, damit Adrenalin den Körper verlässt.

Nach unzähligen Versuchen, Gianna zu erreichen, und das beängstigende Abklappern von Krankenhäusern und der Polizei per Telefon – zum Glück ohne Erfolg, sitze ich erschöpft im Zug nach Berlin. Obwohl die Müdigkeit sich in meinen Lidern bemerkbar macht, zwinge ich mich dazu, auf Bereitschaft zu sein. Erst als mir mein Handy beim Einnicken aus der Hand gleitet und dabei eine nervige, tiefe Schramme davonträgt, beschließe ich, die verbleibenden vier Stunden zu nutzen, um mich auszuruhen. Wer weiß, was mich in der Hauptstadt erwartet?

Ich muss dringend Energie tanken, doch jetzt, da ich bereit bin, mich auf ihn einzulassen, scheint der Schlaf einen weiten Bogen um mich zu machen. Egal, in welche Position ich mich setze, ob angelehnt ans Fenster, zurückgelehnt mit meiner Cap tief in die Stirn gezogen, oder nach vorne über mein Zeug gebeugt, er will nicht kommen.

Dann laufe ich eben nachher als Zombie durch die Straßen.

Irgendwann gebe ich meine Versuche auf und hole mein Telefon aus der Außentasche meines Rucksacks. Es gibt keine neuen Nachrichten. Nicht von Ricky, nicht von Gia und von Vienna muss ich gar nicht erst anfangen.

Mein Aufbruch zum Bahnhof war spontan. Da ich jedoch meiner Arbeitsstelle nicht unbedingt anvertrauen wollte, was privat bei mir abgeht, hat Linda mir geraten, mich krankzumelden. Auch das kommt sicher nicht prickelnd an, schließlich bin ich noch nicht lange bei Jann & Rhode beschäftigt. Doch anscheinend muss ich wirklich schlimm ausgesehen haben, als ich mich bei Malte und Klaus abgemeldet habe. Trotzdem fühle ich mich mies gegenüber Vi, denn ihr konnte ich in der kurzen Zeit nicht mehr Bescheid geben. Selbst wenn es aktuell zwischen uns komisch ist, wir haben so hart an dem Projekt gearbeitet. Da wäre es nur fair gewesen, wenn sie von mir erfahren hätte, dass ich womöglich raus bin. Ja, sie hätte mich sicher noch vor Ort zusammengeschissen. Aber vielleicht ist es besser, wenn sie mich hasst. Sehr wahrscheinlich tut sie das ohnehin schon. Zwischen uns hat sich seit letztem Montag etwas verändert. Sowieso hätte ich ihr nicht stecken sollen, dass ich mich von ihr angezogen fühle. Was hab ich mir dabei überhaupt gedacht? Oder erhofft?

Ich bin niemand, mit dem man eine Beziehung eingehen sollte, wenn man auf das große Happy End hinfiebert. Für Sex bin ich liebend gern zu haben, aber sobald tiefgehende Gefühle mit ihm Spiel sind, bin ich weg. Carlo Casino hat mich auf alle möglichen Arten traumatisiert. Aber was wirklich hängen geblieben ist, ist wie furchtbar er meine Mutter teilweise behandelt hat. Wer sagt mir sicher, dass all die Jahre unter seinem Dach nicht auf mich abgefärbt haben? Dass ich nicht unterbewusst »Werte« von ihm übernommen habe und für normal erachte? Nein, dieses Risiko möchte ich niemals eingehen.

Ich mag mir im Kopf Dinge mit Frauen – mit Vi – vorstellen, doch in Wirklichkeit? Sie wirkt auf mich wie eine Frau, die auf lange Sicht etwas für die Ewigkeit sucht und nicht weniger verdient hat. Da draußen wird jemand existieren, der ihr das bieten kann, was sie sich im Leben wünscht. Ich wäre bereit, mich mit ihr auf das Belanglose, das Flüchtige einzulassen. Doch wenn das nicht das ist, was sie will, sollte ich ihr dringend Raum geben, damit sie anderswo finden kann, was sie sucht. Das heißt, keine Geständnisse. Keine Berührungen. Keine unschuldigen Tänze. So pragmatisch und logisch diese Schlussfolgerung auch klingt ... ich bezweifle verdammt stark, dass sie leicht umzusetzen ist, denn ich bin süchtig nach ihrer Nähe.

Irgendwann muss ich es doch geschafft haben einzuschlafen. Leider fühle ich mich, als wir in den Hauptbahnhof einfahren, wie zweimal durchgekaut und ausgespuckt. Von meiner kleinen Schwester fehlt immer noch jede Spur, und mittlerweile häufen sich die schrecklichen Bilder vor meinem inneren Auge. Gianna mag tough und frech sein, aber in so einer wilden Stadt wie Berlin spielt das oftmals keine Rolle. Im besten Fall wird man bloß sehen, wie unglaublich hässlich dieser Ort sein kann. Im schlimmsten Fall ... ich will mir das Worst-Case-Szenario gar nicht erst ausmalen, weshalb ich mir noch vor dem Aussteigen meine Kopfhörer aufsetze und Casper so laut aufdrehe, dass ich nur noch von seinen Problemen umhüllt werde und meine eigenen für den Moment in den Hintergrund rücken. Mag sein, dass ich mich egoistisch verhalte und mich weiter wegen Gia verrückt machen sollte, anstatt mit einem fremden Menschen zu sympathisieren, der über Depressionen, den Tod und diese scheißkaputte Welt rappt. Anstatt mich von seiner Wut anstecken zu lassen, sollte ich mir positive Gedanken machen und mir sagen, dass alles gut und Gia bei einer Freundin ist, schmollt und ihr Ladekabel vergessen hat. Doch danach ist mir nicht. Ich will schreien. Aber ich kann nicht. Ich will Dinge zerschlagen, weil dieses Scheißleben immer noch einen nachsetzt. Aber ich kann nicht. Ich kann nur wütend und mit großen Schritten durch den Bahnhof schreiten und Casper dabei zuhören, wie er an meiner Stelle die Welt verflucht und brennen sehen möchte. Es ist das Einzige, was mich davon abhält, an Gia zu denken ... das Einzige, was mich davor bewahrt *durchzudrehen*.

Als ich mich ohne Plan in den Zug nach Köln gesetzt habe, war mir bewusst, dass meine spontane Entscheidung noch Konsequenzen haben würde. Mit Unterzeichnung des Mietvertrags als offizieller Mitbewohner von Jamil war mir auch klar, dass diese nicht mehr lange auf sich warten lassen würden. Ich wollte Ricky und Gia nicht verschweigen, dass ich umgezogen bin. Allein bei dem Gedanken, es so lang vor mir her geschoben zu haben, weil ich so viel um die Ohren hatte und ich den perfekten Zeitpunkt abwarten wollte, wird mir übel. Ich weiß jetzt, dass es den nicht gibt und ich direkt mit der Sprache hätte rausrücken sollen. Ricky und Gianna flunkern mich hier und da an. Das ist okay, ich bin ihr großer Bruder und die beiden Teenager. Aber ich habe mich stets bemüht, transparent zu sein. Das Schwindeln habe ich lieber Carlo Casino überlassen ... jetzt, mit meiner ganz eigenen gigantischen Lüge, fühle ich mich keinen Deut besser als er.

Ricky ist normalerweise zurückhaltender als Gia. Da seine Begrüßung allerdings darin bestand, mich mit beiden Händen an den Schultern zu packen und einmal ordentlich nach hinten zu schubsen, gehe ich davon aus, dass er immer noch wegen meines Ortswechsels angepisst ist. Ich nehme es ihm nicht übel.

»Du bist dir schon im Klaren, dass ich mir den Hinterkopf am Asphalt hätte aufschlagen können, oder?«, merke ich trocken an, denn ja, die plötzliche Attacke hat meinen mitgenommenen Körper derart überrascht, dass ich – samt meinem Rucksack – nach hinten gefallen bin. Vor Schock lag ich dann dort erst mal, wie ein dämlicher Käfer, meine Cap irgendwo auf dem nassen Boden.

»Leck mich, Em.« Ricky, der sich demonstrativ geweigert hat, mir hochzuhelfen, hat seine Arme immer noch vor der Brust verschränkt und funkelt mich zornig an.

Diese Abwehrhaltung ist zumindest besser, als noch mal geschubst zu werden – und das vom eigenen Bruder. Gut, im Gegensatz zu mir hat er es tatsächlich geschafft, seinen Vorsatz, sich im Fitnessstudio anzumelden, umzusetzen. Sehr erfolgreich, wenn ich diese Version von Ricky mit der von vor einem halben Jahr vergleiche. Trotzdem bin ich der Meinung, dass er seine Stärke lieber anderweitig unter Beweis stellen sollte.

»Auch nett, dich zu sehen«, gebe ich zurück und klopfe meine Kleidung ab. Sie ist feucht, aber immerhin entdecke ich auf den ersten Blick keine großartigen Flecken. Im Anschluss prüfe ich, ob meine Tasche oder ihr Inhalt bei dem Sturz etwas abbekommen haben. Zuletzt hebe ich meine Cap auf. Angefressen darüber, dass sie nass geworden ist, verziehe ich mein Gesicht und wische sie sauber. Dann setze ich sie trotzdem wieder auf.

»Sei froh, dass ich überhaupt hier bin.«

»Wir verfolgen das gleiche Ziel«, erinnere ich ihn, woraufhin ich von ihm ein genervtes Augenrollen erhalte.

»Du hast es noch mal bei all ihren Freunden versucht?«

»Wie oft noch? Ja, mehrmals. Keiner hat was von ihr gehört. In der Schule war sie auch nicht mehr.« Wir wechseln vom Zugbahnhof zu den Trams, obwohl wir keine Ahnung haben, wo wir sie zuerst suchen sollten. Es gibt keinerlei Anhaltspunkte, wo Gia sein könnte, also werden wir nach und nach die Orte abklappern, an denen sie für gewöhnlich viel Zeit verbringt.

Ricky steigt als Erster in die einfahrende Bahn ein und lässt sich auf einen frei gewordenen Zweiersitz fallen. In Rekordgeschwindigkeit pellt er sich aus seiner Jacke und legt sie neben sich.

»Subtil«, sage ich und stelle mich vor ihn.

»Ich kann auch anders.«

»Lass hören.« Ich nicke ihm ermutigend zu. Dadurch, dass ich in den vergangenen Jahren bereits so viel Scheiße miterlebt habe, hab ich die ein oder andere Methode erlernt, um meinen Frust abzubauen. Meine liebste ist dabei das Schreiben geworden. Da Ricky allerhöchstens aber mal grammatikalisch korrekte und zusammenhängende Sätze schreibt, wenn er auf Instagram postet, muss er ein anderes Ventil haben. Seinem trotzigen Verhalten nach tippe ich darauf, dass unsere Begrüßung ihm nicht gereicht hat und er immer noch vor Wut brodelt. Mein kleiner Bruder möchte explodieren. Das ist zumindest gesünder, als die Wut in sich reinzufressen. Doch Menschen wie er, eher zurückhaltend und passiv-aggressiv, tun sich oftmals damit schwer, ihre Gefühle nach außen zu tragen.

Wie erwartet schaut Ricky zwar angepisst zu mir hoch, ohne etwas zu sagen, aber für den Rest der Fahrt starrt er nur stur aus dem Fenster.

Ich will ihn provozieren, damit er mir endlich an den Kopf wirft, was ihn momentan so aufregt, doch da das Innere einer Bahn nicht der Ort ist, an dem man ausrasten kann, bleibe ich ebenfalls leise. Rickys Moment wird kommen, dafür werde ich sorgen. Wir müssen auf der gleichen Seite sein und zusammenarbeiten, wenn wir Gia wiederfinden wollen. Das ist nur möglich, wenn wir den Zorn, der zwischen uns steht, loswerden.

Gianna ist nicht in ihrem Lieblingspark, der auch um diese Jahreszeit nicht besonders einladend ist. Im Frühling und Sommer trifft sich jedoch halb Berlin, um zu picknicken und um das schöne Wetter zu genießen. Auch auf dem Spielplatz, von dem ich Ricky und sie, als sie jünger waren, bei Sonnenuntergang regelrecht wegzerren musste, werden wir nicht fündig. Einerseits bin ich erleichtert, andererseits steigt mit der sinkenden Sonne die Sorge, dass ihr etwas passiert ist. Ricky hat seit der ersten Bahnfahrt nicht mehr mit mir gesprochen, doch seine unterschwellig kochende Wut ist weiterhin präsent und scheint mit jedem Misserfolg zu wachsen. Als wir mehrere Stunden später ein Illusionsmuseum abgeklappert haben, von dem Gia seit ihrem ersten Besuch quasi besessen ist – ohne Erfolg –, habe ich die Schnauze voll von der sich aufstauenden Rage meines Bruders. Mit jeder weiteren Enttäuschung bohrt sich sein vorwurfsvolles Schweigen tiefer in mich. Auch ich habe Panik, doch ich muss einen klaren Kopf bewahren. Zu wissen, dass mein eigener Bruder mir für das Verschwinden von Gia die Schuld gibt ... und tief in mir zu wissen, dass er damit recht hat, weil das alles nicht passiert wäre, wenn ich nicht nach Köln abgehauen wäre ... es hilft nicht gerade, um Ruhe zu bewahren.

Ich schiebe mein Portemonnaie in den Rucksack zurück. Ursprünglich hatte ich vorgehabt, uns zwei Portionen Pommes zu kaufen, weil wir schon lange unterwegs sind und mich Rickys Magenknurren seit fast dreißig Minuten verfolgt und mittlerweile in den Wahnsinn treibt. Außerdem könnte ich auch eine Stärkung vertragen, die nicht aus Koffein besteht oder in Form eines Müsliriegels kommt, dank dem ich mich aktuell auf den Beinen halten kann. Doch Ricky hat mein Angebot abgelehnt und sich von seinem eigenen Geld nur einen Energydrink gekauft, woraufhin ich mir gar nichts geholt habe. Man könnte es ebenfalls eine Trotzreaktion nennen. Sein lautes, schnelles Trinken oder das darauffolgende provozierende Zerdrücken der Dose *oder* nun mein protestierender Magen kosten mich schließlich meinen letzten Nerv.

»Okay, Riccardo. Bringen wir es hinter uns. Hau mir an den Kopf, dass Gia wegen mir weg ist und ich ein Scheiß-Bruder bin. Ich hab keinen Bock mehr auf deine beschissene passive Aggressivität.«

Ricky sieht von seiner Schrottdose hoch. Seine Stirn formt ein kleines »V« über der Nase, doch in seinen Augen sehe ich, dass er die Situation zuerst analysiert. Typisch Ricky. Zuerst auf dicke Hose machen und dann doch die Konsequenzen im Blick haben. Das ist es, was Gia und ihn unterscheidet und was sie so oft schon zur Weißglut getrieben hat. Auch ich kann mit diesem Ricky momentan überhaupt nichts anfangen, also mache ich das, was jeder Scheiß-Bruder in diesem Falle machen würde. Ich schubse ihn. Damit hat Ricky nicht gerechnet, und die leere Dose fällt scheppernd auf den Asphalt.

»Was zur …«

»Na los«, fordere ich ihn auf und drücke noch mal gegen seine Schultern. Er taumelt einen minimalen Schritt nach hinten, ehe er sich fängt und mich düster und verwirrt zugleich anschaut. »Schrei mich an, *Rick-Rick*. Mach mich zur Sau.« Wieder und wieder provoziere ich ihn, bis sich seine Augen endlich verdunkeln.

»Hey, Mann, was ist dein Problem?« Endlich wehrt sich mein Bruder und spiegelt meine Bewegungen.

Ich stoße Ricky daraufhin fester, doch der kontert ebenso stark.

»Was mein Problem ist, willst du wissen, ja? Mein Problem ist, dass du deinen Scheiß in dich hineinfrisst!«

»Und was soll ich deiner Meinung nach machen?«

»Aufhören, dich wie ein kleines Kind zu benehmen! Deine Schwester wird vermisst und du wirfst mir vor, dass ich daran die Schuld trage!«

Mein Bruder stolpert nach hinten.

»Em!«

»Na los! Komm schon!«

Rickys Körper wird steif, sein Ausdruck hart. Er hat aufgehört sich zu wehren, lässt jedoch weiterhin zu, dass ich ihn angreife. Wenig später halte auch ich inne und realisiere, was hier passiert.

Es ist nicht Ricky, der Gefühle in sich hineingefr…

»Du hast recht, ich geb dir die Schuld«, gibt mein Bruder zu. »Aber nicht dafür, dass Gianna abgehauen ist.«

»Nicht?« Verwundert und mit einem Mal verlegen reibe ich mir über die Unterarme. Ich hab mich mit meinem kleinen Bruder gerauft. Wenn wir heute ausblenden, dann ist das vorher noch nie vorgekommen. Ich verabscheue Gewalt und kann nicht glauben, dass ich mich dazu hab verführen lassen.

Ricky lässt sich auf dem Boden nieder. Dieser ist noch immer nass vom Regen, aber das scheint Ricky gleichgültig zu sein.

»Nein. Du bist schuld, dass wir sie nicht finden.« Er spielt mit seinen Schnürsenkeln. »Aber dass sie weg ist, das liegt an Dad.«

Ich setze mich zu ihm. Die Kälte des nassen Asphalts dringt sofort durch den Stoff meiner Hose.

»Er hat verkackt. Gia wollte nichts anderes, als an dieser dämlichen Klassenfahrt teilnehmen, und was macht er? Verzockt das ganze Geld und demütigt sie mit seiner Aktion.«

Überrascht atme ich hörbar aus.

»Du weißt vom Geld?«

Bisher hatte ich angenommen, dass ich einen guten Job darin mache, die Schattenseite von Carlo Casino von ihnen fernzuhalten.

Ricky lächelt schief.

»Klar. Ist schwer zu ignorieren, dass der eigene Vater all unsere Leben gegen die Wand fährt.«

»Seit wann …«

»Em, ich hab Augen und Ohren. Gianna übrigens auch. Wir wissen, dass Dad … was meinst du, wieso wir immer zu dir kommen? Gia zumindest.«

Ich schweige.

»Wir wenden uns an dich, weil du auf uns aufpasst. Du bist es, der uns aus der Scheiße holt und der ... der sich Sorgen macht. Dad ... ihm ist seine Kohle wichtiger. Wenn das Geld fließt, ist alles super. Aber wenn nicht ...«

»Er rührt euch nicht an, oder?«

Ricky schüttelt den Kopf, und eine Welle der Erleichterung durchfährt ihn.

»Er liebt euch.« So seltsam es auch klingt. Auf verkorkste Weise tut er es. Ricky und Gia sind das Einzige, was ihm von meiner Mutter übrig geblieben ist – die er auch auf die seltsamste Art vergöttert hat.

»Er ruiniert uns«, sagt mein Bruder und lacht verbittert.

Wieder sage ich nichts, da ich ihm zustimme. Durch den krankhaften Stolz, den Carlo Casino empfindet, hat er schon mehrmals seiner Familie – und mir – große Probleme bereitet.

»Du weißt, dass ihr immer zu mir ...«

Ricky grunzt, ehe ich den Satz beende.

»Können wir das? Du lebst ja nicht mal mehr in Berlin.«

»Köln ist nur vier Stunden entfernt. Ich bin für euch ...«

»Warum hast du uns nicht gesagt, dass du umgezogen bist? Weißt du wie das aussieht? Als hättest du uns im Stich gelassen. Em, du bist Giannas erste Anlaufstelle, wenn ...«

»Fuck!« Noch im Satz springe ich auf und halte Ricky meine Hand entgegen. »Steh auf«, fordere ich. Mein Herz schlägt mit einem Mal doppelt so schnell in meiner Brust. »Ich weiß, wo sie ist.«

KAPITEL 31

VIENNA

»Wunderbar. Falls Sie früher kommen, ist das auch kein Problem. Es werden bereits am Vormittag Leute von uns vor Ort sein, die die Lieferung entgegennehmen können.«

Sobald ich aufgelegt habe, streiche ich einen weiteren Punkt von meiner Liste. Meine Linien sind mittlerweile nicht mehr ganz so krumm, und ich finde Gefallen an der neuen Methode. Häkchen zu setzen ist so was von Schnee von gestern. Genau wie Em.

Zufrieden begutachte ich die abgearbeiteten Punkte, die ich nachträglich hinzugefügt habe. Es gibt immer Arbeit, wenn man möchte. Und ich möchte mich so tief darin vergraben, dass ich erst zur morgigen Party damit fertig werde. Damit kann ich nämlich ausblenden, dass das eigene Herz gerade einen Tobsuchtsanfall hat.

Na ja, immer noch besser, als in viele kleine Einzelteilchen zu zerbrechen.

Das wäre ohnehin eine absolute Dramatisierung der Dinge. Warum sollte überhaupt *irgendetwas* in mir zerreißen, nur weil Em nebenan eine andere vögelt?

Eine andere.

Oh, impliziert das dann etwa, dass du es bevorzugt hättest, an ihrer Stelle zu sein?

Meine innere Stimme verspottet mich. Sie ist ein Monster in

meinem Kopf, und wenn ich mich nicht in meine Arbeit vertiefe oder mich mit Menschen umgebe, die mich ablenken, gebe ich ihr genug Raum, um sich in meinen Gedanken auszubreiten wie ein Krebsgeschwür. Solange ich allerdings dagegen ankämpfen kann, sie laut werden zu lassen, werde ich mich darum bemühen. Auch, wenn das bedeutet, dass ich den restlichen Vormittag hirnfreien Small Talk mit Dave halte, bei dem ich mich am liebsten von der Spitze des Doms stürzen würde. Ich hab ihm echt eine Chance gegeben. Doch mit jedem Wort aus seinem Mund frage ich mich immer mehr, wo der Pokal für *misogyner Arsch des Jahres* für ihn bleibt. Da jedoch ein unterirdisches Gespräch mit ihm verlockender klingt, als von meinen eigenen Gedanken angegriffen zu werden … lache und lächele und *ohe* und *ahe* ich brav und mime das in seinen Augen naive und *schwache* Geschlecht.

Den Schlussstrich ziehe ich jedoch, als er mich fragt, ob wir in der Mittagspause zusammen etwas essen. Ich war kurz davor zuzusagen, damit ich Linda mit einem weiteren guten Grund *absagen* konnte. Doch als Dave versprochen hat, dass er mir zeigen will, wer den größten – Burrito – anbietet und mir ein panisches Kribbeln im Bauch signalisiert hat, dass das vielleicht nicht alles ist, was Dave mir zeigen will, habe ich es mir anders überlegt.

Danke, aber nein, danke. *So* verzweifelt suche ich die Ablenkung nun auch wieder nicht. Dave ist attraktiv, sonst könnte er sich sein Verhalten auf Dauer nicht erlauben. Stumm wäre er womöglich sogar zu ertragen. Doch so viel Müll wie er von sich gibt? Ich bin fast schon versucht, ihn als natürliche Verhütung in eine Werbekampagne einzuarbeiten. Es könnte nicht schaden, wenn die Welt etwas weniger Sex hätte.

Oder zumindest zwei bestimmte Personen.

Das hungrige Stöhnen von vorhin drängt sich wieder in mein

Bewusstsein. Es vermischt sich mit dem belanglosen Faseln von Dave, weshalb ich mir mein Telefon schnappe und den nächsten Punkt auf meiner Liste angehe. Zwar hätte ich gleich Pause, aber man muss im Leben ja Prioritäten setzen, und während es am anderen Ende der Leitung klingelt, rede ich mir ein, dass Emilian keine einzige mehr davon ist.

Gibt es irgendwo ein Gesetz, das einem vorschreibt, dass eine schlechte Nachricht stets im Mehrfach-Pack kommen muss? Gut, genau genommen ist *Emilian x Linda* keine Nachricht per se, sondern eine Tatsache, die ich mit eigenen Ohren bezeugen kann. Trotzdem zähle ich sie dazu, als auch der Rest meines Tages bergab geht.

Jenny, meine Ansprechpartnerin für die Location, hat mich falsch verstanden … weshalb jetzt auch der günstige Preis für die Halle Sinn macht. Statt festzuhalten, dass wir weder die Empore noch die dazugehörigen Bars in der oberen Etage brauchen, hat sie notiert, dass wir überhaupt keine der Bars in Anspruch nehmen wollen. Das stimmt so natürlich nicht. Dort sollten die Softdrinks ausgeschenkt werden, die jetzt nicht mitgebucht worden sind. Wäre mir der Fehler in der Kommunikation nicht rechtzeitig aufgefallen, dann wäre das einzig Alkoholfreie an dem Abend Leitungswasser.

Ich hasse es, Fehler zu machen. Noch schlimmer finde ich es, diese zugeben zu müssen, und ich bin mir sicher, dass es anderen auch so geht. Deswegen rufe ich gar nicht erst bei Jenny an, sondern nehme die Sache selbst in die Hand, weswegen ich jetzt – ausgestattet mit der Kreditkarte von J&R und meinem angepassten Budget – neben meinem Vater in einem Van unserer Firma sitze. Ich habe bisher nie etwas Größeres als einen Viersitzer gefahren, und als ich den Van gesehen habe, mit dem ich nicht mehrmals fahren muss, um die nötige Menge an Softdrinks zu transportieren, war mir sofort klar: *Ich* sitze nicht hinter dem Steuer.

Ohne darüber nachzudenken, habe ich meinen Vater zu dem Supermarkt navigiert, in dem Sandy arbeitet.

Als ich mich wieder daran erinnere, dass wir gerade Krach haben, stehe ich mit der ersten Kiste an Limo in den Händen mitten in ihrem Territorium. Es dauert keine zwei Minuten, bis sie mich entdeckt.

»Vi?« Sie legt den Kopf schief, kreuzt ihre Arme und kommt zu mir. »Feierst du eine Party, von der ich nichts weiß?«

Erleichtert atme ich durch. Scheint, als wäre sie nicht mehr ganz so sauer. Das wäre echt gut, denn ich brauche jemanden zum Reden. »Hallo, Herr Lorenz!« Sie begrüßt meinen Vater, der ebenfalls mit Kisten ausgestattet ist. »Schon aufgeregt wegen des Urlaubes? Wann geht es los?«

Ach ja. Während mein Leben aus Stress und Drama besteht, haben meine Eltern sich endlich einen Termin für ihren Urlaub überlegt. Ihre einzige Sorge war, wie ich das mit Benji und ohne sie handhaben würde. Nachdem ich ihnen versichert hatte, dass ich mir einfach für den Zeitraum auch freigenommen habe, wollten sie sogar, dass ich mit ihnen mitfahre. Aber ich war nicht scharf darauf, mein Hier und Jetzt zu verlassen. Nicht, wenn ich endlich meine Karriere ankurbeln kann. Da das allerdings wieder eine Begründung gewesen wäre, bei der Ma die Augen verdreht hätte, habe ich mir eine andere Ausrede überlegt und ihnen erzählt, dass ich Sandy bei ihrer Wohnungsrenovierung helfe. Ich hoffe, Sandy lässt mich jetzt nicht auffliegen.

»Am ersten November. Wir haben es glücklicherweise so legen können, sodass wie erst nach Viennas großem Tag in See stechen. Und bei dir steht ein Großprojekt an? Lass Vi nicht unbeaufsichtigt. Sie nimmt einen Pinsel und streicht dir einmal quer durch die Wohnung.« Seine Augen leuchten bei der Erinnerung.

»Pa, ich war sechs«, stelle ich richtig. »Und das hier«, ich zeige auf den Stapel an Getränkekisten, »ist für die Halloweenparty. Sandy, ich hatte dich eingeladen, oder?«

Sie lacht und hält den Einkaufswagen fest, damit wir unsere Getränke abladen können.

»Ja, aber ich bin leider schon verplant, schon vergessen?«

»Sorry. Ist momentan ... alles ... ziemlich blöd.«

Mein Vater tut mit einem Mal so, als müsste er ganz dringend die oberen Flaschen neu ordnen. »Das mit letztens ... du hast recht gehabt. Mit allem.«

»Aber deinem Anblick nach zu urteilen, möchte ich gar nicht mehr richtiggelegen haben. Ich muss zurück an die Kasse, aber wir können später telefonieren.« Sie legt mir wortlos mitfühlend eine Hand auf die Schulter, und ich lächele schwach. Wenigstens scheint zwischen uns wieder alles im Lot zu sein. Das ist ein Anfang.

»Ach Vi, falls wir jemanden Bestimmten ... verschwinden lassen müssen, Bleichmittel und Planen findest du im Gang hinter dem Waschpulver.« Sie zwinkert und dreht sich dann zu meinem Vater. »Und Ihnen ich einen ganz tollen Urlaub.«

»Danke dir. Sollte nach der Kreuzfahrt in deiner Wohnung noch was gemacht werden, sag ruhig Bescheid.«

Sie bedankt sich ebenfalls. Sobald sie weg ist, dreht mein Vater sich neugierig und bespaßt zu mir um.

»Vienna, wen möchtest du denn verschwinden lassen?«

KAPITEL 32

EMILIAN

Wer kämpft, der riskiert es zu verlieren. Und wer nicht kämpft, der hat längst verloren. Diese Weisheit, die ich irgendwann mal aufgeschnappt habe, geht mir die gesamte Zeit über durch den Kopf, während Ricky und ich aus der gefühlt zwanzigsten Tram steigen.

Ein unerwartetes Gefühl von Nostalgie überkommt mich, als wir wenig später durch die Straßen laufen, die zu meiner alten Wohnung führen. Ich hänge nicht an der Stadt, doch man versucht, es sich ja doch gemütlich zu machen. An dem ein oder anderen Spot hängen auch schöne Erinnerungen. Bei dem Griechen, an dem wir soeben vorbeigelaufen sind, habe ich mir mitten in der Nacht noch Gyros mit Pommes geholt. Sie haben das beste Zaziki. Sollte ich recht behalten und wir finden Gianna, dann würde ich meine beiden Geschwister zu einem längst überfälligen Abendessen einladen.

»So, damit ich das richtig verstehe. Du lebst jetzt in Köln, hast aber noch deine alte Wohnung hier? Mit deinen ganzen Möbeln?«

»Ich kam noch nicht dazu zu kündigen.« Mit dem neuen Job, der WG, *Vienna* ... war ich ziemlich beschäftigt.

»Mhmm«, Ricky klingt nicht überzeugt.

»Willst du was sagen?«

»Ja. Ich denke, dass du dir vielleicht einen Plan B offenhalten möchtest und deswegen zwei Apartments besitzt.«

Ich schaue zu meinem Bruder.

Einen Plan B? Seit ich mich das erste Mal durch Jamils Treppenhaus gekämpft habe, kam mir nicht in den Sinn, einen Back-up-Plan zu haben.

»Sorry, Ricky. Die Wohnung kündige ich noch, und sobald ich die Zeit dafür finde, stelle ich eine Haushaltsauflösung ins Netz. Und joa …«

»Das war's dann? Du verlässt uns?« Aus seiner Stimme höre ich heraus, wie enttäuscht er ist.

»Hey, ich bin immer noch nur einen Telefonanruf entfernt«, versichere ich, woraufhin Ricky schnaubt.

»Ja und keine Ahnung wie viele Kilometer. Wir können nicht mal so eben zu dir.«

»Das ist auch sonst lange nicht mehr der Fall gewesen.«

»Aber du warst da!«

»Ich bin immer noch da. Nur halt nicht mehr sofort.«

»Was ist, wenn ich ein *sofort* brauche?«

Vor dem Mehrfamilienhaus, in dem ich gelebt habe, bleibe ich stehen und wende mich meinem Bruder zu.

»Schau mich mal genauer an. Fällt dir was auf?«

Ricky scannt mich. Erst irritiert, dann, nach und nach, füllt sich sein Blick mit Erkenntnis.

»Und?«, hake ich mit einem leichten Lächeln auf den Lippen nach.

»Du hast zugenommen«, gibt mein Bruder frech zurück, doch auch sein Mund zuckt.

Ich lache auf.

»Ja, so kann man das wohl auch sehen.«

Wir schauen beide auf das Haus, und ich schlucke angespannt.

»Na dann, Ricky. Ich weiß nicht, was ich machen werde, wenn sie nicht da ist.«

Mein Bruder nickt.

»Sie wird da sein«, versichert er mit Zuversicht, die er bisher nicht hatte.

»Warum bist du dir so sicher?«, frage ich, während ich meinen alten Hausschlüssel aus dem Rucksack fische.

»Weil ich es zu grausam fände, wenn schon wieder irgendwas in ... deinem Leben passieren würde ... jetzt, wo du glücklich bist.«

Mein Bett quietscht, als Ricky sich mit Schwung auf die Decke schmeißt, unter der blonde Strähnen rausgucken.

»He, Ricky!«, ermahne ich ihn, obwohl ich es ihm am liebsten gleichgetan hätte. »Wir wissen nicht, ob ...«

Ein greller Schrei erfüllt die ansonsten leise Wohnung, und meine Bettdecke fliegt nach hinten.

»Sag mal, hast du sie noch alle?« Gianna starrt entgeistert auf meinen Bruder, der sie umklammert wie ein Koala seinen Eukalyptus. Sie versucht, ihn wegzudrücken, aber er ist viel zu schwer und stark. Überlegen ist meine Schwester nur mit Worten, mit denen sie jetzt auch nicht sparsam umgeht. »Lass mich los, du Klops! Was machst du hier? Ricky, ich schwöre, ich hau dir eine rein, wenn du nicht sofort von mir runtergehst!« Sie tritt und fuchtelt wild umher, doch Ricky lacht nur. Die beiden zusammen am Kabbeln, das ist das Geräusch, das ich heute gebraucht habe. Die Angst um meine Schwester, das Adrenalin und die Panik, all das schwindet mit einem Schlag. Zurück bleibt nur Erleichterung.

»Du willst es sicher nicht hören, aber Gewalt ist niemals die Lösung.« Ich halte ihr die gleiche Predigt wie Ricky und frage mich, ob die beiden vielleicht zum nächsten Geburtstag einen Kurs in Boxen oder so gebrauchen könnten.

Gianna scheint durch meine Stimme die nötige Kraft zu finden, um ihren Zwilling von sich zu schieben. Sobald sie mich ansieht, weiß ich auch, was ihr diese Stärke verliehen hat.

Wut.

»Was machst du hier?«, keift sie. Bei dem Ton schiebt sich Ricky ganz von selbst zur Seite. »Und sag jetzt nicht, dass du hier wohnst!«

»Hatte ich nicht vor«, erwidere ich. »Wir haben uns Sorgen gemacht. Du kannst nicht einfach …«

»Sag du mir nicht, was ich kann oder nicht. Nicht, nachdem du dich dazu entschieden hast, einfach abzuhauen.«

Mir wäre es lieber gewesen, mit beiden zeitgleich das Gespräch zu führen, da ich mir so nun vorkomme, wie eine kaputte Schallplatte.

»Ich bin nicht …«

»Gia, fällt dir was an Em auf?«, fällt Ricky mir ins Wort und zeigt auf mich, als gäbe es noch einen anderen Emilian im Raum.

Meine Schwester starrt mich zornig und mit vorgeschobener Unterlippe an.

»Was soll mir auffallen? Ich sehe nur einen Verräter, der es nicht mal für nötig hält, uns darüber zu informieren, dass er weggezogen ist!« Sie pustet sich eine ihrer Strähnen aus der Stirn. »Das war Scheiße, Em.«

»Ich weiß«, gebe ich kleinlaut zu. Immer wieder faszinierend, wie die kleine Schwester einen zusammenfalten kann, sodass man sich elendig fühlt. Würde ich zurückziehen, dann nur, weil Gianna meinem Gewissen derart zusetzen kann.

»Und du hast gesagt, du kümmerst dich um die Klassenfahrt! Du hast es versprochen! Weißt du, was man sich jetzt über uns erzählt?« Sie vergräbt beschämt ihr Gesicht in ihren Händen.

Ich öffne meinen Mund, um zu einer Antwort anzusetzen, doch Ricky unterbricht mich erneut.

»Das hat er auch getan, Gia.« Er ist leise, und mir wird klar, dass mein Bruder zwar über Carlo Casinos Laster Bescheid weiß, aber auch er weiterhin versucht hat, dessen Schande von

Gianna fernzuhalten. »Ich hab die Kontoauszüge gesehen. Em hat ihm pünktlich Geld für die Reisen überwiesen.«

Giannas Augen werden groß.

»Ach, ist das so? Warum kam es dann nie bei der Schule an?«

»Weil Dad …«

»Carlo muss sich bei der Überweisung vertan haben«, sage ich, bevor Ricky zerstört, worauf Giannas ganzes Leben basiert. Es reicht, dass sie sich wegen der verpassten Klassenfahrt mies fühlt und sich mit den Gerüchten herumschlagen muss – zumindest für den Augenblick. Früher oder später wird die Wahrheit über Carlo ans Licht kommen, doch ich denke nicht, dass Gianna jetzt schon bereit dafür ist.

»Und das ist ihm nicht früher aufgefallen? Wenn ihm das bewusst gewesen ist, warum hat er dann Frau Marten ni…«

»Nach Halloween werden sie sicher einen anderen Skandal haben und das mit Dad vergessen, Gia«, fällt Ricky ihr besänftigend ins Wort.

»Ich bin zur Witzfigur geworden!«

»Es gibt Schlimmeres«, murmele ich und könnte ihr spontan um die zehn Punkte aufzählen. Doch in ihrer Welt, in ihrer aktuellen Gefühlslage muss ich ihre Sorgen als legitim ansehen. In ein paar Jahren wird sie hoffentlich darüber lachen. Was nicht so amüsant sein wird, ist zu wissen, dass man all das hätte vermeiden können, wenn ihr Vater seine Bedürfnisse nicht über ihre gestellt hätte. Das ist eine deutlich bitterere Pille, die es zu schlucken gilt. Beizeiten.

»Ach ja?«, fährt Gianna nun mich an. Eigentlich sollte ich keine Energie mehr haben, um mich auch noch mit dem zweiten Zwilling anzulegen. Doch meinetwegen kann sie mich anschreien. Ich bin nur froh, dass sie wohlauf ist und ihr nichts fehlt. »Emilian, ich weiß ja nicht, ob es dir aufgefallen ist, aber es ist wichtig dazuzugehören! Ich will nicht, dass meine Schulzeit so mies wird wie deine. Mag sein, dass du an deinen dämlichen Egal-wie-kacke-das-Leben-ist-Sonnenschein-ist-garantiert-Scheiß glaubst und dich damit durchgehangelt hast. Aber verrate mir doch mal eins: Hast du in all den Jahren, die du uns versicherst, dass da draußen mehr ist, jemals deinen beschissenen Sonnenschein gefunden?«

Ricky verstummt, und mir liegt nur ein einziges Wort auf der Zunge.

Vienna.

Sie hat Farbe in mein Leben gebracht.

Doch alle Gedanken an Vi gehören nach Köln, und ich weigere mich, sie auch nur minimal mit diesem Ort zu teilen. Selbst wenn wir nicht … zusammenpassen, hier, an diesem hässlichen Ort, voller Erinnerungen, die mich fast ins Grab gebracht hätten, hier hat sie nichts verloren.

»Ich mach dir einen Vorschlag, okay? Euch beiden. Das mit der Klassenfahrt ist blöd gelaufen, lässt sich aber nicht mehr ändern. Doch wenn ihr wollt, dann holen wir das nach. Wir drei. Wohin ihr wollt.«

»Auf deinen Nacken?«, fragt Ricky grinsend, und ich nicke.

»Unter einer Bedingung«, füge ich hinzu, bevor ich gleich drei Flugtickets nach Japan oder Amerika buchen muss. »Der Ort liegt in Europa und ihr benehmt euch bis dahin. Das heißt, keiner haut mehr ab.«

»Und was ist mit dir?«, fragt Gianna.

»Er lebt jetzt nicht mehr in Berlin«, erinnert Ricky sie, und sie verdreht genervt die Augen.

»Offensichtlich. Trotzdem, gilt das auch für dich, Em?«

Ich denke an meine neue Stadt, an die Barista, die mich immer noch Emily nennt, wenn ich mir einen Kaffee hole, an meine Wohngemeinschaft mit meinem ehemaligen Erzfeind und natürlich, wie sollte es anders sein: Vienna.

Könnten wir als Arbeitskollegen trotzdem funktionieren oder gar befreundet bleiben, obwohl das zwischen uns ... nie zustande kommen wird? Was wird eher mein Tod sein? Die Frustration oder das Wissen, dass sie die eine sein könnte, die ich hab gehen lassen?

Würde ich wieder abhauen?

Rickys Magen meldet sich mit einem lauten Knurren, bevor ich mutig genug für eine Antwort bin.

»Gegenvorschlag«, sagt er. »Du lädst uns zum Essen ein, und wir überlegen uns das mit der Drei-Personen-Klassenfahrt. Ich weiß nämlich nicht, ob ich mit meiner Schwester verreisen möchte. Sie kann ganz schön nervig sein.«

»Hey!« Gianna gibt ihm einen Klaps auf den Hinterkopf. »Wer möchte schon mit dir weg, Ricky, huh? Falls du es nicht weißt, du schnarchst!«

»Okay, Gegen-Gegenvorschlag! Wie wäre es, wenn wir runter zum Griechen gehen, und ihr beide überzeugt mich, warum ich überhaupt irgendeinen von euch mitnehmen sollte.«

Die beiden springen vom Bett auf und werfen bereits mit Argumenten um sich, doch ich kann nur daran denken, wie sehr ich die beiden liebe und wie sehr ich sie vermissen werde, wenn ich zurück in meine Heimat fahre.

Ricky geht voran, und ich nutze die Gelegenheit, um mir meine Schwester zu schnappen.

»Bist du immer noch wütend auf deinen Vater?«

»Jep.«

»Wenn ich euch nachher bei ihm absetze, was wird dann passieren?«

»Keine Ahnung. Seh ich aus, als besäße ich eine Kristallkugel?«

»Würdest du noch mal abhauen?«

»Möglich, wenn er weiter so scheiße ist. Er hat sich nicht mal gemeldet, Em.«

»Du hast dich auch nicht bei mir gemeldet, als das in der Schule passiert ist.«

»Das ist was anderes. Ich war – *bin* – sauer auf dich. Ihm hingegen ist bestimmt nicht mal aufgefallen, dass ich weg gewesen bin.«

Wollen wir das mal lieber nicht hoffen.

Carlo Casino hat des Öfteren *meine* Existenz vergessen. Falls seine Gleichgültigkeit nun auch auf seine echten Kinder übergeht ... erwartet uns bald vielleicht eine böse Überraschung. Mit einem Mal bin ich mir nicht mehr sicher, ob es das Richtige wäre, die beiden in der aktuellen Situation bei sich zu Hause abzusetzen.

»Falls ihr Lust habt«, sage ich daher, »könnt ihr über Halloween mit zu mir. Meine Arbeit organisiert eine ziemlich exklusive Party mit vielen Influencern und so.«

»Nein, danke. Mika und ich haben einen Horrorfilm-Marathon im Kino gebucht, und unsere Kostüme funktionieren nur zusammen.«

»Was ist mit dir, Gia?«

Gianna reißt die Augen auf.

»Machst du Witze? Als ob ich sowas ablehnen würde! Aber was zieh ich an? Muss man sich verkleiden?«

Verkleidung? Shit, da war was.

»Warum bist du mit einem Mal so blass?«, möchte sie wissen.

Verlegen reibe ich mir den Nacken.

»Nun ... könnte gut möglich sein, dass ich noch kein Kostüm hab ... und mehr oder weniger ... ein Programmpunkt sein werde.«

Meine Schwester schaut mich mit hochgezogener Braue an.

»Du meinst aber nicht, dass du dich auszieht, oder?«

»Gianna!«

Wenn sie wüsste, dass es noch viel schlimmer ist.

»Was denn? Das klang so kryptisch, da dachte ich mir ... na ja.« Sie zuckt mit den Schultern.

»Gut, wir müssen auf jeden Fall noch eine Verkleidung auftreiben.« Ich schaue auf die Uhr. »Morgen.«

KAPITEL 33

VIENNA

»Und du bist sicher, dass das für dich kein Problem ist? Sosehr ich deinen Vater auch liebe, es hat nicht viel gefehlt, bis ich ihn umgebracht hätte. Der liebe Herr hatte alle Zeit der Welt, um sich auf den Urlaub vorzubereiten, und fragt mich einen Tag, bevor wir aufbrechen, was er denn packen soll.« Meine Mutter schüttelt lächelnd den Kopf und schiebt zum bestimmt fünften Mal Benjis Hand von seinem Mund. Seine neueste Lieblingsbeschäftigung besteht darin, an seinen Bauklötzen zu lutschen.

»Ob das so klug gewesen ist, ihn dann ausgerechnet heute allein zu lassen?«, frage ich aus dem offenen Bad, in dem ich mich momentan für die anstehende Halloweenparty fertig mache.

»Vienna, ich hab seinen Koffer bereits vor Tagen zugemacht, das muss ihm nur auffallen. Doch, doch. Zur Abwechslung mal auf sich alleingestellt zu sein, tut ihm sicher ganz gut. Außerdem ist es irgendwie aufregend, sich vor der großen Reise nicht zu sehen, nicht wahr? Damit wächst die Sehnsucht.«

Ich bin nicht im Entferntesten dabei, in ihre Lage zu geraten, um sie lautstark in ihrer Behauptung zu bekräftigen. Für mich ist es anscheinend ja sogar unmöglich, überhaupt einen netten Kerl zu finden, der nur Augen für mich hat. Doch still und heimlich gebe ich ihr recht. Seit der Location-Besichtigung herrscht zwischen Emilian und mir völlige Funkstille, und auch wenn ich einen großen Teil dazu beigetragen habe, ich vermisse ihn. Und nein, das schließt nicht aus, dass ich nicht gleichzeitig enttäuscht von ihm sein kann – aus mittlerweile mehreren Gründen.

Em hat sich nämlich »krankgemeldet« – pünktlich zum App-Lauch. Das bedeutet, der Erfolg von loaded hängt komplett von mir ab. Zwar hat Klaus mir versichert, dass ich mich jederzeit an ihn wenden dürfte, sollte ich Unterstützung benötigen, doch sind wir ehrlich: Das wird nicht passieren. Dafür bin ich erstens zu stolz, und zweitens läuft bisher alles glatt.

Stündlich erhalte ich Updates zu den Vorbereitungen. Die Bilder, die ich zugeschickt bekomme, lassen meine Vorfreude bereits ins Unermessliche steigen. Die Venue sieht toll aus, und ich kann es nicht erwarten, sie gleich mit meinen eigenen Augen zu sehen.

»Hast du die Handschuhe dabei?« Fast fertig verkleidet, geselle ich mich zu meiner Mutter und Benji in das Wohnzimmer.

»Ja, sie sind in meiner Handtasche.« Ohne von ihrem Enkel aufzusehen, zeigt sie in den Flur, wo ich letztlich auch den letzten Schliff für mein Kostüm finde.

Da ich die Gastgeberin bin, habe ich mir jedoch das Recht vorbehalten, mich nicht an unser Motto *Schaurige Liebe* zu halten. Ich wollte kein Outfit, das nur mit einem Gegenpart vollkommen ist, wie Ying und Yang oder Morticia und Gomez von der *Addams Family*. Bei dieser Art von Verkleidung hätte man direkt gewusst, dass etwas fehlt. Aber es fehlt nichts. Aus diesem Grund habe ich mich für Jessica Rabbit entschieden. Kenner wissen zwar, dass sie verheiratet ist und ihre Loyalität gegenüber ihrem Partner eine große Rolle im Film spielt. Doch sie funktioniert auch als Femme fatale. Und falls mir über den Abend verteilt ein Nerd kommen sollte, der mich korrigieren will … Ich sehe in den Spiegel und grinse.

Keiner wird mich zurechtweisen.

»Ja, sie passt auf Benji auf. Nein, sie möchte nicht, dass du dazukommst. Und ja, wir können morgen Abend vor eurem Trip gerne noch gemeinsam spazieren gehen, damit du deinen Enkel auch noch zu sehen bekommst.«

Mein Vater kommt mit der spontanen Entscheidung meiner Mutter, meinen Sohn bei mir und ohne ihn zu babysitten, überhaupt nicht klar. Deshalb stehe ich seit zehn Minuten vor dem Papierwerk und rede auf ihn ein.

»In den fünfundzwanzig Jahren und siebenunddreißig Tagen, die wir verheiratet sind, haben wir nur dreimal die Nacht getrennt verbracht«, jammert er, und ich werde schwach.

»Okay, Pa. Ich bin kurz nach Mitternacht wieder zurück und werde Ma bearbeiten, bis sie nach Hause fährt, ja? Wie klingt das?«

»Nein, nein, das möchte ich nicht. Da geht doch die Party erst so richtig los.«

Ich bringe es nicht übers Herz, ihm zu sagen, dass ich auch ohne sein Zutun geplant hatte, noch vor eins im Bett zu liegen. Da geht die Tochter endlich mal aus und entpuppt sich trotz einer Welt der Gelegenheiten als Langweilerin? Für einen Mann wie ihn, der noch immer gerne mit seinen Freunden um die Häuser zieht, ist das schwer zu verkraften.

»Dann siehst du Ma erst morgen.«

Mein Vater zögert, bevor er antwortet.

»Für dich nehme ich dieses Opfer in Kauf.«

»Danke«, entgegne ich mit einem Schmunzeln.

»Ich bin stolz auf dich, Nana. Was du da auf die Beine gestellt hast ... Es ist sogar in der Tageszeitung erwähnt worden!«

In Form eines einzigen Nebensatzes in einem Artikel über Christians App, aber immerhin.

»Wollen wir hoffen, dass alles läuft wie geplant«, sage ich und werde plötzlich nervös. »Es kann so viel schiefgehen.«

»Ach, und selbst wenn, dann bist du da, um den Brand zu löschen. Aber Vienna, häng dich nicht zu sehr an den Kleinigkeiten auf, ja? Genieß zur Abwechslung mal deinen Abend und schau dir an, was du auf die Beine gestellt hast.«

»Okay«, verspreche ich und sehe zu, wie bereits viele kostümierte Gäste in das Gebäude strömen und im Dunst der Nebelmaschine in das Innere verschwinden. Obwohl die Veranstaltung die Definition von last minute ist, haben viele bekannte Gesichter zugesagt. Das war mitunter eine meiner größten Sorgen – zum Glück eindeutig unbegründet. Offenbar gilt: Wenn Christian Château feiert, kommt die ganze Stadt.

Basslastige Musik dröhnt nach außen, und durch die Fenster bekomme ich einen kleinen Vorgeschmack von dem, was mich drinnen erwarten wird. Die Party ist bereits in vollem Gange. Zu meiner Nervosität mischt sich Adrenalin.

Mein Vater hat recht. Auch wenn das Event im Rahmen der App stattfindet, das hier ist *meine* Party. Mein erstes Projekt. Und es ist an der Zeit, dass ich endlich mal wahrnehme, was ich da eigentlich geschaffen habe.

Mir bleibt der Atem weg, sobald ich die Halle betrete und regelrecht in eine andere, düstere Welt eintauche. Der Innenraum, in dem sich die gesamten Feierlichkeiten abspielen, ist in ein schwaches oranges Licht mit dunkelblauen Akzenten getränkt. Wir haben nicht an den Nebelmaschinen gespart, doch bewusst darauf geachtet, dass sich der Nebel nur bis auf Höhe der Knie ausbreitet. Überall stehen vereinzelt Stehtische, auf denen künstliche Teelichter flackern. Bis auf die Angestellten an der Bar, die sich an ihren eigenen Dresscode – weißes Hemd, schwarze Weste – halten, ist jeder verkleidet.

Auf den ersten Blick entdecke ich Sherlock Holmes und Watson und einige Playboy-Häschen mit ihrem Pascha im Bademantel. Ich verziehe das Gesicht.

Na, das ist auch eine Interpretation von schauriger Liebe.

Weiter hinten auf der Bühne ist unsere Präsentation aufgebaut und wartet auf die große Enthüllung. Das Logo von loaded steht – wie geplant – mit einem Tuch abgedeckt auf einer Vorrichtung. Zufrieden stelle ich fest, dass sich einige der Besucher drum herum tummeln, Fotos schießen, Videos drehen und rätseln, was sich darunter versteckt. Zwei Sicherheitsmänner sorgen dafür, dass dennoch genug Abstand gehalten wird, damit es nicht zu einem ungeplanten Reveal vor Mitternacht kommt.

»Hey, Jessica! Brauchst du für deine Performance noch einen Ständer?«

Zuerst merke ich nicht, dass ich gemeint bin und das irritierende Angebot eigentlich eine peinliche Anmache ist. Doch als man auch noch nach Jessica ruft, als ich beim Büfett angelangt bin, drehe ich mich schließlich um.

»Hey, Jessy.« Ein Magic-Mike-Double steht viel zu nah bei mir. »Na, wie wär's? Kann ich dich auf einen Drink einladen?«

»Ich bezweifle, dass meine Brüste scharf auf einen Cosmo sind«, gebe ich trocken zurück, da der Typ die Unterhaltung seinem Blick nach zu urteilen nicht mit mir, sondern mit meinem Vorbau führt.

»Ich hab auch noch was anderes zu bieten, wenn du verstehst, was ich meine.« Er veranstaltet eine Art Paarungstanz, um meine Aufmerksamkeit auf sein bestes Stück zu lenken, und ich war noch nie so froh über ein Stück Stoff.

»Dann solltest du unbedingt bis nach Mitternacht dableiben, Kumpel!«

Ein Joker klopft ihm auf die Schulter und schiebt ihn damit

zugleich weg von mir. Bei genauerem Hinsehen erkenne ich, dass es Christian ist, der mich hier vor einer peinlichen Anmache gerettet hat. Er redet noch mit Magic Mike, und ich nutze den Moment, um mich weiter von der Situation zu entfernen.

»Komische Vögel gibt es«, murmele ich und schnappe mir ein Canapé vom Büfett. Nach dieser Begegnung brauche ich eigentlich etwas Stärkeres als Lachs-Schnittlauch-Häppchen, aber es erscheint mir unprofessionell, an die Bar zu verschwinden, wenn Christian keine drei Meter von mir entfernt, mir zuliebe, einen Typen abwimmelt.

Er gesellt sich ausgerechnet dann zu mir, als ich mir den dritten Appetizer in den Mund schiebe.

»Sie sind ein wahrer Blickfang.«

»Oh!« Hastig wische ich mir mit den Fingern potenzielle Krümel vom Mund und begutachte im Anschluss den lilafarbenen, fleckenfreien Stoff meines Handschuhs.

Wenn man auf eines im Leben zählen kann, dann auf die Haftfähigkeit meines Lippenstiftes. War ja auch teuer genug.

»Vielleicht sollten Sie sich einen der Sicherheitsmänner vom Eingang holen. Ich hab hier schon den ein oder anderen hungrigen Blick gesehen.« Er wirkt vergnügt, daher nehme ich an, dass er mein durchaus provokantes Kostüm abnickt.

»Ich komm zurecht«, gebe ich zurück. Der Schlitz in meinem Kleid ist gewagt geschnitten, und auch wenn der Stoff anliegt wie eine zweite Haut, Bewegungsfreiheit gibt es reichlich. Im Falle eines Übergriffes wäre ich definitiv in der Lage, ein paar Selbstverteidigungsmoves, die man uns bei Jann & Rhode im Rahmen eines Frauen-Awareness-Programms beigebracht hat, auszuprobieren. Plus, meine High Heels haben einen dünnen, spitzen und langen Absatz, mit dem ich sicher selbst Graf Dracula pfählen könnte.

»Wo ist Ihre bessere Hälfte?«

»Meine ... oh, Emilian.« Ohne Christian hätte ich es bestimmt geschafft, mal eine Stunde lang nicht an ihn zu denken.

»Sagen Sie mir nicht, dass er ...«

»Er läuft hier irgendwo herum«, falle ich ihm ins Wort, obwohl mir klar ist, dass Em offiziell krank im Bett liegt. Inoffiziell jedoch ...

... ist mir völlig egal, was er wo mit wem macht.

»Verkleidet, wie jeder andere«, füge ich lässig hinzu, als er neugierig durch die Menge schaut, und damit mein Schwindel nicht auffällt. »Ich mache mich aber gleich auf die Suche nach ihm, und dann, pünktlich um Mitternacht stehen wir für das große Reveal auf der Bühne.«

Christian nickt.

»Ich hoffe doch, dass es sich bei seinem Kostüm nicht um Ihren Gegenpart handelt. Partnerkostüme sind nicht immer von Vorteil. Vor allem nicht, wenn es sich dabei um ein Hasen-Clown-Kostüm handelt. Wobei die Kombination furchtbar genug ist, um mir einen Schauer über den Rücken zu jagen. Hm, mir würden sicher bis Mitternacht ein, zwei Witze übers Rammeln einfallen.« Seine Augen wandern dabei über das angerichtete Essen. »Oder das große Liebesnest?« Mit einem Stück Brot in der Hand wendet er sich mir wieder zu. »Ich muss zugeben, dass ich neugierig bin, welche Erkenntnisse Sie mit loaded hatten.«

»Sie haben unsere Fortschritte nicht verfolgt?«, hake ich überrascht nach.

»Wo bleibt denn da die Überraschung? Ich werde genau wie unsere Gäste gespannt darauf warten, *was* für eine App wir da heute präsentieren. Und da Sie und Ihr Kollege loaded ja auf Herz und Nieren getestet haben, können wir sicher in aller Ausführlichkeit über das TTCM-Prinzip sprechen. Sie haben doch alle Stufen freigeschaltet, oder?«

»Pah. Schon lange«, winke ich augenblicklich ab, wohl wissend, dass ich mich damit gerade wohl in die gravierendste meiner Notlügen des Abends geritten habe.

KAPITEL 34

EMILIAN

22:48 Uhr. Fuck, sie wird mich umbringen.

Die letzten Stunden waren eine Katastrophe. Gianna und ich haben den Vormittag noch in Berlin verbracht, nachdem wir Ricky bei seinem Freund abgesetzt haben.

Wir waren in den verschiedensten Geschäften und Kostümausleihen, weil sowohl meine kleine Schwester als auch ich noch eine Verkleidung für die Halloweenparty brauchten. Letztlich mussten wir trotzdem kreativ werden, denn die Auswahl war – um es gelinde auszudrücken – erbärmlich. Überwiegend gab es Clownskostüme samt roter Nase oder Känguru-Einteiler. Nicht wirklich das, womit ich auf einem Arbeitsevent aufkreuzen kann. Auch Gia hatte kein Glück, denn das, was es gab und sie interessant genug für einen zweiten Blick fand, war fünf Nummern zu groß.

Unter Zeitdruck und Frust haben wir uns schließlich dazu entschieden, uns im Einkaufszentrum etwas zusammenzustellen. Das Ergebnis: Sie ist nun gekleidet wie Kim Possible und trägt einen schwarzen Rollkragenpullover, unter dem ihr Bauchnabelpiercing hervorblitzt, von dem ich bis dahin keine Ahnung hatte, und eine Baggy-Hose, die ihr so tief hängt, dass ich auf einen Gürtel bestehen *musste*.

Nach den vielen Diskussionen mit ihr war ich derartig am Limit, dass ich mir das erstbeste Kleidungsstück genommen hab, das ich entdeckt habe. Es war ein schwarzes Sakko, für das ich auch nach Halloween noch Gebrauch finden kann. Gia hat sich mir vorgeknöpft, und wenig später stellte sie mich in meinem zusammengestellten Outfit als Bond, James Bond, vor. Ich war zufrieden mit dem Ergebnis. Die dazugehörige Fliege habe ich in die Brusttasche meines Jacketts gesteckt. So waren wir unauffällig genug gekleidet, um eine Zugfahrt zurück nach Köln ohne blöde Blicke zu überstehen.

So ist es jedenfalls geplant gewesen.

Die Realität hat mir da allerdings einen fetten Strich durch die Rechnung gemacht. Denn sobald wir in der allerletzten Minute am Bahnhof ankamen und noch dabei waren, von unserem Sprint zum Gleis Luft zu holen, ertönte die Durchsage, dass sich wegen fremder Personen auf den Gleisen die Weiterfahrt sämtlicher Züge auf unbestimmte Zeit verzögern würde. Gianna hatte vorgeschlagen zu warten, aber ich konnte und wollte das Risiko nicht eingehen, dass wir noch mehr Zeit verlieren. Als die Durchsage kam, hatten wir schon frühen Nachmittag. Zwar bin ich offiziell krankgemeldet und habe keinerlei Verpflichtung, zu Viennas Event zu erscheinen. Doch ich würde sie damit nicht alleinlassen – nicht, wenn ich es irgendwie verhindern kann.

Das ist der Grund, wieso Gianna und ich Stunden später in einem gemieteten Fahrzeug über die Autobahn brettern, als säßen wir in einem Rennwagen. Wie besessen schaue ich immer wieder auf die Anzeige im Armaturenbrett. Wir liefern uns ein Wettrennen gegen die Zeit, und bisher sieht es so aus, als würde ich es rechtzeitig vor Mitternacht zu Vi schaffen.

»Du willst wirklich ganz schön dringend zu dieser Party«, stellt meine Schwester fest, während wir fast durchgängig die linke Spur benutzen und dabei ordentlich Sprit verbrauchen.

Nein, ich will ganz schön dringend zu ihr.

»Ist mein Job. Zufälligerweise mag ich den und möchte ihn nicht verlieren.«

»Aha.«

»Was, aha?« Ich schaue kurz rüber zu ihr, aber nicht lang genug, um zu sehen, was sie da mit meinem Handy treibt. Ursprünglich hatte ich es ihr zum Navigieren in die Hand gedrückt, da der Halter kaputt ist.

»Nix, nix. Ich frag mich halt nur, was eine gewisse Vi damit zu tun hat.«

»Schon mal was von Privatsphäre gehört?«, gebe ich genervt zurück.

»Es zählt wohl kaum als Privatsphäre, wenn du angerufen wirst.«

Beinahe hätte ich auf die Bremse gedrückt.

»Was?«

»Ein paarmal schon.«

»Und das sagst du mir erst jetzt?«

Sie dreht sich zu mir.

»Fühlt sich scheiße an, Dinge superspät zu erfahren, oder?«

»Gianna, jetzt ist nicht der passende Moment, um es mir heimzuzahlen, okay? Nimm ab und mach laut!«

»Wenn's unbedingt sein muss.« Sie seufzt, als hätte ich sie soeben beauftragt, den Rest des Weges zu Fuß hinter sich zu bringen. Doch immerhin gehorcht sie.

»Na endlich! Du musst sofort herkommen, Em.« Ohne Begrüßung kommt Vi zum Punkt. In ihrer stolzen Stimme schwingt Panik mit, und ich drücke noch ein bisschen mehr aufs Gas.

Dann werd ich eben geblitzt.

»Hast du gehört? Ist mir egal, ob du wirklich krank bist oder dich mit Linda in einer Besenkammer oder so vergnügst und mich auflaufen lässt.«

»Warte, was?«

»Das ist *mein* Projekt, und ich lass nicht zu, dass du mich schlecht dastehen lässt. Also komm sofort her! Und denk nicht einmal daran, dich in ein komisches Harry-Potter-Kostüm zu werfen. Zieh dir einfach schnell einen Mantel über, klapp den Kragen hoch und schnapp dir auf dem Weg aus 'nem Kiosk eine Zigarre oder was weiß ich.«

»Vi, was mein…«

Ehe ich meinen Satz beenden kann, hat sie aufgelegt.

»Uh, die Frau hat Feuer«, meint Gia mit einem teuflischen Grinsen auf ihren Lippen.

»Ja«, gebe ich grübelnd zu und gehe ihre Worte im Kopf erneut durch. »Und es ist nur eine Frage der Zeit, bis sie mich in Brand steckt.«

Ich hatte damit gerechnet, dass wir Probleme bei der Parkplatzsuche haben, doch wir werden in einer Nebenstraße nahe der Halle fündig. Mit Gianna im Schlepptau hechte ich in großen Schritten auf das Papierwerk zu. Dabei fühle ich mich ein bisschen wie Aschenputtel, mit dem Unterschied, dass sie kurz vor Mitternacht den Ball verlassen hat und ich auf jeden Fall vor Mitternacht aufkreuzen muss, da sonst der Zauber verfliegt. Und in Anbetracht der Konsequenzen, die auf mich warten würden, sollte ich es nicht rechtzeitig schaffen, wäre eine nicht mehr fahrende Kürbiskutsche noch mein geringstes Problem.

Die Türsteher wirken gelangweilt, als Gia und ich auf sie zustürmen, und mein Herz schlägt mir fast bis zum Hals, als einer von ihnen meinen Namen auf der Gästeliste absucht und nicht direkt fündig wird. Umso erleichterter bin ich, als wir endlich durchgewunken werden.

»Wow, wie toll das aussieht!«

Gianna schaut sich mit großen Augen um. Auch ich muss

zugeben, dass Vi da etwas ganz Besonderes organisiert hat. Leider bleibt mir für die Bewunderung nicht viel Zeit.

»Okay, du kannst dir die Dekoration später anschauen, Gia. Wir müssen meine Kollegin fin...«

Linda tritt in ihrem Mäuschenkostüm in mein Blickfeld, und mir fällt Vis Besenkammer-Aussage am Telefon wieder ein.

»Hey, Lin!« Ich winke, um auf mich aufmerksam zu machen. Doch sie hat nur Augen für einen maskierten Zorro, unter dessen Maske sich ohne Zweifel Malte versteckt.

Schlau.

»Hör zu, Gia. Da drüben ist eine ...«

»Schon klar. Geh ruhig. Ich werd mich am Büfett bedienen.«

»Kein Alkohol.«

»Ich bin siebzehn!«

»Na gut, *ein* Cocktail.«

Bevor Linda verschwinden kann, entschuldige ich mich und kämpfe mich durch die Menge.

»Linda, hey!« Endlich erreiche ich sie.

»Oh, Emilian! Ich dachte, du wärst in Berlin? Heiß siehst du aus. Hat Vi dich schon mit ihren Augen ausgezogen?«

»Ich muss mit dir reden.« Sie lässt sich mit mir in eine ruhigere Ecke ziehen.

»Worum geht's?«

»Hast du Vi gestern im Büro gesehen?«

»Nein. Sie hat in der Grafik nach mir gefragt, aber ...«

»Ich war mit Malte in einem privaten Meeting ... na, du weißt schon. Wir hatten Sex«, flüstert sie. Ihre Wangen nehmen ein dunkleres Pink an. »Und danach hab ich sie nicht mehr gesehen.«

»Im Büro?«, hake ich entsetzt nach.

Wenn das unser HR-Manager wüsste. Haha.

Für einen Moment verliere ich das Wesentliche aus den Augen, doch glücklicherweise kann ich auf meine Dauermieterin im Kopf zählen, die mir wieder und wieder den einen Satz ins Gedächtnis ruft.

Ist mir egal, ob du wirklich krank bist oder dich mit Linda in der Besenkammer oder so vergnügst.

Augenblicklich macht alles Sinn.

»Oh, nein, nein, nein. Fuck. Sie hat nach dir gesucht?«

»Ja? Warum bist du denn mit einem Mal so blass im Gesicht?«

Vienna glaubt, dass zwischen Linda und mir was läuft, deshalb. Nein, schlimmer. Vi ist überzeugt davon.

»Sie muss euch gehört haben.«

Ihre Augen weiten sich.

»Oh Gott! Scheiße, wir dachten, wir sind vorsichtig. Wenn die Leute erfahren, dass Malte eine Mitarbeiterin knall...«

»Dass sich das herumspricht, bezweifle ich«, falle ich ihr trocken ins Wort.

»Wieso? Ich mein, es wär super, wenn es nicht so wäre. Ich will ihm nicht den Job kosten.«

»Weil ihr bisher nicht zu einem Gespräch gerufen wurdet. Hätte euch außer Vi jemand gehört, glaubt mir, ihr wärt nicht in Partystimmung.«

Linda atmet durch, und ihre Gesichtszüge entspannen sich.

»Da bin ich aber erleichtert. Denkst du ... Vi würde etwas sagen? Sie ist zwar meine liebste Bürofreundin, aber in letzter Zeit ist irgendwas ... na ja, krumm zwischen uns.«

»Würde sie nicht.«

»Warum bist du dir so sicher?«

»Weil sie denkt, dass sie uns beide beim Vögeln gehört hat.«

Linda hat noch einige Minuten versucht, die Situation schönzureden. Doch seien wir ehrlich. Sobald sie rausgehört hat, dass Malte und sie aus dem Schneider sind, waren ihre Versuche eher halbherzig. Dennoch, sie hat versprochen, sich Vienna zu krallen, sollte sie ihr begegnen, und die Sache klarzustellen. Das wäre sicherlich der bequemste Weg für mich, aber ich möchte kein Feigling sein und mich hinter Linda verstecken. Auch wenn sie mir das Problem eingebrockt hat, möchte ich derjenige sein, der Vi aufklärt.

Glücklicherweise dauert es nicht lange, bis ich sie abseits der anderen Gäste entdecke.

»Hey«, begrüße ich sie behutsam und muss mich verdammt stark zusammenreißen, als ich sie in Augenschein nehme. Vienna sieht atemberaubend schön aus. Innerlich erschieße ich mich, weil ich nicht schon früher hier gewesen bin. Der Abend ist fast vorbei. Ich habe Zeit verloren, in der ich sie in dem hautengen, roten Kleid mit einem verboten hohen Beinschlitz und den lää-ängsten Beinen der Welt hätte ansehen können. Wie sollten mir die paar Stunden reichen, die mir vielleicht – wenn überhaupt – bleiben, bis wir wieder getrennte Wege gehen?

»Wow, du siehst ...«

Bevor ich ausreden kann, zieht sie mich mit sich durch den Saal. Vor dem Zugang zur Empore, die für die Gäste tabu ist, bleibt sie stehen.

»Komm mit«, fordert sie, hält sich an meiner Schulter fest, um das Gleichgewicht zu halten, und steigt über die Absperrung. Ich folge ihr, bis wir zu dem Ort zurückkehren, an dem wir definitiv einen Moment der Intimität geteilt haben.

»Du hast dein Handy dabei?«, möchte sie wissen und streckt mir ihre Finger entgegen.

»Klar.«

»Öffne loaded und gib es mir dann.«

Verständnislos gehorche ich.

»Wir haben nicht viel Zeit«, erklärt sie und holt ihr eigenes aus ihrem Dekolleté, bevor sie beide aufeinanderliegend und mit offener App neben uns auf den Boden stellt.

»Ich versteh nicht ...«

»Wir müssen *meet*, die letzte Stufe, freischalten.« Sie lehnt sich rücklings gegen das Geländer und verschränkt ihre Arme. Mein Mund wird trocken, als sich dadurch ihre Brüste zusammenpressen und ein noch viel, viel verlockenderes Bild abgeben. Eines, in das ich mich am liebsten vergraben möchte.

Gedanklich danke ich sämtlichen Modegöttern dafür, dass sie der Meinung sind, dass man im Alltag gediegenere Kleidung trägt und ansonsten blöd angeschaut wird. Ich würde im Leben nicht mehr klarkommen, würde Vienna jeden Tag so ... provokant und ... reizvoll herumlaufen.

»Vi, du schaust ...«

»Nicht. Spar dir deine Worte. Wir sind nur hier, damit Christian nicht merkt, dass wir geschludert haben. Der Plan lautet: Wir schalten die letzte Funktion frei. Präsentieren im Anschluss mit ihm die App und beantworten vielleicht die ein oder andere Frage. Verstanden?«

»Nein.« Ich gehe einen Schritt auf sie zu. Instinktiv will sie dafür einen nach hinten und stößt dabei gegen die Balustrade. »Da wir ohnehin schon hier oben sind, möchte ich dir erklären, was passiert ist. Oder besser gesagt, was *nicht* passiert ist.«

»Ich möchte es nicht hören, Em. Sollten wir den Abend erfolgreich über die Bühne bringen, können wir meinetwegen noch mit einem Sekt darauf anstoßen. Aber das war's. Danach suchst du dir einen anderen Schreibtisch und bringst mir auch keine dämlichen Croissants mehr mit, kapiert? Wir sind Kollegen, die zufällig im gleichen Haus arbeiten. Mehr nicht.«

Bei den letzten Worten zittern ihre Lippen, doch der Blick, den sie mir zuwirft, deutet von fester Entschlossenheit. Ich ignoriere ihre Worte und komme noch einen Schritt näher, kessele sie ein.

»Zwischen Linda und mir läuft nichts. Sie ist eine Freundin, die Hilfe gebraucht hat.«

Vi hebt eine Braue.

»So nennt man das also heute, ja?«

»Was du gehört hast …« Ich bin ihr nah genug, um ihr sinnliches Parfüm zu riechen. In Reaktion mit ihrer Haut ist es der für mich sündhafteste Geruch. Nur mit Mühe behalte ich den Faden.

Ein weiterer Schritt auf sie zu.

»Was hab ich denn gehört?«, hakt sie auffordernd nach, offensichtlich unzufrieden damit, sich für das Geländer entschieden zu haben. Aber sie weicht auch nicht zur Seite aus. Typisch Vienna, stur wie immer.

»Sex.« Meine Stimme ist mit einem Mal rau und tief. In Vis Augen flackert es bei diesem vor Lust und Verlangen vorbelasteten Wort. »Aber nicht mit mir«, füge ich leise hinzu und umschließe ihr Gesicht mit einer Hand. Ihre Haut ist weich und heiß, und ich möchte mehr berühren.

So. Viel. Mehr.

Sie beobachtet mich wachsam, doch erlaubt überraschenderweise die Berührung, was mich mutiger werden lässt.

»Ich hab sie nie *so* angefasst … wie ich dich gerade anfasse.«

Sie schluckt und sucht in meinem Blick die Wahrheit meiner Worte.

»Ich hab nie *so* über sie gedacht, wie ich gerade, in diesem Moment, an dich denke.«

»Wie …«

Ihre Frage bleibt unbeendet in der Luft hängen. Eine Antwort erhält sie trotzdem, als ich meine freie Hand an ihre Hüfte lege. Da sie mich nicht wegdrückt, wage ich noch mehr. Meine Finger gleiten dank des großzügigen Schlitzes problemlos unter ihr Kleid und stoßen augenblicklich auf nackte Haut. Der

Kontakt bringt meinen gesamten Körper zum Kochen, und ich brauche mehr.

So. Viel. Mehr.

Vis Atem flacht ab, und ihr gesamter Körper spannt sich an, doch in keinem Moment signalisiert sie mir, dass ich aufhören soll.

Ich muss.

Aber ich kann nicht.

Ich schließe die Lücke zwischen uns.

»Glaubst du mir?«, raune ich und drücke meine harte Erektion gegen sie. Vorsichtig, denn ich rechne jederzeit damit, dass sie sich mir entzieht.

Doch sie verblüfft mich, indem sie ihre Arme nach mir ausstreckt, Halt an meinem Kragen findet und mich noch näher zu sich zieht. Beinahe berühren sich unsere Nasenspitzen.

Ich will sie.

Aber ich sollte nicht.

Erst recht nicht hier oben. Wir sind zwar unter uns, aber einer von unten muss nur mal flüchtig hochschauen und würde mit uns seine eigene kleine Peepshow bekommen.

»Keine Ahnung«, haucht Vi derweil. Gleichzeitig umschließt sie aber mit ihren Fingern meine Hand unter ihrem Kleid.

Egal.

Egal, egal, egal.

Gebannt von ihrem Mut, verfolge ich, wie sie sie Stück für Stück nach unten führt, bis meine Hände den Saum ihres Slips erfassen. »Kann ich dir denn glauben?« Sie leitet uns weiter, bis meine Hand über ihre heiße und feuchte Mitte streift. Ihr entweicht ein leises Keuchen, ich bin mittlerweile hart wie Stein.

Was machst du da, Em?

Was machst du nicht?

Sie schiebt meine Hand unter ihre Unterwäsche. Diesmal bin

ich es, dem ein Laut entweicht. Hungrig. Primitiv. Vorgebeugt, lege ich meine Lippen an ihr Ohr.

»Ich. Habe. Niemals. Und. Werde. Auch. Nie. Linda. Vögeln«, flüstere ich und kreise im Takt meiner Worte über ihre empfindlichste Stelle. Als ich unaufgefordert einen Finger in sie schiebe, seufzt sie in meinen Hals hinein. Wieder überrascht sie mich, denn sie hält meine Hand in Position, während sie sich an mir reibt. Nicht genüsslich, als hätten wir alle Zeit der Welt, sondern schnell und grob, als würde uns schon bald nicht mehr viel bleiben. Ihre Beine verlieren an Spannung, und ich lege meine andere Hand an ihren Rücken, um sie zu stützen.

»Und mich? Wirst du jemals mit mir vögeln?« Sie wartet meine Antwort nicht ab, sondern reitet mit hohem Tempo ihrem Höhepunkt entgegen. Gleichzeitig mogelt sie ihre zarte Hand zielsicher nach unten, wo sie über der Hose mein Glied umschließt. Einen Augenblick sehe ich Sterne. Als Reaktion tauche ich einen weiteren Finger in sie. Ich fülle sie aus, bis sie stöhnt, schwer atmet und um mich herum zuckt.

Und dann begehe ich den Fehler und schaue ihr ins Gesicht. Sie wartet längst auf mich und lächelt benommen. Plötzlich ist jedes »*ich sollte nicht*« und »*was machst du da*« verschwunden. Zurück bleibt nur ein »*ich will sie*«.

Jetzt. Sofort.

»Nein«, krächze ich, weil es das Richtige ist. Ich muss klarstellen, was sie von mir bekommt und was nicht. Doch meine Antwort verliert jegliche Glaubwürdigkeit, als ich meine Lippen mit Dringlichkeit auf ihre presse. Vi bebt, als ich ihren Orgasmus gierig nach mehr, *so viel mehr,* verschlinge.

KAPITEL 35

VIENNA

Nein.
Es ist das einzige Wort, das mir durch den Kopf geht, während ich in tausend kleine Teile zerberste. Das einzige Wort, das durch mich hallt, als Em seinen Mund hungrig auf meinen drückt. Und es ist das letzte Wort, mit dem ich gerechnet hätte.

Ich tue so, als hätte ich es nicht gehört. Ernst kann er es doch ohnehin nicht gemeint haben, oder? Sonst hätte er mich nicht direkt im Anschluss daran geküsst ... *oder mich auf seiner Hand kommen lassen.*

Doch sein *Nein* wird realer, sobald ich allmählich von meinem Hoch runterkomme und mich für die Explosion in mir revanchieren möchte. Ich suche wieder seine Lippen, doch obwohl wir Momente zuvor nicht genug voneinander bekommen haben – so schien es zumindest –, hält er mir bloß noch seine Wange hin. Sie glüht und ist von einem leichten Schweißfilm überzogen, doch selbst als ich ihn sachte mit meiner Nase anstupse, damit er sich mir zuwendet, geschieht nichts.

Unsicherheit macht sich in mir breit und trübt mein Glücksgefühl. Beinahe gänzlich verschwindet es, als er seine Finger schließlich auch aus mir herauszieht und Leere in mir zurückbleibt.

»Em?«

Seine Brust hebt und fällt in tiefen Atemzügen und verrät mir, dass nicht nur ich mich vorhin im Moment verloren habe, weshalb ich meine Taktik der Situation anpasse. Mit zittrigen Händen gleite ich über sein weißes Hemd. Mir wird schon wieder ganz anders, wenn ich an den Augenblick denke, an dem ich ihn inmitten anderer Partygäste entdeckt habe. Neben untoten Ärzten, gruseligen Clowns, unzähligen Hexen und Zauberern und Fake-Polizisten, ist er mir in seinem simplen Kostüm dennoch am meisten aufgefallen. Ich hätte ihn nicht für den Typ Mann gehalten, der an Halloween als James Bond auftaucht, aber wer wäre ich, mich darüber zu beschweren? Er sieht verboten attraktiv aus, und in einem schwachen Augenblick habe ich sogar darüber nachgedacht, wie perfekt ich in meinem Kostüm zu ihm passe. Ich könnte ein Bond-Girl sein.

Ich möchte sein Bond-Girl sein.

Es ist bescheuert. Vor Kurzem wollte ich unseren Programmpunkt nur so schnell wie möglich über die Bühne bringen. Den gesamten Abend über habe ich mein Bestes versucht, um nicht an ihn zu denken. Ihn oder die Enttäuschung, die ich wegen *ihm* und die Wut, die ich wegen *mir* gefühlt habe. Trotzdem, es hat nur wenige Berührungen und noch weniger Worte gebraucht, um mich all das vergessen zu lassen.

Werde ich im Nachhinein die Blöde sein, weil ich mich so einfach von ihm hab einlullen lassen?

Gut möglich.

Ich weiß nicht, ob er die Wahrheit gesagt hat. Doch er war überzeugend genug, damit es für mich keine Rolle mehr gespielt hat.

Bereue ich es, quasi meine eigenen Gefühle verraten zu haben?

Momentan definitiv nicht. Die Nacht ist noch jung, und die Folgen über diese Entscheidung werden auch morgen noch auf mich warten. Aber für jetzt bevorzuge ich es, auf meiner Wolke aus Seligkeit zu schweben.

»Würdest du mich nehmen?«, frage ich leise.

»Es wäre keine gute Idee«, murmelt er ins Nichts hinein.

»Das beantwortet meine Frage nicht«, entgegne ich und streife mit meinen Fingern über seine Brust und hinunter zu seiner Hose, um eine echte Antwort aus ihm zu locken. Dort angekommen, nestele ich an seinem Gürtel. Emilian senkt wortlos seinen Kopf, um zuzusehen. Vorfreude und ein Machtgefühl überkommen mich, sobald ich den Verschluss aufbekomme und meine Hand mit Leichtigkeit unter seine Kleidung gleitet. Em unterdrückt ein Fluchen, als meine Finger sein hartes Glied umfassen, ich ihn hervorhole und in langsamen Bewegungen massiere. Der Griff, mit dem er mich hält, wird fester, was gut ist, denn wieder jagt ein derart starkes Verlangen durch meinen Körper, dass meine Knie ganz weich werden.

»Em«, versuche ich es erneut und merke, wie flehend ich dabei klinge. Erst jetzt realisiere ich, wie sehr ich hören möchte, dass er mich will. Dass ich all die Signale von ihm richtig gedeutet habe, wir beide uns danach sehnen, diese Grenze aus Vernunft ein für alle Mal zu überschreiten, anstatt verunsichert an ihr entlangzutänzeln – stets darauf bedacht, sie unter keinen Umständen zu übersteigen.

»Frag mich erneut«, fordert er und keucht, als meine Finger flüchtig über seine empfindliche Spitze streifen und den ersten Tropfen seiner Lust auffangen. »Und sei so konkret wie möglich. Formulier es so, dass es nur zwei Antworten geben kann.«

»Okay«, erwidere ich. Ich vermute, dass er einfach auf so was steht, immerhin liebt er Wörter, und ich muss zugeben, dass es tatsächlich etwas Erotisch-Verruchtes hat, sich sorgsam Worte zurechtzulegen, die punktgenau beschreiben, wonach man sich bei dem anderen sehnt.

Für einige Sekunden sage ich nichts, sondern konzentriere mich auf meine Hand. Ich gleite mittlerweile zügiger über seine sehnige Länge, weil ich genau weiß, was ich will.

Er soll durch *mich* kommen. *Mich* beschmutzen, *mich* markieren. Und er soll mich dabei anschauen. Damit sich in sein Gedächtnis einbrennt, dass *ich* es bin, die ihn um den Verstand bringt. Niemand sonst.

Es ist eine Weile her, seit ich mit einem Mann intim gewesen bin. Doch so … fixiert darauf, Spuren von mir zu hinterlassen, war ich bisher nie.

»Vi.« Emilians Stimme ist beinahe nur ein Knurren.

»Ich will, dass du mich ansiehst«, sage ich bestimmt und spüre, wie Macht in mir auflodert.

Zu meiner Überraschung gehorcht er. Sein hitziger Atem schlägt mir ins Gesicht und sein dunkler Blick liegt auf mir. Um mich wäre es ein weiteres Mal geschehen, würde ich darin nicht so viel … Qual und keinerlei Anzeichen von Zufriedenheit sehen.

Verunsichert öffne ich meinen Mund und lasse ihn los.

»Soll ich …«

»Nicht aufhören!«, fällt er mir ins Wort. Die Verzweiflung in seiner Stimme genügt, damit ich sein Glied erneut umschließe. Schneller und gezielter als vorher reibe ich ihn in den Wahnsinn. Emilians Finger drücken sich in meine Hüfte, und er wirft seinen Kopf in den Nacken.

»Nein.«

Da ist es wieder. Dieses kleine, aber bedeutsame Wort. Diesmal ist es über meine Lippen gerollt.

»Ich will, dass du mich ansiehst, wenn du dich fallen lässt.«

Abermals gehorcht er. Unsere Blicke kreuzen sich, und ein schwaches Lächeln umspielt seinen Mund.

»Vi, ich *kann* mich nicht fallen lassen«, sagt er keuchend, doch dann geschieht genau das.

Sein gesamter Körper versteift sich, und ich fühle die Spuren seines Orgasmus auf meinen Fingern. Genau wie er versuche ich unseren Blick zu halten. Ihn kostet es deutlich mehr Überwindung, und für einen Moment huscht eine andere Emotion über sein Gesicht.

Angst? Reue?

Mir kommt ein unbehaglicher Verdacht. Augenblicklich ziehe ich meine Hand zurück und wische *ihn* an meinem nackten Bein ab.

Mag sein, dass ich nicht bereue, was wir hier machen. Doch was, wenn es ihm nicht so geht? Er ist ein Kerl, semi-angezogen von mir. Meine Hand war an seinem Schwanz. *Natürlich* hat er mich nicht daran gehindert, ihm einen runterzuholen. Aber was, wenn er es eigentlich gar nicht gewollt hat?

»Vi, wir müssen reden.« Er schiebt heftig atmend wieder alles an Ort und Stelle.

Wir müssen reden.

Nicht gerade das, was man unmittelbar nach einem Orgasmus hören möchte. Plötzlich bricht Panik in mir aus. Ich merke, dass er sie mir in meinem Blick ansehen kann, denn er schluckt schwer.

Er sieht so wunderschön aus, in diesem ermatteten Zustand, in den *ich* ihn gebracht habe. Wird das das Bild sein, das mir in Erinnerung bleibt, wenn er gleich unsere … meine Seifenblase platzen lässt?

Bevor Em dazu kommt, bricht die eine Frage aus mir heraus, die er mir bisher nicht beantwortet hat. Ich habe Schiss vor der Antwort, aber ich muss sie hören.

»Würdest du Sex mit mir haben?«

Er seufzt, dann umfasst er mein Kinn. Streicht mir zart über die Wange. Seine Finger schweben eher über meine Haut, dabei möchte ich, dass er jeden Zentimeter davon berührt und küsst und liebt und …

»Ja«, haucht er, aber ich entdecke kein Lächeln auf seinem Gesicht. »Deswegen müssen wir reden, Vi. Du bist eine Wahnsinnsfrau und ich nur ein einfacher Typ. Natürlich würde ich dich vögeln. Scheiße, du brauchst nur ein Wort zu sagen, und ich wäre dir erlegen. Doch das ist alles, was ich dir geben kann. Ich bin nur für lockeren Sex und Spaß zu haben. Alles Weitere ...«

Seine Worte katapultieren mich in einen meiner größten Albträume hinein. Einen, in dem ich splitternackt in einer Besprechung mit Kunden stehe. Sie lösen die gleiche Hilflosigkeit in mir aus.

Das ist alles, was ich dir geben kann.
Will ich mehr?
Will ich weniger?

Die Gedanken kreisen in meinem Kopf, bis mir von ihnen schwindelig wird. Ich versuche, mich auf einen einzigen zu konzentrieren.

Was möchte ich?

»Ich will dir keine falschen Hoffnungen machen, deshalb ...«

»Machst du nicht«, falle ich ihm ins Wort, ehe er auf die Idee kommen kann, das von eben als nicht wieder vorkommenden Fehler zu bezeichnen.

»Vi ...«

»Ich will auch nicht mehr«, versichere ich ihm, drücke aber, als wollte mein Körper die Unwahrheit in meiner Aussage enttarnen, seine Hand enger an meine Wange.

Wenn diese gestohlenen Momente mit ihm das Einzige sind, was er mir anbieten kann, dann wäre ich schön blöd, sie mir nicht zu nehmen.

»Das sagst du nur so.« Er lässt seinen Daumen über meine Haut kreisen. Die Signale, die er ausstrahlt, sind so widersprüchlich. Doch wenn man einen Schritt zurückgeht und das Gesamtbild betrachtet, ergeben sie schon Sinn.

Er will mich.

Doch irgendwas hält ihn davon ab, sich darauf einzulassen.

Wenn Em und ich *nach* dem Launch der App auf die Galerie verschwunden wären, hätte ich den Reveal und somit den Höhepunkt des Abends mit viel Stolz in der Brust wahrnehmen können. Nun ist die gesamte Enthüllung in einem Zug aus Nebel an mir vorbeigerauscht. Ich hatte sie mir viel pompöser ausgemalt und mental einen größeren Slot dafür frei gehalten. Doch nach Emilian und meinem Abenteuer gab es in meinem Kopf nur noch Platz für ihn und die Dinge, die wir da oben getan haben.

Beinahe hätten wir den Hauptprogrammpunkt verpasst, da in unserer Welt anscheinend die Uhren anders ticken. Glücklicherweise hat mich mein gestellter Wecker noch rechtzeitig daran erinnert. Nicht auszudenken, was passiert wäre, hätten wir unseren Auftritt verpasst.

Wir haben uns unsere Handys geschnappt, auf deren Bildschirmen loaded – sehr passend – einen erfolgreichen Austausch verkündet. Mit Konfettiregen.

»Subtil«, hatte Emilian hinter mir amüsiert gemeint. Seine unmittelbare Nähe hat in mir erneute Sehnsucht ausgelöst. Es ist ein gefährliches Spiel, das ich da mit Em eingegangen bin. Falls er herausfindet, dass ich ihn angelogen habe ... dann bin ich diejenige, die *ihm* falsche Hoffnung gemacht hat. Ich bin kein Experte in Mathe, aber falsche Hoffnung mal zwei ergibt für gewöhnlich mindestens eine verletzte Person. Und ... mit viel Pech und verschwiegenen Gefühlen ... leider auch zwei gebrochene Herzen.

Diese Gleichung hat gereicht, um Abstand zwischen uns zu gewinnen. Nicht besonders viel, schließlich haben wir beide das gleiche Ziel – die Bühne – gehabt. Doch es war ausreichend, um wieder einen klaren Kopf zu bekommen.

Die Enthüllung von loaded ist das Highlight des Abends – jedenfalls für Christian und seine Gäste. Er strahlt über beide Ohren, als ich von unseren Erfahrungen erzähle, während Em immer mal wieder verlegen nickt. Zum ersten Mal werde ich Augenzeugin seines Lampenfiebers. In der Hoffnung, ihn davon abzulenken, richte ich in einem freien Moment seine James-Bond-Fliege. Er lächelt und flüstert ein leises »Danke«, und dabei tauschen wir einen so intensiven Blick miteinander aus, als stünden wir noch oben auf der Empore. Ich übernehme auch den Rest der Präsentation. Ins Straucheln komme ich dabei nur einmal. Nämlich als Christian – dreist wie er ist – beiläufig fragt, ob unser Austausch denn schon zu mehr geführt hätte. Peinlich berührt weise ich ihn darauf hin, dass wir nur Kollegen sind. Das Zwinkern, das er mir im Anschluss zuwirft, lässt mich jedoch stark vermuten, dass er mir das nicht abkauft. Das restliche Interview über kann ich den Gedanken nicht abschütteln, dass er Em und mich vielleicht vorhin gesehen hat. Damit wird mir heiß und kalt zugleich. Zum einen ist die Vorstellung, dass man uns entdeckt hat, furchtbar verrucht. Zum anderen ... will ich den Augenblick mit ihm für mich haben und mit niemandem teilen.

»Bevor wir den Startschuss für loaded geben, Vienna, Emilian. Wie würdet ihr die App charakterisieren?«

Ich öffne bereits meinen Mund, als das erste Mal Em das Wort erhebt.

»Als sicheres Freundschaft-Plus-Netzwerk.«

Christian klatscht erfreut in die Hände. Eigentlich bin ich immer noch der Meinung, dass die App besser ankommen würde, wäre sie eine Find-true-love-Dating-Plattform. Allerdings würde ich das nun niemals mehr zugeben, denn das hätte ... andere Komplikationen mit sich gebracht.

Emilian und ich haben uns durch loaded näher kennengelernt, als es ohne jemals der Fall gewesen wäre. Wir haben uns bemüht, die App pflichtbewusst zu testen und uns auf ihre Forderungen eingelassen.

Und wo sind wir gelandet?

Was wird *nicht* mit uns passieren?

Richtig.

Wie sich jedoch herausgestellt, haben wir bei der anwesenden Menge mit unserer Einordnung von loaded genau ins Schwarze getroffen und der Ansturm auf einen Account ist riesig. Es ist nach Mitternacht, als die ersten virtuellen Unterhaltungen anfangen und Hunger nach Sex in der Luft liegt. Den habe leider auch ich wahrgenommen. Ein Blick zu Em genügt, damit ich behaupten kann, dass es ihm wohl genauso geht. Weshalb ich mich geradewegs aus dem Rampenlicht entferne und die nächste Bar ansteuere, um meine Sehnsucht nach ihm mit einem starken Drink herunterzuspülen.

An der Bar bestelle ich mir einen Tequila, den ich auch augenblicklich runterkippe. Die dazugehörige Scheibe Zitrone lehne ich jedoch ab, sie sieht mir um diese Uhrzeit nicht mehr besonders keimfrei aus, wie sie da kraftlos in ihrem offenen Behälter liegt.

Als wäre das, was du mit Em angestellt hast, hygienisch gewesen.

Bevor mir die Hitze ins Gesicht steigen kann, ordere ich einen zweiten Shot. Auch den trinke ich in wenigen Zügen. Zufrieden nehme ich wahr, wie meine Lust auf Em nachlässt und ich langsam entspanne – als plötzlich mein Handy vibriert. Ich erwarte, dass ich eine Nachricht von meiner Mutter – oder schlimmer noch – von meinem liebeskranken Vater erhalten habe, immerhin ist es fast halb eins, und ich hatte beiden versichert, dass die Nacht für mich nicht lang gehen würde.

Ich bin zweiundzwanzig.

Amüsiert verdrehe ich die Augen, doch sobald ich mein Telefon in die Hand nehme und die eingegangene Nachricht sehe, sinkt meine Laune schlagartig in den Keller.

Sam?!

> Wie geht's?

Mir bleibt keine Gelegenheit, um angemessen in Schock zu verfallen, denn Emilian taucht in meinem Blickfeld auf. Schnell schiebe ich mein Handy in meinen Ausschnitt. Mir entgeht dabei nicht, dass Ems Aufmerksamkeit ebenfalls in diese Richtung gewandert ist. Deutlich kürzer, als es bei Magic Mike heute Abend der Fall gewesen ist, aber trotzdem, boys will be boys.

»Stößt du auf dein erfolgreiches Projekt an?« Er mustert die Getränketafel, ehe sein Blick wieder auf mir ruht. »Ohne mich?«

»Oh. Ich wollte gerade aufbrechen.«

»Vi, ich zieh dich nur auf«, er lächelt. Freier, als ich es von ihm kenne, doch für den Bruchteil einer Sekunde huscht ein Schatten über sein Gesicht.

»Darf ich dich nach Hause fahren? Ich bin mit einem Wagen da.«

Nicht *soll*, als wäre es seine Verpflichtung, da er derjenige mit einem Auto ist. Er fragt, als wäre es für ihn eine Ehre.

»Das ist schon okay. Hier stehen genügend Taxis.«

»Vienna«, er stellt sich vor mich. »Sei nicht albern. Als würde ich dich in ein Taxi setzen, wenn ich dich selbst sicher nach Hause fahren könnte.«

»Em, ich denke nicht, dass das ...«

Ein junges Mädchen stellt sich zu ihm und hakt sich schläfrig in seinem Arm ein.

»... klug wäre«, beende ich perplex meinen Satz und schaue verwirrt zu dem Neuzugang.

»Meine Schwester«, erklärt er und nickt in ihre Richtung. »Gianna, möchtest du Vi nicht begrüßen?«

»Hey«, höre ich sie sagen, bevor sie genüsslich gähnt.

»War ein langer Tag«, entschuldigt sich Em.

Die Party. Christian. Deine Finger in mir drin. Das Hey meines Ex. Jep, viel los in Vi-Town.

»Wem sagst du das?«

»Also, was meinst du? Darf ich dein Taxi sein?«

»Bah, Em, da wird einem ja schlecht.« Gianna mimt einen Würgereiz, und ihr Bruder läuft rot an. Ich beschließe, dass ich sie mag.

»Ja, doch. Das darfst du sehr gerne.«

Gianna sieht mich an, als hätte ich soeben Hochverrat begangen, ihre Augen weit aufgerissen.

»Kein Wunder, dass du sie magst, Em. Sie ist auch seltsam.«

Emilians Gesicht färbt sich noch eine Nuance dunkler, und er spielt an seiner Fliege herum.

Ich mag seine Schwester definitiv. Auch, wenn sie mich gerade irgendwie beleidigt hat.

»Lasst uns gehen« Er schiebt Gianna vor sich und bugsiert sie durch den Raum, ich laufe an seiner Seite.

»Wir kommen aus Berlin«, raunt er mir zu, und ich schaue überrascht zu ihm hoch. »Deswegen ist sie so ein Monster. Sie ist müde.«

Obwohl ich ihn wegen seiner falschen Krankmeldung zurechtweisen müsste, beschließe ich, die Sache unter den Teppich zu kehren. Für heute war ich lange genug Vienna Lorenz von J&R. Jetzt will ich einfach nur Vi sein.

»Ich wäre früher gekommen, hätte ich gewusst, dass du *so* aussiehst.«

»Ach ja? Wie sehe ich denn aus?«, hake ich nach, plötzlich gierig nach einem Kompliment von ihm.

»Wie eine Frau, der ich verdammt gerne das Kleid ausgezogen hätte«, erwidert er mit einem frechen Funkeln in seinem Blick.

»Spricht nicht wirklich für das Kleid«, erwidere ich gewollt cool. In Wirklichkeit bin ich bereits zu einer Pfütze dahingeschmolzen. Vielleicht sollte ich Emilian öfter auf solche Partys schleppen. Sie scheinen ihm gutzutun.

Viel zu gut.

»Spricht für die Frau.« Er lächelt und legt seine Hand an meinen Rücken. Seine Finger berühren dabei fast meinen Po.

Gianna mag müde sein, aber ich? Ich bin plötzlich wieder hellwach.

KAPITEL 36

EMILIAN

Was machst du da, Em?

Diese Frage geistert durch meinen Kopf, seit ich Vienna geküsst habe. In dem Kuss lag mehr Bedeutung. Die anderen Berührungen, das ist die Definition von lockerem Spaß. Aber der Kuss? Obwohl sie mich mit der Arbeit ihrer grazilen Hände weit über mein Limit gebracht hat, ist es die Erinnerung an ihre Lippen auf meinen, die mich seither um den Verstand bringt. Wie sich ihr Mund zu einem O geformt hat, als ich ihren Höhepunkt inhaliert habe. Und wie sie meinen Kuss ohne zu zögern erwidert hat. Diese Intimität, die rein gar nichts mit unseren Körpern zu tun hat ... wie selbstverständlich ihr Körper auf meinen reagiert hat – und vice versa – ... *das* bereitet mir Sorgen.

Eigentlich sollte ich mich beflügelt fühlen. Ich konnte nicht nur mit Vi reden und ihr klarmachen, wofür ich gut bin – und wofür nicht. Wir sind sogar auf den gleichen Nenner gekommen. Das zwischen uns hat sich also exakt so entwickelt, wie ich es mir gewünscht habe. Der Haken? Fuck, seit sie in meinen Armen stand und mir versichert hat, dass sie auch bloß ein bisschen Spaß sucht, möchte ich am liebsten alles zurücknehmen. Das Gespräch, meine Worte und natürlich auch die von ihr. Ich will die Zeit zurückdrehen und nicht dieser Kerl sein, der zu verkorkst für mehr ist. Weil es das ist, wonach ich mich mit Vienna in Wirklichkeit sehne: mehr, mehr, mehr.

Mehr Küsse.

Mehr Nähe.

Mehr von ihr.

Mehr mit mir.

Mehr *wir*.

Meine Finger tippen rastlos auf dem Lenkrad herum. Sie führen immer einen nervösen Tanz auf, wenn ich den plötzlichen Drang danach verspüre, meine Gedanken in geschriebenen Worten festzuhalten.

Gianna und ich sind – laut Navi – noch fünfzehn Minuten von Jamils und meinem Apartment entfernt. Mindestens eine halbe Stunde muss ich also noch aushalten, bis ich auf Papier bluten kann.

Vienna haben wir vor den zwei letzten roten Ampeln an einer Kreuzung abgesetzt, auch wenn ich sie am liebsten bis vor die Haustür begleitet hätte, um sicher zu wissen, dass sie bei sich angekommen ist. Doch sie hat darauf bestanden und dann von irgendeinem Spanner-Nachbarn geredet, der direkt eine Wohnversammlung einberufen würde, nur weil er Vi mit einem Mann gesehen hätte. Sie hielt es für klug, dieses Szenario nicht Wirklichkeit werden zu lassen, obwohl ich sehr, sehr gerne der Typ an ihrer Seite gewesen wäre, über den am nächsten Tag die gesamte Nachbarschaft tratscht. Doch Vi hat keine Widerworte akzeptiert. Immerhin war sie dazu bereit, mir zu versprechen zu schreiben, sobald sie ihre Wohnung betreten hätte. Das Versprechen hält sie offenbar.

Ich habe Gia erlaubt, die Nachricht zu öffnen, die soeben eingetrudelt ist. Vi ist nicht so naiv und würde etwas Unanständiges verschicken. Sie weiß schließlich, dass meine Schwester mich durch die Straßen Kölns navigiert. Sobald Gia jedoch mit genervtem Blick ein Foto von Vi hochhält, wäre ich beinahe in das vor einem Rotlicht zum Stehen kommende Auto vor mir gefahren.

»Ich schwör, wenn sie gleich mit Sexting anfängt, schalte ich das Handy aus. Dann müssen wir so zu deiner Wohnung finden.«

»Sie ist eine Kollegin«, beteuere ich. Das Foto, das Vi geschickt hat, ist in der Theorie harmlos. Sie trägt immer noch dieses verboten scharfe Kleid. Es hat mich sämtliche Selbstbeherrschung gekostet, es ihr nicht an Ort und Stelle vom Leib zu reißen. Wie gesagt, ich bin der Welt der Mode dankbar, dass so etwas im Alltag verpönt ist. Was allerdings ganz bestimmt nicht für meine Schwester gedacht war, ist Vis halb geöffneter Mund und ihre teils abgewischten roten Lippen. Der Anblick hat in kürzester Zeit Fantasien in mir geweckt, die ich lieber nicht am Steuer haben sollte.

Ist sie schon immer so kokett gewesen? Ich erinnere mich an ihr Profilbild. Dieses hier ist tausendmal provokanter.

»Hältst du mich für so dämlich, Em? Ich bin kein Kind mehr. Zwischen euch läuft was. Ich hab gesehen, wie ihr über das Absperrband geklettert seid. *Und* wie ihr erst nach langer Zeit wieder runtergestiegen seid. Schau mich an! Ich bin noch immer traumatisiert wegen eures«, sie malt Anführungszeichen in die Luft, »Freshly-fucked-Looks.«

»Was? Du hast ... du meinst ... denkst du ...« Meine Gedanken überschlagen sich, und ich drehe mich flüchtig zu ihr. Lügen zwecklos. »Du übertreibst, oder?« Ich lache nervös in mich hinein, doch mir vergeht das Lachen, als sie mit vollem Ernst ihre Stirn in Falten legt.

»Seh ich so aus?«

»Shit.« Aufgewühlt fahre ich mir durch die Haare.

»Was ist das Problem? Sie steht auf dich. Du auf sie. Es ist die leichteste Gleichung *ever*.«

»Na ja.«

In ihrem Teenie-Hirn mag das so sein. Doch in der Realität sieht die Sache ziemlich anders aus.

Komplizierter.

Verkorkster.

»Was na ja? Boah, dass ihr es euch immer so schwer machen müsst. Lass mich raus und fahr zu ihr.«

»Wie bitte, was?«

»Hier steht, dass wir in zwei Minuten da sind. Gib mir deinen Schlüssel, lass mich an der nächsten Ampel raus und dreh um.«

»Das kannst du vergessen, Gianna. Du weißt nicht, wo ich wohne. Außerdem kennst du Jamil nicht und nein, einfach nein.«

Gianna ignoriert mich offenbar, denn sie löst ihren Sicherheitsgurt, greift nach hinten zu meinem Rucksack und wühlt darin herum, bis sie meinen Schlüsselbund findet und triumphierend damit herumwedelt.

»Okay. Da ist die Ampel.«

»Hast du mir nicht zugehört? Auf keinen Fall la…«

»Halt an und lass mich aussteigen, oder ich schreie so lange, bis mich jemand hört.«

»Bist du noch ganz dicht?« Da Gianna und Wahnsinn nicht so weit voneinander entfernt liegen und ich ihr durchaus zutraue, die Nachbarschaft wach zu schreien, bleibt mir nichts anderes übrig, und ich halte, wie von ihr gefordert, an der Ampel an.

»Ich hätte dich niemals mit hierhernehmen sollen«, sage ich zerknirscht.

Sie lächelt mich zuckersüß an, bevor sie aus dem Wagen springt.

»Ich schick dir ein Foto, wenn ich bei dir angekommen bin.« Sie zwinkert als Anspielung auf Viennas Nachricht. »Aber erwarte nicht zu viel von mir.«

»Wär mir im Leben nicht eingefallen«, erwidere ich und fahre im Schritttempo neben ihr entlang.
»Em, denk nicht mal daran, mir jetzt hinterherzufahren.«
»Warum bist du so bescheuert?«
»Weil Ricky recht hatte. Du bist hier glücklich, und wenn diese Frau der Grund dafür ist, dann wärst du ein sooo was von großer Loser, wenn du sie heute Nacht allein lässt. Ich schau Rom-Coms, vertrau mir. Sie hat dir das Bild nicht ohne Grund geschickt. Sie wartet auf dich.«
»Das ist albern. Vi hat dich doch kennengelernt. Sie weiß, dass ich mich um dich kümmern ...«
Gianna schnaubt verächtlich.
»Ich bin fast achtzehn. Wenn ich bisher nicht allein zurechtgekommen bin, werde ich in Zukunft ein großes Problem haben ... was nicht der Fall sein wird. Okaybyeee.« Sie grinst noch einmal, doch ehe ich ihr sagen kann, dass man mit Erreichen der Volljährigkeit das Leben sehr wahrscheinlich nicht im Geringsten im Griff hat, dreht sie sich um und läuft in die Richtung meiner WG.
Meine Sport-ist-Mord-Schwester rennt, aber meinetwegen kann sie sich auch beim Marathon anmelden, ich werde nicht zu Vi fahren.
Auf gar keinen Fall.

KAPITEL 37

VIENNA

»Shhh, ist ja schon gut. Mama ist doch da.«

Ich konzentriere mich auf meine geflüsterten Worte, ansonsten würde ich ebenso in Tränen ausbrechen wie mein Sohn, den ich seit Minuten versuche zu beruhigen. Er muss mitbekommen haben, wie ich Ma abgelöst habe.

Sie ist geblieben, bis ich mich abgeschminkt und bettfertig gemacht habe. Nach dem doch sehr freizügigen Kleid habe ich mich nach Bequemlichkeit gesehnt und mich für meine gemütlichste Schlafanzugkombination, einen rosafarbenen Zweiteiler aus Fleece, entschieden. Wegen seiner Bärchenohren-Kapuze habe ich zwar ein Augenrollen meiner Mutter kassiert, aber immerhin hat sie sich einen Spruch gespart. Wir waren leise und haben nur die nötigsten Sätze miteinander gewechselt, um Benji nicht aufzuwecken. Trotzdem ist er kurz nachdem wir uns voneinander verabschiedet haben, aufgewacht. Seitdem schreit er das Haus zusammen, und ich habe schon die Befürchtung, dass einer meiner Nachbarn gleich klopft – es wäre nicht das erste Mal.

Ich habe mich schon lange nicht mehr so hilflos gefühlt. Weder ein sanftes Hin-und-her-Wiegen in meinen Armen noch ein schiefes Gute-Nacht-Ständchen helfen dabei, ihn zu beruhigen. Seine Windel ist trocken und auch seine Körpertemperatur ist laut Messung im normalen Bereich, weshalb ich mir seinen

Weinkrampf nur damit erklären kann, dass er supermüde ist, aber Probleme hat, zurück in den Schlaf zu finden.

Das ist meine Schuld. Benji ist es nicht gewohnt, dass hier nach Mitternacht noch Treiben herrscht. Er ist total aus seiner Routine gerissen worden.

Auf diese Gewissheit folgt nicht nur schlechtes Gewissen, sondern blanker Selbsthass, von dem ich eigentlich überzeugt gewesen bin, ihn endlich unter Kontrolle zu haben.

Ich bin eine egoistische Rabenmutter! Wessen Mutter geht aus und kommt erst spät in der Nacht zurück? Auch wenn es eine wichtige Arbeitsfeier gewesen ist, *wessen* Mutter zieht das Geschäftliche seinem eigenen Kind vor? Kein Wunder, dass Benji weint. Er hat mit mir ein wahres Glückslos gezogen.

Der erfolgreiche Launch der App, die Party, ja selbst die verstohlenen, beflügelnden Minuten mit Em auf der Empore, all das verliert in dem Schwall seiner Tränen an Bedeutung und Glanz. Wie konnte ich mich nur vergnügen, während ich zu Hause einen kleinen Sohn habe? Mit jeder Sekunde wächst meine Wut auf mich selbst. Sogar die Stimme meiner Mutter, die mir vorwirft, dass ich lieber arbeite, als Mama zu sein und Zeit mit Benji zu verbringen, tritt wieder in den Vordergrund. Trotz Benjis Gebrüll ist sie allgegenwärtig, und je länger ich daran scheitere, ihn zu beruhigen, umso präsenter wird sie. Ich falle in eine Spirale aus Babygeschrei und Vorwürfen, Erschöpfung und Wut und stehe kurz davor von diesem Sog aus Überforderung in die Tiefe gezogen zu werden, als mich die Hausklingel aus meinen dunklen Gedanken reißt.

Benji scheint erschreckt von dem plötzlichen Lärm. Sein Brüllen wird schriller.

»Mama ist da«, versichere ich ihm so sanft und liebevoll, wie es mir in meiner aktuellen Situation gelingt. Die Wahrheit ist jedoch, dass ich selbst immer mehr an Fassung verliere, mich zunehmend hilfloser und verzweifelter fühle und sich durch ein leichtes Brennen in meiner Nase nun auch bei mir die ersten Tränen ankündigen.

Trotzdem reiße ich mich zusammen, begebe mich zur Wohnungstür uns linse durch den Spion. Es ist niemand zu sehen, weshalb mich eine Welle der Erleichterung überkommt, da kein Nachbar mit hochrotem Kopf auf der Matte steht und mit der Polizei droht. Meine Freude währt allerdings nicht lang, als mir klar wird, dass sich mit dem Klingeln dann jemand anderes angekündigt hat. Jemand, den ich momentan noch viel weniger sehen möchte. Meine Mutter.

Sie muss etwas vergessen haben.

Oder ihr sechster Sinn hat sie darüber informiert, dass jetzt ihre perfekte Gelegenheit für ein »Und? was hab ich gesagt?« gekommen ist.

Ich vertreibe den grimmigen Gedanken und wische mir hastig die ersten Tränen der Überforderung weg. Obwohl sich in mir alles sträubt, mir diese Rede von ihr anhören zu müssen, drücke ich auf den Buzzer. Erstens ist es dunkel und spät. Ich möchte nicht, dass sich meine Mutter allein da draußen aufhält. Zweitens, wenn sie dazu in der Lage ist, ihren Enkel zu beruhigen, dann nehme ich auch ihre Selbstgefälligkeit in Kauf.

Doch es ist nicht meine Ma, der ich kurz darauf die Wohnungstür öffne.

»Ach du Scheiße, was machst du denn hier?«

Emilian steht vor mir. *Arbeitskollege*-Emilian, der über mein privates Leben nichts weiß. Nichts-Ernstes-Emilian, der mir vor wenigen Stunden erst einen befreienden Orgasmus bereitet hat. *Emilian*-Emilian, der nun mit offenem Mund und tief gerunzelter Stirn auf Benji starrt.

»Ich ... äh ... Gianna ... äh ... ist ... das«, er deutet auf meinen Sohn, »ist das deiner?«

Noch habe ich die Möglichkeit, es zu leugnen. Ich könnte behaupten, dass ich ein fremdes Baby babysitte. Doch bereits als mir diese Gedanken durch den Kopf gehen, fühle ich mich noch mieser als davor.

Dein eigenes Kind verleugnen? Wow, echt jetzt, Vi?

»Ja, der Kleine ist von mir. Ähm ...« Da die Katze jetzt eh schon aus dem Sack ist, trete ich einen Schritt nach hinten, um Em Platz zu machen. »Lass uns drinnen reden.«

Er zögert. Die Fight-or-flight-Verunsicherung in seinem Blick kenne ich nur zu gut von den anderen Männern, denen ich anvertraut habe, dass ich Mutter bin, weshalb ich ihm den Rücken zuwende. »Falls du wieder gehen möchtest, schließ einfach hinter dir die Tür«, sage ich, während ich bereits in die Küche laufe.

Sekunden später höre ich, wie die Tür tatsächlich ins Schloss fällt. Doch meinem Herz bleibt keine Gelegenheit einzuknicken, denn kurz darauf folgen mir Schritte, und Emilian gesellt sich zu mir.

»Ich hatte keine Ahnung, dass du einen Sohn hast.« Noch immer macht er den Eindruck, als müsse er die Information verarbeiten. »Wie heißt er?«

»Benjamin. Aber wir nennen den kleinen Schreihals eigentlich immer Benji.«

Ich bedeute Emilian, am Esstisch Platz zu nehmen, während ich übermannt von der Situation hin und her laufe. Er zieht sein Jackett aus und hängt es ordentlich über die Lehne. Aber er setzt sich nicht hin. Ganz im Gegenteil. Er kommt auf mich zu und beugt sich zu Benji herunter.

»Du sollst ein kleiner Schreihals sein?«

Erst bei seinen Worten merke ich, dass Benji aufgehört hat zu weinen. Ich bin so von Emilians plötzlichem Auftauchen überrumpelt gewesen, dass mir entgangen ist, dass mein Sohn ebenfalls von unserem Besuch überrascht worden ist. Noch immer schaut er Em mit riesigen Augen und einem zu einem O geformten Mund an. Er befindet sich in einem regelrechten Schock. Würde ich ihn nicht leise atmen hören, hätte ich Sorge, dass er es vergessen hat.

Emilian streckt vorsichtig seine Hand nach ihm aus und schüttelt seine kleine Faust. »Hi, Benji. Ich bin Emilian, ein Freund deiner Mama.«

»Willst ... willst du ihn halten? Dann kann ich einen Tee machen ... also, falls du ... möchtest du Tee?« Sollte er mich normalerweise für eine redegewandte Frau halten, wirke ich in diesem Moment nicht besonders eloquent.

Als ich noch gedatet habe, habe ich mir die erste Begegnung zwischen meinem Date und Benji immer bis auf das kleinste Detail ausgemalt. Niemals hatte ich dabei ein Szenario im Kopf, in dem ich leicht verheult mitten in der Nacht mit Benji auf dem Arm in meiner Küche stehe.

Oh Gott. Mein Bärchenpyjama!

Hastig blicke ich an mir hinab. Es ist nicht nur der Schlafanzug an sich, sondern auch die Tatsache, dass ich darunter keinen BH trage, der mich vor Scham glühen lässt. Das Oberteil liegt eng an. Sollte ich Emilian Benji in die Arme geben, würden sich meine Brüste fröhlich mitbewegen.

So habe ich mir das definitiv nicht vorgestellt. Dann wiederum ... so weit ist es bisher mit den Männern, die ich kennengelernt habe, auch nie gekommen.

»Vi?«

Emilian schaut besorgt zu mir. Noch immer hält er Benjis Händchen und noch immer ist mein Sohn vollkommen fasziniert von ihm.

»Oh, tut mir leid.« Ich nehme einfach mal an, dass er meine beiden Fragen mit einem Ja beantwortet hat, weshalb ich ihm Benji in seine Arme schiebe. Perplex zieht Em ihn hoch.

»Tee!«, kündige ich an, bevor ich mich in dem Anblick verliere, der sich mir ergeben hat. Emilian ist ein Naturtalent, denn eigentlich hatte ich damit gerechnet, dass mein Sohnemann sich durch Strampeln und Quietschen wehrt. Doch er hängt selig an Ems Schulter und lässt sich zufrieden von ihm tragen.

»Vienna, warte.« Ehe ich mich zu meinem Wasserkocher umdrehen kann, legt Emilian sanft seine Hand an meine Wange. Sein Blick fährt langsam und prüfend über mein Gesicht.

»Hast du geweint?«, fragt er leise und wischt mit dem Daumen unter meinen Wimpern entlang, als wolle er die Tränen, die längst wieder versiegt sind, wegwischen.

»Nur ein klitzekleiner Nervenzusammenbruch«, gestehe ich und lache nervös in mich hinein. »Nichts, was eine Tasse Früchtetee nicht hinbiegen könnte.«

Er nickt behutsam, seine Finger streifen flüchtig meinen Mundwinkel. »Wenn das so ist, dann bestehe ich darauf.«

Mit meinem dampfenden Waldbeerentee in der Hand geht es mir wenig später, als wir am Tisch sitzen, wirklich besser. Es könnte aber auch an dem Fakt liegen, dass Benji mittlerweile auf Ems Schoß sitzt und der damit überhaupt keine Probleme zu haben scheint. Oder aber meine Laune hat sich um hundert Prozent verbessert, weil es *Emilian* ist, der hier um kurz nach zwei in seinem James-Bond-Kostüm meinen Sohn bespaßt *und mein Herz zum Schmelzen bringt.*

»Dann habe ich es deiner Schwester zu verdanken, dass du mein größtes Geheimnis aufgedeckt hast?«, hake ich amüsiert nach, da er mir erzählt hat, was ihn letztlich zurück in meine Wohngegend geführt hat.

Wir sehen beide zu Benji. Dieser wird zwar immer schläfriger, scheint sich aber zu weigern einzuschlafen. Em ist neu und spannend, und Benji ahnt sicherlich, dass sein neuer Freund verschwinden wird, sobald er einschläft.

»Warum hast du nie erzählt, dass du ein Kind hast?« Es ist keine Anschuldigung, in seiner Stimme zu hören, weswegen ich ihm ehrlich antworte, statt dichtzumachen. Auch das ist eine erfrischende Abwechslung zu den Vorwürfen, die ich mir von meinen Dates anhören durfte. Ich hätte ihnen direkt zu Anfang von Benji erzählen müssen, dann hätten sie ihre Zeit nicht vergeudet.

»Ich werde jetzt schon kaum ernst genommen. Hast du eine Ahnung, wie sehr ich als Mutter in Watte gepackt werden würde? Außerdem«, ich verziehe mein Gesicht. »Stell dir vor, Dave wüsste, dass mich jemand nach einem wilden One-Night-Stand geschwängert hat. Wahrscheinlich wäre er überzeugt davon, dass ich leicht zu haben bin. Bin ich übrigens nicht, nur falls das nicht so deutlich rüberkam«, füge ich streng hinzu, als Emilian verschmitzt lächelt.

»Oh, ich weiß. Es hat mich bestimmt mehr als fünfzig Euro an Croissants gekostet, damit du dich für mehr als ein paar Minuten mit mir im selben Ort aufgehalten hast.« Seine Mundwinkel biegen sich leicht nach unten, und seine Gesichtszüge verhärten sich. Ein Fremder hätte es nicht bemerkt, doch ich … es ist der gleiche Schatten wie auf der Empore. »Hast du Kontakt zu seinem Vater?«

»Nein«, erwidere ich direkt und fummele an dem Teebeutel in meinem Getränk herum. »Er wollte ihn nicht. Ich weiß, dass wir so Benji womöglich eine Lücke im Leben eingebro…«

»Überhaupt nicht«, schneidet Em mir den Satz ab. »Es ist besser, überhaupt keinen Vater zu haben, als mit jemandem aufwachsen zu müssen, der einen nicht will.«

Nachdenklich sehe ich von meinem Tee auf.

»Ihn ohne Vater aufwachsen zu sehen bricht mir das Herz.«
Em streckt seine Hand nach meiner aus und drückt sie sanft. Als ich sie nicht zurückziehe, wird sein Griff mutiger, und unsere Finger finden zueinander.

»Benji ist dein Kind, Vi. Er hätte es nicht besser treffen können.«

»Das sagst du nur, weil ...«

»Weil ich dich mittlerweile kenne. Du gibst hundert Prozent und das vierundzwanzig-sieben. Das ist wirklich alles, was ein Kind von seiner Mutter möchte. Einhundert Prozent. Verdammt, Vi, du gibst sogar mehr als das.«

Ich möchte ihm widersprechen. Ihm sagen, dass er mich nicht kennt. Doch gleichzeitig will ich seinen Worten Glauben schenken. Aus seinem Mund klingen sie wie eine schöne Fantasie, von der ich mir wünschte, sie wäre wahr. Sie stellen mich als die Mutter dar, die ich so sehr versuche zu sein.

»Du glaubst mir nicht«, stellt er fest, und in seiner Stimme schwingt Verärgerung mit.

»Nein«, gestehe ich. »Du behauptest, eine Mutter müsse da sein. Dass das genug wäre.«

»Ja.«

»Ich bin nicht da. Statt meinen Sohn aufwachsen zu sehen, arbeite ich Vollzeit in einem Büro. Heute habe ich ihn fast den ganzen Tag mit meiner Mutter allein gelassen. Ich bin nicht da, Em. Ich *kann* nicht da sein, weil ... weil ich Angst habe, ihm nicht gerecht zu werden.«

Da. Zum ersten Mal habe ich laut ausgesprochen, wovor ich mich wirklich fürchte.

»Was redest du denn da?« Emilian zieht meine Hand enger zu sich. »Nur weil du ein Kind hast, bedeutet das noch lange nicht, dass du deine eigenen Bedürfnisse total hintanstellen musst, Vi. Auch du hast ein Recht darauf, dich zu verwirklichen. Und vertrau mir, wenn du mit dir selbst im Reinen bist und akzeptierst, dass du auch glücklich sein darfst, dann wird das auf deinen Sohn abfärben. Falls Arbeiten dich erfüllt ... dann ist das eben so. Du kannst beides haben, Karriere und ein Kind. Und wie ich dich kenne, Vi, stemmst du auch beides, weil du eine wundervolle Frau bist. Also rede dir nichts anderes ein. Du bist für ihn da. Wechselst seine Windeln, versorgst ihn. Schenkst ihm deine Liebe.«

Einen langen Moment schweige ich und lasse mir seine Worte durch den Kopf gehen. Sie sind Balsam für mein angefressenes Ego.

»Na ja, was soll ich sonst machen?«, sage ich schließlich und blicke auf meinen Handrücken. Emilian malt mit seinem Daumen kleine Kreise. Es sind nicht nur seine Worte, mit denen er mich gerade auffängt. »Alle haben mir von ihm abgeraten, weißt du. Aber das konnte ich nicht.«

»Und ... bereust du es? Wenn du dich zum Beispiel überfordert fühlst? Wie heute?«

Ich schaue zu meinem Kind, das auf Emilians Armen endlich, endlich, endlich wieder schläfrig wird, und denke an die schwierigen, aber auch wunderschönen Augenblicke mit ihm.

»Keine Sekunde«, antworte ich mit einem sturen Kopfschütteln. »Es mag Momente geben, in denen ich mir wünschte, ich wäre mit ihm nicht allein ... dass es da jemanden gibt, mit dem ich Meilensteine und Ängste teilen kann. Doch egal wie anstrengend es mit Benji ist, meine Entscheidung, ihn zu behalten, habe ich nie bereut.«

»Na, siehst du. Jemanden zu wollen, bereit zu sein, sich mit dieser Person – auch wenn nötig – gegen den Rest der Welt zu stellen, sagt so viel über dich aus, Vi. Falls das nicht genug sein sollte ... dann hat der Rest der Welt ein großes Problem. Ehrlich.«

Emilians Mund verzieht sich zu einem stolzen Lächeln, und er massiert sanft meine Fingerknöchel. Seine Berührung gibt mir Kraft, und unser Gespräch erlaubt es mir, ein weiteres bisschen mehr daran zu glauben, dass ich vielleicht doch nicht so eine Rabenmutter bin.

Benji ist mittlerweile eingedöst. Das ist er schon seit ein paar Minuten, doch ich habe mich nicht getraut, Em darauf hinzuweisen, aus Sorge, dass damit unsere Unterhaltung ein Ende findet. Und falls Em bemerkt hat, dass sein neuer Buddy ins Schlummerland abgetaucht ist, dann lässt er sich das ebenso wenig anmerken.

»Du spielst gerne den Helden, hm?« Die Frage ist neckisch gemeint, um die Stimmung aufzulockern. Jetzt, da ich mich schon viel besser fühle, möchte ich nicht weiter von einem schweren Gewicht aus Selbstzweifeln erdrückt werden.

Offenbar muss ich allerdings etwas Falsches gesagt haben, denn ein Schatten kehrt auf sein Gesicht zurück. Ich ahne, dass er sich jeden Moment zurückziehen wird, weshalb ich meine andere Hand dazunehme und seine mit beiden umschließe.

»Eine Wahrheit für eine Wahrheit?«, schlage ich vor und male seine Schicksalslinie nach.

»Okay«, erwidert er heiser.

»Du hast gesagt, du schreibst. Worüber?«

Anscheinend hat er nicht mit dieser Frage gerechnet, aber ich möchte ihn nicht vergraulen, weswegen ich mich an ein sicheres Thema gewagt habe. Außerdem bin ich neugierig, welche Gedanken, Eindrücke und Erfahrungen Emilian wichtig genug findet, dass er sie auf Papier festhält.

Em räuspert sich, beobachtet jedoch für lange Sekunden bloß meinen streichelnden Finger auf seiner Handfläche.

»Du musst mir nicht erzäh…«

»Schreiben ist meine Therapie«, unterbricht er mich zögerlich.

Verdutzt sehe ich zu ihm hoch. Sein Blick ist auf unsere Hände gerichtet. Mit dem traurigen Lächeln auf seinem Gesicht wirkt er meilenweit entfernt. »Ich verfasse keine schönen oder romantischen Texte, die man sich tätowieren lassen würde. Meine Worte sind wutgetränkt. So viel Wut. Ich versuche, auch über die Hoffnung zu schreiben, die Sonne und so einen Scheiß, damit ich nicht wieder in ein depressives Loch falle. Manchmal ist es leichter, meistens allerdings schwieriger.«

Da ich merke, dass ich leider doch einen wunden Punkt getroffen habe, versuche ich das Gespräch in eine leichtere Richtung zu lenken. Emilian hat auf mich nie den Anschein gemacht, dass er solch düsteren Ballast mit sich herumträgt. Er hat ihn nicht ohne Grund gut verborgen, weshalb ich ihn nicht drängen möchte.

»Würdest du jemals über mich schreiben?«, frage ich daher kokett.

Er schaut auf, und ein zartes Rot schleicht sich auf seine Wangen.

»Das tue ich bereits«, entgegnet er. »Ich sollte nicht. Aber ich kann nicht anders.«

»Warum?« Sein Geständnis kommt für mich völlig unvorbereitet. Mit einem Mal möchte ich lesen, was er über mich schreibt. Erfahren, wie er über mich denkt.

»Hab ich doch eben gesagt.« Sein schüchternes Lächeln ist das Einzige, was ich auf meine Frage erhalte, aber ich bin zu neugierig, um jetzt lockerzulassen.

»Wann hast du damit angefangen? Also mit dem Schreiben an sich?«

»Als ich fast einen verdammt großen Fehler begangen hätte.«

KAPITEL 38

EMILIAN

Ich hätte nie damit gerechnet, dass der Abend so eine Wendung nimmt, als ich mich in ihrer Straße wiedergefunden habe. Als sie mit Benji im Arm vor mir stand, war mein erster Instinkt, auf dem Absatz kehrtzumachen und am besten nie wieder über die Begegnung zu sprechen.

Niemals hätte ich erwartet, dass Vi Mutter ist. Und noch viel weniger hätte ich gedacht, dass ich bleiben würde. Mit einer alleinstehenden Frau zu flirten, anzubandeln und womöglich die Nacht in den Laken zu verbringen, ist eine Sache. Ein bisschen Spaß bei einer Mutter zu suchen, die die Verantwortung für ein nicht mal einjähriges Baby trägt? Da sieht es schon ganz schön anders aus. Umso überraschter bin ich, dass ich ihr Angebot, mit in die Wohnung zu kommen, angenommen habe. Noch geschockter bin ich jedoch davon, dass ich immer noch hier bin. Aber als ich Vi in ihrem Bärchenschlafanzug und mit Benji auf dem Arm gesehen habe, da konnte ich nicht gehen.

Ich *wollte* nicht gehen.

Der Anblick hat an unsichtbaren Fäden meines Herzens gezogen und eine Sehnsucht in mir ausgelöst, die ich mir nicht erklären kann. Mir war nur klar, dass ich in Viennas kleine, heimliche Welt gestolpert bin und keinen Rückzieher machen wollte.

»Erzählst du mir davon? Von diesem ... großen Fehler?« Als könnte Vienna sich bereits denken, um was für einen Fehler es sich handelt, streichelt sie erst über meine Finger, dann über mein Handgelenk. Sie hält inne, als sie über das minimalistische Elefantentattoo fährt, das mein größtes Geheimnis verdeckt, und starrt mich betroffen an, als sie die Erhebung spürt. Ich senke meinen Blick, beschämt darüber, so gebrochen zu sein, und erwarte, dass sie ihre Hand zurückzieht. Doch sie fährt mit ihrer Liebkosung fort und malt die Narbe nach. Zart. Immer und immer wieder.

Farblich ist das Mal an meinem linken Handgelenk mit den Jahren verblasst. Aber wann immer ich dort mit dem Daumen über meine Haut fahre, fühle ich die Unebenheit. Sie wird nie ganz abklingen. Genauso, wie mich meine Vergangenheit niemals vollständig loslassen wird.

Vienna und ich sind eine gefühlte Ewigkeit von Stille umhüllt, als ich tatsächlich beginne, mich ihr zu öffnen. Zum ersten Mal vertraue ich einer anderen Person meine Geschichte an. Auch wenn ich Angst habe, sie zu vergraulen, ich beschönige dabei nichts. Auf Viennas Gesicht wechseln sich Schock und Mitleid, Entsetzen und Schmerz, Traurigkeit und Wut ab, während ich ihr von meiner Kindheit erzähle.

»Schreiben hat mir das Leben gerettet«, sage ich und denke an den Tag zurück, der eigentlich mein letzter hätte sein sollen.

Es grenzt an Ironie, dass ich mich ausgerechnet dann erst wieder lebendig gefühlt habe, als ich beschlossen hatte, überhaupt nichts mehr fühlen zu wollen. Die Rasierklinge war scharf und stand bereit – die Narbe auf meiner Haut bestätigt es bis heute. Vielleicht habe ich es dem Schisser in mir zu verdanken, dass ich noch hier bin, denn in letzter Sekunde habe ich gezögert. Ich hätte es schnell und vor allem emotionslos über die Bühne bringen müssen, dafür hatte ich schließlich den harten Alkohol gekauft. Anstatt jedoch meine Sinne zu betäuben, hat er mir vor Augen gehalten, wie scheiße alles ist und dass es nicht fair von mir wäre, Gianna und Ricky einfach so zurückzulassen. Und damit hat es angefangen. Gedanken an meine Halbgeschwister haben in meinem Kopf gekreist und gekreist. Zur Ruhe kam ich erst, als ich verstanden habe, wieso. Ich konnte die beiden nicht verlassen, ohne mich von ihnen zu verabschieden. Deshalb habe ich mit dem Schreiben begonnen. Niemand weiß davon. Erst recht nicht die beiden. Aber »*Das Aschenputtel-Regime*« ist nicht mein erster Text gewesen. Nein, das war der Abschiedsbrief an sie beide.

Ich kann mich an den Augenblick erinnern, als wäre es gestern gewesen. Ich tippte meine vermeintlich letzten Worte an meine Geschwister, als die beiden in mein Zimmer gestürmt sind, damit ich – wie so oft – ihren Streit schlichte. Wenn es nicht so eine makabre Situation gewesen wäre, dann müsste ich darüber lachen.

»*Em! Ricky hat die Batterien aus der Fernbedienung genommen und versteckt! Schon wieder!*«, *jammert Gia und wedelt mit dem leeren Gerät in der Luft.*

»*Du guckst ja auch immer nur Schrott*«, *verteidigt sich mein kleiner Bruder.* »*Stimmt doch, Em, oder?*«

Mein Blick fällt auf die fast gefüllte Seite, in der ich tatsächlich niedergeschrieben habe, dass ich hoffe, dass Gias Seriengeschmack sich im Laufe der Zeit verbessert. Aber ich gebe Ricky nicht recht und wühle stattdessen nach meinem Gameboy, aus dem ich die zwei Batterien entferne und Gia in die Hand drücke.

»*Hier.*«

Ricky schaut mich daraufhin verraten an und stapft genervt aus meinem Zimmer.

Ein letztes Mal sehe ich ihm hinterher.

»*Und deswegen bist du mein Lieblingsbruder!*« *Gianna grinst und fällt mir um den Hals. Ich stelle sicher, dass sie nicht auf meinen Bildschirm sehen kann, als ich ihre Umarmung erwidere.*

Ein letztes Mal.

Die Bilder an meine eigentlich letzte Erinnerung an Gia und

Ricky verblassen, als Benji in meinem Arm zuckt und meine Aufmerksamkeit kurzzeitig auf sich zieht.

Nachdenklich sehe ich Vis Sohn an und versetze mich in die Zeit zurück, in der meine beiden Geschwister ebenso klein gewesen sind.

Abscheu überkommt mich.

Ich sollte mich dafür schämen, dass ich bereit gewesen bin, den einfachen Weg aus meiner Hölle zu nehmen. Am besten niemals darüber sprechen, dass ich es nicht mehr ausgehalten habe, als Fußabtreter und lebender Boxsack herhalten zu müssen.

»Schon peinlich, oder? Dass ich aufgeben wollte, weil ich zwei Wochen ohne Strom dasaß und mich von Katzenfutter ernähren musste? Mein Stiefvater hatte den Zähler über die Weihnachtsferien abgestellt, da er sich mit seinen »echten« Kindern in Disneyland vergnügt hat. Während sie Micky Maus besucht haben, habe ich mich sowohl durch eine Gastritis als auch eine Lungenentzündung gekämpft.« All das sollte ich für mich behalten, weil nichts von meiner befleckten Vergangenheit in Viennas Leben gehört. Und trotzdem erzähle ich ihr davon. Meine Stimme klingt dabei abwechselnd verbittert, entfernt und kühl. Als wäre nicht mir das ganze passiert, sondern einer fremden Person. Doch der Schmerz und die Wut, die ich mit meinen Worten hervorrufe, sind echt und lassen mich nicht vergessen, dass wir über meine Realität sprechen.

»Nichts an deinen Empfindungen ist peinlich, Emilian. Ich bin froh, dass du noch da bist.«

Viennas sanfte Worte treffen mich völlig unvorbereitet, und mein Herz verkrampft sich aus einem anderen Grund. Bisher hat mir das noch nie jemand gesagt, und ich realisiere erst jetzt, dass diese Aussage genauso kraftvoll ist wie die, wenn jemand einem den Tod wünscht. Dieser Jemand ist in meinem Fall mein Stiefvater. Natürlich.

Ich weiß nicht, was ich sagen soll, weshalb ich mich für Schweigen entscheide und verlegen auf meinen bislang unberührten Tee starre.

»Das hast du gerade zum ersten Mal gehört ... oder?«

Aus reiner Überforderung zucke ich mit den Schultern.

»Dann sag ich es noch mal. Ich bin froh, dass du noch da bist. Und deine Schwester ist das auch.«

»Und Ricky? Mein Bruder?« Die Frage platzt aus mir heraus, so ungewohnt ist die Situation für mich.

Vienna lächelt.

»Der auch. Sonst noch Geschwister, die ich dazuzählen soll? Denn das werde ich.«

»Nope. In meinem Leben gibt es nur die beiden.«

»Und mich«, fügt sie hinzu. »Mich gibt es jetzt auch.« In ihrer Stimme schwingt Verunsicherung mit, obwohl es dafür keinen Grund gibt. Doch wie kann ich ihr sagen, dass ich das weiß? Dass sie längst ein Teil von mir geworden ist? Wie kann ich ihr das sagen, ohne ihr falsche Hoffnungen zu machen?

»Sollen wir die Schlafmütze langsam mal ins Bett bringen?«, schlage ich daher ungeschickt vor, um den Moment zwischen uns aufzubrechen. »Ist nämlich schon spät.«

»Oh! Klar. Natürlich.«

Vienna lässt mich überrumpelt los und zupft verlegen an den Bändchen ihres Sweaters, während ich behutsam mit dem Kleinen auf meinem Arm aufstehe.

»Hier, ich nehm ihn dir ab.«

Vi springt auf und bedeutet mir, dass ich ihr Benji übergeben soll, doch ich schüttele den Kopf.

»Lass mich ruhig. Je weniger wir ihn bewegen, umso höher ist die Wahrscheinlichkeit, dass er nicht aufwacht.«

Sie nickt und führt uns in das Kinderzimmer. Dort lege ich Benji behutsam in sein Bett.

»Du bist ein Naturtalent«, flüstert sie, nachdem sie das Babyfon angeschaltet hat und wir zurück in den Wohnungsflur treten.

»Man lernt ein bisschen, wenn man sich um seine kleinen Zwillingsgeschwister kümmern muss«, erkläre ich und schnappe mir aus der Küche mein Jackett. »Tut mir leid, dass ich dich so lange wach gehalten habe. Und für die vielen Wahrheiten, obwohl du nur nach einer gefragt hast.«

Vienna beobachtet still, wie ich mir das Sakko überziehe.

»Em?«, fragt sie und beißt sich auf die Unterlippe.

In ihrem Teddyschlafanzug sieht sie entzückend aus. Es ist das totale Kontrastprogramm zu ihrem Kostüm. Durch meine intensiven Beobachtungen bin ich mir jedoch sicher, dass sie unter dem warmen Oberteil nackt ist ... was das Ganze für mich schon deutlich weniger unschuldig macht. Genau wie das Kleid habe ich mir auch ihren Pyjama in den leichteren Augenblicken zwischen uns weggewünscht.

»Hm?«

»Eine Wahrheit für eine Wahrheit?« Sie stellt sich vor mich und umfasst mit ihren Fingern den Kragen meines Jacketts. Ihre Nähe lässt mich augenblicklich die Schwere vergessen, mit der ich sie in der Küche bombardiert habe. Meine Vergangenheit weicht dem Hier und Jetzt, und in ihren Augen entdecke ich die funkelnde Hoffnung auf ein Versprechen auf etwas Zukunft mit ihr. Ich erinnere mich auch daran, warum ich ursprünglich gekommen bin. Für eine Weile ist es in den Hintergrund gerutscht. Doch jetzt, da uns kaum mehr Zentimeter voneinander trennen, ist meine Absicht wieder allgegenwärtig.

»Okay«, raune ich und ziehe ihr ihre Bärchenkapuze zärtlich über den Kopf. Es sollte verboten sein, so süß und begehrenswert zugleich auszusehen. Ich will sie halten und mich an sie schmiegen. Ertasten, ob sie unter dem Fell wirklich nichts trägt, ohne einen Schritt zu viel zu gehen. Gleichzeitig möchte ich ihr am liebsten den Schlafanzug vom Leib reißen und auf innigste, intensivste Art meine größte Lüge ihr gegenüber offenlegen.

Vi stellt sich auf die Zehenspitzen, sodass sich unsere Nasen streifen und wir größtenteils auf gleicher Höhe stehen.

»Ich bin froh, dass du hier bist, deswegen ...« Sie atmet tief durch, und ihre Luft schlägt dabei heiß gegen meine Lippen. »Deswegen ... möchtest du bleiben?«

Drei Wörter von ihr, und mit einem Mal habe ich *zwei* Wahrheiten, die ich mit ihr teilen möchte.

»Falls du das möchtest«, erwidere ich ruhig. »Wahrheit«, hänge ich zusätzlich noch dran, damit sie weiß, dass auch sie mir eine schuldet.

»Ich möchte nichts anderes«, haucht sie, bevor sie zaghaft ihre Lippen gegen meine schmiegt.

Ihr Kuss ist zunächst sanft, doch sobald sie merkt, dass ich mich ihr vollkommen ergebe, wird sie selbstbewusster. Sie zieht mich an meinem Kragen zu sich, und ich schiebe sie gegen die Wohnungstür, vergrabe meine Hände unter ihrem Oberteil, lasse sie wandern und spüre Haut, Haut, Haut.

Vienna stöhnt in den Kuss hinein, als meine Finger ihre blanke Brust massieren, und presst ihren Körper enger gegen meinen.

»Wir sollten in mein Schlafzimmer«, keucht sie, bevor ihr Mund wieder meinen findet. Trotzdem schafft sie es, uns umzulotsen, und zieht mich mit sich aus dem Flur und in ihr Schlafzimmer hinein.

Es ist nur durch eine bernsteinfarbene Lichterkette an der Wand beleuchtet, doch viel Sicht braucht man nicht, um das große Bett im Herzen des Raumes zu finden. Vienna lässt sich mit mir darauf fallen, gekonnt, ohne den Kuss zu unterbrechen, und befindet sich nun unter mir. Sie schiebt mir mein Jackett von den Schultern, und es landet irgendwo auf dem Boden. Direkt im Anschluss macht sie sich an meinem Hemd zu schaffen.

»Hab ich dir eigentlich gesagt, dass ich heute kaum meinen Blick von dir nehmen konnte?«, fragt sie, während ein Knopf nach dem anderen aufspringt und sich das Kleidungsstück kurz darauf zu meinem Sakko gesellt. Mit Vergnügen registriere ich den bewundernden Blick von ihr, als sie meinen entblößten Oberkörper betrachtet. »Wow«, haucht sie und legt ihre Finger an meine nackte Brust. »Hätte ich gewusst, dass sich unter dem Anzug das hier verbirgt, wärst du dein Kostüm schon so viel früher losgeworden, Em.« Sie fährt die Tintenlinien auf meiner Haut entlang. Durch das schwache Licht bezweifle ich, dass sie die Tattoos entziffern kann, die Sprache scheint es ihr dennoch zu verschlagen.

Gebannt verfolge ich ihren Blick, und für diese intimen Augenblicke möchte ich mich nicht mehr bloß tief in sie vergraben. Ich möchte von ihr gelesen werden, damit sie die Person hinter den Worten sieht und versteht, wer ich bin. Wer ich war und wer ich niemals sein möchte.

»Du trägst ein Kunstwerk auf dir«, stellt sie schließlich fest und schaut wieder zu mir hoch. Ihre Hände gleiten hingegen stetig weiter nach unten.

»Als das würde ich es beim besten Willen nicht bezeichnen«, entgegne ich und lache verlegen in mich hinein.

Sie legt ihre Stirn in Falten und hält in ihren Bewegungen inne.
»Und als was dann?«

»Als eine Art ... Leinwand meines Lebens. Was ich mit Tinte festhalte, ist für mich und daher wohl kaum ein Kunstwerk. Es sind Lektionen, die ich auf die harte Tour gelernt habe, Wünsche, die ich in mir trage ... Texte, die ich liebe ... Erinnerungen, die ich für immer mit mir tragen möchte, sowohl gute als auch schlechte.« Meine Aufmerksamkeit nimmt bedeutsam ab, sobald Vienna ihre Erkundungstour fortsetzt und bei meinem Gürtel angelangt ist. Mit einem Mal doch nicht mehr so interessiert daran, über mich zu sprechen, lehne ich mich vor und stehle mir einen Kuss von ihr. Sie erlaubt mir nur einen, ehe sie mich leicht von sich drückt und erneut den Blickkontakt zu mir sucht.

»Möchtest du dich an das hier erinnern?«, wispert sie mit einer überraschenden Unsicherheit in ihrer Stimme. Meine Antwort rollt mir von meinen Lippen, als wäre sie das Selbstverständlichste auf der Welt. Vielleicht ist sie das auch.

»Als könnte ich dich je vergessen.«

Für einen flüchtigen Moment schummelt sich ein Lächeln auf ihr Gesicht, doch es verfliegt, und stattdessen zeichnet sich Skepsis darauf ab. »Hast du das zu den anderen auch gesagt?«

»Sie haben nie gefragt.«

»Ach, richtig. Weil ihr direkt zu Anfang klargestellt habt, dass ihr nur Spaß sucht. Tut mir leid.« Als hätte die Unterhaltung niemals stattgefunden, zieht sie mich zu sich. »Vergiss, dass ich gefragt habe«, murmelt sie. Einen Atemzug später liegen ihre Lippen wieder auf meinen. Von der vorherigen Sanftheit ist keine Spur mehr. Ihr Kuss ist dringend ... *oder verdrängend?* Sie nagt an meiner Lippe, fährt mit ihrer Zunge an ihr entlang, bis ich mich ihr öffne. Ihr Kuss wird hungriger, und ich gebe mein Bestes, um zu verbergen, wie sehr meine Gedanken nach unserem Gespräch in meinem Kopf kreisen. Ich erwidere ihr Verlangen mit der gleichen Dringlichkeit. Sosehr ich auch versuche, mich an dem noch ungesagten Teil der Unterhaltung festzuhalten, je länger sie mir signalisiert, dass sie mich will, umso mehr kommt mir die Fähigkeit zu denken abhanden.

Ohne mein Zutun befreit Vi sich von ihrem Oberteil und beglückt mich mit der traumhaften Aussicht auf zwei wunderschöne, runde Brüste.

»Berühr mich«, fleht sie und führt meine Hände hoch zu ihrem Busen. Ich gehorche, wie könnte ich auch nicht? Die eine Brust massiere ich erneut mit meiner Hand, die andere erkunde ich mit meinem Mund. Vi keucht auf, als ich ihren steifen Nippel zwischen meine Zähne nehme und vorsichtig daran knabbere. Als ich merke, wie empfindlich sie auf die Berührungen reagiert, steige ich auf Saugen und Lecken um und genieße, wie sich ihr Körper immer weiter gegen meinen eigenen bäumt. Angetörnt von ihren lustgetränkten Lauten lasse ich meine andere Hand direkt bis unter ihren Slip wandern.

»Stöhn für mich, Vi.« Ohne Vorwarnung schiebe ich einen Finger in sie hinein und reibe mit meinem Daumen unnachgiebig ihre empfindlichste Stelle. Sie türmt sich gegen mich auf, krallt ihre Hände in das Bettlaken und schreit auf, als ein zweiter Finger folgt.

Ein Knistern lenkt meine Aufmerksamkeit auf das Babyfon, und ich erinnere mich wieder an das Kind nebenan. Benji, der am besten nicht aus seinen Träumen gerissen werden sollte, während ich verdammt unanständige Dinge mit seiner Mama anstelle. Der Gedanke ist eigenartig, und es schockiert mich regelrecht, wie sehr er mich gleichzeitig erregt.

»Willst du, dass dein Sohn aufwacht?«, frage ich, woraufhin sie augenblicklich den Kopf schüttelt. Sofort höre ich auf, Vi mit meinen Berührungen zu ihrem Höhepunkt zu treiben. Empört und schwer atmend schaut sie daraufhin zu mir nach unten.

»Aber du willst, dass ich weitermache«, schlussfolgere ich amüsiert.

»Ja, verdammt«, keucht sie frustriert, nimmt meine Hand und legt sie sich über den Mund. Ihr trotzig-matter Blick erfüllt mich mit Stolz.

»Immer eine Lösung parat, huh? Das ist mein Mädchen.« Ich tauche meine Finger wieder in sie und reibe sie schon nach wenigen Sekunden in einen erstickten, bebenden Wahnsinn.

KAPITEL 39

VIENNA

Er wird dir das Herz brechen.
Das ist mein letzter Gedanke, bevor ich mich meinem zweiten Höhepunkt an diesem Tag ergebe. Sie beide sind das Ergebnis von Emilians Händen. Doch auch wenn mein gesamter Körper unter ihm vibriert, meine Lust ist nicht für lange Zeit gestillt.

Bereits als er seine Finger aus mir zieht, ist da diese Leere in mir, die ich nur mit mehr von ihm füllen kann. Außerdem … dafür ist er schließlich gekommen. Dafür habe ich ihn zu mir eingeladen – jedenfalls versuche ich, mir das einzureden. Die Wahrheit ist, dass ich nicht bereit gewesen bin, ihn gehen zu lassen. Nicht, nachdem wir uns auf einer viel persönlicheren Ebene nähergekommen sind. Nicht, nachdem sich unser Einverständnis auf »ein bisschen Spaß« wie die offensichtlichste Lüge in einem Raum voller Wahrheiten angefühlt hat. Nicht, nachdem das zwischen uns so echt gewesen ist.

Doch was, wenn nur ich es so wahrnehme? Wenn er wirklich nur für Sex gekommen ist? Er nur noch hier ist, weil wir bislang nicht miteinander geschlafen haben?

Da gibt es wohl oder übel bloß eine Möglichkeit, um das herauszufinden, oder?

Emilian liegt zu mir gewandt neben mir und beobachtet mich dabei, wie ich allmählich von meinem Hoch runterkomme. Selbst als ich ihn dabei ertappe, hält er den Blick. Am liebsten würde ich ihn fragen, was ihm durch den Kopf geht, doch ich habe Angst vor der Antwort. Um ehrlich zu sein, habe ich Schiss vor allem, was hiernach folgt, und trotzdem möchte ich ihm so schnell wie möglich ganz nah sein.

»Du siehst aus, als möchtest du auch auf deine Kosten kommen«, sage ich gewollt locker und frech und senke meinen Blick auf seine Erektion.

»Wie könnte ich bei diesem Anblick nicht hart sein, Vi?«, gibt er zurück und streicht mir eine Haarsträhne aus dem Gesicht.

»Dann schlaf mit mir. Jetzt.«

Mir ist der Moment zu zärtlich, zu intim, weshalb ich vom Bett schwinge und mich von dem Rest meiner Klamotten befreie. Emilian regt sich nicht, doch sein dunkler Blick auf meine entblößte Mitte verrät, dass er meinem Vorschlag nur zu gerne nachkommen würde.

Was hält ihn davon ab?

»Worauf wartest du?« Ich ärgere mich über die Unsicherheit, die in meiner Frage mitschwingt.

»Komm her.« Er winkt mich zu sich, und immerhin höre ich an seinem leicht zitternden Atem, als ich auf ihn klettere, dass ihn mein nackter Körper mehr Kraft kostet, als er nach außen hin zeigt.

»Bevor wir ... wir sollten noch mal klären, was wir hier machen. Du bist nicht bloß ein One-Night-Stand für mich.«

»Keine Sorge, was in diesem Schlafzimmer geschieht, verlässt nicht den Raum«, versichere ich ihm, da ich denke, dass er genau das hören möchte. »Auf der Arbeit wird niemand erfahren, dass wir Sex gehabt haben. Das bleibt unser kleines, schmutziges Geheimnis.« Begleitet von meinen Worten ziehe ich den dämlichen Gürtel aus seinen Schlaufen und werfe ihn demonstrativ zur Seite. Er hindert mich nicht daran. Auch stört es ihn nicht, wie ich mich danach an seinem Knopf und Reißverschluss zu schaffen mache. Erst als ich ihm die Hose ausziehen möchte, räuspert er sich und raunt meinen Namen. Ich ignoriere ihn. Meiner Meinung nach haben wir nun alles gesagt. An seinen angespannten Bauchmuskeln, den straffen schwarzen Linien auf seiner Haut, die Worte und Bilder ergeben, für die ich mir mehr Licht gewünscht hätte, erkenne ich, dass er eigentlich auch längst nicht mehr quatschen möchte.

»Vi«, knurrt er ein weiteres Mal, als ich sowohl seine Anzughose als auch seine Shorts so gut es mir in meiner Position auf ihm nach unten streife. Seine Erektion springt mir entgegen und fordert mit ihrer glänzenden Spitze meine gesamte Aufmerksamkeit. Doch bevor ich meinen Mund und meine Hände darauf konzentrieren kann, umfasst Em meine Handgelenke und rollt uns herum, sodass nun er wieder über mir thront, sein Atem heiß auf meiner Haut. Unsere Nähe bringt mich um. Wenn ich ihn nicht bald in mir spüre …

»Schlaf mit mir!« Ein Hauch Verzweiflung mischt sich in meine Stimme, und ich biege meinen Rücken durch, lege meine Beine um seine Hüfte und schmiege meine Mitte gegen seine Spitze, bis er schützend seine Hand dazwischenschiebt.

Oh mein Gott. Was muss diese Frau machen, um von diesem Mann gevögelt zu werden?

»Vienna, wir müssen reden!«

»Das haben wir doch längst! Wir sind zwei erwachsene Menschen, die sich der Konsequenzen von dem bisschen Sex bewusst sind, oder nicht?«

»Und was, wenn ich mehr will als ein bisschen Sex?« Seine Brust hebt und senkt sich nun stärker und streift dabei jedes Mal meine empfindlichen Nippel. Ich muss schon nicht mehr klar denken können, denn *das* kann er niemals gesagt haben. Deswegen traue ich mich nicht, etwas zu erwidern, und hoffe, dass er nochmals näher auf seine Worte eingeht. Genau das macht er.

»Was, wenn ich mehr will, als wir anfangs ausgemacht haben?«
Perplex starre ich ihn an.

»Aber ... aber ... du wolltest ...«

»Ich weiß, Vi. Aber das war ... bevor ich wusste ...« Er fährt sich nervös durch die Haare, trotzdem hängen sie ihm danach wieder ins Gesicht. »Bevor ich *verstanden* habe, wie sehr ich dich will.«

Mir steht der Mund offen.

»Und deine Rede? Hat nichts davon mehr etwas zu bedeuten?«

Ein hoffnungsvolles Lächeln schummelt sich auf seine Lippen, und ich hätte ihn am liebsten abgeknutscht. Doch ich bin wie gelähmt von seinem Geständnis.

»Nicht, wenn es dir genauso geht. Sowohl das eine als auch das andere kann nur funktionieren, wenn wir beide die gleichen Ansichten teilen. Alles andere würde nur zu ...

einem gebrochenen Herzen ...«

»... äußerst unangenehmen Komplikationen führen ... Also ... wo stehst du mit mir, Vienna? Soll ich der Mann für heute Nacht sein? Oder darf ich morgen früh auch mit dir im Arm aufwachen?«

Es ist kurios, dass wir das mit Abstand seriöseste Gespräch des Abends nackt und eng umschlungen in meinem Bett führen. Gleichzeitig hätte ich mir keinen besseren Zeitpunkt dafür wünschen können. Wenn wir uns nämlich gleich aufeinander einlassen, den einen Schritt wagen, der die gesamte Dynamik zwischen uns verändern wird, dann weiß ich, dass es echt ist. Von beiden Seiten.

»Ich bin eine Frühaufsteherin«, informiere ich ihn und gebe ihm damit seine Antwort.

Seine Mundwinkel verziehen sich zu einem erleichterten Grinsen, und ein neckisches Funkeln kehrt in seine Augen zurück.

»Nicht, wenn ich mit dir fertig bin.«

Es scheint, als wäre das Gespräch wirklich der einzige Grund gewesen, wieso er sich zurückgehalten hat. Sobald es aus dem Weg geräumt ist, verdeutlicht er, dass ich zwischen den Laken nur noch ihm gehöre – und er mir.

Es ist definitiv ein unkonventioneller Weg, um das »Willst-du-mit-mir-gehen-ja-oder-nein« zu klären, doch ich beklage mich nicht. Auf uns warten noch um die hundert Fragen, die es zu beantworten gilt, aber darauf konzentriere ich mich später. Jetzt ruht mein Fokus nur auf Em. Auf der knisternden Plastikverpackung, aus der Emilian das Kondom holt, und dem leisen Keuchen, als er es sich überstreift. Ich bin mir sogar ziemlich sicher, dass ich meinen Herzschlag hören könnte, würde ich mich mehr anstrengen, so viel Vorfreude herrscht in mir. Ich weiß, was ich zu erwarten habe, wie sich Sex anfühlt. Trotzdem stockt mir vor Faszination der Atem, als Emilian sich vor mir positioniert und langsam in mich dringt. Ein Japsen entweicht mir, als plötzlich seine gesamte Länge anstößt.

»Alles okay?«, fragt er und streicht mir sanft übers Haar.

»Mhmm«, erwidere ich erstickt, grabe meine Finger in seinen Rücken und erdulde den ziependen Schmerz mit geschlossenen Augen, bis sich mein Körper an den Fremdkörper gewöhnt hat. Und dann genieße ich das Gefühl von ihm in mir. Er bewegt sich für mich genau richtig. Zuerst gleitet er behutsam, beinahe zärtlich in mich hinein und wieder raus. Dann, als ich mehr von ihm brauche und meinen Körper dafür gegen ihn presse, taucht er tiefer und erfüllender in mich ein und massiert zusätzlich in kreisenden Bewegungen meine erogenste Zone. Gleichzeitig sucht er meinen Mund und bringt mit seinen Küssen einen Laut von mir nach dem anderen zum Verstummen. Mein Höhepunkt bahnt sich in Schüben an. Sobald meine Schenkel zum ersten Mal zucken, steigert Em sein Tempo. Er rammt so genussvoll in mich, als hätte er es sich zur Mission gemacht, mir mit unserem ersten Mal bereits den besten Orgasmus aller Zeiten zu besorgen. Und als er schließlich in mächtigen Wellen kommt und über mich einbricht, durch meinen Körper strömt und ihn zum Erbeben bringt, weiß ich tatsächlich nicht mehr, ob ich jemals in meinem Leben einen besseren gehabt habe.

Ich ringe noch immer nach Atem, als ich mich mit meinen Armen an Ems Schultern und mit meinen Beinen an seine Hüften klammere. Wie ein Äffchen hänge ich an ihm, schaffe es so jedoch, ihn wieder tief in mich einzuführen.

»Oh, fuck, Vi«, keucht Em und drückt mir einen hastigen Kuss auf die Stirn. Es ist nur eine kleine Geste, doch ich fühle mich so begehrt wie schon lange nicht.

Emilians Bewegungen werden nochmals schneller. Sein Atem passt sich ihnen an, und ich meine, seinen starken Herzschlag unter seiner Brust wahrnehmen zu können. Einen flüchtigen Augenblick wandern seine Hände wild über meinen Rücken, über meine Arme, umschließen meine Brüste, die wie für ihn gemacht sind. Dann stößt er härter, hemmungsloser in mich, vergräbt sein Gesicht in meiner Kuhle zwischen Ohr und Schulter und saugt sich in meine Haut, als er in mir kommt. Ich höre ihn neben mir erstickt schnaufen, und eine ganz andere Welle an Glück überschwemmt mich, als mir bewusst wird, dass er versucht, leise zu sein. Er muss sich trotz seiner Ekstase daran erinnert haben, dass wir neben uns die kleine Schlafmütze haben.

Emilian entzieht sich mir schon viel zu früh, aber nachdem er das Kondom entsorgt hat, kehrt er zu mir zurück und nimmt mich in seinen Arm.

Ja, daran könnte ich mich gewöhnen.

»Danke«, flüstere ich und drehe mich zu ihm um.

Dafür, dass du noch da bist.
Und für den wahnsinnigen Sex.
Oh! Und ...

Er haucht einen trägen Kuss auf mein verschwitztes Haar.

»Lass uns schlafen, Vi.« Er zieht mich noch enger an seine Brust und kuschelt sich an mich.

»Darf ich noch eine Sache sagen?«

»Hm«, brummt Em.

»Ich wollte dich noch wissen lassen, dass ich es toll finde, wie rücksichtsvoll du gegenüber Benji gewesen bist. Ich glaube ihr beide, ihr könntet ein tolles Team werden.«

Einen Augenblick warte ich auf eine weitere Antwort, doch als ich keine mehr erhalte, sehe ich hoch zu ihm und stelle fest, dass Emilian eingeschlafen ist.

So schnell?

Na gut. War schließlich auch ein langer Tag.

Auch ich muss in den Schlaf gefunden haben. Trotzdem ist es, als ich aufwache, weiterhin dunkel in meinem Schlafzimmer. Meine Lichterkette leuchtet und schenkt mir etwas Sicht, doch als ich die leere Bettseite neben mir entdecke, wünschte ich, sie wäre ausgeschaltet gewesen, damit es mir nicht aufgefallen wäre.

»Em?«, rufe ich. Die einzige Antwort, die ich erhalte, ist ein Knacken im Babyfon auf meinem Nachttisch.

Sofort breitet sich Panik in mir aus und ich springe vom Bett. Hastig werfe ich mir meinen Kimono über, den ich gestern getragen habe, um mein Kostüm beim Schminken nicht zu besudeln, und stürme in Benjis Zimmer. Als ich sein Bett leer auffinde, mischt sich zu meiner Angst auch Übelkeit und Atemnot.

O Gott. O Gott, o Gott, o Gott.

Mit schlagendem Herzen verlasse ich den Raum. Erst da sehe ich, dass in der Küche schwaches Licht brennt. Mein Deckenlicht strahlt normalerweise noch bis in den Flur hinaus.

»Em?«, rufe ich erneut. Er streckt den Kopf aus dem Türrahmen. Er und Benji. Erleichterung flutet mich, gefolgt von

Irritation. Mein Sohn sitzt in seiner Babytrage, die ich bisher nur ein einziges Mal benutzt habe, und wird von Emilian umherkutschiert. Ich habe von dem Ding blaue Flecken auf meiner Hüfte gehabt und sie daraufhin in eine Ecke in Benjis Zimmer verdonnert. Em muss sie gefunden haben.

»Shit, hab ich dich geweckt?«

»Was machst du?«, frage ich ihn zeitgleich und trete in die Küche ein.

»Ich räum das auf, keine Sorge.«

Mir fällt die Kinnlade herunter, als ich das Bild vor mir im schwachen Licht seiner Handytaschenlampe Stück für Stück in mich aufnehme. Sämtliche Küchenschränke und Schubladen stehen offen, auf dem Tresen türmen sich Gläser an Babybrei und ein *Haufen* an Spielsachen liegt auf dem Tisch.

»Was zur ...« Ich hebe die Tierfiguren auf. Die muss ich eine Ewigkeit schon nicht mehr gesehen haben, wo hat Em die bitte schön rausgekramt? Und wieso?

Emilian taucht in meinem Blickfeld auf. Seinen linken Zeigefinger hat mein Sohn für sich beansprucht. Zu meiner Irritation gesellt sich nun auch ein anderes, wärmeres Gefühl.

»Du hast geschlafen und ...«

»Warte. Ich hab das *Babyfon* verpennt?«

»Nein, nein.« Em legt beschwichtigend seine Hand auf den unteren Bogen meines Rückens. »Ich bin wach geworden, bin zur Toilette, und auf dem Rückweg hab ich durch die angelehnte Kinderzimmertür gesehen, dass der Kleine wegen der Spülung wohl wach geworden ist. Er hat keinen Laut gemacht, sondern nur zu mir in den Flur gesehen und ... ich wollte dich nicht wecken, also hab ich mich um ihn gekümmert. Ich war gerade dabei, ihm etwas Babybrei zu servieren, als du dazugestoßen bist. Tut mir leid, wenn ich einen Schritt zu weit gegangen bin.«

»Du hättest mich wecken sollen. Und du darfst auch das große Licht anschalten.«

»Ja ... aber ... du hast so viel um die Ohren gehabt mit loaded und der Party. Da dachte ich mir, du könntest noch ein paar Stunden Schlaf gebrauchen. Außerdem,« ein spitzbübisches Grinsen breitet sich auf seinem Gesicht aus, als wüsste er, dass ich ihm nicht böse sein kann. »Du sahst so verdammt süß aus, und ich hatte vor, mich zurück zu dir zu schleichen, sobald der Herr hier wieder schläft. Na ja, das war jedenfalls vor«, er sieht auf seine Handyuhr, »einer Stunde der Plan.«

Meine Augen werden groß.

»Du hast dich seit sechzig Minuten allein um ihn gekümmert?« Das erklärt den ganzen Spielkram.

»Pi mal Daumen. Aber mach dir keine Gedanken, es hat mich nicht gestört. Ich mag es, mit ihm zu spielen. Er ist ein lieber Kerl.«

Ich mag es, mit ihm zu spielen.

Er ist ein lieber Kerl.

Es hat mich nicht gestört.

»Vi? Hab ich was falsch gemacht?« Emilian stellt sich vor mich und legt bestürzt seine Hände auf meine Schultern.

»Nein«, murmele ich und schüttele den Kopf.

»Warum hast du dann Tränen in den Augen?« Wie schon am Abend zuvor umschließt er mein Gesicht – diesmal jedoch mit beiden Händen – und wischt vorsichtig unter meinen Wimpern entlang.

Weil du alles richtig gemacht hast.

KAPITEL 40

EMILIAN

»Theoretisch musst du mir auf ewig dankbar sein, aber das ist auch in Ordnung.« Gianna, die unerträglichste und gleichzeitig beste Schwester der Welt, stellt ihr Handy so hin, dass ich sie dabei beobachten kann, wie sie mein Danke-für-deinen-Arschtritt-Geschenk vor sich auspackt. Hoffentlich freut sie sich über das Parfüm und eine Monatsration an Reeses.

Eigentlich hatte ich geplant, den Duft mit ihr zusammen in der Innenstadt zu kaufen. Daraus wurde jedoch nichts, denn ich alter Berliner habe verpeilt, dass NRW nach Halloween mit einem Feiertag beglückt wird. Leider ist Gia und mir das erst aufgefallen, als wir im Regen vor geschlossenen Geschäften standen. Meine Schwester war zutiefst frustriert, während ich mit meiner Laune glatt dem *I'm Singing in the Rain*-Mann mit seinem Stockschirm und Hut hätte Konkurrenz machen können.

Seit meinem Besuch bei Vi schwebe ich auf Wolken. Selbst die tiefe Pfütze, in die ich am nächsten Tag beim Aussteigen aus der Straßenbahn getreten war, um mit Gia die Stadt unsicher zu machen, konnte meiner Laune nichts anhaben. Dafür war ich zu beflügelt von dem leckersten Pancake-Frühstück aller Zeiten, sagenhaftem Sex zum Nachtisch und Vienna, Vienna, Vienna. Schon lange hatte ich keinen so perfekten Morgen und Vormittag mehr gehabt. Leider hat unsere Zweisamkeit ein jähes Ende gefunden, als mich Jamil mit Nachrichten bombardiert hat. In denen hat er sich darüber beschwert, dass meine Schwester mit ihrer Twelve-step-skincare-Routine das Bad blockiert hat. Sein verzweifeltes Klopfen hat sie nicht gehört, weil sie in Endlosschleife und voll aufgedreht den neuesten Song von Miss Swift gehört hat. Zuerst habe ich ihn ignoriert. Dann hab ich mich deswegen – und weil ich meine Schwester alleingelassen habe – mies gefühlt, weshalb ich mich schweren Herzens von Vi und Benji verabschiedet habe. Seitdem sind zwei Wochen vergangen. Vierzehn Tage, an denen ich ausnahmslos jede Nacht mit Vienna im Arm eingeschlafen und am nächsten Morgen wieder aufgewacht bin. Die einzige Zeit, in der wir bewusst Distanz voneinander suchen, nur um uns mit einem Vorwand davonzustehlen und in leeren Büros und Abstellkammern übereinander herzufallen, ist im Büro. Keiner dort weiß, dass zwischen uns seit der Party etwas läuft, obwohl ich mir ziemlich sicher bin, dass wir keinen besonders guten Job darin machen, es zu verheimlichen. Aber das spielt eh keine Rolle. Die Menschen sehen, was sie sehen wollen. Linda zum Beispiel hat nur Augen für Malte. Für Dave gibt es nur sich selbst, und der Rest im Büro ist damit beschäftigt, sich mit Klaus' Chihuahua Prada anzufreunden, damit diese sie im Aufzug nicht mehr ankläfft oder auf Taschen pinkelt, die auf dem Boden abgestellt wurden. Niemand interessiert sich für Vienna und mich. Das beste Beispiel ist mein Videoanruf mit Gianna, den ich außerhalb meiner Mittagspause auf der Dachterrasse führe. Niemanden juckt es.

Wegen unseres Erfolgs mit loaded hätte ich gedacht, dass ein Projekt nach dem anderen in Vis Postfach flattert und wir von Kollegen umgeben werden, die unbedingt mit ihr arbeiten wollen. Bislang jedoch herrscht gähnende Leere, und wir hocken die meiste Zeit in unserer Ecke an Social-Media-Konzepten, gleichen Content-Pläne ab und erstellen die dazu angeforderten Postings.

»Erde an Em! Hallooo?«

Ein lauter Knall holt mich aus meinen Gedanken, und ich

lenke meinen Blick schuldbewusst auf mein Display. Gianna zeigt mittlerweile nicht mehr ihr Geschenk von mir in die Kamera, sondern eine zerrissene Papiertüte.

»Sorry, Gia. Ich bin auf der Arbeit und etwas abgelenkt.«

»Das geht schon klar. Ehrlich gesagt hätte ich mir Sorgen gemacht, wenn dich mein Unpacking tatsächlich interessiert hätte.«

»Wenn du wenigstens etwas Spannendes gezeigt hättest. Lego zum Beispiel.«

Gianna schaut mich unbeeindruckt an, dann kneift sie die Augen zusammen. »Komm ja nicht auf die Idee, mir irgendwann dieses Spielzeug zu schicken.«

»Hey! Das ist kein Spi...«

Ein lautes Piepen meines Handys signalisiert, dass eine E-Mail von Jamil eingetroffen ist. Beiläufig öffne ich sie, doch sobald der Inhalt des Textes bei mir ankommt, verstumme ich.

SAVE THE DATE

Keine Sorge, es wird nicht geheiratet.
Es wird geslammt!
WANN: Freitag 01.12.
WO: Komödiothek
WER: Jamil Shiva (that's me!), Vers-Age, Poet101,
Emilian S (Ehrengast, weil Mitbewohner), Slamdamn,
Poetstop und viele mehr!
Sag jetzt zu und sichere dir einen der begehrten Plätze
in der ersten Reihe!
Es wird SLAMTASTIC!

PS: Falls ihr mit dem Auto kommt,
vergesst die Parkscheibe nicht!!!

Das hat er nicht wirklich getan, oder? Fuck, ich dachte, er zieht mich nur auf!

»Ach, jetzt bist du still, oder was? Fallen dir etwa keine Argumente mehr ein?«

»Quatsch. Hey, Gia, es ist da was reingekommen, um das ich mich kümmern muss. Hat mich gefreut, dass du angerufen hast.«

»Oh, oh. Was Schlimmes?«

Ansichtssache.

»Nein, keine Sorge. Jamil veranstaltet eine … Party und das ist bloß die Einladung.«

»Per E-Mail? Obwohl ihr im gleichen Haus lebt? Der Typ ist ja echt hart drauf.« Sie verdreht die Augen.

Wenn sie bloß wüsste.
Jamil.
Slam.
Ich.
Ehrengast.
Als Künstler.
Ich sterbe.

»Wow. Du siehst aus, als wärst du im Flur einem Geist begegnet.« Vienna schaut von ihrem Laptop auf, als ich mich erledigt auf meinem Schreibtischstuhl niederlasse.

»Charmant.«

»Ich tu mein Bestes«, erwidert sie mit einem Zwinkern, doch auf ihrer Stirn formt sich eine Sorgenfalte, ehe sie fortfährt. »Hey, Em? Im Kopierraum gibt es ein Problem. Ich glaube, da muss der Toner gewechselt werden. Hilfst *du* mir dabei? Dave möchte sich die Hände nicht schmutzig machen.«

»Dafür gibt es Leute«, mischt dieser sich ein, ehe er sich

wieder durch Webseiten scrollt, die im Arbeitsalltag normalerweise vom Vorgesetzten gesperrt sein sollten.

»Alles klar.«

Seit Vi und ich zusammen sind, stehen kleinere Notfälle dafür, dass sie sich mit mir davonschleichen möchte. Nach der Bombe, die Jamil losgelassen hat, könnte ich auch etwas Dampf ablassen gebrauchen, weshalb ich mich wieder aufrappele – niemand springt bei einem Toner-Wechsel vor Freude in die Luft.

Vi läuft vor, und sobald wir außer Sichtweite sind, zieht sie mich in den nächstbesten leeren Raum, den man abschließen kann.

Das Vertrauen, das Jann & Rhode in seine Mitarbeiter legt, erstaunt mich jedes Mal von Neuem. Wie viele von uns sich wohl schon für ein Schäferstündchen davongestohlen haben?

»Aww, ich hab dich auch vermisst.« Ich ziehe Vi zu mir und schließe meine Arme um sie. Ich liebe es, sie zwischen ihnen stehen zu haben.

»Was ist passiert?« Anstatt mich mit einem Kuss zu begrüßen, wie sie es sonst tut, mustert sie mich besorgt. »Du bist blass.«

»Nun, ich weiß, wie ich wieder Farbe bekomme.« Da sie nicht den ersten Schritt macht, wage ich ihn und verteile entlang ihres Nackens Küsse.

»Em.« Obwohl sie sich meinen Berührungen entgegenlehnt, drückt sie ihre Handflächen gegen meine Brust und schiebt mich ein Stück von sich. »Sag schon, was ist los?«

Vi legt ihre Hand an meine Wange. »Eine Wahrheit für eine Wahrheit?«

Mit diesem Angebot hat sie mich, und ich stütze meine Stirn schwer seufzend gegen ihre.

»Jamil organisiert sein erstes Poetry-Slam-Event.«
»Und?«
»Er hat mich als Künstler angekündigt.«
»Das ist doch toll! Dann bekomm ich vielleicht endlich mal einen Text von dir zu hören.«
»Auf keinen Fall«, widerspreche ich direkt. »Das eine Mal auf der Bühne, das war eine Ausnahme. Ich hab das nur gemacht, damit ... ist ja auch egal. Können wir über was anderes sprechen?« Meine Hand gleitet unter ihren Rock. »Oder was anderes *anstellen?*«

Mein letzter Bühnenauftritt ist gar nicht mal so lange her. Trotzdem fühlt er sich wie eine alte Erinnerung an. Ich war unvorbereitet und in einer schlechteren Verfassung, als ich es jetzt bin. Es ist daher gut möglich, dass mein nächster Auftritt angenehmer sein könnte. Damals bestand meine Intention nicht darin, das Publikum mit meinen Worten zu fesseln. Ich wollte bloß, dass Jamil meiner Schwärmerei für Vi nicht auf die Schliche kommt ... oder selbst auf sie aufmerksam wird. Wir sind die gesamte Schulzeit Rivalen gewesen, und ich war nicht daran interessiert, diese alten Gefühle zwischen uns wieder aufleben zu lassen.

»Willst du nicht noch meine Wahrheit hören?« Vienna legt ihre Hand auf meinen Arm, und drückt sie nach unten, damit ich mit meiner Exkursion aufhöre.

Falls ich Jamil nicht wegen der Ankündigung aus dem Nichts in den Schwitzkasten nehme, dann, weil er mich um etwas viel, viel Schöneres mit Vi bringt.

»Mir wäre es lieber, sie zu sehen«, erwidere ich, woraufhin Vi die Augen verdreht.

»Meine Wahrheit ist, dass ich gerne einen Text von dir hören möchte.«

»Vi ...«

»*Wirklich* gerne«, betont sie und hakt ihre Finger in meine Gürtelschnalle. »Könnte ich dich nicht *überreden*?«, fügt sie säuselnd hinzu und sinkt langsam vor mir auf die Knie. Den Blickkontakt bricht sie dabei keine Sekunde.

Nur zu gut erinnere ich mich daran, wie sich Viennas Lippen an meinem Schwanz anfühlen, und auch daran, dass sie mich damit in einen Zustand versetzt, bei dem ich ihr *alles* zu Füßen legen würde. Den Mond und die Sterne am Himmel. Die Welt. Ja, sogar meine kaputten Texte würde ich für sie zitieren.

Ich schaue Vi dabei zu, wie sie erst meinen Gürtel und dann meine Hose öffnet. Mein Körper steht unter Strom. Sämtliches Blut ist in mein Glied geschossen und drückt gierig gegen meinen Stoff. Vi zieht meinen Reißverschluss langsam herunter und bringt mich damit schon fast um den Verstand. Meine Fähigkeit zu denken verpufft, als sie meinen Schwanz aus den Shorts befreit. Instinktiv fliegt meine Hand nach unten, um mir selbst Erlösung zu verschaffen, aber Vi gibt meinem Handrücken einen Klaps und schüttelt teuflisch grinsend den Kopf.

»Finger weg«, haucht sie. Ergeben halte ich meine Hände in die Höhe, doch grabe sie im nächsten Atemzug tief in Viennas Haare, weil sie keinerlei Zeit verschwendet, meinen Schwanz mit beiden Händen umfasst und genüsslich, aber gezielt mit ihrer Zunge über den Schaft fährt. Ein Keuchen entweicht mir, und Vi lenkt ihren Blick nach oben. Allein bei diesem Anblick könnte ich explodieren, und es kostet mich enorm viel Selbstbeherrschung, mich zurückzuhalten.

»Teil eine Zeile mit mir«, fordert Vi in einer Atempause. Mit den Händen massiert sie mich weiter, aber es ist ihr heißer, feuchter Mund, den ich spüren möchte. Leider macht sie keinerlei Anstalten ihr besonderes Verwöhnprogramm fortzusetzen, bis ich ihr gebe, was sie von mir will. In diesem Moment hätte sie sich auch wünschen können, dass ich mir die Haare pink färbe, und ich hätte es getan.

»Ich war ständig auf der Suche«, bringe ich hervor. Viennas Augen funkeln. »... nach meinem Licht im Leben.«

Sie setzt ihre Lippen wieder an meine Länge, aber lässt mich weiterhin nicht aus den Augen. Der Moment ist wahnsinnig intensiv und intim, und ich greife nach weiteren Wörtern, um nicht in ihm zu versinken. »Meiner Hoffnung für heute. Meiner Wärme für morgen. Suchte in ...« Ich ziehe scharf die Luft ein, als Vi meine Spitze umschließt und mich langsam in ihren Mund führt. »Suchte in Erinnerungen, in Wünschen und Träumen. Suchte bei, ah, fuck, Vi!« Sie hat mich nun, so weit sie kann, in sich aufgenommen und angefangen zu lutschen. Aus reinem Reflex ziehe ich sie an den Haaren näher und dringe somit noch ein Stück tiefer in sie ein. In ihren Augen sammeln sich Tränen, während sie mich stur und schnell weiterbearbeitet und ihren Würgereflex ignoriert, als ich immer und immer wieder in ihren Mund eintauche. Mein Keuchen erfüllt den Raum, übertönt ihr Wimmern und Seufzen. Von Sekunde zu Sekunde rast mein Herz schneller, bis sich alles in mir letztlich anspannt, mein Griff um ihre Haare unverzeihlich fest wird und ich mit meinem nächsten Stoß gnadenlos in ihr explodiere. Vienna hustet und gurgelt. Mir blutet das Herz, weshalb ich vorsichtig aus ihr gleite. Hastig ziehe ich meine Kleidung hoch und stopfe meinen noch immer empfindlichen und pulsierenden Schwanz zurück in die Hose. Dann sinke ich zu Vi auf den Boden – ebenfalls auf meinen Knien – lege meine Hände an ihr Gesicht und neige ihren Kopf so, dass sie mich ansieht.

»Alles okay?«

Sosehr ich darauf stehe, wenn sie mir einen bläst, ich hasse, was Vienna dafür in Kauf nimmt. Sie macht es gerne, das hat sie nach dem ersten Mal beteuert, doch ein Teil von mir denkt dennoch, dass sie das nur mir zuliebe behauptet hat. Ich kann mir beim besten Willen nicht vorstellen, dass es ihr wirklich Spaß bereitet, einen Fremdkörper im Mund zu haben, an dem sie nahezu erstickt.

Ihre Haut pocht, ist schwitzig und rot, und schwarze Schminke rinnt über ihre Wangen. Mit meinem Ärmel versuche ich, ihr Make-up zu retten, doch ich würde ihr gleich raten, sich in Ruhe im Waschraum herzurichten. Sobald ich Spuren meines Ergusses an ihrem Mundwinkel entdecke, will ich auch dort entlangwischen, doch sie dreht ihren Kopf zur Seite, leckt den Rest mit ihrer Zunge weg und grinst.

»Das Gedicht ist nicht über deine Familie«, stellt sie heiser fest, räuspert sich und kuschelt sich an meine Brust.

»Nope«, erwidere ich und drücke einen sanften Kuss auf ihr Haar. Es hat viel Liebe verdient, nachdem ich es so grob behandelt habe. *Vienna* hat viel Liebe verdient.

»Wovon handelt es dann?«

»Von dir.«

Sie dreht sich mit großen Augen zu mir.

»Hast du schon mehr?«

Ich nicke und streichele über ihren Kopf.

»Dann will ich es nicht hören.«

Erschrocken … und ja, verletzt, halte ich in meiner Bewegung inne und schlucke.

»Okay.«

Es ist in Ordnung, wenn ihr mein Text nicht gefallen hat. Kunst ist subjektiv. Trotzdem tut es weh. Ich versuche, mir den Schmerz nicht ansehen zu lassen, aber Vi beobachtet mich bereits.

»Du bist echt so blöd«, schmunzelt sie und haucht einen Kuss auf meine Lippen. »Natürlich will ich den Rest davon auch vorgetragen bekommen. Aber nicht heute.«

»Wann dann?«, möchte ich wissen, kann mir ihre Antwort jedoch längst denken.

»Na, beim Poetry-Slam natürlich.«

KAPITEL 41

VIENNA

Emilian scheint eine Feuertaufe nach der anderen zu haben, seit wir in einer Beziehung sind, denn nachdem er Benji ungeplant kennengelernt hat, steht nun die erste Begegnung mit meinen Eltern an. Die beiden neigen dazu, sofort von Hochzeit und weiteren Enkelkindern zu reden, wenn man sie nicht in Schach hält, und weil ich Emilian nicht vergraulen möchte, habe ich die Organisation des Treffens übernommen. Dafür habe ich nicht nur einen neutralen Ort ausgesucht, sondern ein Zeitlimit gesetzt. Da heute Emilians Poetry-Slam-Auftritt stattfindet und er mit jedem Tag aufgeregter geworden ist, dachte ich mir, dass eine Ablenkung sicherlich guttäte. Er hat sich für die Vorbereitung des Slams den halben Tag freigenommen, weswegen ich das Treffen auf unsere Mittagspause geschoben habe. Dieser *eingeschobene Termin im Kalender* – wie Ma es bezeichnet hat – hat ihr zwar nicht gefallen, doch ich habe es für die beste Lösung zum ersten Beschnuppern gehalten. Wenn wir Runde eins mit Bravour bestanden haben, dann können sie uns meinetwegen zu einem Essen einladen, wie sie es sich von Anfang an gewünscht hat.

»Bist du etwa nervös?« Emilian greift über den Tisch nach meiner zappelnden Hand.

»Natürlich! Du etwa nicht? Meine Eltern sind jeden Moment hier!«

»Und ich freu mich darauf, sie kennenzulernen. Sie scheinen toll zu sein.«

»Das sind wir auch. Vorausgesetzt ihr redet über uns?«

Ich schrecke auf, als ich die amüsierte Stimme meines Vaters hinter mir wahrnehme und mich zu meinem breit grinsenden Pa umdrehe, der Emilian zuzwinkert. Als ich zu meinem Freund – Komplize A – schaue, sieht auch er feixend drein. Ich ahne, dass ich soeben Opfer ihres ersten gemeinsamen Coups gegen mich geworden bin, und verdrehe die Augen. Dann begrüße ich Komplize B mit einer Umarmung.

Das fängt ja gut an.

Natürlich bin ich froh, dass Em und Pa so schnell auf der gleichen Wellenlänge sind, aber darüber habe ich mir auch keine Sorgen gemacht. Mein Vater ist ein Teddybär. Bis heute ist noch jeder mit ihm zurechtgekommen. Das Problem ist meine Mutter. Sosehr ich sie auch liebe, vor ihrer ungefilterten Art und Tendenz dazu, in tiefe Fettnäpfchen zu treten, habe ich schon Angst. Meinetwegen kann sie Emilian peinliche Kindergeschichten von mir erzählen. Sie soll nur bitte dabei nicht vergessen, worüber wir geredet haben und was auf der Liste steht.

Emilian trägt tiefe Wunden in sich, und ich habe meine Eltern im Vorfeld gebrieft, damit sie ihm erstens keine Löcher in den Bauch fragen, was das Schreiben angeht, und zweitens nur belanglose, leicht verdauliche Themen, die ich ihnen aufgeschrieben habe, anschneiden sollen. Für meinen Vater sollte das kein Problem sein. Die beiden können sich über Fußball und so unterhalten. So, wie ich Ma kenne, wird sie sich aber nicht mit Emilian über seine Hobbys austauschen wollen, sondern lieber über *mich* reden. Und das macht mir am meisten Angst. Selbst die eine Stunde, die wir Zeit haben, reicht aus, damit Ma unabsichtlich die schlimmsten Seiten von mir aufdeckt und Emilian sich das mit mir noch mal überlegt. Ich hab ein Kind? Das ist nichts im Vergleich zu meiner ungesunden Leidenschaft für die Zimtschnecken, die man bei Ikea bekommt. Sollte Emilian erfahren, dass ich da augenblicklich schwach werde und mir ein Dutzend davon reinpfeffern könnte, während ich seinen französischen Gourmetcroissants am Anfang die kalte Schulter gezeigt habe – ich bin mir sicher, dass er mir das in den nächsten Wochen nachtragen würde. Oder schlimmer noch: Falls Ma ihm das Foto zeigt, auf dem ich stolz meinen Kokosnuss-Haarschnitt rocke, während ich fest davon überzeugt gewesen bin, Backgroundsängerin für Britney Spears zu sein ... o Gott, er würde sich nicht mehr einkriegen vor ...

»Vienna? Möchtest du etwa nur deinem Vater Hallo sagen?« Meine Mutter steht mit in die Hüften gestemmten Händen vor mir, und ich realisiere, dass ich ganz schön in Gedanken gewesen sein muss. Pa sitzt nämlich schon auf dem Platz neben Em und betüdelt zusammen mit ihm meinen Sohn.

»Oh, natürlich nicht.« Auch Ma schließe ich in meine Arme.

»Dein Kerl ist aber ein Schnittchen«, flüstert sie mir dabei ins Ohr.

»Er ist ganz okay«, erwidere ich mit hochrotem Kopf, denn Ma *kann* nicht flüstern, und ich bin mir ziemlich sicher, dass Em jedes grausame Wort von ihrem Kompliment gehört hat.

Schnittchen.

Falls Em mich mit meiner Zimtschneckensucht nicht aufzieht, dann damit. Ich kann mir schon bildlich vorstellen, wie er sich selbst so bezeichnet, nur weil *ich* dieses Wort fürchterlich finde und er sich damit einen Spaß machen kann.

»So«, fängt meine Mutter später das Gespräch an, nachdem ich auch Benji geknuddelt hab und wir mit unserem Mittagessen versorgt worden sind. »Du bist dann also Maximilian.«

Mir fällt die Gabel in meinen Caesar Salad, und ich starre entgeistert zu ihr.

»Ma!«

Mein Vater prustet los, und meine Mutter lächelt stolz, als wäre ihr zum ersten Mal ein richtig guter Witz gelungen.

»Nana, entspann dich. Deine Mutter ärgert dich nur. Sie weiß, dass dein Freund Emilian heißt. Aber du hättest dein Gesicht sehen müssen.« Er dreht sich zu Em. »Hast du es gesehen? Daran erkennst du, dass du ihr etwas bedeutest.«

»Daran erkennen *wir*, dass du ihr was bedeutest«, korrigiert meine Mutter ihn. Emilian grinst von einem Ohr zum anderen. Stolz. Akzeptiert. Mein Herz schwillt an. Schätze, damit wäre auch diese Feuertaufe überstanden.

»Tut mir so leid wegen des Essens. Meine Eltern sind normalerweise ... gut, sie sind immer so drauf.«

Der Rest des Mittagstreffens verlief ähnlich, und am Ende hatte ich den Eindruck, dass meine Eltern zwar total vernarrt in meinen Freund sind und ihn bereits in die Familie aufgenommen haben, aber dass alles so ein bisschen auf meine Kosten ging. Ich hatte mir das erste Kennenlernen etwas anders vorgestellt, schließlich hatte ich es mit ihnen geprobt. Schätze, dass sie es mir genau deswegen heute so schwer gemacht haben.

Emilian läuft schweigend neben mir her. Mir ist schon beim Essen aufgefallen, dass er gegen Ende kraftloser und abwesender gewirkt hat, was ich zunächst auf die Wucht schiebe, mit der meine Eltern ihn überfallen haben. Nun bin ich mir nicht so sicher, schließlich sind sie weg, und er ist immer noch ... distanziert. Seine Hände sind tief in seinen Manteltaschen vergraben, da wir uns schon wieder in der Nähe von J&R befinden. Trotzdem hätte ich es schön gefunden, wenn er zumindest für einen Teil des Rückweges meine Hand gehalten hätte. Oder mir auf andere Art versichert hätte, dass er nicht nach Feierabend die Taschen packt und Reißaus nimmt.

»Sie sind cool«, sagt er eine lange Zeit später. »Und man merkt, dass sie dich und Benji sehr lieben. Du kannst dich glücklich schätzen, dass sie deine Eltern sind. Sie müssen dir eine tolle Kindheit geschenkt haben.«

»Ja, das haben …« Ich bleibe stehen.

Wie blöd und rücksichtslos bin ich eigentlich?

Er hat eine Scheißkindheit gehabt und mit meiner Familie erfahren, dass es auch anders geht. Es muss wehtun zu sehen, was er – was jedes Kind – eigentlich hätte haben sollen. Er muss sich nach der elterlichen Anerkennung und Liebe sehnen, die ich gerade so undankbar versuche zu entschuldigen.

»Em«, ich stelle mich vor ihn. »Wenn ich könnte, würde ich deine Vergangenheit ungeschehen machen. Aber das kann ich nicht. Doch ich verspreche dir, dass ich bemüht bin, dir eine so, so, so, *so* viel bessere Zukunft zu schenken.«

»Mit dir ist sowieso schon alles tausendmal besser«, versichert er und hebt seine Hand, um mein Gesicht zu umschließen, wie er es so gern macht. Doch mitten in der Bewegung hält er inne und sieht auf das Gebäude, vor dem er mich gleich absetzen wird.

»Ehrlich?« Ich kann seine Wunden nicht ungeschehen machen, aber mit ganz viel Zuneigung, Aufmerksamkeit und Liebe schaffe ich es vielleicht zumindest, sie zu schließen.

»Ehrenwort.«

»Dann küss mich.«

Okay, vielleicht brauche ich zuerst die Zuversicht, dass zwischen uns alles okay ist.

»Hier? Vor J&R? Was ist, wenn uns jemand sieht?«

»Küss mich trotzdem.«

Emilian zögert, dann beugt er sich vor und gibt mir einen unschuldigen Kindergartenkuss, der keine Sekunde anhält.

»Mehr von deinem *Schnittchen* bekommst du später«, verspricht er.

»O Gott, Em!«

Ich versetze ihm gespielt erzürnt einen Klaps gegen die Schulter, woraufhin er leise auflacht und mich ein kleines Stückchen näher zu sich zieht.

Ich *wusste*, dass er mich mit Mas Worten aufziehen würde. Allerdings kehrt damit auch das Leuchten in seinen Augen zurück, und er wirkt nicht mehr meilenweit entfernt, sondern ist wieder hier. Bei mir.

Wenn es dabei hilft, dass er sich nicht vor mir verschließt, dann werde ich dieses grausige Wort auch überleben – fürs Erste.

Ohne Emilian zieht sich die Arbeit wie Kaugummi. Ich vermisse seine Papierflugzeuge, den buttrigen Geruch seines Bestechungsgebäcks und das Knarzen seines Stuhls.

Und ihn.

Zum wiederholten Mal blicke ich auf die Uhr. Es ist fast Feierabend, und ich kann es nicht abwarten, hier endlich rauszukommen und mich für Emilians großen Abend herzurichten. Er mag Bühnenangst haben, aber ich bin mindestens genauso aufgeregt, wenn ich daran denke, dass ich heute das Gedicht zu hören bekomme, das ich inspiriert haben soll. Es hat mich viel Überwindung gekostet, ihn nicht doch anzuflehen, mehr Zeilen mit mir zu teilen, aber letzten Endes habe ich ihm zuliebe durchgehalten. Ich bin nämlich davon überzeugt, dass er sein Lampenfieber vergisst, sobald er sich auf mich konzentriert. Wenn er für mich kocht, mir ein Lied zeigen will, das ihm gefällt … Experimente im Bett ausprobieren möchte … dann sucht er immer gierig meine Reaktion. Das wird auch heute so sein, und ich denke, dass es ihn ablenken wird. Außerdem stelle ich es mir romantisch und erotisch vor, wie er da sein Gedicht für mich vorträgt. Die ganze Welt gerät in den Hintergrund und da sind nur noch wir und seine Worte und …

Das Summen meines Handys zerstört meinen schmalzigen Augenblick und ich sehe darauf. Sobald ich den Namen meines Ex auf dem Display erblicke, bereue ich es sogar, das Scheißteil heute überhaupt mit Saft versorgt zu haben.

Es ist die zweite Nachricht von Sam. Die erste habe ich ignoriert und gelöscht. Genau das Gleiche werde ich mit dieser anstellen. Ungelesen.

Ach, wem machst du etwas vor, Vi?

Die Neugier überwiegt, und ich öffne die SMS, auch wenn ich mir damals fest vorgenommen hatte, Sam keinen Raum mehr in meinem Leben zu geben.

> Vi, können wir reden?

Weil es so klischeehaft ist, lache ich laut auf.

»Nein, können wir nicht«, trällere ich und schiebe wie geplant diese dämliche Frage von diesem noch dämlicheren Typen in meinen digitalen Papierkorb. Ich hab ihm nichts zu sagen. Nicht mehr.

Da ich nun in der perfekten Stimmung bin, um Dinge und Menschen aus meinem Leben zu entfernen, nutze ich die restlichen Minuten bis zum Feierabend, um meine Kontaktliste aufzuräumen. Als ich bei Emilian ankomme, halte ich inne. Wie gern ich ein kitschiges rotes Herz zu seinem Namen hinzufügen möchte, um ihn von den Sams dieser Welt hervorzuheben. Doch falls mein Telefon hier mal in fremde Hände geraten sollte, wäre das kein kluger Schachzug von mir. Klar, ich könnte es als unerwiderte Schwärmerei abstempeln, doch es fällt mir zunehmend schwerer zu verbergen, wie verknallt ich in den Kerl bin. Allein die Tatsache, dass ich ein bescheuertes Herzchen hinter seinen Namen hängen möchte, sagt schon alles. Wie alt bin ich bitte?

»Wenn du fertig mit deiner Nachricht bist, Vienna, darf ich dich dann kurz in meinem Büro sprechen?«

Erschrocken drehe ich mich um. Klaus, mit seinem Monster von Hund im Arm, steht am Türrahmen.

Mein Blick fliegt auf die Uhr.

Siebzehn Uhr.

Feierabend.

Mich wundert es, dass mein Chef um diese Uhrzeit noch da ist. Doch da er Prada mit sich herumträgt, tippe ich darauf, dass sein Mann nicht zu Hause ist und Klaus deswegen im Büro verweilt. Auch ich habe in den letzten Wochen gelernt, dass die eigenen vier Wände eigentlich nur mit der richtigen Person zu einem wahren Zuhause werden.

»Ist es dringend?« Für gewöhnlich hinterfrage ich Zitierungen ins Büro meines Bosses nicht. Doch was kann schon groß auf mich warten? Trotz meiner Leistung mit loaded und einem sehr zufriedenen Christian Château werde ich nach wie vor bei der Verteilung neuer Klienten übersehen, und so langsam habe ich die Schnauze voll. Mir bereitet der Job nicht mehr die gleiche Freude, und meine Einstellung zu meiner Arbeit spiegelt dies. Früher hatte für mich alles, was J&R betrifft, oberste Priorität. Heute nicht mehr. Nicht, wenn sie meinen Wert selbst nach Château nicht anerkennen wollen. »Ich bin nämlich verabredet«, füge ich daher noch hinzu. Was auch immer Klaus von mir will, das kann bis morgen warten.

»Ich möchte dir gerne deinen neuen Klienten vorstellen.«

»Meinen ... Klienten?« Irritiert erhebe ich mich von meinem Platz. »Aber ich hab keinen Auftrag.«

»Jetzt schon.«

Ich hätte es ahnen müssen.

Wissen müssen.

Das ist schließlich ein Gesetz des Universums. Sobald etwas überirdisch gut läuft, kommt jemand und pinkelt dir ans Bein.

Dieser Jemand war mal der Mann meiner verruchtesten Träume. Dann habe ich ihn zum wahr gewordenen Albtraum befördert. Jetzt allerdings ist er ein realer Mensch in einem realen Anzug mit einem realen – unverschämt attraktiven – Lächeln in einem realen Büro und steht neben meinem realen Chef.

»Bitte, nehmen Sie ruhig Platz.« Seine Stimme ist klarer und kälter geworden, als ich sie im Kopf behalten habe, doch sein Blick, mit dem er mich dabei beobachtet, wie ich mich setze, glüht vor Intensität. Wie damals, als ich es geliebt hatte, von ihm angesehen und mit den Augen ausgezogen zu werden.

Klaus scheint die Spannung zwischen uns nicht zu bemerken, denn er bietet uns fröhlich Schokotafeln an, die wir beide höflich ablehnen. Ich liebe Schokolade, aber ich werde meine schönen Assoziationen an Vollmilch und Kakao nicht mit Erinnerungen an *ihn* besudeln.

Samuel Rhode.

Sohn meines Vorgesetzten.

Vater meines Sohnes.

Und mein größter Fehler.

»Vielen Dank, dass Sie mir meine Ansprechpartnerin geholt haben, Herr Jann. Falls es keine zu großen Umstände macht, würde ich aber nun gerne mit Frau Lorenz unter vier Augen sprechen.«

»Aber natürlich. Prada muss sowieso für kleine Mädchen. Ich freue mich auf jeden Fall sehr, Sie bei uns willkommen zu heißen, Herr Rhode.«

Nachdem Klaus mit seinem Hund den Rückzug angetreten hat, scheint mich die Luft in dem Raum zu erdrücken.

»Morgen sollte mein Büro fer...«

»Was machst du hier?«, fahre ich ihn an. Ohne Klaus können wir auch ruhig die Masken fallen lassen.

»Ich bin ein Rhode«, erwidert er mit aufgesetztem Erstaunen

und lässt sich lässig auf dem Chefsessel von Klaus nieder. »Da war es doch früher oder später abzusehen, dass ich mir hier ein Plätzchen suche. Was denkst du, wieso ich an sämtlichen Wirtschaftstagungen von J&R teilgenommen habe? Viel mehr verwundert es mich, dass du hier beschäftigt bist. Versteh mich nicht falsch, es freut mich. Dennoch war ich sehr überrascht, deinen Namen auf der Angestelltenliste zu entdecken.«

»So wie du war ich nicht ohne Grund auf der Tagung.«

»Das sehe ich. Und? Wie ergeht es dir in der Firma meines Vaters? Ich hab gehört, dass du ein riesiges Projekt geleitet hast.« Er lehnt sich im Stuhl zurück, faltet seine Hände vor seiner Brust zusammen und mustert mich. Sein Blick ruht dabei länger auf meinen Kurven und gleitet dann langsam den Rest meines Körpers entlang.

»Was. Machst. Du. Hier?«, wiederhole ich mich und verdränge dabei den Stolz, den ich empfinde, da er mich eindeutig noch attraktiv findet. Und leider ist er auch kein bisschen hässlich geworden. Nicht mal einen Pickel entdecke ich auf seiner astreinen Haut.

Urgh. Hör auf, ihn abzuchecken, Vi!

Sam ist schließlich der Mann in meinem Leben gewesen, der mein Herz nicht nur gebrochen, sondern in tausend Stücke zerfetzt hat, als er mich mit einem Baby im Bauch im Stich gelassen hat.

Er lehnt sich vor und stützt sich mit den Ellbogen auf den Knien ab.

»Du antwortest nicht auf meine Nachrichten.«

»Ooops. Sie müssen wohl automatisch in den Arschloch-Korb gewandert sein.«

Sam schmunzelt.

»Touché. Schätze, das hab ich verdient.«

»Uhu«, brumme ich. Während seine Körpersprache Offenheit

für das Gespräch demonstriert, wechsele ich in eine defensive Position. Gerader Rücken, vor der Brust verschränkte Arme.

»Du siehst gut aus. Das Mutterdasein steht dir.«

»Was?« Fassungslos springe ich auf. Wut flammt in mir auf. Wie kann dieser Kerl es wagen, so was zu sagen, wenn er der Erste gewesen ist, der mir von der Schwangerschaft abgeraten hat?

»Vi …«

»Ich hab Besseres mit meiner Zeit zu tun, Sam. Unser Gespräch ist vorbei. Hat mich nicht gefreut. Schönen Tag noch«, zische ich und will aus dem Büro stürmen, doch er springt ebenfalls von seinem Platz auf und baut sich vor der Tür auf.

»Wir sollten reden, Vi. Das mit der Tagung und dem Danach ist schlecht gelaufen, aber …«

»Schlecht gelaufen?«, wiederhole ich mit einer seltsamen Ruhe in meiner Stimme. »Was genau, Sam? Dass wir uns über den Weg gelaufen sind? Oder dass wir völlig betrunken gepoppt haben? Nein, warte! Ich hab's! Wir waren zu blöd zum Verhü…«

Den Rest meines Ausbruchs erstickt Sam, indem er seine Hand über meine Lippen legt.

»Fuck, Vi, man kann uns hören!«

Unter seiner salzigen Haut wüte ich weiter, bis ich merke, dass er seine Hand erst wieder wegnehmen wird, wenn ich mich beruhige. Also verstumme ich, funkele ihn jedoch weiterhin zornig an.

»Ich lass dich jetzt los, Vi, in Ordnung? Und dann lass uns bitte, *bitte* in Ruhe reden, ja?«

Als Antwort erhält er von mir ein unterdrücktes Schnauben.

Vorsichtig zieht Sam sich zurück. Er öffnet die Tür und steckt seinen Kopf nach draußen. Im Anschluss verschließt er sie leise und wendet sich wieder mir zu.

»Vienna, ich hab Scheiße gebaut.« Sam fährt sich durch seine nahezu schwarzen Haare. »Kannst du dich bitte wieder hinsetzen?«

»Nur, weil ich gerne hören möchte, welche deiner Schandtaten du als Scheiße bezeichnest«, knurre ich und plumpse zurück auf meinen Stuhl.

Auch Sam setzt sich wieder und holt tief Luft.

»Ich hätte dich nicht allein lassen dürfen. Verdammt, ich hätte nicht darauf bestehen sollen, dass du abtreibst. Es ist nur … ich war so überfordert mit der Situation. In der einen Sekunde hatte ich meinen Master in der Tasche und in der nächsten war ich auf einmal Vater! Du musst zugeben, dass das nicht gerade ideal klingt.«

»Darüber musst du dir glücklicherweise ja keine Gedanken mehr machen.«

»Warum?« Sam legt den Kopf schief, dann weiten sich plötzlich seine steingrauen Augen. »Du hast nicht auf mich gehört, oder? Vi, du hast die Schwangerschaft nicht abgebrochen … richtig?«

»Macht das einen Unterschied?«

»Ja, verdammt? Das Kind war auch von mir.«

Ich muss mich verhört haben.

»Warte. Du bist es doch gewesen, der geschrieben hat, und ich zitiere: ›Wir hatten nur ein bisschen Spaß. Ich will nicht Vater werden. Treib es ab. Du bist nicht bereit.‹ Das waren doch deine Worte, oder etwa nicht?«

Natürlich waren sie das. Schließlich hat sich an diesem Tag jede SMS von ihm in mein Gedächtnis gebrannt.

»Ich war ein Mistkerl, Vi! Die Nacht mit dir ist nicht so gelaufen, wie ich es mir erhofft hatte. Wenn ich könnte, würde ich die Zeit zurückdrehen und dann alles richtig machen.«

»Du bist immer noch ein Mistkerl«, entgegne ich, doch seine

Aussage hallt in mir nach. Bereut er seine Entscheidung wirklich? Ist er echt bereit, für Benji da zu sein? Denn so gern ich es verleugnen würde, er hat recht. Benji ist auch sein Sohn. Nehme ich Benji hiermit die Chance auf einen Vater weg, nur weil der Typ ein unreifes Arschloch gewesen ist?

»Ich weiß. Aber damals ... du hast mein gesamtes Leben mit dem Schwangerschaftstest ins Wanken gebracht. Mein Vater ist endlich stolz auf mich gewesen. Was glaubst du, wie er mich angesehen hätte, hätte er erfahren, dass ich eine Angestellte von ihm geschwängert hab? Und Anna ...«

»Wer ist Anna?«

Sam sieht zerknirscht zu mir. »Sie war zu dem Zeitpunkt meine Freundin.«

Mir schnürt sich die Kehle zu. Ich bin die *andere* Frau gewesen?

»Bitte, was?« Jegliches Gefühl von Empathie erlischt.

»Das liegt in der Vergangenheit, Vi. Die Gegenwart ist doch das, was zählt, richtig?«

»Was machst du hier?«, frage ich zum dritten Mal, als hätte der Rest der Unterhaltung niemals stattgefunden.

»Ich will eine zweite Chance. Mit dir. Mit *unserem* Kind.«

KAPITEL 42

EMILIAN

Seit ich beim Scrollen auf Social Media auf eine Anzeige zu Jamils Poetry-Slam-Event gestoßen bin, wusste ich, dass die Veranstaltung groß werden würde. Schließlich reden wir über Lyrik-Phänomen Jamil Shiva, der mit seinen ästhetisch in Szene gesetzten Micro-Poems mehr Follower bekommen hat, als ins Westfalenstadion, das Heimstadion des BVB, reinpassen! Im Nachhinein verstehe ich auch nicht, warum ich so naiv gewesen bin und gedacht habe, dass es sich um ein kleines Beisammensein mit den engsten Freunden aus der Szene handeln würde.

Aber das hier ist noch mal eine ganz andere Liga. Schon als ich die Komödiothek erreicht hatte und an ihren Mauerwänden Konzertankündigungen von bekannten Künstlern erhascht habe, sind meine Hände schwitzig geworden. Und das, was danach kam, tat meinen Nerven auch nicht wirklich gut.

Jamil hat sich eine Konzerthalle organisiert, die nicht nur einen Stehraum hat, sondern auch eine Tribüne. Auf der Bühne tummeln sich seit meiner Ankunft bestimmt über zehn Menschen, die Licht und Ton geprüft haben. Einen davon habe ich mir daraufhin direkt vorgeknöpft, nämlich Jamil. Dieser hat mich mit einem breiten Grinsen begrüßt und mir mitgeteilt, dass er leider nicht viel Zeit habe, da er sich noch um die Bühnendekoration – riesengroße Plakate der Slammer – kümmern müsse. Das war mir recht. Ich war nicht scharf auf weitere

Details, wegen denen sich mir vor Nervosität der Magen umdreht. Aber eine Info brauchte ich, ob ich sie nun hören wollte oder nicht.

Tausend.

Zehn mal zehn, mal zehn.

So. Viele. Menschen. Passen. Hier. Rein. Jamil beteuert zwar, dass weniger Tickets verkauft wurden. So wie ich meinen Mitbewohner kenne, werden sich dann wahrscheinlich heute Abend neunhundertneunundneunzig kulturfreudige Zuschauer vor der Bühne einfinden. Easy.

Ich bin noch Stunden später dabei, diese Info im Backstagebereich zu verdauen. Dorthin habe ich mich verkrochen, nachdem die Tausend nicht mehr aus meinem Kopf raus wollte. Ich brauchte einen deutlich kleineren Ort, an den ich mich zurückziehen konnte. Am Anfang waren für mich sogar die spärlich bestückten Räume hinter der Bühne zu groß, weshalb ich mich in eine Toilettenkabine gesperrt und Casper gehört habe. Er ist es auch gewesen, der mich rausgeholt hat. Nicht persönlich, schön wär's, aber ich habe in seinen Texten die Kraft gefunden, um mich mit meiner unmittelbaren Zukunft im Scheinwerferlicht abzufinden ... die mir laut Plan in etwa zwanzig Minuten bevorsteht.

Gut, dass ich mich nicht am Catering bedient hab.

Das Event hat längst angefangen. Aus einem mir unerklärlichen Grund hat Jamil mich vom Mitbewohner zum besten Freund höhergestuft, weshalb er mir den Ehrenplatz im Set frei hält.

Ich hatte gehofft, dass er all seine Slammer als Ehrengäste ankündigt, so wie es manche Conventions manchmal machen. Dann hätte ich ihn bearbeitet, bis er mir einen Slot am Anfang, wenn noch niemand da ist, zugeteilt hätte. Damit hätte ich nicht nur meinen aufgezwungenen Auftritt so schnell wie möglich hinter mir, es wären auch statt der tausend Augenpaare im Bestfall vielleicht zwanzig gewesen.

Aber nein, so viel Glück habe ich nicht. Auf mich wartet ein Slot während der fucking Primetime.

Ich hätte absagen können.

Niemand zwingt mich.

Ich muss nicht auf der Bühne stehen und den Menschen einen Einblick in mein Herz geben, wenn ich nicht will.

Das Problem? Ich will. Auch wenn es mir eine Scheißangst einjagt, ich will da vorne sein, das Publikum mit meinen Worten berühren. Am meisten jedoch will ich, dass ausnahmslos jeder im Raum erfährt, wie wunderbar Vienna Lorenz ist. Denn was anderes thematisiere ich in meinem Text sowieso nicht. Und wenn ich ehrlich bin, dann schreibe ich ohnehin schon seit Wochen nur noch über sie. Vi hat mit ihrem Feuer die Dunkelheit in meinem Herzen verdrängt.

Oh, Em. Hier hast du einen Anti-Kitsch-Keks. Schluck ihn runter und werd wieder cool, Mann.

Es passiert in letzter Zeit häufiger, dass ich so über Vienna denke. Stören tut es mich nicht. Dann bin ich halt in sie verschossen, ist jetzt nicht so, als wäre das ein großes Geheimnis.

Ich schaue auf meinen ausgedruckten Text, der voller Anmerkungen ist, und nehme ihn in die Hand. Ja, ich habe mir aufgeschrieben, an welchen Stellen ich ins Publikum schauen sollte, ansonsten würde mein Blick nur auf dem Blatt Papier kleben.

Keines meiner anderen Werke ist so hoffnungsvoll und hell. Als Vi mich auf ihre sehr unkonventionelle Art dazu überredet hat, Zeilen mit ihr zu teilen, ist er noch unvollständig gewesen. Tagelang habe ich an dem Gedicht gefeilt und doch nie die richtigen Worte gefunden, um zu beschreiben, welchen Stellenwert Vi in meinem Leben hat. Erst nachdem sie angenommen hat, dass ich mit diesem Text auftreten werde, wurde mir klar, warum sich bis dahin nichts wirklich richtig angefühlt hat.

Ich habe zwar über sie geschrieben, nicht aber *für* sie. Und das ist letztlich der Schlüssel gewesen. Das Gedicht fällt völlig aus der Norm. Anstatt mehrere Seiten mit Gedanken zu füllen, ist es mit seinen wenigen Zeilen untypisch kurz und *verdammt* persönlich. Vielleicht wird sich fast niemand im Publikum damit identifizieren können, aber damit kann ich leben. Es reicht, wenn sich nur eine Person von meinen Worten angesprochen fühlt. Immerhin gilt jedes davon ihr. Sobald mir das klar wurde, hat sich der Rest von allein geschrieben. Meiner Meinung nach ist es mein bislang bestes Gedicht. Selbst Jamil, dem ich den Text für seine Planung zeigen musste … und auch irgendwie zeigen *wollte*, ist Feuer und Flamme für ihn. Da ich sein *Lieblings*mitbewohner sei, verzeihe er mir meine außergewöhnlich kurze Performance, die für ihn einen weiteren Slot bedeutet, den er mit einem Slammer füllen muss. Wegen seiner Großzügigkeit habe ich mir verkniffen, ihn darauf hinzuweisen, dass ich sein *einziger* Mitbewohner bin.

Stolz lese ich über die ein oder andere Zeile. Nur mit Mühe halte ich mein Lächeln klein.

Okay.

Gut möglich, dass ich nicht einfach nur in Vienna verschossen bin.

Gut möglich, dass ich es ihr nach dem Slam beim Essen sagen werde.

Und hier, meine Damen und Herren, sehen Sie ein perfektes Beispiel dafür, wie man von einem Nervenzusammenbruch in den nächsten wechselt. Gern geschehen.

Dank Vi finde ich mich in einem dieser klassischen Filmmomente wieder, die man in der Realität nicht durchleben möchte. Sie ist bei diesem Slam mein Anker, und bisher fehlt von ihr jede

Spur. Sämtliche meiner Anrufe sind ins Leere gegangen, und in meinem Nachrichtenfach führe ich eine »*Bist du schon unterwegs? Ist etwas passiert? Ich mache mir Sorgen*«-Unterhaltung mit mir selbst.

»Na, Emmentaler? Bereit für die große Bühne?« Jamil joggt in den Backstagebereich und holt sich aus der gesponserten Kühltruhe neben dem Catering eine Flasche Wasser. »Willst du auch?«

Damit ich in seiner Gegenwart nicht weiter wie ein Nervenbündel auf und ab laufe und auf mein Handy starre, akzeptiere ich sein Angebot und lasse mir von ihm ein Getränk zuwerfen.

»Was macht das Lampenfieber?«

Es ist Verlustangst gewichen, vielen Dank der Nachfrage.

»Hält sich in Grenzen.«

»Du wirst es lieben, Kumpel. Die Energie da draußen ist magisch. Die Leute haben Bock und das Line-up«, er wedelt mit der Hand, als hätte er sich verbrannt. »Einfach der Hammer! Ich frag mich, wieso ich damit so lange gewartet habe.« Er kommt auf mich zu und legt seinen Arm um meine Schultern. »Was hältst du davon, wenn es so ein Slam-Event öfter geben würde?«

»Lass mich erst mal diesen einen überleben, okay?«, erwidere ich nervös lachend und werfe einen verstohlenen Blick auf mein Handy. Weiterhin kein Lebenszeichen von Vi. Fuck, was, wenn ihr auf dem Weg hierhin etwas geschehen ist? Ich kann doch nicht auf die Bühne und ...

»O Gott. Bitte sag mir nicht, dass ich es verpasst habe!«

Mein Kopf fliegt zur Tür, und da steht sie, mit hochrotem Kopf und aus der Puste, aber unversehrt. Am liebsten wäre ich vor Erleichterung und Dankbarkeit darüber auf die Knie gefallen.

»Naaah, du kommst gerade rechtzeitig. Vienna, richtig?« Jamil, der nicht in Schockstarre gefallen ist, löst sich von mir und schlendert auf sie zu.

Zu meiner Überraschung ignoriert sie Jamil vollkommen. Stattdessen prescht sie an ihm vorbei und wirft sich in meine Arme.

»Em, es tut mir so leid, dass ich zu spät bin«, sagt sie und presst im Anschluss ihren Mund hart auf meinen. Mit so einer stürmischen Entschuldigungsbegrüßung habe ich zwar nicht gerechnet, aber ich verfalle ihr sofort.

»Ja, gut, ich … geh dann mal. Denk dran, Em. Du bist in circa einer Viertelstunde dran.« Auch für mich wird Jamil zweitrangig, und hätte er sich damit nicht noch mal zu Wort gemeldet, hätte ich völlig vergessen, dass er mit uns im Backstage ist.

»Ist alles in Ordnung?«, erkundige ich mich und nehme besorgt ihr Gesicht in meine Hände, als wir beide nach Luft ringen.

Sie nickt.

»Jetzt schon. Ich dachte, ich hätte es verpasst, Em.«

»Nope, mein bahnbrechender Auftritt steht uns noch bevor«, entgegne ich, schraube meine Wasserflasche auf und reiche sie ihr.

»Uns, ja?« Sie nimmt dankend einen langen Schluck. »Ich weiß ja nicht, was dein Mitbewohner vorhat. Aber ich plane nur, die eine Frau direkt vor der Bühne zu sein, die den Blick nicht von dir nehmen kann. Mehr nicht.«

»Das trifft sich ausgezeichnet. Denn ich werde sowieso nur Augen für dich haben, Vi.«

Sie lächelt verlegen.

»Sollst du aber nicht. Heute ist dein Abend, und ich möchte, dass du ihn mit allem, was dazugehört, genießt. Dem Publikum, dem Scheinwerferlicht, dem *Nervenkitzel*.« Letzteres haucht sie, als sie mich erneut küsst, den ersten Knopf von unten an meinem Hemd öffnet und mit ihren Fingern unter den Stoff gleitet.

»Vi«, warne ich, doch meine Stimme klingt zu dünn, um mich ernst zu nehmen.

»Was denn? Ich muss mich doch vergewissern, dass du gleich

völlig entspannt bist, wenn du auf der Bühne stehst. Du weißt schon, wegen deiner Aufregung? Wir haben noch zehn Minuten.«

Und damit sorgt sie dafür, dass Aufregung *Erregung* weicht. Schon wenige Sekunden später habe ich Schwierigkeiten, mich an meinen eigenen Namen zu erinnern, aber das macht nichts, solange ich ihren weiß. Vienna Lorenz.

Die Frau, in die ich mich mit absoluter Sicherheit schon vor langer, langer Zeit verliebt habe.

Vis Aufmerksamkeiten im Backstage-Bereich haben mir nicht mit meinen Nerven geholfen. Als ich auf der Bühne bin, klopft mein Herz nämlich so wild in meiner Brust, dass ich schon Ausschau nach dem nächsten Defibrillator halte. Nicht, weil ich Vienna vor zehnhundert Menschen im Grunde meine Liebe erkläre, sondern weil ich Angst habe, dass ihr mein Text nicht gefallen könnte.

»Hey«, begrüße ich das Publikum wortkarg, winke dämlich in die Menge und falte dann mein Gedicht auseinander. »Ähm, ich bin Emilian, aber ihr könnt mich auch Ähmilian nennen. Das passt irgendwie heute besser. Scheiße, bin ich nervös.« Einige lachen, Vi – wie versprochen direkt vor der Bühne – schenkt mir einen Luftkuss.

Sie ist so unglaublich schön.

Ein angenehmer Schauer läuft über meinen Rücken, als ich an unsere ungestörten Minuten im Backstage denke.

»Da unten steht meine Freundin«, teile ich unter einem Räuspern mit. »Falls ich also den Faden verliere, dann könnt ihr bei ihr euer Geld zurückholen. Ich mach nur'n Witz, bleibt ihr fern, sie gehört mir, okay?«

Wieder Gelächter. Mehr als davor.

»Gut, da wir das nun geregelt hätten. Ihr habt wahrscheinlich an meiner kleinen Rede eben gemerkt, dass ich vernarrt in meine Vi bin, also kommt es wohl nicht überraschend, dass mein Text über und für sie ist. Er wird auch ein bisschen anders, als ihr es gewohnt seid ... Ich hoffe, das ist okay. Oh! Und er hat noch keinen Titel, weil ich nichts finde, was ihr gerecht werden könnte ...« Ich zucke mit den Schultern. »Nennen wir ihn deshalb einfach Viennas Gedicht, okay? Und ja, das ist ihr Name, ziemlich cool, oder?«

Vi lacht schüchtern auf, und es ist das Süßeste, was ich bisher in meinem Leben sehen durfte.

»Hey, Vi? Bitte renn danach nicht weg, ja? Wir haben einen Tisch reserviert.«

Einige pfeifen bejahend, bis Vi noch peinlicher berührt ihre Hand vor die Stirn legt und mit der anderen ihren Daumen hochhebt.

Ah ja? Und ich hab's mit meinen Nerven?

Abermals räuspere ich mich und werfe einen Blick auf mein Blatt. Ich bräuchte es nicht, da ich jede Zeile auswendig kenne, aber finde, dass es so lässiger und weniger nach liebeskrankem Shakespeare aussieht.

»Ich war ständig auf der Suche nach meinem Licht im Leben, meiner Hoffnung für heute, meiner Wärme für mo...«

Mir fällt der Zettel aus der Hand, als ich hinter Vienna eine Gestalt wahrnehme, die nicht hier sein dürfte.

Nein. Das bilde ich mir bloß ein. Was soll ausgerechnet er *beim Slam verloren haben?*

Vi folgt meinem Blick und dreht sich um.

Doch. Das ist er. Dieses falsche Lächeln, das ich in Form von vielen Narben auf mir verewigt habe.

Ohne ein weiteres Wort drehe ich mich um und stürme von der Bühne. Vorbei an einem verblüfften Jamil, vorbei an tuschelnden Slammern, vorbei an verwirrten Zuschauern, die denken müssen, dass das Teil meiner Performance ist. Aber das ist es nicht. Das ist mein Scheißleben, und *er* hat darin nichts verloren.

»Em?« Vi entdeckt mich sofort. Eben noch stand ich auf der Bühne, jetzt befinde ich mich brodelnd vor Zorn davor. Der nächste Künstler ist hastig eingeschoben worden, was die Aufmerksamkeit etwas von mir nimmt, als ich Vi hinter mich schiebe und mich vor dem Mann aufbaue, der für alles Schlechte in meinem Leben die Verantwortung trägt.

»Du hast hier nichts verloren«, knurre ich. Ich bin nicht bereit, ihn in meiner neuen Stadt zu haben.

»Wer ist das?«, höre ich Vi ängstlich fragen.

Ohne meinen Blick von ihm abzuwenden, antworte ich ihr. Sie weiß, was ich durchgemacht habe. Es ist nur fair, dass sie nun endlich auch ein Gesicht hat, das sie meinen Geschichten zuordnen kann.

»Vi, das ist Carlo. Mein Stiefvater.«

KAPITEL 43

VIENNA

»Er wird nicht gehen, ohne dass du mit ihm gesprochen hast.« Nach der überraschenden und verdammt unangenehmen Begegnung mit Emilians Stiefvater hat der Abend eine Wendung genommen, auf die ich gern verzichtet hätte. Statt zu dem Restaurant zu gehen, in dem wir auf Ems ersten überstandenen Auftritt anstoßen wollten, sitzen wir gemeinsam in meinem Schlafzimmer und machen uns fürs Bett fertig. Em hat kein Wort mit Carlo gewechselt, sondern mich hinter sich aus dem Gebäude geführt. Draußen hat er sich nicht mal Zeit genommen, um Luft zu schnappen, sondern gleich ein Taxi hergewinkt, welches uns ohne Umwege zu mir nach Hause gebracht hat. Das Gute an unserem ursprünglichen Plan? Benji ist über Nacht bei meinen Eltern. Das bedeutet, ich kann meine komplette Aufmerksamkeit auf meinen Freund richten, der die Fahrt über kaum ein Wort mit mir gewechselt hat.

»Vielleicht fühlt ihr euch nach einer Aussprache besser?«

Em schnaubt. Das ist mehr Reaktion, als ich bisher von ihm erhalten habe, deswegen glaube ich, auf dem richtigen Weg zu sein.

Wahrscheinlich sollte ich das Thema fallen lassen, aber ich kann nicht. Auch wenn ich seinen Stiefvater nicht kenne und ich mich nicht in Angelegenheiten einmischen sollte, über die ich nur einen Bruchteil weiß, die Wut, die Em auf ihn verspürt, ist so groß, dass Em seinen Auftritt abgeblasen hat. Und das macht es trotzdem zu meinem Problem, denn dank dieses Fiaskos hat er nicht nur Emilians großen Abend zerstört. Wegen ihm ist auch mir das Gedicht, *mein* Gedicht, vorenthalten geblieben.

Klar könnte ich ihn fragen, ob er mir den Rest noch zeigt, aber das ist nicht das Gleiche. Ich hatte den Eindruck, dass wir beim Slam etwas Magisches hätten haben können, doch das ist uns durch die Anwesenheit von Emilians Staatsfeind Nummer eins ebenfalls genommen worden.

»Wie wär's? Triff dich doch morgen mit ihm auf einen Kaffee. Ich kann auch mitkommen«, biete ich an und klappe meine Handcreme zu. »Als Puffer.«

»Er soll einfach wieder verschwinden.«

Ich setze mich zu ihm aufs Bett und drücke sein Knie. »Das wird er auch. Sobald ihr miteinander gesprochen habt.«

»Was macht er hier, Vi?«

Schweigend lehne ich mich gegen seine Brust.

»Das ist doch scheiße. Warum muss er mir immer alles kaputtmachen? Nicht mal hier bin ich vor ihm sicher.«

»Vielleicht ... will er das ja gar nicht?«

Em sieht mich ungläubig an.

»Träum weiter. Nein, wenn er hier ist, dann will er was von mir. Wahrscheinlich Kohle.«

»Würdest du ihm was geben?«

Er schweigt, dann öffnet er seinen Mund, um etwas zu sagen, und schließt ihn dann doch wieder.

»Du bist ihm nichts schuldig. Aber ein Gespräch kann nicht schaden, oder?«

Er schmiegt mit einem erledigten Lächeln seine Lippen an meine Schläfe. »Was würde es bringen, mich mit ihm zu treffen, Vi? Was hab ich davon, außer dass ich mich wieder einmal mit ihm auseinandersetzen muss?«

»Womöglich ist für dich endlich der Moment gekommen, um mit ihm abzuschließen? Fändest du das nicht toll? Ein letztes Treffen, bei dem du ihm alles sagst, was dir auf dem Herzen liegt, und dann ... war's das. Dann musst du dich nicht mehr mit ihm herumschlagen.«

Ob es stimmt, weiß ich nicht. Ich bin zu behütet aufgewachsen, um Erfahrung mit Menschen wie seinem Stiefvater zu haben. Doch meine Worte sorgen zumindest dafür, dass Em der Idee nicht mehr gänzlich abgeneigt ist. Das ist fürs Erste gut genug.

Die letzte Nacht war seltsam. Über uns lag eine Schwere, und ich vermute, dass wir beide zu aufgewühlt gewesen sind, um in einen tiefen Schlaf zu fallen.

Emilian hat sich definitiv öfter im Bett hin und her gewälzt als ich, doch auch mein Gehirn hat auf Hochtouren gearbeitet und richtig und falsch abgewogen.

Ich bin überzeugt davon, dass ihm eine Unterhaltung mit seinem Stiefvater helfen würde, damit die Wunden seiner Vergangenheit endlich richtig heilen können. Em ist jetzt erwachsen und weiß, was er will. Womöglich hilft eine ungeschönte Aussprache, um die Wogen zwischen ihnen zu glätten. Es könnte doch sein, dass Carlo sich entschuldigen will, oder? Das würde ich mir zumindest für Emilian wünschen, denn gut möglich, dass es das ist, was Em tief im Inneren braucht. Ein Bekenntnis, dass man ihn schlecht behandelt hat ... und das Versprechen, dass es nicht noch mal vorkommt.

»Oh, Süße. Ist er wirklich so schlimm gewesen?« Linda stupst mich am Ellbogen an und holt mich damit aus meinen Gedanken. Wir befinden uns auf unserer Stammbank im Park. Ich hätte meine Pause zwar lieber mit Em verbracht, aber ich will auch nicht die Art Frau werden, die ihre Freunde wegen eines

Mannes vernachlässigt. »Vertrau mir, wenn der Sex gut ist, dann ist es möglich, über den ein oder anderen Fehler hinwegzusehen. Dann ist er halt kein guter Texter. Na und? Hauptsache, er macht dich da unten glücklich.« Nun, da sie mit ihrem grünen Smoothie in der Hand Kreise um meine Leistengegend zieht, wünschte ich mir allerdings, dass ich nicht so auf die gemeinsame Pause bestanden hätte.

Irritiert wimmele ich sie ab und setze mich ein Stück von ihr weg.

»Wovon redest du?«

»Genau *davon*.« Sie umkreist mit ausgestrecktem Zeigefinger nun mein Gesicht. »Du bist in Gedanken gar nicht anwesend. Deswegen bin ich davon ausgegangen, dass du von Emilians großem Auftritt traumatisiert bist. Die letzten Tage konntest du über gar nichts anderes reden. Und du hast geleuchtet. Jetzt gleichst du eher dem grauen Himmel über uns.«

»Der Slam war … super«, lüge ich.

»Aha. Und warum bist du dann so down? Oh, lass mich raten. Er ist nicht auf die Knie gefallen und hat dir seine unsterbliche Liebe in schwülstiger Sprache offenbart, oder? Enttäuschend.«

Ich schnaube verächtlich.

»Keiner erwartet oder macht so was heutzutage.«

Linda dreht sich mit theatralischer Entrüstung zu mir.

»Er schreibt Gedichte, Vienna. Der Kerl ist ein Romantiker. Wenn er so etwas nicht macht, was kann dann eine einfache Frau wie ich von einem Mann wie Malte erhoffen?« Sie schlürft seufzend an ihrem Getränk. In diesem Augenblick beneide ich sie. Linda mag mit Malte nicht gerade meinen Traumtyp an ihrer Seite haben, aber wenn fehlende romantische Gesten ihr größtes Problem im Leben sind, dann hat sie in meinen Augen Glück. Ich hingegen muss mir nicht nur um Emilian Sorgen machen, sondern auch um Sam.

»Mein Ex ist wieder da.«

Linda reißt ihre Augen auf.

»Seit wann?«

»Er ist mir gestern ... über den Weg gelaufen.« Da Linda nicht weiß, dass es sich bei meinem Ex um den Sohn unseres Chefs handelt, gehe ich auch nicht ins Detail. Sollte ich ihr davon erzählen, dass er plant, sich bei Jann & Rhode niederzulassen, würde sie bis zu einer Begegnung vor seinem Büro campieren.

»Konntest du Emilians Show deswegen nicht genießen? Hat dein Ex ... Zweifel an deiner jetzigen Beziehung ausgelöst? Vi, der Kerl ist aus gutem Grund nicht dein Partner.«

»Nein!«, erwidere ich und bin selbst über meine schnelle Antwort überrascht. »Das mit Sam ... mit meinem Ex ist vorbei. Endgültig.«

»Sam?« Lindas Augen weiten sich noch mehr. Innerlich ohrfeige ich mich. »Warte, warte, warte.« Ihre Wangen färben sich vor Aufregung rot. »Vienna, sag mir nicht, dass du *diesen* Sam meinst? Groß, dunkelhaarig, mürrisch ... *sexy*? Samuel Rhode? Der, über den heute jeder heimlich getuschelt hat?«

Ich hätte es wissen müssen. Eine Präsenz wie er bezieht nicht klammheimlich sein neues Reich.

»Oh, Mann, Vi. Wie bitte? Ich muss alles wissen.«

Aus irgendeinem Grund habe ich Redebedarf. Da die Katze eh schon aus dem Sack ist, erzähle ich ihr von Sam und dieser einen lebensverändernden Nacht.

Nachdem sie einen Rundumeinblick in mein Lebenschaos erhalten hat, fühle ich mich erstaunlich leichter. Tief im Inneren ist mir bewusst, dass Linda nicht die Person ist, mit der ich wirklich über das neue Gesicht auf der Arbeit sprechen sollte. Aber wie soll ich meinem Freund von einem Mann erzählen, mit dem ich nicht nur ein Baby gezeugt habe, sondern der mich offen umwerben wird, während Emilian wehrlos dabei zusehen muss, weil er selbst mein kleines Geheimnis ist?

»Na ja.« Linda sieht in Richtung unseres Bürogebäudes. »Ihr beide müsst eure Beziehung eigentlich nicht verstecken.«

Darüber habe ich auch schon nachgedacht. Doch ein Outing würde die Seriosität, um die ich mich bemüht habe, zunichtemachen. Wie professionell sieht es denn aus, wenn herauskommt, dass ich, Vienna Lorenz, mit dem erstbesten Kerl geschlafen habe, der mir zugeteilt wurde? Unsere Beziehung ist zwar viel mehr, doch die Leute werden nur das sehen, was sie sehen wollen: eine skandalöse Affäre auf der Arbeit. Wenn wir daran kaputtgehen … ich will nicht an das denken, was ich damit verlieren würde. Andererseits, wie lange würde Emilian schweigen und zusehen, wie Sam versucht, mich zurückzugewinnen? Ich kenne meinen Ex. Er gehört leider zu der Gattung »Was-ich-will-bekomme-ich-auch«.

Und was er nicht will, lässt er heulend im Bad zurück.

Erinnerungen an jene Nacht tauchen vor meinem inneren Auge auf, aber ich blinzele sie weg, ehe sie mich zurück in eine Zeit holen, in der Sam nur diese eine verdammte, richtige Entscheidung hätte treffen müssen. Mein gesamtes Leben wäre anders verlaufen, wäre er nicht vor der Verantwortung weggerannt.

Und wer hatte die Wahl und ist geblieben?

Em.

Mit zittrigem Atem hole ich tief Luft.

»Lin, ich habe eine Scheißangst, es mir mit Emilian zu versauen.«

»Mehr, als im Büro von den anderen schief angesehen zu werden und dich hinterm Rücken von Typen wie Dave als – pardon my french – Büro-Bitch bezeichnen zu lassen? Das sind nicht meine Worte, aber du weißt, wie manche bei uns ticken.« Linda ergreift meine Hand. »Und falls es hart auf hart kommt, stärk ich dir den Rücken und oute mich mit Malte. Dann können sie schauen, worüber sie sich lieber das Maul zerreißen.«

Ich lache auf. Niemals würde sie seine Karriere aufs Spiel setzen, trotzdem bin ich ihr für ihre Worte dankbar, denn sie haben mir definitiv Klarheit gebracht.

»Was, wenn Emilian nicht möchte?«

»Süße, er möchte. Glaub mir. Er wäre verrückt, sich nicht offen zu dir zu bekennen. Außerdem könnt ihr euch dann auch mal hier oder da vor den Augen anderer küssen und müsst euch dafür nicht länger in freie Büroräume wegstehlen.« Sie grinst. Meine Wangen glühen.

»So offensichtlich?«

»Sagen wir, ich kenn euch beide.« Linda zieht das letzte Mal am Strohhalm und wirft ihren leeren Becher dann in die Mülltonne neben uns. »Na? Soll ich Malte einen Herzinfarkt geben und nach den Offenlegungserklärungen fragen?« Ihre Augen funkeln. Es fehlen nur noch die Hörner, um aus ihr das perfekte Teufelchen zu machen.

»Ich kann mich ja mal in die Regelungen unserer Firma reinlesen«, entgegne ich, wohlwissend, dass mir die Vorstellung, mich auch auf der Arbeit nicht mehr mit ihm zu verstecken, von Sekunde zu Sekunde mehr gefällt.

Als ich zurück zu meinem Schreibtisch komme, fehlt von Emilian jede Spur, aber auf meinem Platz steht ein heiß dampfender Kaffee vom italienischen Luxusröster nebenan, den ich mir selbst an einem guten Tag preislich nicht leisten möchte, nun jedoch, nach den kühleren Temperaturen, gut gebrauchen kann. Bevor ich ihn mir gönne, mache ich ein Foto und will es mit dem Wort *Lebensretter* an Em schicken. Erst als ich den Becher hochhebe, entdecke ich den kleinen Zettel darunter, bei dem mir sämtliche Lust auf das Getränk – so himmlisch er auch sein mag – vergeht. Er landet unberührt im Papierkorb. Mit Verachtung beobachte ich, wie die braune Brühe den restlichen Müll durchweicht.

»Kein Fan von Kaffee?«

Ich fahre zur Tür herum. Sam lehnt mit seinem eigenen Becher in der Hand am Türrahmen.

»Kein Fan von dir«, erwidere ich genervt. Außer uns ist keiner im Raum, weshalb ich nicht das Gefühl habe, mich vor ihm zügeln zu müssen.

»Nichtsdestotrotz« fährt er fort, als hätte ich rein gar nichts gesagt, »haben wir einiges zu besprechen, Frau Lorenz. Darf ich Sie in mein Büro bitten?«

Der plötzliche Umschwung seines Auftretens bremst meine Wut auf ihn ab, denn so ungern ich ihn auch um mich habe, er ist ein Namensträger dieser Firma. Nicht nur das. Seit Neuestem ist Samuel Rhode mein neuer Klient.

Ich wollte seinen Auftrag nicht annehmen, aber wie hätte das vor Klaus ausgesehen? Zuerst rutsche ich fast auf Knien herum, damit ich ein eigenes Projekt übernehmen darf, und dann lehne ich ausgerechnet das von Sam ab? Es ist außerdem deutlich weniger High-Maintenance als das von Christian, denn Rhode junior möchte keine Party oder einen Testlauf für sein Produkt, sondern nur ein stinknormales Konzept, um die Internetpräsenz seines Energy-Wassers zu pushen.

Eigentlich könnte Sam sich einfach mit einer Flasche ausrüsten und sich mit nacktem, nassem Oberkörper vor die Kamera stellen, und keine Frau würde jemals mehr etwas anderes konsumieren wollen. Ich könnte niemals abstreiten, dass der Kerl von außen eine Zehn ist. Doch was ich von ihm kennengelernt habe, hat ihn für mich zu einer sehr hässlichen Person gemacht. Er ist mein Apfel. Von außen noch problemlos genießbar, aber von innen längst von Würmern zerfressen. Trotzdem, er ist mein nächster Auftrag, und ich hab nicht so hart gearbeitet, um die erstbeste Gelegenheit auf Erfolg aus privaten Gründen abzulehnen.

Sam hat offenbar den Tag genutzt, um sein Büro einzurichten. Im Gegensatz zu Klaus' Dekoration stehen keine persönlichen Bilder oder Gegenstände auf seinem Tisch. Nur ein paar bunte Wasserflaschen zieren eine Ecke. Ich nehme an, dass es sich dabei um seine eigene Marke handelt. Beim Anblick fallen mir direkt Ideen ein, wie man die Produkte perfekt inszenieren kann.

Ich setze mich und schaue mir die Flaschen genauer an. Das Etikett hat je nach Sorte eine andere Farbe.

»Es ist nie mein Plan gewesen, in die Fußstapfen meines Vaters zu treten«, erklärt Sam und deutet auf das Wasser. »Deswegen habe ich mir einen eigenen Zweig aufgebaut.«

»Immer gut, auf eigenen Beinen zu stehen«, murmele ich, desinteressiert an Small Talk. »Wir könnten die Geschmacksrichtungen den Elementen zuordnen und sie dementsprechend in Szene setzen. Kirsche-Acai zum Beispiel würde zu Feuer passen. Da das Label schon rot ist, brauchen wir jedoch einen anderen Hintergrund. Wir könnten die Grafiken in schw…«

»Hab ich eine Tochter oder einen Sohn, Vienna?«

Sam geht einen Schritt auf mich zu und legt seine Hände an meine Schultern. Augenblicklich weiche ich zurück, woraufhin er defensiv seine Arme in die Höhe hält. »Okay, okay. Gehen wir es langsam an. Haben wir eine Tochter? Oder einen Sohn?«

»Du hast überhaupt nichts, Sam«, entgegne ich knapp. »Dafür hast du vor fast zwei Jahren gesorgt.« Ich lenke meinen Fokus wieder auf die Getränke und nehme eine der Flaschen in die Hand. »Das hier ist einfach«, fahre ich fort. »Grün. Die Farbe des Lebens. Der Hoffnung. Belebend und wild. Ein

Dschungel-Layout und als Farbakzent ein kräftiges Orange, für die Papay...«

»Vienna.« Sams Stimme wird lauter, ungeduldiger. »Junge oder Mädchen.«

»Ich habe einen Sohn«, erwidere ich trotzig. Kurz huschen Emotionen über sein Gesicht, die ich nicht wage zu deuten.
Er wollte die Abtreibung.

»Wie ist sein Name?«

»Ich wüsste nicht, dass dich das was angeht.«

Sam entzieht mir die Flasche und stellt sie mit solcher Kraft auf den Tisch zurück, dass das Wasser in den anderen umherschwappt.

»Vi, er ist auch mein Sohn. Ob du es wahrhaben willst oder nicht. Nur weil ich damals nicht bereit gewesen bin, bedeutet das nicht, dass du ihn mir jetzt, wo ich mir meine eigene Marke aufgebaut habe, vorenthalten kannst! Hast du darüber nachgedacht, wie teuer ein Kind mit der Zeit wird?«

Ich lache trocken auf.

»Oh, jetzt machst du dir darüber Gedanken? Jetzt willst du für ihn da sein?«

»Jetzt kann ich ihm etwas bieten. Eine finanziell abgesicherte Zukunft. Private Bildung. Vi, mit mir zusammen kannst du ihm das *beste* Leben geben. Und das willst du doch, oder?«

Obwohl ich ihm widersprechen möchte, ihm an den Kopf werfen will, dass er sich sein Geld und seinen Namen sonst wohin stecken kann und ich Benji auch allein ein schönes Leben ermögliche, bleibe ich still.

Das beste Leben, wie Samuel es definiert, ist nicht unbedingt das schönste Leben.

Denk an ihn, Vi. Wenn er irgendwann von der Schule kommt und dich fragt, warum er nicht in die gleichen Urlaube fliegen kann wie seine Klassenkameraden, was willst du ihm dann antworten? Dass du zu engstirnig gewesen bist, um Hilfe von seinem eigenen Vater anzunehmen?

»Wir sind bisher gut durchgekommen«, sage ich, ehe er noch mehr Punkte einwerfen kann. »Meine Arbeit …«

»Ist ein Witz«, unterbricht er mich. »Du verkaufst dich unter Wert, und wirst niemals das erreichen, wovon du auf der Tagung geträumt hast, Vi.« Seine Stimme wird sanfter, seine Wörter kantig und scharf. »Sie sehen dich nicht. Für sie bist du durchschnittlich. Nicht mal gut genug für eine führende Position innerhalb eines kleinen Teams. Selbst jetzt nicht, nachdem du loaded erfolgreich über die Bühne gebracht hast. Wie lange arbeitest du schon hier? Und du bist immer noch ganz unten.«

Tränen steigen mir vor Zorn in die Augen – und weil er bestätigt, was ich längst selbst weiß, mir aber bisher nicht eingestehen wollte. Trotzdem widerspreche ich ihm.

»Du kennst dich doch perfekt mit diesem Beruf aus. Also müsstest du am besten wissen, dass es eben dauert, bis sich so was rumspricht. Meine Zeit wird kommen. Selbst du siehst ja, was ich draufhabe und hast mi…« Sobald mir die Wörter durch den Kopf gehen, macht es klick. Sam nickt kaum merklich.

»Es ist ein Vorwand, Vi. Hast du tatsächlich gedacht, dass ich Hilfe brauche, um meine Produkte aufzuziehen?« Er schmunzelt. »Ich bin einer der wohlhabendsten Entrepreneurs in ganz Köln. Was ich in meinem Leben erreichen wollte, ist mir gelungen. Vi, ich bin nicht mehr der gleiche Sam wie vor zwei Jahren. Kannst du es mir nicht ansehen? Ich bin erwachsen geworden. Und ich bin endlich bereit, Verantwortung für den Fehler von damals zu übernehmen.«

Bei seiner Aussage versteift sich mein ganzer Körper.

»Dieser ›Fehler‹«, sage ich mit zusammengebissenen Zähnen, »hat …«

»… mich von da an jeden Tag verfolgt«, fällt er mir ins Wort, und es verschlägt mir die Sprache. Ich habe mit allem gerechnet, nur nicht *hiermit*. »Ich hätte dich … euch niemals im Stich lassen dürfen.«

KAPITEL 44

EMILIAN

Hoffnung nistet sich in einem ein wie ein Parasit. Erst unbemerkt, und dann folgen die ersten Symptome. Bei mir gab es das erste Anzeichen letzte Nacht, als ich wach gelegen und über Viennas Worte nachgedacht habe.

Was, wenn sie recht hat und es irgendwo in meinem Herzen noch ein Stück Gewebe gibt, das nicht längst vor Wut und Enttäuschung auf meinen Stiefvater schwarz geworden ist? Wenn mir jetzt die einzige Gelegenheit gegeben wird, um für mich selbst inneren Frieden zu finden? Möglicherweise gab es einen nachvollziehbaren Grund, warum er mir das Leben nach dem Tod meiner Mutter zur Hölle gemacht hat. Vielleicht erinnere ich ihn zu sehr an die schöne Zeit mit ihr? Es wäre ein egoistischer Grund, ein Kind zu verstoßen. Dann wiederum ... ich bin nicht *seins*.

Trotzdem rechtfertigt das doch nicht diese Ablehnung! Du würdest Benj...

Bei dem Gedanken bleibe ich schlagartig stehen – mitten auf dem Gehweg. Ein Passant läuft daraufhin prompt in mich hinein und wirft mir ein »Heh, geht's noch, Alter?« entgegen. Damit kann ich dann auch hinter meine erste Pöbelattacke in Köln stolz einen Haken setzen. Doch ich bin viel zu sehr damit beschäftigt, über meine *eigenen* Worte nachzudenken, als mir über seine den Kopf zu zerbrechen.

Benji ist nicht einmal annähernd etwas wie mein Stiefsohn, warum hab ich *seine* Situation dann mit *meiner* gleichgesetzt? Ja, wenn ich bei Vi bin, dann verbringe ich viel Zeit mit ihm. Manchmal besteche ich ihn auch mit brandneuem Spielzeug, damit er abgelenkt ist und mir so Zeit mit seiner Mama schenkt. Und ja, ich beschäftige mich mit ihm, um Vi zu entlasten. Doch das bedeutet noch lange nicht, dass es mich automatisch zu einer Art Vaterperson macht. Ich bin nur Em. Vienna plus eins. Gerne Teil ihres Alltags, doch letzten Endes ... austauschbar.

Die Erkenntnis raubt mir die Luft zum Atmen. Es ist eine Weile her, seit ich mich mit Wahrheiten konfrontiert habe. Doch ich schätze, mit den neuesten Entwicklungen war es nur eine Frage der Zeit, bis ich aus meinem Tagtraum falle. Bloß ... mein neues Leben in Köln ist zu meiner Realität geworden. Vi und Benji auch. Mehr noch, ohne sie würde ich glatt auf alles scheißen. Was bringt mir eine Welt ohne Viennas charmant verurteilendes Augenrollen oder ohne Benjis Patsch-Patsch-Geräusche, wenn er voller Elan über das Laminat im Flur krabbelt? Sie sind der Morgen, auf den ich mich am Vorabend schon freue. Der Sonnenschein, der hinter der dicksten Wolke auf mich wartet. Beide um mich zu haben ist eine Wahl, für die ich mich jeden einzelnen Tag ohne zu zögern entschieden habe ... und die ich bereit bin auch in der Zukunft immer und immer wieder zu treffen. Wenn mein Mantel neben Benjis Mini-Regenjacke und Vis Wollcardigan hängt, fühle ich ein Glücksgefühl, von dem ich schon fast vergessen hatte, dass ich es empfinden kann. Anfangs hat es mich an eine Zeit erinnert, in der meine Mutter noch gesund gewesen ist. Eine Zeit, in der sie mit mir zu blecherner Musik aus dem Radio getanzt hat. Momente, in denen Harmonie nicht nur ein Wort im Duden gewesen ist und das Konzept von Familie auch für mich Sinn gemacht hat ... damals, als die Dunkelheit nur immer ein kleiner Riss in einer ansonsten makellosen Maske gewesen ist – natürlich ist mir das erst sehr viel später aufgefallen. Ich könnte nicht mal behaupten, dass es mir besser ergangen wäre, hätte ich es früher erkannt. Mit acht Jahren trifft man keine lebensverändernden Entscheidungen. Mit acht Jahren sitzt man nachts festgeschnallt im dunklen Auto und wartet stundenlang darauf, dass Papa aus dem grell beleuchteten Gebäude mit den roten Neon-Schriftzügen tritt. Machtlos, weil man ein Kind ist. Ahnungslos, weil man sich überhaupt nicht vorstellen konnte, dass Papa die Mama nicht liebt, wie er es eigentlich sollte. Ich habe mit acht viel erlebt. Wenn meine Mutter nicht dabei gewesen ist, dann war nichts davon freiwillig.

Irgendwie ironisch, dass ich mich jetzt aus eigenem Willen zu einem Mann setzen werde, der mich aufgesucht hat, nachdem ich nicht schnell genug aus seinen Augen, seinem Leben verschwinden konnte.

Ich erinnere mich noch an die fröhliche Melodie, die er an meinem achtzehnten Geburtstag gepfiffen hat. Nicht, weil ich endlich die Volljährigkeit erreicht hatte, sondern weil ich mit meinen zwei Taschen in der Hand mein »Zuhause« endgültig verlassen habe und mir mit meiner eigenen schäbigen Wohnung ein kleines Stück Freiheit zurückerkämpft habe.

Und du wirst auch als freier Mensch aus diesem Café rausgehen. Egal, was dich erwartet, er hat keine Macht. Du bist kein Kind mehr. Du triffst jetzt die Entscheidungen.

Trotz meines mentalen Zuredens zögere ich vor der Drehtür und erhasche durch die Scheiben einen ersten Blick ins Ladeninnere.

Im Schutz der Spiegelung entdecke ich ihn sofort. Carlo Casino sitzt mit dem Blick zum Eingang und steckt einige Süßstofftütchen ein, bevor eine Bedienung zu ihm kommt. Sie stellt eine Tasse auf den leeren Platz ihm gegenüber und erhält von ihm zum Dank ein aufgesetztes Lächeln. Es erfüllt mich mit Genugtuung, als sie ihm den Rücken zukehrt, einen Blick mit ihrem Kollegen am Tisch nebenan austauscht und im Glauben, nicht gesehen zu werden, demonstrativ mit ihrem Zeigefinger in ihren Hals zeigt. Sowohl die andere Bedienung als auch ich lachen. Doch mir bleibt es im Hals stecken, als mein Stiefvater mich entdeckt.

Du musst nicht mit ihm reden, teilt mir eine Stimme im Kopf mit, die verdächtig nach Vienna klingt. Dabei ist sie es mit ihren logischen Gedanken gewesen, wegen derer ich dem Treffen zugesagt habe. Vi hat recht. Er ist nicht grundlos hier, und ich habe keine Lust, dass er zu meinem Schatten wird, wenn ich jetzt kneife.

Außerdem habe ich wegen ihm einen Urlaubstag geopfert. Ihn sinnvoll zu nutzen ist das *Mindeste*, was ich für mich tun kann.

Du könntest auch ins Kino.

Damit Vi mir vorwirft, dass ich blaugemacht habe, weil ich zu feige für eine Aussprache war? Das Ende davon würde ich in diesem Leben nicht mehr hören. Und im nächsten wahrscheinlich auch nicht. Obwohl die Aussicht darauf nicht unbedingt vielversprechend sein sollte, lächele ich. Ich hätte nichts dagegen, sie zwei Leben lang um mich zu haben. Doch Nichtigkeiten sollen unsere einzigen Probleme sein, weshalb ich mir endlich den finalen Ruck gebe und das Café betrete.

»Emilian«, begrüßt mich mein Stiefvater und weist mit dem Kinn auf den freien Platz gegenüber. »Ich war so frei und hab dir schon ein Getränk bestellt.«

Wortlos setze ich mich und umfasse die Tasse. Obwohl ich mit eigenen Augen gesehen habe, dass die Bedienung das Getränk erst vor einer Minute abgestellt hat, ist der Kaffee darin lauwarm.

Mögen die Machtspiele also beginnen, huh?
Ich lehne mich lässig nach hinten. Meinen Mantel behalte ich an, da ich nicht plane, es mir allzu gemütlich zu machen.

»So, was bringt dich nach Köln?«, frage ich in einem beiläufigen Ton, schnappe mir eine Serviette und zupfe sie in unregelmäßigen Zeitabständen auseinander, ohne meinen Blick von meinem Stiefvater zu nehmen. Seine Brauen zucken kaum merklich, und mein Mundwinkel ziept triumphierend. Zehn Jahre in der Hölle ist viel Zeit, um die Schwächen des Teufels zu finden.

»Du wolltest dir sicher nicht den Slam ansehen.«

»Hübsche Freundin hast du da«, erwidert Carlo, woraufhin ich das Papier in einer glatten Bewegung einmal durchreiße.

Zehn Jahre sind auch eine Menge Zeit, um meine wunden Punkte zu kennen.

»Was willst du?«

»Bist du jetzt ein berühmter Da Vinci, oder so?«

So ein Depp.

»Angst, dass ich die Karten auf den Tisch lege?« Passend zu meiner Aussage schiebe ich das lauwarme Gebräu zur Seite und baue fünf Stapel mit Servietten vor mir auf. Um die Papierverschwendung tut es mir leid, aber wenn man mich fragen würde, sollte man nach unserer Begegnung die gesamte Sitzecke, die wir in Beschlag nehmen, in Brand stecken. Je weniger Spuren von ihm in *meiner* Stadt, umso besser. Da kommt es auf ein Päckchen Servietten nicht an. Wenn Vi mich jetzt sehen könnte, sie würde mich nicht wiedererkennen, und das ist auch besser so. Diese Seite von mir gehört hier ebenso wenig hin wie der Mann mir gegenüber.

Carlo schnaubt verächtlich, beobachtet aber nervös meine Finger.

»Was willst du hier?«, frage ich erneut. Meine Stimme ist entspannt, nahezu gelangweilt. Auch meine Gleichgültigkeit habe ich über die Jahre perfektioniert. »Fortuna ist zwanzig Minuten von hier entfernt.«

Mein Stiefvater atmet hörbar laut durch und schiebt dann verärgert meine Serviettenkunst vom Tisch.

»Schluss mit den Spielchen, Emilian!«

Ich hebe unschuldig meine Hände in die Luft.

»Aber das ganze Leben ist doch ein Spiel für dich, oder nicht? Wenig Glück. Viel Pech.«

»Du bist meine größte Schande«, stößt Carlo aus, und ein Tropfen Speichel landet dabei auf meiner Seite des Tisches.

Es kostet mich sämtliche Selbstbeherrschung, ihn zu ignorieren.

»Und doch hast du mich aufgesucht, nicht wahr? Stört dich das? Dass du zu mir kommen musstest? Aus welchem Grund auch immer.«

»Du warst in Berlin.«

»Ja. Laute Stadt, kann ich nicht empfehlen.«

»Du hast meine Tochter entführt.«

»Ich verspreche dir, ich hätte sie nicht mit nach Köln genommen, hättest du sie nicht bis auf die Knochen blamiert. Wie hast du sie damals immer genannt? Ah ja, Prinzessin. Und? Ist sie das immer noch? Jetzt, wo sie dein wahres Ich gesehen hat? Ernsthaft, du wolltest die Lehrerin bestechen? Wow, Vater. Des. Jahres.« Während sich auf seinem Hals immer mehr rote Flecken bilden, applaudiere ich ihm dramatisch langsam. »Ach nein, warte.« Ich höre gespielt geschockt auf zu klatschen. »Das ist ja voll nach hinten losgegangen, richtig?«

»Du bist ziemlich informiert dafür, dass du nie mehr etwas mit mir zu tun haben wolltest«, erwidert mein Stiefvater trocken.

»Tatsächlich hat mich nicht mal ein Lotterielos im Schaufenster an dich erinnert«, gebe ich zu. »Das Einzige, was uns verbindet, Carlo, sind Gianna und Ricky. Also bin ich notgedrungen gezwungen, über dich Bescheid zu wissen. Du weißt ja sicher, mit welchem Geld du in den Spielhallen abgetaucht bist, nicht wahr? Wessen Geld dich derart in die Enge getrieben hat, dass du vor Giannas Englischlehrerin betteln musstest, damit sie Gia mitnimmt?«

Die Augen meines Stiefvaters werden klein.

»Oh, das stimmt ja«, flöte ich. »Das war meins.«

»Du hast mich um viel Kohle gebracht, Emilian.«

»Aber ich habe doch lediglich Gianna und Ricky ausgeholfen, damit die beiden nicht erfahren, was für ein kleines Problem du hast. Ich hab's ja nicht verflucht oder so.« Bei ihm würde ich nicht ausschließen, dass er genau das vermutet. Die Vorstellung ist so affig, dass ich in mich hineinlache.

Ohne ein Wort zu erwidern, holt Carlo einen Kugelschreiber aus der Innentasche seiner Jacke und schnappt sich eine Serviette.

»Ich hab dich ausgehalten«, murmelt er und beginnt Zahlen aufzulisten. »Achtzehn Jahre. Und diese Respektlosigkeit ist dein Dank dafür, dass ich dich ernährt, gekleidet, chauffiert und dir ein Dach über den Kopf gegeben habe.«

»Na ja, das ist etwas weit hergeholt, findest du nicht?« Neugierig versuche ich sein Gekrakel zu entziffern. Er listet tatsächlich auf, was ich ihn in einem normalen Leben gekostet hätte. Spannend.

»Vergiss nicht den Haselnusskuchen zu meinem zehnten Geburtstag«, merke ich an und denke verbittert an mein einziges Geschenk in dem Jahr. Selbst das habe ich nur bekommen, weil er sich beim Einkaufen vergriffen hatte und Nüsse ihn leider umgebracht hätten.

Es ist keine Überraschung, dass er den Betrag für den Kuchen tatsächlich aufschreibt.

»Also ist es das, was du von mir willst, ja? Geld?«

Ich hab's gewusst. Dennoch breitet sich Scham in mir aus.

Hatte ich echt geglaubt, dass er womöglich meinen Gig oder gar mich sehen wollte, weil Jahre vergangen sind und er zu Sinnen gekommen ist? So, wie Vienna es vermutet hatte? Andererseits bin ich erleichtert, dass er keine Absichten verfolgt hat, die Versöhnungsversuche beinhalten.

»Achtzehn Jahre Miete, Kleidung, Lebensmittel und Taschengeld. Aber ich bin nett. Die Fixkosten erspare ich dir.«

Ich lache auf. Das letzte Taschengeld habe ich mit acht bekommen, als meine Mutter noch gelebt hat. Ich habe ihr damit Blumen für den ersten von vielen Abenden im Krankenhaus gekauft. Und die Fixkosten?

»Nein, nein. Schon gut, die kannst du ruhig auch auflisten. Kann ja nicht so viel sein, wenn ich mich an mein sechzehntes Weihnachten erinnere. Das, an dem du mit Gia und Ricky für zwei Wochen nach Disneyland gefahren bist und die beiden dachten, ich verbringe die Ferien lieber bei einem Nachbarn als mit ihnen.« Mir stellen sich die Haare auf, als ich an die eiskalten Duschen und das unbeheizte Haus denke, in dem ich dreizehn Tage lang schlafen musste. Erst als er auf der Heimfahrt war, hat er einen meiner vielen Anrufe erwidert und mir erklärt, wie ich den Strom wieder zum Laufen bringe. Als die drei zurückkamen, war es im Haus muckelig warm, und ich schwitzte mich mit meinem Fieber eine Woche fast zu Tode.

Carlo legt mir seine Rechnung mit einem Knall vor die Nase und reißt mich damit aus meiner echt elendigen Vergangenheit.

Ich schaue auf eine utopische Summe. Carlo war noch nie gut mit Zahlen. Auch ich greife lieber zweimal zum Taschenrechner, als einen Fehler zu machen, aber das ist schon peinlich.

»Zahl mir das Geld aus, und ich lass dich und die Rothaarige in Ruhe.«

Mein Kopf fliegt hoch.

»Du lässt sie da raus«, knurre ich.

Ein Grinsen von meinem Stiefvater reicht, damit ich weiß, dass er nun die Oberhand hat.

»Hab sie gegoogelt. Du warst ja so dämlich und hast ihren Namen in die Menge gebrüllt. Bei diesem exotischen Namen war es nicht schwer, sie zu finden. Große Party, die sie da organisiert hat. Sie sollte allerdings nicht so verträumt durch die Gegend starren, wenn sie mit ihrem Wonneproppen Bahn fährt. Ihr könnte Wichtiges entgehen.«

»Du hast sie gestalkt?« Ein kalter Schauer überkommt mich, und Wut steigt in mir auf. »Und willst uns jetzt drohen?«

»Ich suggeriere bloß. Das Witzige ist, ohne die Anzeige von deinem dämlichen Mitbewohner wäre ich gar nicht auf die Idee gekommen, dir einen Besuch abzustatten. Aber was wäre ich für ein Vater, würde ich deine große Show verpassen, oder?« Er grinst düster. »Na los, Emilian. Du glaubst doch, du bist ein besserer Mensch als ich. Beweis es. Die Familie geht vor, richtig? Und jetzt, wo ihr richtig fett Kohle macht, kannst du doch was abtreten.«

Meine Lippen beben vor Zorn. Es ist ein Fehler gewesen, das Gespräch mit ihm zu suchen. Doch gleichzeitig war es von essenzieller Wichtigkeit. Er weiß zu viel. Wenn ich ihm das beschissene Geld überweise – und nebenbei quasi Insolvenz anmelden kann – dann ist er raus aus meinem Leben ... oder? Ich greife zu meinem Handy und öffne meine Banking-App.

»Mehr gibt es nicht zu holen«, murre ich. »Hast du verstanden? Du bekommst das Geld, und dafür lässt du mich ein für alle Mal in Ruhe.«

Carlo pfeift triumphierend das gleiche Lied, wie damals an meinem achtzehnten Geburtstag.

Wie kann es sein, dass ich erwachsen bin, meine eigenen Entscheidungen treffe und ihm dennoch unterliege?

Weil du Schwäche gezeigt hast.

Wenig später signalisiert ein *Ping*, dass meine gesamten Ersparnisse den Besitzer gewechselt haben. Carlo überprüft den Geldeingang und schiebt sein Handy zufrieden zurück in seine Tasche. Dann steht er auf und richtet seine Jacke.

»Hat mich gefreut, dich zu sehen. So ein Gespräch zwischen Vater und Sohn ist richtig Balsam für die Seele, oder? Sollten wir unbedingt *öfter* machen, vielleicht auch mal mit der Rothaarigen.«

In genau diesem Moment begreife ich, dass ich die besten Karten in der Hand halten könnte und er trotzdem immer wieder ein Ass aus dem Ärmel ziehen würde.

Ich würde niemals von ihm loskommen … und Vienna mit in mein Verderben stürzen, sollte ich nichts dagegen unternehmen.

KAPITEL 45

VIENNA

Emilian sitzt auf den Treppenstufen vor meiner Wohnung, als ich vollbepackt mit Benji unterm Arm und dem Ergebnis meines Frusteinkaufs bei Sandy auf den Schultern die Treppen hochsteige.

»Oh, hi!«, begrüße ich ihn und fühle mich augenblicklich besser. Obwohl Em jeden Tag bei mir ist, bin ich überrascht, ihn heute zu sehen. Er war nicht auf der Arbeit, und da er auch meine Anrufe und Nachrichten nicht beantwortet hat, hatte ich angenommen, dass er nach dem Gespräch mit seinem Stiefvater Zeit für sich brauchen würde. Das war für mich okay, dennoch freue ich mich darüber, dass er da ist.

»Hey, warte, lass mich dir helfen!«

Sobald er mich erblickt, springt er auf und nimmt mir die schwere Einkaufstasche ab. »Schleppst du Steine mit dir herum?«, neckt er mich, ehe er mir einen zärtlichen Kuss auf die Wange drückt. Danach stupst er leicht mit seinem Finger gegen Benjis Nase, um auch ihm angemessen Hallo zu sagen. Mein Herz tanzt.

So ist das also, wenn man nach Hause kommt und jemanden hat, der auf einen wartet.

Jetzt verstehe ich, warum meine Eltern süchtig nach ihrer Liebe zueinander sind und sie ununterbrochen zeigen. Das eben war ein so simpler Moment, und doch wird er in meinem

Gedächtnis als schöne Erinnerung einen Ehrenplatz erhalten, die ich immer wieder abrufen werde. Wenn sich selbst die banalste Interaktion so dämlich-toll anfühlt, dann will ich auch mehr davon.

»Babybreigläser sind halt nicht leicht«, entgegne ich und drehe meinen Po zu ihm, damit er den Hausschlüssel, der aus meiner Gesäßtasche herausschaut, nimmt.

»Wartest du schon lange?«, frage ich, während er die Wohnungstür aufschließt.

Vielleicht sollte ich ihm langsam meinen Zweitschlüssel geben.

»Hab die Zeit nicht im Blick gehabt«, entgegnet er und läuft vor mir in die Küche, wo er anfängt meinen Einkauf auf dem Tisch auszupacken. »Kann es sein, dass du etwas eskaliert bist?«

Sobald ich Benji aus seinem Herbstoutfit befreit habe, setze ich ihn mit seinem Spielzeug des Tages, einem Beiß-Ball, den ich an seinen Overall geklammert habe, damit er nicht runterfällt, in seinen Hochstuhl.

»Braucht nicht jeder Haushalt drei Gläser Nuss-Nougat-Aufstrich gleichzeitig?«, gebe ich zurück und öffne die Knöpfe an meinem Mantel. Em stellt sich hinter mich und zieht ihn mir von den Schultern. Ich schließe meine Augen und genieße die Aufmerksamkeit. Nachdem er die Jacke auf einen der Küchenstühle geworfen hat, lehne ich mich mit dem Rücken an seine Brust.

»Ich hab dir Froot Loops gekauft«, hauche ich, verwebe meine Finger mit seinen und schließe mich anschließend in seine Umarmung. Mit seinem Mund verteilt er leichte Küsse auf meinem Nacken, und bei Erwähnung seiner Lieblingscornflakes spüre ich sein zartes Lächeln auf meiner Haut.

»Und eine Tasse, bei der ich sofort an dich denken musste. Ich hab mir gedacht, du könntest nach dem Gesprä…«

Emilian versteift sich hinter mir, und ich beiße mir auf die Unterlippe, verärgert darüber, so unbedacht gewesen zu sein.

»Tut mir leid, ich wollte nicht … vergiss, dass ich was gesagt habe.« Damit er wieder entspannt, streiche ich besänftigend über seine Arme.

»Er ist kein Thema mehr«, sagt Emilian kühl. »Aber falls er sich bei dir meldet oder du ihn irgendwo siehst, sagst du mir sofort Bescheid.«

Seine Aussage macht mich stutzig, und ich drehe mich zu ihm um. »Wieso sollte er mich aufsuchen?«

Er schaut mich lange stumm an. Verschiedene Emotionen zeichnen sich auf seinem Gesicht ab. Eine gewisse Traurigkeit bleibt, als er sich zu mir beugt und mich küsst. Leicht und langsam.

»Weil du mein wunder Punkt bist, Vi.«

Die Art, wie er es sagt, löst in mir eine Gänsehaut aus. Seine Aussage könnte der Inbegriff bittersüßer Romantik sein, doch das ist sie nicht. Nicht bei dem anklagenden Unterton in seiner Stimme.

»Em? Ich weiß, ich hab gesagt, dass du nicht darüber sprechen musst, aber du verunsicherst mich gerade total.«

»Ach ja?« Sein linkes Auge zuckt, bevor seine Mundwinkel nachziehen. »Willkommen in meiner Welt.« Er seufzt in sich hinein und umfasst mein Gesicht mit einer Hand. »Lass uns nicht darüber reden. Für heute ist mein Limit an schlechten Gesprächen erreicht.«

Bitte, was?

»Also gehst du jetzt davon aus, dass unsere Unterhaltung einen ähnlichen Verlauf nehmen wird?« Seine Körpersprache ist so widersprüchlich zu seinen Aussagen. Bei mir reiht sich ein Fragezeichen nach dem nächsten auf.

Em schweigt erneut. Da ich Zeugin davon bin, dass er dazu neigt, sich in schwierigen Situationen zurückzuziehen und einen stillen Kampf mit sich selbst zu führen, schüttele ich den Kopf und nehme sein Gesicht nun ebenfalls in meine Hände.

»Rede mit mir, Em. Schließ mich nicht aus. Lass mich an deinen Sorgen teilhaben. Ich bin nicht nur für die schönen Dinge da. Lass mich auch Teil deiner Dunkelheit sein, damit wir gemeinsam einen Weg aus ihr rausfinden können.«

Egal, was ich sage, meine Worte prallen an ihm ab, denn er ist längst in einem Zwiespalt mit seinen Gedanken. »Em!«, sage ich nun lauter und werfe danach einen hastigen Blick auf Benji, um mich zu vergewissern, dass ich ihn nicht wegen des Lärms erschreckt habe. Glücklicherweise ist er immer noch von seinem Spielzeug fasziniert und nagt auf ihm herum. »Oder bin ich nicht gut genug für die echten Probleme in deinem Leben?« Unzufrieden stelle ich fest, dass meine Stimme nicht so tough klingt, wie ich es mir erhofft habe.

Doch immerhin dringt meine Frage zu ihm durch. Fassungslosigkeit zeichnet sich in seiner Mimik ab.

»Sag so was nicht«, erwidert er fast schon flehend.

»Stimmt es? Haben wir schlussendlich doch bloß eine oberflächliche Beziehung?«

»Vi ...« Er platziert seine Hände über meinen, zieht sie von seinen Wangen weg und schaut mich bedauernd an. »Meine Probleme sollten niemals zu deinen werden.«

Seine Worte treffen mich wie eine Ohrfeige.

Ich muss sie falsch interpretieren.

»Du meinst, du willst mich damit nicht belasten ... richtig?« Vor Verunsicherung schmunzele ich. »Aber das macht doch eine Beziehung aus. Wir sind ein Team, Emilian. Wir sollten Probleme gemeinsam angehen. Zusammen Lösungen finden. Ganz egal, über welche Ausmaße wir sprechen.«

»Nein«, erwidert er kopfschüttelnd. »Das ist meine Familie und mein Problem. Und glaub mir, ich werde alles in meiner Macht stehende unternehmen, damit du mit deiner nicht in meinen Scheiß reingezogen wirst.«

»Wovon redest du denn da? Was sollte ...« Die letzten Worte wollen nicht über meine Lippen, denn es hallen nur seine in meinem Kopf nach.
Meine Familie.
Deine Familie.
Deine Familie. Deine Familie. Deine Familie.
»Es ist gut, dass du mir geraten hast, mich mit meinem Stiefvater zusammenzusetzen«, fährt Em fort, als hätte sich soeben zwischen uns keine Schlucht aufgetan.
Deine Familie.
»... Denn fast hätte ich vergessen, welche Schatten ich mit mir herumtrage ... und dass ich niemals aus meinem Käfig ausbrechen kann, egal, wie frei ich mich fühle.«
Ich habe Schwierigkeiten, ihm zu folgen, doch das flaue Gefühl in meinem Magen sagt mir, dass ich längst weiß, worauf dieses Gespräch hinausläuft.
Selbst schuld, Vi. Er wollte es nicht führen.
»Was auch immer dein Stiefvater zu dir gesagt hat, damit du das denkst, er liegt falsch. Vergiss das Treffen. Vergiss ihn. Vergiss die Vergangenheit und bleib im Hier und Jetzt.« Meine Finger umschließen seine Hand. »Mit mir.«
»Man kann niemanden vergessen, der dich alles kosten könnte.«
»Mann, Emilian!«, platzt es verzweifelt aus mir heraus, und ich lasse ihn los. »Du sprichst in Rätseln! Was ist bei eurem Gespräch passiert? Was hat dein Stiefvater gegen dich in der Hand? Wir können zur Poli...«
»Er hat dich beobachtet!«
»Okay, gruselig. Aber na und? Was hat er davon? Dann weiß er eben, dass ich mit Sandy am Bahnhof sitze und Doughnuts esse und so. Mein Leben ist so langweilig, der wird sich nicht lange auf mich fixieren.«
»Oh, verdammt, Vienna! Kapierst du es nicht? Er ist nicht

auf *dich* fixiert, sondern auf mich! Er versucht, an mich ranzukommen, indem er di...« Emilian brüllt mit einem Mal und gestikuliert wild mit den Armen. Nur aus reinem Reflex weiche ich unwillkürlich zurück, doch mein Fehler fällt mir erst auf, als Emilian mit schockgeweiteten Augen vor mir innehält. Hinter mir fängt Benji an zu weinen und ich wende mich ihm abrupt zu.

»Oh, fuck, Vi«, stößt Em aus und fährt sich fassungslos durch seine Haare. »Ich wollte dich nicht ...«

»Ist schon gut«, sage ich sowohl zu meinem weinenden Kind, das ich nun auf meinen Arm nehme, als auch zu Emilian. »Du bist aufgewühlt. Emotionen sind normal. Dass man da mal lauter wird ...«

»... schlagen«, unterbricht er mich und lehnt sich mit dem Rücken erledigt gegen meine Arbeitsplatte. »Du dachtest, ich würde dich schlagen.«

»Nein!«, widerspreche ich sofort. Es ist wahr. In keiner Sekunde dachte ich, dass er mich anrühren würde. Außerdem war zwischen uns ausreichend Platz. Um ihm Vertrauen zu zeigen, hätte ich dennoch nicht zurückweichen sollen. Niemals würde ich ihm mit seiner Geschichte zutrauen, dass er ... oh, shit.

Dass er *zu seinem Stiefvater wird.*

Was mir soeben aufgefallen ist, hat sich bei Emilian offenbar schon Sekunden zuvor in sein Bewusstsein hineingefressen. Die Aufgewühltheit in ihm, der panische Blick, der erst auf mich und dann auf Benji gerichtet ist. Das Lächeln, das meinen Sohn normalerweise immer zum Glucksen und Blubbern bringt, wirkt hilflos und sorgt heute für das Gegenteil. Benji weint noch stärker. In diesem Augenblick geht in Em etwas kaputt, und ich weiß, dass ich *meinen* Emilian verloren habe.

»Nein«, keuche ich auf und eile mit meinem Sohn auf ihn zu. Diesmal ist er es, der zurückweicht. »Nein, denk gar nicht erst dran, dich jetzt in dein Schneckenhaus zurückzuziehen! Er hat sich erschrocken, das ist alles.«

»Er sollte sich nicht erschrecken«, murmelt Em. »Nicht wegen mir.« Seine Stimme trieft vor Hass auf sich selbst. »Vienna, ich sollte …«

»Nein!«, entgegne ich bestimmt und schaue ihn eindringlich an. »Du hast dich auf uns eingelassen, schon vergessen?«

»Vi, er hat Angst. Vor mir!«

»Weil er ein Baby ist! Er fürchtet sich auch vor einem Staubsauger!«, erwidere ich schrill, wohl wissend, dass unsere Unterhaltung die Situation mit Benji nicht besser macht.

Em kneift die Augen zu. Der Lärm, das Geschrei, seine Panik, all das scheint zu viel für ihn zu sein.

»Hey«, versuche ich es mit einer bemüht sanften Stimme und strecke meine Hand nach ihm aus. Als er unter meiner Berührung zusammenzuckt, zerbricht auch etwas in mir.

Wir waren ein Safe Space. Jetzt sind wir das nicht mehr.

»Ich kann das nicht, Vi«, höre ich ihn sagen und fange den Blick auf, mit dem er hilflos in den Flur schaut.

»Was genau? Ein weinendes Kind aushalten, bis es sich beruhigt?« Er reagiert nicht, also werde ich konkreter. »Oder zu bleiben, jetzt, wo es ungemütlich wird? Denn wenn du bleibst, würdest du dir automatisch eingestehen müssen, dass dein Stiefvater und du nicht unterschiedlicher sein könntet, weil du dich *kümmerst*. Mag sein, dass du in der Vergangenheit deine Entscheidungen damit gerechtfertigt hast, dass du in dir ein Abbild deines Stiefvaters siehst und unter keinen Umständen riskieren möchtest, wie er zu werden. Nun, da kann ich dich beruhigen: Du *bist* nicht wie er. Du bist deine eigene Person, mit eigenen Wünschen, eigenen Bedürfnissen, und du machst deine *eigenen* Fehler! Das ist okay und völlig normal, und das musst du begreifen. Klar, die Möglichkeit, dass du Züge an dir erkennst, die dich an deinen Stiefvater erinnern, die gibt es immer. Aber auch das gehört dazu und bedeutet noch lange nicht, dass du ihm tatsächlich auch nur in irgendeiner Weise ähnlich bist! Du hast so sehr Angst davor, zu sein wie er, dass du blind für das bist, was du ohne ihn sein kannst. Was du in meinen längst Augen *bist*. Vor allem aber scheinst du nicht wahrzunehmen, was *du*, Emilian, haben kannst.«

»Und was kann ich bitte schön haben, Vi? Ich mach alles kaputt! Verletze Leute, die ich niemals verletzen möchte!«

»Na uns! Em, du kannst uns haben.«

Er schaut von mir zum weinenden Benji.

»Nein, kann ich nicht.«

Deine Familie.

Während der Gedanke widerhallt, verlässt Emilian die Küche. Im Gegensatz zu mir hatte er seinen Mantel nie ausgezogen.

Gab es Anzeichen?

Hastig laufe ich ihm mit Benji nach. Dieser scheint sich an dem schnellen Tapetenwechsel zu erfreuen, denn er hört schlagartig auf zu weinen. Dafür ist mir jetzt zum Heulen.

»Wenn du jetzt gehst, sagst du mir damit, dass Benji und ich es nicht wert gewesen sind. Dass *wir*«, ich zeige mit Tränen in den Augen auf mich und dann auf ihn, »nicht *echt* gewesen sind.«

Emilian zögert, und einen Moment hege ich die naive Hoffnung, dass er bleibt. Doch dann drückt er die Klinke runter und tritt mit einem gemurmelten »Sorry, Vi« aus meinem Leben.

KAPITEL 46

EMILIAN

Mich nicht zu Vienna umzudrehen, ihr nicht zu sagen, dass ich mit ihr das Echteste gewesen bin, was ich je in meinem verkorksten Leben hatte, war verdammt hart. Gianna und Ricky an meinem achtzehnten Geburtstag zurückzulassen war im Vergleich dazu ein Kinderspiel. Bisher dachte ich, dass das der Moment gewesen ist, in dem mein Herz in mehrere Teile gerissen wurde. Aber ich lag falsch. Die Frau zu verletzen, die mich in ihr Leben gelassen hat, mit all meinen Dämonen und Narben, dieser Schmerz ist unbeschreiblich.

Doch hatte ich eine Wahl?

Carlo hat mir deutlich zu verstehen gegeben, dass er sich nicht zieren würde, Vi mit in die Scheiße zu ziehen, wann immer ihm danach ist, und ich zweifele keine Sekunde daran, dass er damit die Wahrheit gesagt hat. Vienna ist mein wunder Punkt. Solange ich sie um mich gehabt hätte, wäre sie ein Druckmittel gegen mich gewesen, und mein Stiefvater hätte mich bis aufs letzte Hemd ausnehmen können. Achtzehn Jahre habe ich miterlebt, wie er nach Lust und Laune seine Maske auf- und abgesetzt hat. Was ich durchgemacht habe, war mehr als grenzwertig, doch ich kann mir gut vorstellen, dass Carlo noch mehr in petto gehabt hätte, wäre ich nicht gegangen. Es ist daher möglich, dass er über die Jahre hinweg noch skrupelloser, noch kreativer geworden ist. Allein die Tatsache, dass er nach Köln gereist

ist, um mich für Geld in die Enge zu treiben, spricht bereits dafür, dass er weiterhin ein düsterer Schatten in meinem Dasein bleiben wird. Das könnte ich Vienna und ihrem Sohn niemals zumuten. Daher nein, mir blieb nichts anderes übrig, als meine Beziehung zu ihr zu beenden.

Das war auch felsenfest meine Intention gewesen, als ich mich zu ihrer Wohnung begeben habe. Sie war nicht zu Hause, daher habe ich gewartet. Wäre ich umgekehrt, hätte ich sie ohne eine Begründung gemieden. Das wäre ihr gegenüber nicht fair gewesen. Doch je länger ich auf sie gewartet habe, umso schwächer wurde ich, und als sie schließlich heimgekehrt war, wollte ich nichts anderes, als sie in meinen Armen zu halten. Ich wollte verdrängen und vergessen. Mich in unserer Welt verschanzen und das wahre Leben so lange wie möglich daran hindern, über mir einzubrechen. Meine Stunden mit Vi waren seit der Drohung meines Stiefvaters gezählt, und ich musste jede Minute, die ich mir mit ihr noch stehlen konnte, auskosten. Es war egoistisch und unsinnig, denn egal wie viel Zeit ich auch mit ihr verbracht hätte, es wäre niemals genug gewesen. Zum ersten Mal wollte ich jemanden an meiner Seite haben. Und zu hören, dass es Vi auch so erging? Dass sie sogar bereit dazu gewesen ist, aus uns, aus Benji, ihr und mir ein *Wir* zu machen? Wie konnte ich da weg?

Ich hätte ihr nachgegeben. Mich in einer Traumvorstellung verloren, die ich mir nicht hätte leisten können. Zum Glück bin ich aufgewacht, als Vi ... nein. Nein, ich kann nicht froh darüber sein, dass ich laut geworden bin und Vienna vor mir zurückgewichen ist. Oder dass ich ein Baby zum Weinen gebracht habe. Auch wenn es mich wieder daran erinnert hat, *warum* ich Vi aufgesucht habe, hat es mir in der Seele wehgetan, uns drei in einen so aufgewühlten Zustand versetzt zu haben. Aber es ging nicht anders.

In gewisser Weise hatte Vi recht, als sie annahm, dass mich ein Gespräch mit meinem Stiefvater zu einem Abschluss führen könnte. Nur leider hat es sich nicht als das Abhaken meiner Vergangenheit herausgestellt, das hat Carlo mit seinem plötzlichen Auftauchen klargestellt.

Der Schlussstrich musste unter meine Hoffnung, dass ich ein Anrecht auf ein bisschen Glück im Leben habe, gezogen werden. Wie konnte ich auch so naiv sein und denken, dass ich mir hier ein neues Leben hätte aufbauen können? Mit einer Frau, die mehr als mich verdient hat und doch wunschlos zufrieden mit mir gewesen ist?

Vienna hat mich in ihre perfekte kleine Welt gelassen, und ich habe dabei ausgeblendet, dass mit mir nichts jemals perfekt bleiben würde.

Und jetzt?

Jetzt bin ich in Vienna verliebt und habe damit gleich drei Leben versaut.

Die erste Nacht ohne Vienna ist unerträglich lang. Seit ich sie zurückgelassen habe, sind erst wenige Stunden vergangen, doch eine war schlimmer als die andere. Ich vermisse sie, wie ich noch nie zuvor jemanden vermisst habe. Sie wird diejenige sein, die ich in einem anderen Leben niemals losgelassen hätte. Doch in dieser Realität ist sie ohne mich besser dran. Sie verdient einen Mann, der sie nicht im Stich lässt. Jemand, der ihr Stabilität und Sicherheit bieten kann. Vienna braucht genau das Gegenteil von dem, was ich mitgebracht habe.

Nachdenklich blicke ich auf mein Handy. Vi hat sich nicht gemeldet, worauf ich ziemlich stolz bin. Ich liebe, dass sie für sich selbst einsteht und niemandem hinterherläuft. Es erfüllt mich nicht bloß mit Zuversicht, dass sie schon bald wieder lächeln wird, sondern hilft mir auch, selbst stark zu bleiben.

Gehen ist eine Sache. Doch standfest zu bleiben?

Ich habe loaded gelöscht. Mein Telefon ist mit einem neuen Passwort geschützt, um meinen Mangel an Selbstbeherrschung auszugleichen. Das lange, Finger-unfreundliche Passwort, wegen dem ich mich ständig vertippe und meinen Bildschirm für Minuten sperre, sorgt dafür, dass ich eher wegen Frustration statt an Sehnsucht zugrunde gehen werde. Es ist die ideale Lösung für meine fehlende Disziplin, denn sobald ich *Alohomora* mal richtig eingebe, hat meine Vernunft für gewöhnlich mein leidendes Herz bereits wieder zum Schweigen gebracht.

In der Geschwindigkeit eines klapprigen Mannes, der noch nie ein Smartphone in der Hand hatte, tippe ich mein Passwort ein und öffne nach einer erfolgreichen Entsperrung meine Online-Banking-App.

Die Überweisung an Carlo hat ein riesiges Loch in meine Ersparnisse gerissen. Doch da ich seit meinem ersten Job genügsam bin, liege ich noch immer in einem Plus, mit dem ich vielleicht zwei, drei Monate ohne Gehalt durchkommen könnte. Ausreichend, um zurück nach Berlin zu fahren und dort mein altes Dasein wieder aufzunehmen.

Mein Bahnticket befindet sich bereits im Warenkorb, als ich es mir anders überlege und mein Handy sperre.

Du kannst nicht ständig abhauen, Em.

Wenn ich ehrlich bin, dann will ich das auch nicht mehr. Warum auch? Ohne Vienna hat Carlo keine Macht mehr über mich. Er hat mir schon das Wichtigste genommen, mehr gibt es nicht zu zerstören.

Mehr gibt es nicht zu holen.

Ich kann mich endlich querstellen, und er hätte nichts mehr gegen mich in der Hand.

Wir haben ein Ende erreicht.

Den Rest der Nacht habe ich geheult. Vor Erleichterung, weil mein Albtraum mit Carlo nach achtzehn grausamen Jahren endlich vorbei ist und ich frei bin. Und dann vor Schmerz, weil ich mich daran erinnert habe, was mich meine Freiheit gekostet hat: meine Zukunft mit Vienna. Mein Glück. Das wäre ein weiterer Grund für Tränen gewesen, doch ich habe mich an die Gewissheit geklammert, dass meine Opfer ebenfalls Freiheit für Vienna bedeuten, und damit kann ich leben. Besser gesagt: Ich *werde* lernen, damit leben zu können.

Das ist auch der Grund, wieso ich am nächsten Tag ins Büro fahre. Zwar wage ich nicht, Vi anzusehen oder gar zu grüßen, weil ich ein Feigling bin, doch ich setze mich ihr gegenüber an meinen Platz und mache mich an die Arbeit, als wäre der vergangene Tag nicht passiert. Denn das ist mein Leben, wie ich es mir ausgesucht habe.

Ich bin Emilian Sanders. Einundzwanzig Jahre alt. Die Affen sind die coolsten Tiere der Welt. Die Queen ist tot. Ich bin frei, frei, frei und ...

Entgegen jeglicher Vernunft werfe ich schließlich doch einen verstohlenen Blick auf Vi.

Ich bin Emilian Sanders. Einundzwanzig Jahre alt. Affen sind die coolsten Tiere der Welt. Die Queen ist tot. Ich bin, frei, frei, frei, und Vienna hasst mich.

Wahrheiten, die mich aufrecht halten – auch wenn ich wünschte, dass die letzte davon eine Lüge wäre.

Brief 59 an den Vater, den ich niemandem wünsche

Herzlichen Glückwunsch. Du hast mich endgültig gebrochen. Mich hoch am Himmel abgeschossen, als ich es endlich gewagt hatte zu fliegen. Wetten, dass du dir diesen Tag rot im Kalender markieren wirst? Du hast es geschafft.

Bin ich daran schuld? Habe ich meine Schutzmauern damit eingerissen, als ich bereit gewesen bin, jemanden in mein Leben zu lassen?

Habe ich dich nicht kommen sehen, weil ich nur noch Augen für sie hatte?

So viele Fragen, und dank dir werde ich keine einzige Antwort auf sie erhalten.

Du kannst mich zerstören und mir alles nehmen, wofür es sich zu leben lohnt, aber hier endet deine Macht. Vienna und Benji werden nicht Opfer deines Wahnsinns. Es ist irgendwo ein Trostpflaster zu wissen, dass ich ihr zumindest das garantieren kann, wenn schon nicht das, was ich ihr wirklich versprechen wollte.

Du willst mich bluten sehen und, oh, ich schwöre dir, ich blute. Aber dafür sind die beiden vor dir sicher, und das ist eine Entscheidung, die ich jedes Mal ohne zu zögern treffen würde.

Ein Leben mit ihr und Benji wegen dir nicht haben zu können tut weh. Fuck, es ist der größte Schmerz, den ich mir, dank dir, jemals zugefügt habe. Doch lieber friste ich dieses verdammte Dasein ohne sie, als dich in ihrem Schatten zu wissen ...

KAPITEL 47

VIENNA

Sandy sagt immer, es gibt Augenblicke im Leben einer Frau, in der das richtige Outfit von essenzieller Bedeutung ist, um seinen Stolz nach außen zu tragen – vor allem, wenn man am liebsten wie ein kleines Häufchen Elend in einer Ecke sitzen und Vanilleeis in sich stopfen möchte.

Da wäre zum einen die eigene Hochzeit. Oder der Tag, an dem man die Scheidung einreicht. Der erste Tag bei einer neuen Arbeit. Der letzte Tag. In meinem aktuellen Lebensabschnitt ist keiner von ihnen relevant, weswegen sie den Fuck-it-Day in die Welt gerufen hat. Es ist die Phase nach dem Wundenlecken. Der Zeitpunkt, an dem man aufsteht, sich auf die Schenkel schlägt und sagt »Scheiß drauf, der Kerl ist es nicht wert«. Gleichzeitig zeigt man ihm, dass man selbst es aber sehr wohl war. Schon Prinzessin Diana hat den Reiz darin gesehen. Immerhin ist ihr schwarzes Rache-Kleid bis heute ikonisch.

Der Fuck-it-Day ist ein Statement, und da mein Fuck-it-Day nun schon seit zwei Monaten anhält, bin ich wahrscheinlich zu einer Aktivistin für gebrochene Herzen geworden. Doch außer meiner passiven Aggressivität und dem symbolisch erhobenen Mittelfinger in Form von neuer Kleidung und einem aufgefrischten, leuchtenden Rot meiner Haare bin ich leise und fühle mich weiterhin scheiße. Die Flamme, die mich ausgemacht hat, ist in dem Moment erstickt worden, als Emilian über meine

Türschwelle in den Hausflur getreten ist und sich damit Schritt für Schritt von mir abgewandt hat.

Bis heute verstehe ich nicht, was zwischen uns passiert ist. Wie wir so schnell zu zwei Fremden geworden sind, die nur die nötigsten Worte miteinander austauschen. Ihn jeden Morgen an seinem Schreibtisch zu sehen tut weh, und entgegen jeglichen Behauptungen meiner Mutter wird es bisher nicht besser. Überhaupt nicht.

Ich warte auf den Moment, in dem der Schmerz aufhört. Doch so, wie sich mir die Luft zuschnürt, wenn Emilian völlig belanglose, normale Unterhaltungen mit anderen führt, lächelt und lacht … bezweifle ich, dass ich jemals diesen Punkt erreichen werde.

Auch Benji spürt Emilians Abwesenheit. Er schläft schlechter und weint öfter. Aber das kann auch sein, weil ich nachts kaum schlafe und nur Tränen vergieße. Ich vermisse Em. Egal, wie sehr ich mir im Alltag auch einrede, dass ich eine starke Frau bin und mir meinen Herzschmerz nicht anmerken lasse, zu Hause spielt es keine Rolle. Da bin ich traurig und verwirrt und wütend. Vor allem jedoch bin ich wieder allein. Und das hat sich noch nie zuvor so unerträglich angefühlt. Das zeigt, was für einen riesigen Teil Em in meinem Leben eingenommen hat. Wie echt es für mich gewesen ist. Doch dass das nicht auf Gegenseitigkeit beruht, unterstreicht die Leichtigkeit, mit der er mir den Rücken zuwenden konnte und mit der er im Büro ignoriert, was zwischen uns gewesen ist … und was noch hätte werden können.

Ich war bereit für den nächsten Schritt. Noch heute lachen mich die Offenlegungsformulare von Malte bezüglich der Firmenrichtlinien aus, mit denen ich erst meinen Kollegen und dann der Welt zeigen wollte, dass ich einen Mann gefunden habe, der mir wichtiger gewesen ist als mein Ruf im Büro.

Wobei, wahrscheinlich hätte ich mir das große Tamtam, das ich mir im Kopf ausgemalt hatte, sparen können. Ich bin nämlich nach wie vor kein wichtiger Bestandteil von Jann & Rhode, sondern eine Arbeitskraft, die man leicht ersetzen kann. Bestimmt würde nicht mal jemandem auffallen, wenn ich eines Tages nicht mehr an meinem Platz sitze. Nichts hat sich durch meine Hingabe für die Firma geändert. Niemand sieht mich.

»Vienna? Rhode junior fragt nach dir.«

Okay, *fast* niemand.

Ich spüre Emilians stummen Blick auf mir, als ich mich von meinem Platz erhebe und wie so oft in letzter Zeit meinen Weg zu Sams Büro antrete. Sam ist der Einzige, der mir den Alltag bei J&R momentan erträglich macht. Ironisch, nicht wahr? Doch er interessiert sich für meine Ansichten, holt sich bei mir eine zweite Meinung ein und lässt mich an seiner Arbeit teilhaben. Ich weiß, dass er mich nicht braucht. Das hat er bei einem der früheren Gespräche bereits klargestellt. Sein Projekt ist nur ein Vorwand gewesen, damit ich überhaupt mit ihm im selben Raum bleibe.

Zuerst war ich abgeneigt und wollte so schnell wie möglich die Flucht ergreifen. Dann kam die Sache mit Em, und ich bin zu dem Schluss gekommen, dass ich gar nichts Echtes mehr will. Vielleicht war ich auch nie dafür bestimmt gewesen, sonst hätte ich es doch mittlerweile mal gefunden, oder?

Aber ich hab einen Sohn und eine Verantwortung, der ich gerecht werden muss. Selbst wenn auf mich nichts mehr wartet, so muss ich doch sicherstellen, dass sich für Benji im Leben sämtliche Türen öffnen und es ihm an nichts fehlt. Eine Weile dachte ich, dass Emilian derjenige sein würde, der die Lücke in Benjis Leben womöglich mit der Zeit ausfüllen könnte. Er war schließlich immer für ihn da ... na ja, bis er gegangen ist.

Sam hingegen ist offenbar wirklich reifer geworden. Ihm scheint tatsächlich etwas an der Vaterschaft zu liegen, und seit er hier ist, hat er jeden Tag das Gespräch mit mir gesucht. Am Anfang war es lästig, und ich habe abgeblockt. Doch irgendwann hatte ich dazu keine Energie mehr und habe mich auf das gemeinsame Projekt eingelassen. Mittlerweile ist die Arbeit daran für mich das Highlight des Tages – traurig, aber wahr. Sam hat einen dämlichen Slogan für seine Wasserflaschen-Kampagne vorgeschlagen und mich damit das erste Mal seit der Trennung von Em zum Lachen gebracht. Da kam mir der Gedanke, dass ich vielleicht doch mit der Zeit wieder zu meinem alten Selbst zurückfinden könnte.

Sam hat mich einst gebrochen. Jetzt scheint er jedoch zu meiner Therapie geworden zu sein.

Wann immer wir an seinem Projekt arbeiten, erkundigt er sich nach Benji und nach mir. Habe ich einen guten Fuck-it-Day, teile ich ihm mit, dass es uns an nichts fehlt. An eher schwächeren Tagen sage ich ihm die Wahrheit. Dass Benji Schlafprobleme hat und dazu neigt zu fremdeln und ich mich dann ziemlich alleingelassen fühle. Manchmal gibt er mir daraufhin Ratschläge. Einige davon helfen sogar. Andere Male bestellt er uns mein Lieblingsessen ins Büro und muntert mich damit still auf. Er drängt nicht, sondern ... sitzt bloß mit mir im gleichen Raum, schweigt ... und ist – im Gegensatz zu anderen – da.

Das sind die Momente, in denen ich mich dabei ertappe, wie ich ihm für damals verzeihen möchte. Zwar bin ich noch nicht so weit, einem Treffen mit Benji zuzusagen, doch ich kann mir vorstellen, dass dieser mit der Zeit vielleicht auch einen aktiven Vater im Leben haben könnte. Immerhin wäre es doch für Benji schön, wenn Sam und ich es schaffen könnten, *irgendwas* zu werden.

Sam hockt über Farbmustern, als ich in sein Büro eintrete. Sobald er mich sieht, schiebt er sie jedoch zurück in eine Mappe.

In letzter Zeit passiert es häufiger, dass die Arbeit verschwindet, wenn ich auftauche.

»Hast du dich für ein Farbschema entschieden?«

Inzwischen setze ich mich ohne Aufforderung. Unterhaltungen mit Sam lösen in mir nicht länger einen Abwehrmechanismus aus.

»Wir gehen mit deiner Idee«, teilt er mir lächelnd mit. Ich kann nachvollziehen, warum die Tagung vor zwei Jahren in seiner Gegenwart zur Nebensache geworden ist.

»Das wird richtig toll aussehen. Die Produkte kommen dadurch so viel stärker zur Geltung.«

»Davon bin ich überzeugt.«

»Und was ist mit den Slogans? Hat dir da was zugesagt?«

»Es ist alles fertig.« Sein Lächeln nimmt ab. »Und damit enden dann wohl auch unsere gemeinsamen Arbeitssessions.«

»Na ja, du könntest noch andere Artikel auf den Markt bringen und mich wieder miteinbeziehen.«

»Oder«, er schaut mich zögerlich an, »wir könnten unsere Treffen in ein Restaurant verschieben? Zum Beispiel heute?«

KAPITEL 48

EMILIAN

Der Vorteil an einer Trennung, von der fast niemand im Bekanntenkreis weiß: Keiner fragt, wie es dir geht. Der Nachteil: Das Leben geht wie gewohnt weiter, weswegen sich auch nichts an den Trash-TV-Treffen getan hat, zu denen Jamil seine Leute immer einlädt. Die letzten Male konnte ich mich erfolgreich drücken, diesmal scheine ich das Glück nicht auf meiner Seite zu haben.

»Komm schon! Du warst ewig lange nicht mehr dabei, Emmentaler! Die anderen haben schon vergessen, wie du aussiehst. Außerdem wird Linda wieder dabei sein. Mit der verstehst du dich doch.«

Linda ist einer der Gründe, wieso ich mich rar gemacht habe. Sie ist das Bindeglied zwischen Vi und mir, und da sie zuerst *ihre* Freundin gewesen ist, erscheint es mir nur logisch, dass sie *ihre* Seite eingenommen hat. Gut, ganz sicher weiß ich das nicht, aber ich bin auch nicht scharf darauf, es unbedingt herauszufinden. Sie jetzt zu sehen ... darauf brenne ich daher ungefähr so sehr, wie zu sehen, wer von den Trash-Kandidaten mit dem Preisgeld nach Hause gehen wird: null.

Schon vergessen? Du willst nicht mehr abhauen.

»Jamil«, sage ich und pelle mich aus meiner Jacke. »Wir müssen reden.«

Ich habe bewusst die Entscheidung getroffen, hierzubleiben

und an dem anzuknüpfen, was ich mir seit meiner Ankunft aufgebaut habe – zumindest an dem, was ich nicht zerstört habe. Das bedeutet auch, dass mein Fundament für einen Neu-Neuanfang nicht aus einem Netz aus Lügen bestehen sollte. Deswegen setze ich mich mit meinem Mitbewohner an den Tisch und erzähle ihm, was zwischen mir und Vienna vorgefallen ist.

Zum ersten Mal rede ich darüber, wie mies es mir mit der Trennung geht und wie sehr ich Vi vermisse. Dass ich mich jeden Tag dazu zwingen muss, auf der Arbeit aufzutauchen, obwohl ich dort sein möchte. Zum einen, weil ich zu egoistisch bin, um ganz auf Vi zu verzichten. Zum anderen, weil ich mit ihrer Nähe die ideale Strafe für mich gefunden habe. Sie täglich zu sehen, aber nicht haben zu können ... das ist das Kreuz, das ich zu tragen habe.

Jamil hört mir geduldig zu, bis ich nichts mehr hinzuzufügen habe.

»Hättest du damit lieber noch zehn Minuten gewartet«, sagt er schließlich. »Dann hätte sich Linda darum kümmern können. Ich bin echt nicht gut in so was, Kumpel. Mir ist aufgefallen, dass etwas nicht stimmt, weil du hast ... ich weiß auch nicht, deinen Glanz verloren. Bist stiller geworden. Hast dich zurückgezogen. Tut mir leid, was du durchmachst.« Er rauft sich die Haare, als würde ihn mein Kummer tatsächlich stark belasten. »Sag mir, was ich machen kann, Em. Soll ich absagen, und wir ziehen um die Häuser und besaufen uns?«

»Nein, nein. Die Trennung ist schon 'ne Weile her. Es ... es wird nur etwas dauern, bis ich sie verdaut hab.«

Jamil hebt skeptisch die Braue.

»Warum habt ihr überhaupt Schluss gemacht? Was ich von euch gesehen habe und deine kitschige Rede beim Slam ... Auf mich habt ihr wie ein solides Paar gewirkt. Was ist passiert?«

Eigentlich habe ich seit einigen Wochen eine Regel. Es wird

nicht mehr über Carlo geredet. Wenn ich es kontrollieren könnte, dann würde ich auch jegliche Gedanken an ihn verbieten. Ich habe mit ihm abgeschlossen. Für Jamil mache ich jedoch die finale Ausnahme. Ich atme tief durch, und dann schildere ich ihm, wie mein Stiefvater meine Vergangenheit verdorben hat, meine Gegenwart befleckt und mir meine Zukunft geraubt hat.

»Kumpel, ich weiß, dass wir Wortkünstler sind, aber ist das nicht etwas zu dramatisch? Er kann dir nur nehmen, wofür du nicht bereit bist zu kämpfen.«

»Schön gesagt, aber hast du überhört, dass er Vi mit hineingezogen hat?«

»Meine Eltern haben mir den Geldhahn zugedreht, als ich mich das erste Mal halb nackt auf Social Media gezeigt hab. Haben gesagt, ich bin eine Schande für die Familie. Jetzt verdiene ich mehr als beide zusammen.«

Irritiert sehe ich zu ihm.

»Häh?«

»Ich wollte damit zeigen, dass Drohungen bloß heiße Luft sind, wenn man das Druckmittel aus der Gleichung rausnimmt.«

»Schätze, das ist das einzig Gute an der gesamten Sache. Ohne mich trägt sie keine Zielscheibe mehr auf ihrem Rücken und … ohne sie hat er nichts mehr gegen mich in der Hand.«

Jamil schnaubt.

»Natürlich hat er das.« Er wartet einige Sekunden, wahrscheinlich in der Hoffnung, dass ich von selbst auf das komme, worauf er hinauswill. »Er gewinnt, solange du dich nicht wehrst. Also hör auf, das Opfer zu sein. Zeig ihm, dass seine Drohungen dich kaltlassen. Gib nicht nach. Du wirst sehen, Leuten wie ihm, denen macht es nur Spaß auf diejenigen zu treten, die schon am Boden liegen. Sobald sie jedoch erkennen, dass sie nichts mehr bewirken, verlieren sie ihre Macht und damit das Interesse.«

Ich lasse seine Worte auf mich wirken. Dann schüttele ich jedoch den Kopf.

»Selbst wenn du recht haben solltest. Jetzt ist es eh zu spät.« Ich seufze an die Decke.

»Du liebst sie, oder?«

»Was spielt das für eine Rolle?«

»Äh, eine ziemlich große? Lernst du gar nichts bei dem ganzen Netflix, das du dir reinziehst? Wenn Liebe mit im Spiel ist, dann ist es meistens nie zu spät, es noch mal zu versuchen.«

»Sie sieht mich nicht mal mit dem Hintern an.«

»Ja, ich hab auch nie behauptet, dass es leicht werden würde? Aber wenn du sie liebst, dann wird dir schon was einfallen, um ihre Aufmerksamkeit zu erlangen. Und wenn sie deine Gefühle erwidert, dann wird sie zuhören.«

Wir schweigen, bis es an der Tür klingelt und Jamil aufspringt.

»Okay, dieses Gespräch zwischen uns hat nie stattgefunden, verstanden? Wehe, du sagst Linda auch nur ein Wort davon.«

»Weil du Angst hast, als Softie angesehen zu werden?« Ich verdrehe die Augen.

»Nein?« Jamil runzelt die Stirn. »Die anderen sollen bloß nicht erfahren, dass ich den kostenlosen Seelenklempner gebe. Vertrau mir, diesen Stein willst du nicht ins Rollen bringen.«

Jamil hat mir viel zu denken gegeben, weswegen ich teilnahmslos auf der Couch sitze und der Trash-Abend nur so an mir vorbeirauscht. Die üblichen Verdächtigen sind hier, aber bis auf ein kurzes Hallo zur Begrüßung habe ich mich nicht an den Unterhaltungen beteiligt.

Das Gespräch mit meinem Mitbewohner hat sich tatsächlich als therapeutisch entpuppt. In seinen Worten liegt viel Wahres, und sosehr ich mich auch dagegen wehre, sie lösen in mir Hoffnung aus.

Vielleicht ist es wirklich nicht zu spät, um das mit Vi wieder geradezubiegen. Ich bezweifle, dass wir jemals wieder an den Punkt kommen, wo wir einander bedingungslos vertrauen, dafür habe ich zu viel kaputt gemacht. Doch es wäre schon ein Anfang, wenn wir wieder Nettigkeiten im Büro austauschen.
Oder Freunde sein könnten.
»Na, Emilian! Treibt dich unser Mister Perfect auch schon in den Wahnsinn?«

Malte wirft sich auf den freien Platz neben mir und bietet mir eine seiner zwei Bierflaschen an. »Hab gehört, er hat dir Vienna ausgespannt.«

»Was?« Ich stoße mit meinen Zähnen gegen das Glas.

»Irgend so ein Wasserprojekt, das er Klaus angedreht hat.«

Erleichtert atme ich aus.

Fehlalarm.

»Ach das.«

»Der Typ bereitet mir seit dem ersten Tag Kopfschmerzen. Kannst du dir vorstellen, dass ich seine Freundin einstellen sollte? Ohne jegliche Qualifikationen? Damit sie als ein seriöses Pärchen auftreten und man vergisst, dass sie ein Partyhäschen ist. Hat mich fast meinen Job gekostet, als ich mich geweigert habe. Ich sag dir, wenn der die Firma übernimmt. Dann bin ich weg.«

»Wann bist du weg?«

Linda stößt dazu und setzt sich auf Maltes Schoß. Mir schenkt sie ein zaghaftes Lächeln, das ich mit einem schlechten Gewissen erwidere. Sobald wir einen Moment für uns haben, nehme ich mir vor, mich bei ihr für meine Abwesenheit zu entschuldigen. Es ist nicht fair, dass ich sie mit reingezogen habe, schließlich ist Linda auch meine Freundin.

»Wenn Rhode junior die Firma übernimmt«, wiederholt er und holt sich einen Kuss von ihr ab. »Er und seine Freundin werden J&R in den Ruin treiben. Aber Hauptsache, sie geben ein gutes Bild im Finanzteil der Tageszeitung ab.«

»Warte.« Linda setzt sich aufrecht hin. »Samuel hat eine Freundin?«

Danke.

Das ist der Punkt in Maltes Aussagen, der mich auch gestört hat, denn Samuel Rhode hat sich seit dem ersten Arbeitstag an Vi rangeschmissen und daraus auch kein Geheimnis gemacht. Wegen ihm sind die ohnehin schon harten Tage zur reinsten Zumutung geworden. Ich dachte, ich wäre selbstlos genug, um zu verkraften, dass es da draußen Männer gibt, die Interesse an Vi zeigen. Männer, die ich mir für sie wünsche. Die Wahrheit jedoch ist, dass es mich vor Eifersucht zerreißt, wenn ich nur daran denke, dass sie einen anderen zu sich nach Hause einladen könnte. Und wenn sich jetzt herausstellt, dass der Kerl, dem sie sich möglicherweise öffnet, sie verarscht … Vienna würde wieder verletzt werden.

»Ja, so eine Discomaus. Warte.« Er holt sein Handy raus und tippt auf das Display. Linda – und auch ich – sehen angespannt dabei zu.

»Hier. Anna Rosenberg. Sind wohl seit drei Jahren zusammen und haben sich – Überraschung – auf einer Party kennengelernt.« Malte begutachtet seine Freundin. »Du bist doch nicht etwa eifersüchtig?«

»Das kann überhaupt nicht stimmen.« Sie nimmt ihm das Telefon aus der Hand, ohne auf seine Anmerkung einzugehen. »Wenn er eine Freundin hat, warum ist er dann gerade mit Vi auf einem Date?«

Bei Lindas Worten verschlucke ich mich an meinem Getränk.

»Hey, Mann. Alles klar?« Malte klopft mir auf den Rücken, bis ich von meinem Platz aufstehe.

»Alles easy. Ich brauch nur einen Schluck Wasser.«

Entgegen meiner Aussage laufe ich jedoch am Wasserhahn der Küche vorbei und verschanze mich im Bad. Linda folgt mir und huscht durch den Türspalt, bevor ich sie schließen kann.

»Em, wenn Vienna dir noch etwas bedeutet, dann musst du zu ihr. Jetzt sofort.«

In ihrer Stimme schwingt eine Dringlichkeit mit, die ich nicht einordnen kann. Deshalb schweige ich.

»Mann, Emilian, du sagst nichts. Vi blockt total ab. Ich weiß nicht, was zwischen euch passiert ist. Warum du mit ihr Schluss gemacht hast, obwohl ihr so glücklich miteinander gewesen seid. Aber ich sehe euch beiden an, dass es euch scheiße geht.«

Ich lache auf.

»Vienna ist auf einem Date. So schlecht kann es ihr nicht gehen.«

»Du kannst nicht ernsthaft glauben, dass sie sich mit Sam trifft, weil sie dich abgehakt hat, oder? Falls doch, dann wow, musst du ja richtig blind sein! Hast du überhaupt eine Ahnung, wie sehr Vi in dich verliebt gewesen ist? Oder dass sie vorhatte, mit dir den nächsten Schritt zu wagen? Und dann trennst du dich einfach von ihr! Emilian, die Frau ist nicht auf einem Date, weil sie jemand Neues sucht. Sie ist da, um dich zu vergessen.«

»Okay«, entgegne ich bloß, weil der Rest ihrer Worte neues Chaos in mir anrichtet.

»Was daran ist okay, Em? Der Kerl ist vergeben! Was, meinst du, erwartet sie für einen Herzschmerz, wenn sie das erfährt?«

»Und was kann ich dafür?«

»Hast du mir gerade nicht zugehört? Sie ist deinetwegen auf dem Date! Weil sie denkt, dass du sie nicht willst. Hat sie damit recht?«

Wieder schweige ich.

»Ob sie damit recht hat, Em! Wenn du noch etwas für sie empfindest und nicht möchtest, dass sie ein weiteres Mal verletzt wird und keinem Scheißmann mehr auf der Welt vertraut, dann gehst du jetzt zu ihr und sagst ihr, was du für sie fühlst!«

»Hörst *du* dir überhaupt zu? Du erwartest, dass ich ein Date von ihr crashe?«

»Ja! Weil das hier deine letzte Chance ist, sie zurückzugewinnen. Wenn du jetzt nichts unternimmst, dann hast du sie endgültig verloren. Und willst du auch wissen, wieso?«

»Wieso?«, frage ich aus reinem Trotz, weil ihre Wut auf mich gerechtfertigt ist, aber ihre Worte für mich keinen Sinn ergeben.

»Weil Sam ihr verdammter Ex ist, Em.«

KAPITEL 49

VIENNA

»Du kannst mich ruhig an der nächsten Ampel absetzen. Dann ist es nicht mehr weit.«

»Oder du könntest mir deine Adresse verraten, und ich bring dich höchstpersönlich bis an die Tür.« Sam schaut hoffnungsvoll zu mir herüber und setzt sogar seinen Welpenblick auf. Fast werde ich weich.

Benji ist bei meinen Eltern, also würde es zu keinem unvorbereiteten Treffen zwischen Vater und Sohn kommen. Wobei ich zugeben muss, dass ich mir im Kopf seit unserem Essen ab und an Szenarien ausmale, wie diese aussehen könnten.

Ich hatte einen überraschend schönen und entspannten Abend mit Sam. Er hat mich in ein Sushi-Lokal ausgeführt, in dem die Sojasoße selbst gebraut wird. Dabei hat er an Erinnerungsfäden gezogen, die mich für die Zeit mit ihm vergessen ließen, dass es je unschöne Momente zwischen uns gab.

Wir haben uns gut verstanden und viel gelacht. Anfangs war ich angespannt gewesen und hatte mich gefragt, ob es klug von mir ist, mich auf ein privates Treffen mit Sam einzulassen. Immerhin ist er nicht nur der Vater meines heimlichen Babys, sondern auch in gewisser Art mein Vorgesetzter. Doch schon bald habe ich diese Sorgen beiseitegeschoben, denn die ganze Zeit über hatte ich nicht den Eindruck, dass wir uns auf einem Date befanden.

Neben einer Hochzeitsgesellschaft feierte ein größerer Tisch auch einen Junggesellinnenabschied. Das war zu viel Trubel, um noch als romantisch zu gelten. Außerdem wäre unser Treffen ein Date gewesen, dann hätten sich unsere Gespräche deutlich weniger um die Arbeit und viel mehr um uns gedreht. Aber damit war ich zufrieden. Freundschaft ist das Einzige, was ich Sam bieten kann. Ich suche keine neue Beziehung. Nicht, nachdem meine letzte so ein tiefes Loch in meinem Herzen hinterlassen hat.

Selbst Sex kann ich mir mit Sam nicht vorstellen, da eine gemeinsame Nacht mit dem Baby-Vater doch nur dazu tendiert, in eine komplizierte Katastrophe auszuarten. Auch wenn mein Körper nach dem kalten Emilian-Entzug förmlich danach schreit, geliebt zu werden, Sam ist und bleibt für mich tabu. Das ist auch einer der Gründe, wieso ich nicht möchte, dass er mich bis ganz nach Hause bringt. Ich habe Angst, dass ich an meiner Türschwelle doch einknicke und ihn zu mir einlade. Der weitaus dominantere Grund jedoch ist Benji. Er mag heute nicht da sein, doch was ist mit morgen? Oder dem Tag danach? Was, wenn Sam unangekündigt auf der Matte steht? Es wäre eine sehr berechnende Aktion, und ich will mir nicht vorstellen, dass er mir das antun würde – nicht, nachdem wir dabei sind, zu echten Freunden zu werden. Doch die Vergangenheit hat gezeigt, dass er mir schon weitaus Schlimmeres angetan hat, weshalb ich es einfach nicht riskieren kann.

Ich möchte Sam zu hundert Prozent vertrauen können, wenn er Benji zum ersten Mal sieht. Erst dann bin ich dazu bereit, ihn in das Leben meines Sohnes zu lassen.

»Hab noch etwas Geduld, okay?«, sage ich und schenke Sam ein hoffentlich besänftigendes Lächeln. »Benji ist doch sowieso nicht da.«

Er seufzt.

»In Ordnung. Ist womöglich auch besser so. Wenn ich ihn

kennenlerne, dann sollte ich ihn sicher auch direkt mit Spielzeug bestechen, richtig?«

»Oh, er hat genug Kram für dieses und das nächste Leben.«

Dafür hat Emilian gesorgt.

»Doch Kekse ziehen bei ihm immer.«

»Welche liebt er denn?«

Es mag schwachsinnig sein und wahrscheinlich interpretiere ich zu viel darin hinein. Aber mir fällt bei dieser Frage auf, dass Sams Fokus sehr auf Benji liegt. Und damit meine ich *immer*. Das ist definitiv eine tolle Voraussetzung für einen Vater, doch was bedeutet das für unsere Freundschaft? Ist sie nur einseitig? Bin ich wieder von seinem Charme und meinem Wunsch nach Stabilität geblendet?

Während wir uns mit stetigem Tempo meiner Ampel nähern, rufe ich allerlei an Gesprächsfetzen auf, um meine These zu widerlegen.

… ich bring dich noch zur Haustür.

War es Höflichkeit, dass er nicht darauf angespielt hat, dass ich ihn noch hineinbitten könnte?

… Hab noch etwas Geduld. Benji ist sowieso nicht da.

In Ordnung.

Leider muss ich meinem Bauchgefühl recht geben. Sam interessiert sich nur für Benji. Und da ich ihm diesen bisher verwehre … bleibt ihm nichts anderes übrig, als mich für sich zu gewinnen – selbst wenn sein Desinteresse anscheinend nicht größer sein könnte.

Um endgültige Gewissheit zu haben, drehe ich mich zu ihm und lege meine Finger flüchtig, fast schon schüchtern, auf seine Hand, die die Kupplung umschließt. Mein Vorhaben ist riskant. Allerdings bevorzuge ich es zu wissen, woran ich dran bin.

»Sam, ich hab's mir anders überlegt. Wenn du magst, lad ich dich noch auf einen Kaffee ein …«

Ohne auf die Berührung zu reagieren, setzt er den Blinker und fährt an der besagten Ampel rechts ran.

»Ein anderes Mal, okay? Aber sag Benji gern Hi von mir. Kekse, sagtest du, ja?«

»Mhmm«, erwidere ich, ernüchtert von meinem Ergebnis, und schnalle mich ab. »Danke für das Essen«, füge ich hinzu, als Sam bereits die Beifahrertür von seinem Sitz aus öffnet.

»Für meine Baby-Mama doch immer. Wir sehen uns morgen.«

Okay, deutlicher hätte das nun echt nicht mehr sein können, Vi.

Ich steige aus dem Fahrzeug, winke und drücke die Tür zu. Im nächsten Moment ist Sam auch schon weg, und ich fühle mich ... ja, wie fühle ich mich?

Abserviert?

Verarscht?

Allein?

Vor meinem Haus wartet die nächste lausige Überraschung auf mich. Ich bin noch dabei, in Gedanken über Sam zu stänkern, als ein neuer Grund dazukommt.

Emilian sitzt auf den Treppenstufen zur Eingangstür und schaut mich zerknirscht an.

Immerhin hat er genug Respekt, um mir nicht vor meiner Wohnung aufzulauern.

»Was machst du hier?«, frage ich und bin überrascht, wie fest meine Stimme dabei klingt. Es sind die ersten Worte, die ich seit der Trennung zu ihm gesagt habe. Ein zustimmendes Brummen auf der Arbeit zählt nämlich nicht.

Em reibt sich den Nacken und zuckt dann mit den Schultern. Mehr erhalte ich nicht als Antwort.

Wow.

Zorn lodert in mir auf.

Ich weiß, dass *ich* seit dem Abend sehr sparsam mit meiner

Aufmerksamkeit umgehe und ihn am liebsten wie Luft behandeln würde. Aber ich darf das auch. Immerhin war *er* derjenige, der *mich* stehen gelassen hat. Doch dass er sich jetzt zu schade für Wörter für mich ist? Das lasse ich ihm nicht durchgehen. Nicht noch mal.

»Schon eigenartig, dass du genau an dem Abend aufkreuzt, an dem ich ein Date gehabt habe, oder?«

Nichts. Nur weiterhin dieser gequälte Ausdruck auf seinem Gesicht, den ich nicht deuten kann, der mich jedoch unglaublich wütend macht.

»Noch mal. Was machst du hier? Muss ich die Polizei rufen? Das ist ein krankes Verhalten, weißt du? Erst existiere ich quasi nicht mehr für dich, und dann bekommst du irgendwie Wind davon, dass ich mich mit einem Mann treffe, und tauchst auf? Warum? Stalkst du mich etwa?«

»Linda hat es mir gesagt. Und nein, das würde ich niemals machen!«

»Ach nein? Tut mir leid, wenn ich dir das nicht glaube. Hast du eine Ahnung, was für Ängste du in diesem Moment in mir auslöst? Ich bin eine alleinerziehende Mutter. Und du, mein Ex, lungerst vor meiner Wohnung herum, während ich auf einem Date bin? Das ist die Definition eines Stalkers!«

Okay, das mit den Ängsten ist gelogen. Obwohl Em mich verletzt hat, glaube ich keine Sekunde daran, dass er für Benji oder mich jemals zu einer Gefahr werden könnte. Im Gegensatz zu Sam vertraue ich ihm trotz allem weiterhin zu hundert Prozent. Ich sollte es nicht, aber ich tu's. Doch das braucht er ja nicht zu wissen.

Emilian nimmt wegen meiner Worte ein paar Schritte nach hinten und schiebt die Hände in die Taschen seines Mantels.

»Können wir reden?«, bittet er leise.

Verärgert registriere ich, wie er mir damit Wind aus den Segeln nimmt.

»Nein«, entgegne ich. »Du hattest deine Chance und bist gegangen. Ich sehe keinen Grund, warum wir uns noch was zu sagen hätten.«

Demonstrativ drehe ich ihm den Rücken zu und suche in meiner Tasche nach meinem Hausschlüssel. Die nächsten Worte kosten mich viel Kraft, und ich bin froh, sie ihm nicht ins Gesicht sagen zu müssen. »Weil du mir mal was bedeutet hast, unternehme ich nichts. Sollte ich dich aber noch mal in dieser Gegend sehen, dann rufe ich die Polizei. Ich hab keine Ahnung, was du dir hiervon erhoffst, aber …«

»Vi, ich bin bloß hier, damit du nicht verletzt wirst.«

Fassungslos wirble ich herum.

»Bitte, was hast du da eben gesagt? Hörst du die Ironie in deiner Aussage? Du bist hier, damit ich nicht verletzt werde? Emilian, schau mich an! Ich bin längst verletzt worden, weil du *nicht* da warst! Schon vergessen? Du bist gegangen, obwohl ich dich angefleht hab zu bleiben. Jetzt erzähl mir nicht, dass du gekommen bist, damit mir nichts passiert. *Du* bist mir passiert und das ist …« Ich hole tief Luft und bemühe mich, meine peinlichen, jämmerlichen Emotionen mit Gleichgültigkeit zu bedecken. Ich werde vor diesem Mann nicht noch mal in Tränen ausbrechen. »Das ist das Schlimmste, das mir je geschehen ist.«

Meine Worte treffen ihn sichtlich. Sein gesamter Körper sackt in sich zusammen, und er weicht noch einen weiteren Schritt nach hinten. Doch anstatt dass mich seine Reaktion mit Genugtuung erfüllt, fühle ich mich wieder so hilflos wie an jenem Abend, als er mir das Herz gebrochen hat.

»Falls du mich daher wirklich beschützen willst, gehst du jetzt und kommst nicht wieder.«

»Rhode ist seit drei Jahren in einer festen Beziehung.«

Emilians Worte gleichen einem Eimer kaltem Wasser, den man über mir ausgekippt hat. Plötzlich macht Sams Desinteresse mir gegenüber Sinn. Heute und auch damals, als ich für eine Nacht zur anderen Frau wurde.

»Vi, er will nichts Echtes mit dir, und bevor du wieder ver…«

Ich beginne zu zittern. Vor Zorn, Schmerz, Verzweiflung. Vor allem jedoch, weil Emilian recht hat und ich mich so verdammt alleingelassen und ungeliebt fühle.

»Vi …«

»Na, das sollte mich gar nicht überraschen, oder?«, erwidere ich mit bebenden Lippen. »Das wolltest du schließlich auch nicht, richtig? Das will niemand.«

Verbitterung umhüllt meine Stimmbänder und gibt mir die nötige Stabilität, um kalt zu klingen.

Emilian schließt die Augen und atmet hörbar tief durch.

»Red dir das nicht ein, Vi. Bitte.«

»Es stimmt doch! Ich bin nicht genug! Nicht für Sam. Nicht für die Arbeit. Nicht für di…«

»Für mich bist du mehr als das«, fällt er mir ins Wort und greift nach meinem Handgelenk. »Ich bin das Schlimmste, das dir je passiert ist?« Er lacht traurig. »Und du bist das Beste, das *mir* je passiert ist.«

Ich entziehe mich seiner Berührung und rücke nach hinten.

»Lügner.«

»Nein. Das ist die Wahrheit. Vienna, *du* hast mir erst ein richtiges Leben geschenkt.«

»Lügner«, wiederhole ich flüsternd. »Denn wenn das so gewesen wäre … wie konntest du uns wegwerfen?«

»Weil … ich dich beschützen musste.«

»Lügner! Du hast Schiss gehabt, und deswegen bist du gegangen! Sobald du realisiert hast, dass du nicht mehr nur der coole Em bist, der Benji mit Spielzeugen verwöhnt, hast du kalte Füße bekommen! Was im Übrigen vollkommen okay gewesen wäre. Wir hätten darüber reden und *gemeinsam* Lösungen finden können.

Ich habe nicht erwartet, dass du augenblicklich damit klarkommst, plötzlich auch für Tränen verantwortlich zu sein. Mit Benjis Ausbruch sind wir dir zu real geworden. Obwohl du mir versichert hattest, dass du eine echte Beziehung möchtest ... bist du abgehauen. Also erzähl mir nicht, dass du mich beschützen wolltest.« Mit zittrigen Fingern und einer gefährlich brennenden Nase wende ich mich zum Gehen um.

Ich habe bereits das Treppenhaus betreten, als ich mich dennoch zu ihm umdrehe. Diese Großzügigkeit gab es zwar nicht von ihm, doch er bekommt sie von mir, damit wir beide eine Chance erhalten, um *endlich* miteinander abzuschließen. »Denn wenn dem so wäre, hättest du es nicht so weit kommen lassen, Em. Du hättest nicht zugelassen, dass ich dich in Benjis Leben lasse. Und wenn *ich* dir wirklich wichtig gewesen wäre, dann hättest du ...«

Ich halte inne, zu gelähmt von meinen nächsten Gedanken und der Gewissheit, dass nichts davon jemals auf Gegenseitigkeit beruht hat.

»Was hätte ich?«, möchte Em mit neuer Verzweiflung in seinem Blick von mir wissen.

»Falls es dir nicht aufgefallen ist: Ich liebe dich, Emilian. Und ja, ich bin auf naivste Weise davon ausgegangen, dass du das Gleiche für mich empfindest. Aber ich weiß jetzt, dass das nicht stimmt, denn wenn ich dir wirklich wichtig gewesen wäre, dann hättest du uns nicht kaputt gemacht.«

KAPITEL 50

EMILIAN

Ich bin unfähig, mich zu rühren.

Erst als die Haustür ins Schloss fällt, befreit mich der dumpfe Knall aus meiner Schockstarre.

Ich bin als ramponierter Mensch in Vis Welt gestolpert und habe gedacht, mit ihr heilen zu können. Stattdessen ist sie jetzt ebenso gebrochen wie ich. Wegen mir denkt sie, dass sie nicht genug ist, obwohl sie in Wahrheit viel mehr ist, als diese beschissene Welt jemals verdient hat.

Es war nicht übertrieben, als ich gesagt habe, dass sie das Beste in meinem Leben ist, und es hat verdammt wehgetan zu hören, dass ich *selbstverständlich* das Schlimmste in ihrem bin.

Und trotzdem ... liebt sie mich?

Wenn Liebe mit ihm Spiel ist, dann ist es meistens nie zu spät.

Die Gewissheit trifft mich wie ein Blitzschlag, und ich drücke gegen die geschlossene Tür. Durch das Glas höre ich noch Viennas klackernde Schritte. Doch in wenigen Stockwerken wird sie bei ihrer Wohnung angelangt sein. Die Endgültigkeit ihrer Worte hallt in mir nach und sagt mir, dass ich sie für immer verloren habe, sobald sie die Tür hinter sich abschließt.

... das ist deine letzte Chance, sie zurückzugewinnen.

Lindas Worte schwirren mir durch den Kopf, und durch eine panische Kurzschlussreaktion fahre ich mit meinen Fingern über jedes einzelne Klingelschild. Mein Herz schlägt mir bis zum Hals, und meine Knie werden vor Erleichterung ganz weich, als mich endlich jemand einlässt.

»Vi?«, rufe ich und stolpere in das Treppenhaus. Ihre Schritte klingen schon entfernter, weshalb ich mich am Geländer hochziehe und zwei Stufen auf einmal nehme, um sie einzuholen.

»Vi!«

»Haben Sie eben geklingelt?« Eine ältere Dame steht im Hausanzug vor ihrer Wohnung, doch ich ignoriere sie, woraufhin sie auf Polnisch flucht und wieder reingeht.

Weiter oben höre ich, wie Vienna in ein kurzes Gespräch mit einem weiteren Nachbarn verwickelt wird, und lege noch einen Zahn zu. Die nächste Tür fällt ins Schloss, und die Schritte verhallen.

Shit! Da mein Verstand mir durchgeben möchte, dass ich sie verpasst habe, mein Körper jedoch noch immer unter Adrenalin steht, rutsche ich an der nächsten Stufe ab und fliege fast nach hinten.

»Oh, fuck!«, fluche ich, stellvertretend für alles, was in den letzten Wochen, Tagen und Minuten passiert ist.

Eine flüchtige Bewegung eine Etage über mir lenkt meine Aufmerksamkeit nach oben, wo ich noch Viennas rote Haare aufblitzen sehe, als hätte sie sich eben über das Geländer gelehnt.

Sie ist noch da?

Augenblicklich setze ich mich wieder in Bewegung. Ich habe die fünf Stockwerke bis zu ihrer Wohnung schon immer verflucht. Ein klares Anzeichen dafür, dass ich wirklich unbedingt mehr Sport machen sollte. Heute jedoch würde ich am liebsten jede einzelne Stufe küssen, weil sie mir Zeit schenken.

Wenn sie deine Gefühle erwidert, dann wird sie zuhören.

Ich bleibe zwischen der nächsten Etage stehen, stelle mich ans Geländer und blicke hoch.

Niemand zu sehen.

Egal.
Jetzt oder nie.
»Vienna, ich liebe dich auch!«
Ein vollgepackter Schlüsselbund – ihrer – fällt auf die Fliesen. Für einen Moment ist das das einzige Geräusch. Dann folgen Schritte. Zögerlich und leise.
Vi taucht über mir auf, und selbst von meiner Position sehe ich, dass sie weint.
Meine gesamte Welt bleibt bei ihrem Anblick stehen.
»Dafür ist es jetzt auch zu spät, Em«, ruft sie mit brüchiger Stimme nach unten und verschwindet aus meiner Sicht. Ihre Worte hallen im Flur wider, legen sich wie eine Fessel um mich und halten mich zurück, bis Viennas Tür ins Schloss fällt.

Vi fehlt auf der Arbeit.
Erst einen Tag.
Dann zwei.
Drei.
Eine Woche.
Es gehen Gerüchte herum, dass sie gekündigt hat. Es fällt mir nicht schwer, sie zu glauben, auch wenn sie von Dave kommen. Mehrmals versuche ich, sie anzurufen, doch sie geht nicht ans Handy. Linda versichert mir, dass alles in Ordnung ist. Das wiederum kaufe ich ihr nicht ab, denn wenn es Vi auch nur annähernd so ergeht wie mir, dann geht es ihr scheiße.
Eine weitere Woche vergeht.
Ohne Vi.
Malte ruft mich in sein Büro und stellt mir zerknautscht meine neue Kollegin vor.
Anna Rosenberg.
Vi hat gekündigt.
Ich arbeite Anna ein, aber ich biete ihr keinen Espresso an.

Vier Tage hält sie durch. An keinem hat sie mir Croissants mitgebracht.

Der Schreibtisch mir gegenüber ist wieder leer.

Er bleibt es.

Einen Monat später tritt Klaus Jann »aus gesundheitlichen Gründen« zurück. Die Kollegenschaft ist besorgt. Er stellt richtig, dass es um Prada geht, und bedankt sich aus tiefstem Herzen für die Genesungswünsche. Niemand schert sich um seinen Chihuahua.

Samuel Rhode übernimmt die Firma.

Malte kündigt.

Linda auch.

Ich bleibe.

Bleibe, weil ich hoffe, dass ich mich nur in einem meiner vielen Albträume befinde, irgendwann aufwache und meinen ersten Tag bei Jann & Rhode haben werde.

Ich wache nicht auf, sondern verliere mich immer mehr in der Trostlosigkeit, die Viennas Abwesenheit in meinem Leben zurückgelassen hat.

Zögerlicher Applaus holt mich aus meiner Trance, und ich verbeuge mich mechanisch vor den ratlosen Gesichtern, ehe ich die Bühne verlasse.

»Mann, du gibst dem Wort ›Betroffenheit‹ eine ganz neue Bedeutung!« Jamil klopft mir auf die Schulter. »Ich geb dir ja gerne einen Slot, aber ... könnte es nächstes Mal etwas ... fröhlicher werden?«

Ich starre meinen Mitbewohner stumm an, und er rudert zurück.

»Okay, okay, schon verstanden. Vienna ist weg, und alles ist doof. *Immer noch.* Aber schau mal, deine Realität ist für die Zuschauer befremdlich. Vielleicht ... solltest du dir langsam eine andere Inspiration für deine Texte suchen? Denk mal drüber nach.« Abermals klopft er mir auf den Rücken, danach widmet er sich anderen Slammern.

»Hey, Emmy? Draußen ist eine Frau, die nach dir fragt.«

Verräterische Hoffnung breitet sich in mir aus, und mit mehr Elan als die letzten Monate zusammen verlasse ich den Backstage-Bereich.

Ernüchterung nimmt jede Faser meines Körpers ein, als es nicht Vi ist, die auf mich wartet.

Natürlich nicht.

»Kennen wir uns?«, frage ich die Enttäuschung des Tages.

»Quasi. Wir haben mal getextet. Vor langer, langer Zeit. Ich bin Sandy.«

»In mir klingelt nichts.«

»Wie denn auch? Offiziell hast du ja auch nicht mit mir geschrieben, sondern mit Vi.«

Meine Brauen steigen in die Höhe.

»Du hast richtig gehört. Wo wir schon beim Thema sind. Dein Text eben war richtig, richtig grausam.«

»Nur, weil er persönlich ist«, gebe ich zurück. »Kunst ist subjektiv.«

»Ja, Kunst! Das hat jedoch eher an den letzten Gesang eines Schwans erinnert.« Sie schüttelt sich. »Du weißt schon, bevor sie sterben? Wie dem auch sei, wenn wir mal den furchtbaren Stil und fehlenden Rhythmus in irgendeiner Art außer Acht lassen, bleibt uns ja Gott sei Dank immer noch die Bedeutung.«

»Willst du meinen Text jetzt analysieren?«

»Nein, Emilian. Ich will, dass du das mit Vienna wieder in Ordnung bringst. Wenn du als – in Anführungszeichen – Wortkünstler so einen Mist von dir gibst, hast du eine Ahnung, was ich als beste Freundin von Vi zu hören bekomme?«

Ich werde hellhörig.

»Red weiter.«

»Urgh. Mir wäre es lieber, wenn du mitkommen würdest.«

»Wohin?«

»Na zu Vi!«

Sie packt mich am Arm und zerrt mich mit sich nach draußen. Ich leiste keinen Widerstand.

»Ach, und tu mir gleich einen klitzekleinen Gefallen, ja? Keine Gedichte. Schließlich willst du sie nicht verjagen, hab ich recht?«

Ich muss wirklich lebensmüde sein, mit einer Fremden mitzugehen. Dann wiederum kann nichts Schlimmeres mehr passieren, oder? Es ist ja nicht so, als würde ich es bedauern, wenn sie mich in ihrem kleinen VW umlegen würde.

Außerdem musste sie nur »Vi« sagen, und ich wäre mit ihr überallhin gefahren.

»Was machen wir hier?«, frage ich, als wir zehn Minuten später auf einem Supermarktparkplatz stehen.

»Oh! Wir sind da. Das da«, sie zeigt auf das anliegende Geschäft, »ist mein Baby und feiert heute zehnjähriges Jubiläum.« Sandy steigt aus und schaut mit solchem Stolz auf den Laden, dass man sich schon Sorgen machen müsste.

»Okay…« Ich bin gerade aus dem Auto geklettert, als sie sich schon in meinen Arm hakt.

»Kurze Hintergrundinfo: Vi hat die Party organisiert. Das ist ihr neues Ding, also kein Wort darüber, dass die Ballons in Kombination an die Deutschlandflagge erinnern, ja?«

»Das würde ich ihr niemals antun«, erwidere ich trocken und ernte von ihr einen skeptischen Seitenblick.

»Du bist mein Dankeschön an sie, weil sie mir nicht hätte helfen müssen. Von daher, benimm dich. Hast du dir schon überlegt, wie du sie dir zurückholst?«

Ich bleibe stehen und sie dadurch notgedrungen auch.

»Sandy, das ist eine bescheuerte Idee. Sie hat klargestellt, dass sie nichts mehr mit mir zu tun haben möchte.«

»Vienna hat auch eine Art Schwanen-Lied. Es zeigt sich in Unmengen von billiger Eiscreme, *Careless Whisper* in Dauerschleife und Putzaktionen, zu denen sie mich zwingt. Du bist der Einzige, der dafür sorgen kann, dass es aufhört. Bitte. Versuch es zumindest.«

»Ich … ich glaube nicht, dass ich es ertragen würde, noch mal von ihr …«

»Unsinn! Und falls eure Liebesgeschichte kein Happy End hat, dann kannst du einen weiteren grauenhaften Text darüber schreiben. Win-win.«

Sandy setzt sich wieder in Bewegung und zieht mich mit sich zum Supermarkteingang.

Ich sehe Vi sofort, und dem Sektglas, das klirrend auf dem Boden landet, nach zu urteilen beruht das auf Gegenseitigkeit.

»Showtime«, flüstert Sandy, begrüßt beiläufig ihre Kollegen und stellt mich dabei als Viennas Freund vor.

»Wie kann sie mit so einer rigorosen Person wie dir befreundet sein?«, wundere ich mich laut, doch bevor ich eine Antwort bekomme, schiebt sie mich schon zu Vi.

»Guck mal, wen ich aufgegabelt hab!«, trällert sie.

Vi hockt auf dem Boden, um Glasstücke aufzuheben, und sobald sie hochblickt, sieht sie ebenso überrumpelt und panisch aus, wie ich mich fühle.

»Redet erst wieder mit mir, wenn ihr euch ausgesprochen habt«, warnt Sandy noch mit einem zuckersüßen Lächeln und tänzelt dann zu ihren anderen Gästen.

»Interessante Persönlichkeit«, murmele ich, kauere mich ebenfalls hin und helfe Vi mit den Scherben.

»Das ist Sandy«, erwidert Vi augenrollend und hält mir das kaputte Glas hin, damit ich die letzten Splitter reinwerfen kann.

Verlegen rappeln wir uns wieder auf, und Vi richtet ihre Haare. Sie sind länger, als ich sie in Erinnerung habe, aber immer noch vom gleichen kräftigen Rot.

»Du siehst gut aus. Also ... ich meine ... glücklich.«

»Manchmal bin ich das auch«, entgegnet sie und schaut zu mir. »Du ...«

»Keine Chance«, unterbreche ich sie mit einem tiefen Seufzer. »Ich sehe wie zweimal durchgekaut aus.«

Sie lächelt schwach.

Wie konnte ich diese Frau je so verletzen?

»Was macht die Firma?«

»Sinkt wie die Titanic. Es ist nicht mehr das Gleiche ohne dich.«

Zwar bin ich wahrscheinlich einer der wenigen, dem ihre Abwesenheit überhaupt auffällt, aber es stimmt – jedenfalls in meinen Augen.

»Ja, das meinte Linda auch, bevor sie aufgehört hat. Wusstest du, dass sie und Malte ...«

»Ich vermisse dich, Vi.«

»Nicht ...«

»Aber es ist die Wahrheit. Kein Tag vergeht, an dem ich mir nicht vorstelle, dass du mir gegenübersitzt.«

»Oh.«

»Und keine Nacht, in der ich mir nicht wünschte, dass du wieder in meinen Armen liegst.«

»Em ...«

»Deine Freundin meint, sie lässt uns erst gehen, wenn wir uns wieder hinbekommen haben.«

Vienna starrt auf die Spitze ihrer Stiefel, aber erwidert nichts.

»Vermisst du mich nicht, Vi?«

Sie hebt den Blick, als hätte ich sie soeben beleidigt.

»Natürlich! Aber das wird vorbeigehen. Es ist besser, wenn

wir den Tatsachen ins Gesicht sehen, Emilian. Mag sein, dass da noch was ist ... aber es ist nicht genug. War es noch nie.« Sie legt mit einem traurigen Lächeln ihre Hand an meine Wange. Unter ihrer Berührung werde ich zu Wackelpudding, doch dank ihrer Worte erstarre ich zu einer Salzsäule. »Sieh's ein. Wir haben's verspielt. Vielleicht ... vielleicht hätten wir die Kurve bekommen, wenn wir von Anfang an ehrlich ... *wirklich* ehrlich zueinander gewesen wären.« Sie lässt mich los. »Weißt du, was das Faszinierende an der ganzen Sache ist? Dank dir hab ich neue Seiten an mir entdeckt. Seiten, die mich jetzt erfüllen. Hat Sandy dir gesagt, dass ich die Party organisiert habe?« Auf Viennas Gesicht zeigt sich das traurigste Strahlen, als sie die Dekoration betrachtet. »Ich denke, dass ich das ganz gut kann. Und dank dem Halloweenevent ist mein Portfolio jetzt schon vielversprechend. Einige Interessenten hab ich bereits. Zwar nur für was Kleines, aber ... so fängt man an, oder?«

»Ich bin stolz auf dich, Vi.«

»Danke. Wie sieht es bei dir aus? Was macht das Schreiben? Vielleicht schaffe ich es in der Zukunft mal zu einem Slam.«

Ich hasse den Small Talk, den wir führen. Die Distanz, die zwischen uns herrscht. Ich dachte, ich wäre dankbar, wenn sie überhaupt eines Tages noch mal ein Wort mit mir wechseln würde. Doch jetzt, da sie es tut, begreife ich, dass ich nicht der Typ für Small Talk im Supermarkt sein kann.

Ich will sie. Nach wie vor. Mehr denn je.

Ich möchte die tiefsinnige Philosophie beim Frühstück. Die ehrlichen Gespräche nach Mitternacht.

»Du warst immer mehr als genug für mich«, sage ich leise und durchbreche die Sicherheit unserer oberflächlichen Unterhaltung. »Und ich kann es dir beweisen.«

KAPITEL 51

VIENNA

Emilian ist die letzte Person, mit der ich an diesem Abend gerechnet hätte. Doch ihn zu sehen tat erstaunlicherweise nicht so sehr weh, wie ich angenommen hatte. Die Sehnsucht nach ihm ist nach wie vor da. Ich bezweifle, dass sie irgendwann verschwindet. Aber die Wut ist abgeebbt. Sie war in der Minute weg, als er mir im Treppenhaus seine Liebe gestanden hat. In dem Moment hätte ich ihn zurücknehmen können. Ich *wollte* ihn zurücknehmen. Aber ich konnte nicht. Woher sollte ich wissen, dass er das nicht bloß gemacht hat, weil es einfacher gewesen ist?

Nein. Ich brauchte nicht *einfach*. Ich brauchte *echt*. Aber das konnte Emilian mir nicht geben. Zumindest war ich davon überzeugt ... bis er mir jetzt sein Handy entgegenhält und ich auf einen Textblock starre, der sich in seinen Notizen versteckt und in dem ich mehrere Male meinen Namen entdecke.

»Was ist das?«, frage ich, woraufhin Em das Telefon wieder zu sich dreht.

»Briefe. An meinen Stiefvater.«

»Du meinst E-Mails.«

»Nein. Das hier sind Entwürfe von Briefen, die ich ihm niemals geschickt habe.«

Emilians Beziehung zu seinem Stiefvater ist mehr als kompliziert. Deshalb verstehe ich, dass er ihm schreibt. Texte sind seine Therapie. Auch, wenn er offenbar keinen einzigen davon je abgeschickt hat.

»Frisst du deine Emotionen damit nicht bloß in dich rein?«

»Die Worte ... sie sind nicht direkt an ihn gerichtet.«

»Ich versteh nicht ga...«

»Wärst du nicht passiert, dann hätte es mich wohl niemals nach Köln verschlagen«, liest er vor, und ich verstumme. »Deine unerklärliche Abscheu gegen mich hat mich Tränen gekostet und Narben auf mir verursacht. Ohne sie jedoch hätte es den Neuanfang nie gegeben. Hättest du deinen Job erledigt und wärst auch mir ein guter Vater gewesen ...« er stockt und schaut drucksend zu mir. »Danach folgt nur Quatsch«, sagt er und will das Handy bereits zurück in seine Hose schieben, doch ich hindere ihn daran. »Ich kann das nicht weiter vorlesen, Vi. Es wäre dir gegenüber ... nicht fair.«

Oh. Jetzt muss ich es aber erst recht wissen.

»Bitte.«

Er atmet tief durch, schüttelt allerdings den Kopf. Zu meiner Überraschung hält er mir das Telefon hin und blickt sich verlegen um.

»Ich werde mir einen Sekt holen. Willst du auch noch einen?«

Nachdem ich dankend ablehne, huscht ein entschuldigendes Lächeln über seine Lippen, und er taucht im Trubel der restlichen Gäste unter.

Einen Augenblick schaue ich ihm nach. Mein Herz schwer vor Sehnsucht nach ihm. Gleichzeitig bin ich verdammt stolz darauf, durchgehalten zu haben. Es war nicht leicht, und ich hab es mir mit meiner Berührung auch eher erschwert, aber ich habe es geschafft. Wenn ich eine normale Konversation mit Emilian führen kann, dann sieht meine Zukunft vielleicht noch nicht so trüb aus, wie ich bislang gedacht habe.

Vielleicht wird sie sogar einen Hauch von ihm beinhalten.

Sein Handy vibriert in meiner Hand, und ich lenke meinen Blick zurück auf den wirklich sehr langen Textblock. Zuerst will ich ihn mir vollständig durchlesen. Doch schnell merke ich, dass vieles davon sehr privat ist, mich nichts angeht – nicht jetzt – und auch nicht, als ich noch seine Vi gewesen bin. Ich beschließe, den Brief nur zu überfliegen und die Abschnitte intensiver zu lesen, in denen er über mich spricht. Schnell stelle ich fest, dass es sich bei dem Block nicht nur um einen, sondern um mehrere Briefe handelt. Emilian scheint kein großer Fan von verschiedenen Dokumenten oder zumindest Absätzen zu sein.

Diese Erkenntnis lässt mich schmunzeln und lenkt mich flüchtig von seinen Worten ab, weshalb mich die ersten Sätze, die indirekt mir gelten, kalt erwischen.

... und diese Frau macht mir seit dem ersten Tag die Hölle heiß. Vielleicht hab ich es dir zu verdanken, dass ich die Aufmerksamkeit genieße? Von dir hab ich sie schließlich nie bekommen.

... Sie hasst mich, aber das ist ja nichts Neues, oder?

... Wenn ich krank gewesen bin, dann hat Mama mir immer Croissants von der Bäckerei mitgebracht. Ich weiß nicht, ob du dich daran erinnerst, wahrscheinlich nicht. Doch danach habe ich mich immer besser gefühlt. Seit sie gestorben ist, gab es keine mehr bei uns. Auch außerhalb habe ich sie nie gekauft. Keine Ahnung, warum ich es heute getan hab. Wahrscheinlich wollte ich, dass Vienna auch mal lächelt – sie hat nämlich ein sehr schönes Lächeln.

... Findest du es nicht auch ironisch? Du hast so viel unternommen, damit ich in keiner Sekunde Glück empfinde. Warst dabei richtig kreativ. Trotzdem sitze ich jetzt gegenüber von Vienna,

lasse Papierflieger durch die Luft gleiten, empfinde Glück, weil sie sie mittlerweile nicht mehr in den Papierkorb schiebt, sondern ignoriert. Das ist ein großer Schritt. Ich glaube, so schlimm findet sie mich nicht.

... Wusstest du, dass ich früher panische Angst vor kochendem Teewasser hatte? Dafür hast du gesorgt. Ich spüre das sengende Gefühl auf meinen Oberschenkeln immer noch, wenn ich mich an den Tag zurückerinnere. Heute habe ich zum ersten Mal nicht daran gedacht. Auch wenn der Zitronentee Wiener Art scheußlich schmeckt, wird er wohl ab jetzt mein Lieblingstee sein. Warum? Weil er mich an Vi und endlich nicht mehr an dich erinnert.

... Vi, Vi, Vi, Vi. Bist du es schon leid, von ihr zu hören? Keine Sorge. Ich werde nicht damit aufhören.

... Ich hatte gedacht, dass ich seit dem Tod meiner Mutter keine Liebe mehr erfahren kann. Dabei warst du einfach nur nicht bereit, mir welche zu schenken. Doch ich kann dir jetzt sagen, dass es nicht stimmt. Ich bin nicht abgestumpft. Ich spüre so viel Liebe in mir, dass ich nicht weiß, wohin. Am liebsten würde ich aufs Dach steigen und rausbrüllen, wie intensiv ich empfinde. Nicht nur für sie, sondern auch für ihren Sohn. Du hast richtig gelesen. Sie hat einen Sohn. Er ist nicht von mir, so, wie ich nicht von dir bin. Aber weißt du, was? Das ist mir egal. Mein Herz ist groß genug für beide. Und soll ich dir noch was sagen? Es fällt mir nicht schwer, ihn genauso zu lieben wie seine Mutter. Komisch, oder? Dabei hast du mich doch gelehrt, dass es unmöglich, ist ein fremdes Kind zu lieben. Doch ich verrate dir jetzt was: Es ist nicht unmöglich. Scheint, als wärst du nur einfach nicht dazu in der Lage gewesen. Ich könnte es bedauern, aber das mache ich schon lange nicht mehr. Du warst nie meine Familie. Ich hab jetzt

Benji und Vienna. Vienna … Weißt du, wenn sie in meiner Nähe ist, dann gerät der Schmerz, den du mir zugefügt hast, in den Hintergrund. Ist schon verrückt, nicht wahr? Der verkorkste, gebrochene Emilian kann lieben. Und er will lieben. Weil die Frau nicht weniger als das verdient hat.

… Sie sind weg. Dich bin ich los. Ich sollte glücklich darüber sein, oder? Aber wie könnte ich das? Meine Freiheit von dir bedeutet ein Leben ohne sie. Wie könnte ich jemals wieder glücklich sein?

Ich könnte immer weiter und weiter lesen, auch wenn meine Sicht nach den ersten Paragrafen bereits angefangen hat zu verschwimmen.

Emilian taucht mit einem schüchternen Räuspern wieder auf, und hastig wische ich mir unter den Wimpern entlang.

»Warum …« Ich sperre den Bildschirm und gebe ihm das Telefon zurück. »Warum hast du gesagt, dass die Texte mir gegenüber nicht fair wären? Alles, was ich aus ihnen herauslese, ist, wie g…«

»Wie ernst ich es mit dir gemeint habe?«, unterbricht er mich.

Seine Worte verschlagen mir die Sprache, deswegen nicke ich bloß. Eigentlich wollte ich sagen, wie gut ich in den Briefen abschneide, aber das gefällt mir so viel besser.

»Sie sind nicht fair, weil …«

»Der letzte Brief«, falle ich ihm ins Wort. »Du sagtest, deine Freiheit kostet dich eine Zukunft mit mir.« Ich atme langsam durch. »Wie ist das gemeint?«

Emilian zögert.

»Was hat dein Stiefvater damit zu tun?«, hake ich weiter nach. Mir fehlt ein großes Puzzleteil, und es wird Zeit, es zu finden.

»Er … er war dazu bereit … er hat euch mit reingezogen. Wegen mir.«

Ein kalter Schauer läuft über meinen Rücken.

Ich hab dich beschützt.

»Mach dir keine Sorgen. Ich hab ihm Geld gegeben und dafür gesorgt, dass er wieder verschwindet. Ihm klargemacht, dass es bei mir nichts mehr zu holen gibt. Aber deshalb ... ich dachte, ich müsste mich deswegen von dir trennen ... damit euch nichts passiert.«

Mir wird schwindelig. Emilian, ein Mann, der gerade erst erfahren hat, wie intensiv er lieben kann, hat *uns* geopfert, um *mich* zu beschützen.

»Und jetzt?«, frage ich leise.

»Jetzt ist mir klar geworden, dass er schon viel zu lange Macht über mein Leben hat. Und ich ihm diese gegeben habe, weil ich ihn nie wirklich konfrontiert habe. Ich bin bloß weggelaufen. Aber das ist vorbei.«

»Das heißt jetzt was?«, schniefe ich mit brüchiger Stimme. Mittlerweile bahnen sich die Tränen den Weg über meine Wangen, doch ich lasse sie fließen.

Em stellt sich vor mich und fängt sie dennoch, ungefragt und wie früher, für mich auf. Das sorgt allerdings dafür, dass ich noch mehr weinen möchte. Für den Mann, der vor mir steht, für das, was ihm angetan wurde ... und für das Wir, das uns gestohlen wurde.

Mir muss der Schmerz über diese beschissene Situation ins Gesicht geschrieben sein, denn Emilian geht einen Schritt auf mich zu und hebt seine Arme. Doch dann lässt er sie wieder sinken.

Am liebsten hätte ich Nein gerufen und ihn angefleht, mich in die Arme zu nehmen und zu trösten, doch ich bin zu gelähmt von seinen Offenbarungen und den Wahrheiten, die sich darin verbergen.

Emilian hat mich wirklich beschützt.

Er *liebt* mich, und deswegen hat er mich gehen lassen. Nicht, weil er wollte, sondern weil er lieber mich sicher als sich glücklich wissen wollte.

Du wolltest etwas Echtes? Wie viel echter kann es werden?

»Das heißt, dass ich es leid bin wegzurennen. Selbst wenn Carlo sich noch mal melden sollte, werde ich mich ihm stellen. Er wird mir nicht noch mehr nehmen.«

Ich sehe ihn lange an und versuche, in seinen Worten Hinweise zu finden, dass wir noch eine Chance haben. Dass seine neue Einstellung auch für uns etwas bedeutet.

»Also bleibst du«, schlussfolgere ich schließlich lahm.

In Ems Blick verändert sich etwas. Wo zuvor noch Zuversicht lag, sehe ich Unsicherheit, und er reibt sich über seine Arme.

»Wenn ... wenn du möchtest.«

Ich starre ihn an und weiß nicht, ob ich weiter weinen oder endlich vor Erleichterung lachen möchte. Daher entscheide ich mich für beides. Wir reden nicht mehr darüber, dass er sich seinem Vater und den Dämonen seiner Vergangenheit stellen wird, sollten sie ihn noch mal heimsuchen. Nein, wir reden wieder über uns.

Endlich.

»Em, ich wollte nie, dass du gehst.«

EPILOG 2 JAHRE SPÄTER

EMILIAN

»Der Clown hat abgesagt!«

Vienna hastet gestresst in das Wohnzimmer ihrer Eltern, wo sie ihren Vater und mich damit beauftragt hat, auf Benji aufzupassen, während sie sich um einige Telefonate kümmert.

Der Kleine wird heute stolze drei Jahre alt, und Vi hat es sich zur Aufgabe gemacht, die beste Geburtstagsfeier für ihn zu arrangieren. Ihre Mutter ist da ganz bei ihr, weshalb diese seit den frühen Morgenstunden in der Küche herumschwingt, um eine Torte aus dem Internet nachzubacken. Johannes und ich waren uns augenblicklich einig, dass sowohl die Küche als auch Vis ehemaliges Kinderzimmer für den heutigen Tag Sperrzonen sind und wir im Wohnzimmer am sichersten wären – vorausgesetzt wir sind mucksmäuschenstill und schaffen es, bei den Frauen in Vergessenheit zu geraten. Selbst der Fernseher, in dem ein Fußballspiel läuft, ist auf stumm geschaltet. Da wir mit Benji auf dem Teppich sitzen, können wir das Spiel ohnehin nur halb schauen, denn der Kleine hält uns mit seinen Holzautos, die er in sämtliche Richtungen verteilt hat, ganz schön auf Trab.

»Ich hab ihr gesagt, sie sollte ihn nicht buchen, da er unzuverlässig und gruselig ist«, flüstert Johannes mir zu, woraufhin Vienna nach Luft schnappt. Schätze, damit sind wir nicht mehr länger unsichtbar.

»Er sollte das Highlight der Party werden, Pa!« Sie rennt zum

Fenster, zieht die Vorhänge zurück und legt dabei den Ausblick auf die bereits vorbereitete Location – der Garten ihrer Eltern – frei. »Schaut es euch an! Die Bühne dafür nimmt den meisten Platz ein! Was soll ich damit jetzt machen?«

Ihr Vater und ich hüllen uns in hilfloses Schweigen.

»Ich wäre jetzt offen für Vorschläge«, murrt Vi, verschränkt die Arme und funkelt uns an.

Johannes drückt seinen Ellbogen in meine Seite, und ich räuspere mich. Augenblicklich landet ihr Blick auf mir.

»Wir könnten …«

Ich werde von dem Klingeln ihres Telefons unterbrochen.

»Toll, wenn jetzt auch noch der Eismann absagt …« Sie zeigt auf ihr Handy. »Lorenz? Ja, richtig. Kleinen Moment.« Sie hält das Mikrofon zu und schaut erneut zu uns. »Darum muss ich mich kümmern.«

Wir nicken wortlos, und Vi steuert die Tür an. Fast hätten wir es unbeschadet aus der Situation geschafft, doch Vi dreht sich noch mal um. Zuerst wirft sie einen verurteilenden Blick auf den Fernseher, auf dem gerade ein gelb-schwarzes Meer an jubelnden Fans zu sehen ist, dann kneift sie ihre Augen zusammen und schaut wieder zu uns.

»Dein Sohn verlangt nach deiner Aufmerksamkeit. Warum sitzt ihr überhaupt auf dem Boden? Benji kann sich auch wunderbar für ein paar Minuten allein beschäftigen. Habt ihr die Luftballons schon aufgepustet?«

Auch wenn ich zum ersten Mal davon höre, dass sie uns in die Luftballon-Fraktion eingeteilt hat, bin ich klug genug, um mein Unwissen zu überspielen.

Vienna in diesem Modus möchte man nicht verärgern.

Bei ihrem Vater ist die Memo allerdings nicht angekommen.

»Welche …«

Vis Nasenlöcher flattern. Ehe es zur großen Explosion kommt, springe ich vom Boden auf und lege meine Hände an ihre Schultern.

»Hey, Vi. Wir haben alles unter Kontrolle«, beteure ich und massiere sanft ihren Nacken. »Benji wird den besten Geburtstag in ganz Deutschland bekommen, versprochen.«

»Ohne Clown?«, fragt sie, doch die Panik in ihr schrumpft mit jeder Berührung.

»Aber mit Eismann«, erwidere ich, führe meine Finger über ihren Arm und hebe ihre Hand, mit der sie das Telefon umklammert, in die Höhe, um sie an den Anruf in der Leitung zu erinnern.

»Oh, shit, ja.« Dennoch zögert sie einen Moment. »Em …«

»Das wird. Und wenn nicht, dann kaufen wir ganz viel Vanilleeis und verkleiden deinen Vater.«

»Hey!«, protestiert dieser direkt.

Vi lächelt.

»Okay!« Mit neu gewonnenem Optimismus meldet sie sich wieder beim Anrufer, drückt mir einen Kuss auf die Wange und kehrt zurück in ihr provisorisches Büro.

»Welche Luftballons?«, fragt ihr Vater, als ich mich wieder zu ihm und Benji setze. Letzterer zieht an meinem Ärmel und deutet unter den Fernseherschrank, wo einer seiner Holzwagen feststeckt.

»Papa! Auto, Auto!«

»Tut mir leid, Kumpel«, erwidere ich, lege mich auf den Bauch und fische nach seinem Holzspielzeug. Sobald ich aus es aus seinen Tiefen befreit habe, schiebe ich es Benji wieder zu, der – wie es scheint – mich bereits in der nächsten Sekunde wieder vergessen hat. Ich beobachte ihn ein paar Augenblicke, ehe ich mich wieder Johannes widme.

»Keine Ahnung, aber wir sollten das lieber ganz schnell herausfinden. Ich liebe deine Tochter, aber momentan …«

»… ist sie anstrengend, oder?« Er klopft mir sympathisierend auf die Schulter. »Na, dann find mal lieber schnell die Ballons, von denen Nana redet.«

»Ich?«

»Du bist derjenige, der den Clown abbestellt hat.« Er zwinkert. »Und du bist an ihren Stimmungsschwankungen schuld.«

Vi hockt auch noch hundert Luftballons und Dutzende verirrte Holzautos später an ihrem Schreibtisch in ihrem Zimmer und hängt am Telefon. Als ich mich zu ihr geselle, verzieht sie unglücklich das Gesicht.

»Hey«, flüstere ich und stupse ihr Knie an. Sie sucht meine Hand und umschließt sie, während sie gleichzeitig das Gespräch zu Ende führt.

Wenn ein Kindergeburtstag schon so viel Stress bedeutet, dann sollten wir die nächsten Jahre einfach nach Disneyland.

»Kommst du langsam aus deinem Schneckenhaus?«, frage ich, als sie auflegt und durchatmet. »Sonst verpasst du noch die Party deines Sohnes. Außerdem solltest du mal etwas essen und trinken. Sam und Anna haben ein riesiges Blech Kekse vorbeibringen lassen. Davon darfst du dir sicher einen wegnehmen.«

Vienna hebt skeptisch eine Braue, lässt sich von mir aber hochziehen.

»Es sollte alles perfekt sein«, murmelt sie in meinen Nacken hinein.

»Das ist es doch«, erwidere ich und schließe sie in eine enge Umarmung.

»Nein. Wir haben keinen Clown. Ma hat einen falschen Kuchen gebacken. Sandy steht mit der Limo im Stau und …«

»Shhh.« Ich lege meine Finger zart auf ihre Lippen, damit sie aufhört zu sprechen. Aufhört, sich Sorgen zu machen.

»Vi, entspann dich. Alles wird gut. Auch ohne Clown oder Softdrinks. Und jetzt komm mit mir in den Garten und schau dir an, was du auf die Beine gestellt hast, okay?«

Obwohl wir nur einen Kindergeburtstag feiern, hat Vi sich selbst übertroffen. Der Garten ist bunt geschmückt. Überall hängen Lichterketten und Luftballons. An einem langen Tisch stehen allerlei Kuchen. Die Torte von Vis Mutter ist dabei der absolute Blickfang. Johannes macht auch bereits stolz Fotos von »seiner Künstlerin«, wie er sie voller Bewunderung nennt.

Vis persönliches Highlight muss der Eismann sein, den sie wochenlang umgarnt hat.

»Wow«, sage ich staunend und sehe mich um. Viennas Blick liegt allerdings weiterhin unglücklich auf der kleinen Bühne, die für den Clown gedacht war und jetzt unbesetzt ist.

Bis jetzt.

Ich hatte gedacht, dass es mit meinem Lampenfieber mittlerweile besser geworden ist. Doch jetzt fühle ich mich aufgeregter als je zuvor. Vielleicht liegt es daran, dass ich an diesem Tag alles vervielfacht wahrnehme. Viennas Eltern, Benjis Kitafreunde und Spielplatzbekanntschaften, Vis irritierten Blick auf mir und mein wild schlagendes Herz, als ich sie mit zu mir auf die Bühne ziehe.

»Hey, Vi.«

»Was wird das?«, fragt sie argwöhnisch, und einen Moment später sehe ich, wie Johannes sich ein Sektglas schnappt und mit seiner Kuchengabel lautstark dagegenschlägt.

Nun liegt die Aufmerksamkeit *aller* Anwesenden auf mir.

Super. Vielen Dank, Jo.

Augen zu und durch, Em.

Aber ich will meine Augen nicht schließen, und ich will das hier nicht bloß durchziehen. Ich will es *erleben*.

»Vi, ich muss dir etwas gestehen.«

»Okay …«

»Ich hab den Clown gefeuert.«

Ihr steht der Mund offen, also rede ich schnell weiter und ergreife ihre Hand.

»Weil … er hätte mir sonst die Show gestohlen. Wie soll ich mit einem Ballontier-Künstler mithalten?«

Als sie mich weiterhin nur fragend anstarrt, hole ich ein Stück Papier aus meiner Hosentasche. Vi erkennt es sofort.

»Mein Gedicht!«

»Korrekt. Damals sind wir unterbrochen worden, und dann … kam irgendwie nie mehr der richtige Zeitpunkt. Deswegen hab ich mir jetzt mal ein paar Minuten von Benjis Party geborgt. Ich denke, das ist okay.«

Vis Mundwinkel zucken.

Meine Nervosität ist bis zu meinen Fingern gelangt, und sie zittern, als ich das zerknitterte Blatt auffalte.

»Da dank Jo jetzt jeder zusieht und zuhört, äh … das hier«, ich halte das Papier hoch, »ist ein Gedicht für die Frau neben mir. Es ist nicht lang und besonders originell oder gut, aber es ist nach wie vor das ehrlichste, echteste, was ich je geschrieben hab.« Ich schlucke und lege meine gesamte Aufmerksamkeit auf Vi. Noch immer weiß ich jedes Wort von meinem Text auswendig, weshalb ich das Blatt im Grunde nicht brauche.

»Uns ist schon viel dazwischengekommen, weswegen ich besser mal loslege, oder?«, frage ich Vienna, die ungeduldig, aber breit lächelnd nickt.

»Alles klar.« Ich ziehe sie näher zu mir und streichele flüchtig über ihren Bauch. »Und denk dran, egal, wie mies du meine Worte finden solltest, du wirst mich nicht mehr los.«

»Ja, ja, schon verstanden, jetzt mach schon!«, winkt sie lachend ab. »Bevor uns wieder etwas dazwischenkommt.«

Ich konzentriere mich auf Vienna und denke an jeden einzelnen Tag, den ich bisher mit ihr erleben durfte. Daran, wie richtig sie sich in meinen Armen anfühlt. Daran, dass ich nur sie vor Augen habe, wenn ich an meine Zukunft denke. Sie und Benji ... und wer auch immer da noch auf uns wartet. Und dann, als wäre es für mich selbstverständlich, meine Liebe in Lyrik auszudrücken, fange ich an.

Ich war ständig auf der Suche
nach meinem Licht im Leben,
meiner Hoffnung im Heute,
meiner Wärme für morgen.
Suchte in
Erinnerungen,
in Wünschen und Träumen,
suchte bei Regen,
betete vergebens.
Suchte nicht weiter,
gab mich längst auf,
trauerte um mich und
wollte in den Himmel schreien,
und dort fand ich dich,
meinen rettenden Sonnenschein.
Ich lernte zu lieben,
und liebte zu leben,
für mich,
für dich.

Um uns herum ist es totenstill. Normalerweise würde mich das umso nervöser machen. Doch erstaunlicherweise fühle ich mich so selbstbewusst wie nie zuvor, als ich schließlich vor ihr auf die Knie gehe.

»Vi, ich hab dir eben gesagt, dass du mich nicht mehr loswirst, und das würde ich endlich mal offiziell machen.«

Vienna beißt sich auf die Unterlippe und beobachtet jede meiner Bewegungen, als ich eine kleine Schachtel aus meiner Hosentasche ziehe.

»Wir haben uns gehasst und uns irgendwie dabei verliebt. Es war nicht immer einfach. Aber ich verspreche dir, es war immer echt. Ich bleib dabei, du bist das Beste, das mir je in diesem Leben passiert bist, und ihr, Benji, das Wesen in dir und du, ihr werdet das Beste sein, was mir je in diesem Leben passieren wird. Ich weiß, dass du gesagt hast, dass ich das Schlimmste in deinem bin, und ich hoffe, dass ich das schon etwas geradebiegen konnte. Falls nicht, dann hoffe ich, dass du mir weiterhin die Chance dafür gibst. Ich liebe dich, Vi, und bin bereit, dich das für den Rest unserer Zukunft wissen zu lassen. Es gibt keine Welt, in der ich nicht an deiner Seite sein möchte. Deswegen ... willst du ...«

Vienna fällt zu mir auf die Knie und umfasst mein Gesicht, ehe ich den Satz beenden kann.

»Emilian!«, haucht sie unter Tränen. »Schon vergessen, was ich damals gesagt habe? Ich wollte dich da schon nicht gehen lassen. Daran hat sich nichts geändert. Es gibt auch für mich keine Welt, in der ich nicht an deiner Seite sein möchte. Also ja, verdammt, Em. Ich will.«

Als glücklichster Mann auf der Welt sollte man nicht mitten in der Nacht draußen umherirren. Sehr wahrscheinlich bin ich wirklich bescheuert und opfere meine gemeinsame Nacht mit Vi, um einen Postkasten aufzusuchen. Doch ich weigere mich, diesen neuen, besonderen Lebensabschnitt mit altem Ballast anzugehen.

Meine Finger umschließen das dünne Stück Papier in meiner

Jackentasche, während ich mich mit dem Handy durch die Straßen von Köln navigiere.

Nur noch neunzig Meter.

Vor Aufregung und Vorfreude schlägt mein Herz schneller, und meine Schritte passen sich seinem Tempo an.

Meine Verlobte – jap, klingt immer noch so geil, wie die Hunderte Male davor auch –, weiß nicht, dass ich mich weggeschlichen hab. Sie wird sauer sein, sollte sie ausgerechnet heute neben einem leeren Bett aufwachen, weshalb ich die Sache zügig erledigen möchte. Ich habe schon genug Lebenszeit damit vergeudet, und ich bin nicht bereit, dass noch mehr davon draufgeht. Nicht, wenn jetzt der wirklich fucking schöne Teil ansteht.

Ich bin Emilian Sanders. Ich bin vierundzwanzig Jahre alt. Affen sind immer noch cool. Die Queen ist tot. Ich bin verlobt, verlobt, verlobt. Und ich werde Vater.

Nein, das stimmt so nicht.

Ich werde zum zweiten Mal Vater.

Auch wenn Benji nicht mein leibliches Kind ist – er ist mein Sohn. Das war er, seit ich mich ihm vorgestellt habe – auch wenn uns das zu diesem Zeitpunkt nicht bewusst gewesen ist. In der Sekunde, in der Vi mit ihm auf dem Arm vor mir stand und ich nicht davongerannt bin, ist es passiert. Da wurde ich Teil dieser unfassbaren Familie. Ich mag nicht immer da gewesen sein, und ich hasse mich auch heute noch dafür, aber Vi und er waren *immer* in meinem Herzen. Deswegen stört es mich auch nicht, wenn mir jemand sagt, dass ich mit vierundzwanzig noch grün hinter den Ohren bin. Zu jung, um einen Ring am Finger und gleich zwei Kinder auf dem Arm zu tragen.

Meine Zeit läuft anders, und ich habe genug Scheiße erlebt, um nicht länger auf die wirklich, wirklich schönen Dinge warten zu wollen.

Gianna ist bei den Neuigkeiten ausgeflippt, da sie – wie sie stolz gesagt hat – extrem dazu beigetragen hat, dass wir zueinanderfinden. Sie hat recht.

Auch Ricky hat sich für seine Verhältnisse sehr für uns gefreut und hat sich direkt erkundigt, was er uns zur Hochzeit schenken könnte. Ich habe ihm gesagt, dass ich wunschlos glücklich bin. Eine Aussage, die stimmt, aber mit der er nichts anfangen konnte. Wahrscheinlich bekommen Vienna und ich von ihm und Mika dann also einen Toaster.

Ich vermisse meine Geschwister und freue mich, wenn es für uns bald wieder nach Disneyland geht. Seit meinem Versprechen vor zwei Jahren ist es irgendwie zu einer neuen Tradition geworden, einmal im Jahr mit ihnen nach Paris zu fahren. Dieses Mal werden wir vollständig sein: Gianna und Ricky, Vienna, Benji, sein Geschwisterchen und ich. Die Zwillinge sind schon furchtbar aufgeregt, bald Familienzuwachs zu bekommen. Auch ich kann von dem Gedanken nicht genug bekommen. Nur eine Person, die wird nicht Teil dieser Familie sein.

Durch seine Aktion hat es sich Carlo bei seinen Kindern verscherzt, und sie sind – wie ich – ausgezogen, sobald sie achtzehn geworden sind. Gia lebt in meiner alten Bude, Ricky hat sich mit seinem Freund eine Wohnung gesucht. Die beiden sind noch immer in Berlin, weshalb ich mich mehrmals im Jahr mit der Zuverlässigkeit der Bahn herumschlagen muss, aber für die beiden nehme ich das bereitwillig in Kauf.

Jimini Crackhead habe ich übrigens nicht mehr am Bahnhof gesehen. Schade, ich hätte ihm nämlich gerne *meine* Geschichte erzählt.

Ich halte das Handylicht an den Postkasten, um meinen Brief durch das richtige Fach zu werfen. Es wäre doch zu schade, wenn ich mich endlich dazu aufraffe, einen Brief nicht nur zu schreiben, sondern auch abzuschicken, und dieser würde sich irgendwo im Nirgendwo der Post verlieren. Nein, der Brief muss ankommen.

Obwohl sein Inhalt nur aus wenigen Sätzen besteht, fühlt er sich wuchtig an. Doch all seine Schwere verschwindet schlagartig, als ich den Umschlag durch den – richtigen – Schlitz werfe und damit endgültig meine Vergangenheit hinter mir lasse.

Auf dem Weg zurück nach Hause, hole ich mein Telefon heraus und öffne meine Notizen-App. Den ganzen Tag über bin ich schon dabei, die Briefe an Carlo Casino zu löschen. Selbst für verbrauchten Handyspeicher ist er mir zu schade.

Bei der letzten halte ich inne. Und dann mit einem Lächeln auf den Lippen schiebe ich auch sie in den Papierkorb.

Die Wörter begleiten mich dennoch, bis ich zurück zu Vi – sorry, meiner Verlobten – ins Bett klettere.

Sie werden mich nicht loslassen. Und ich hoffe, dass sie *ihn* auch für den Rest seines armseligen Daseins verfolgen werden.

Danke, dass du mir Dauerregen gezeigt hast. Denn ohne hätte ich niemals so verzweifelt nach Sonnenschein gesucht.
PS
Ich hab ihn gefunden.

TRIGGERWARNUNG

ACHTUNG: SPOILER

Dieser Roman thematisiert den Wunsch nach einem liebevollen Zuhause, der leider viel zu häufig der Realität einer dysfunktionalen Familie entgegensteht. Darunter fallen Inhalte wie Traumata und Missbrauch in der Kindheit und Jugend, Manipulation, Mobbing, Suizidgedanken und Selbstverletzung.

Weitere sensible Themen im Roman sind Spielsucht, Schwangerschaft und Abtreibung sowie (einvernehmliche) sexuelle Handlungen und Kraftausdrücke.

Solltest du momentan das Gefühl haben, nicht in der Lage zu sein, dich mit diesen Inhalten auseinanderzusetzen, und falls es dir mit diesen (oder anderen) Themen nicht gut geht, findest du unter der Nummer der Telefonseelsorge 24/7 Ansprechpartner*innen, die dir kostenlos und anonym weiterhelfen.

Telefonseelsorge: 0800 1 110 222
www.telefonseelsorge.de

Des Weiteren spiele ich im Buch mit dem ein oder anderen Verweis auf Harry Potter. Ich betone an dieser Stelle, dass ich mich vom transfeindlichen Verhalten der Autorin J.K. Rowling distanziere und es in keiner Weise unterstütze. Ich trenne jedoch Werk von Autorin. Harry Potter hat insbesondere Kevins und meine Generation geprägt. Seine Geschichten haben uns viele Romanseiten geschenkt, durch die wir für eine gewisse Zeit der Wirklichkeit entfliehen konnten. Die Erzählung und die dazugehörigen Erinnerungen sind zu wertvoll, als dass wir sie uns aufgrund der persönlichen Meinung der Autorin nehmen lassen sollten.

Ich wünsche mir für euch alle ein bestmögliches Leseerlebnis mit Emilian und Vienna.

Eure Cassie

CASSIDYS NACHWORT

Wow, diese Geschichte zu schreiben war ... anders. Besonders. Nicht immer leicht, aber immer schön. Ich durfte mich austoben, experimentieren und als Autorin wachsen. Das ist es aber nicht, was diese Geschichte so außergewöhnlich macht. Es ist der spezielle Cocktail aus Fiktion und Realität. *Searching for Sunshine* erzählt die Geschichte von Emilian. Dabei sind die Dämonen der Vergangenheit, mit denen sich unser fiktiver Protagonist herumschlägt, dem wahren Kevin zu »verdanken«, der all die hässlichen Seiten wirklich durchlebt hat. Hart, ungeschönt und keineswegs romantisiert. Und doch hat nicht nur mein Held Em, sondern auch Kevin sein persönliches Happy End in der Welt seiner großen Liebe gefunden – und zwar im Büro! Das sind Parallelen, die wir beibehalten haben.

In der Buchbranche würde man diese Motive als Found Family und Office Romance beschreiben. Das ist es, was Kevin erlebt hat und was ich Emilian geschenkt habe. Trotz ihrer Vergangenheit haben sie sich nicht von der Dunkelheit verschlucken lassen und haben am Ende wirklich ihren Sonnenschein gefunden. Darüber bin ich endlos froh, denn Kevin hat nur das Beste verdient. Schon beim ersten Gespräch mit ihm habe ich vergessen, dass ich eigentlich mega Ehrfurcht vor dem Projekt hatte, einfach weil Kevin so ein offener, lieber und witziger Mensch ist und wir direkt einen Eisbrecher gefunden haben. Einen, der sich die gesamte Zeit, in der ich an *Sunshine* geschrieben habe, durchgezogen hat (und den ich auch im Buch versteckt habe, hehehe).

Kevin sollte »bloß« seine Geschichte mit uns teilen. Ich sollte »bloß« einen Roman erschaffen, der echt und authentisch ist. Und jetzt sind wir Freunde! (Ich bin mal so dreist und behaupte das für uns beide.)

Sunshine zu schreiben hat genau deshalb so viel Spaß gemacht: Weil es zwischen uns gepasst hat. Manchmal wurde es sogar schon ein bisschen gruselig. Mal haben Em oder auch Vi plötzlich Situationen erlebt oder Eigenschaften an den Tag gelegt, bei denen Kevin sich und sein Leben wiedergefunden hat, aber sich nicht sicher war, das jemals mit mir geteilt zu haben. Wenn ihr euch für einen kurzen Moment an das mentale Putzen der Sneaker oder das panische Ausrechnen der verkauften Slam-Event-Tickets erinnert ... das ist auf *meinem* Mist gewachsen, hätte aber auch genauso von Kevin kommen können! Es war witzig und schräg und ziemlich cool. Kevin war plötzlich Emilian, und Emilian war Kevin.

Der gesamte Schreibprozess und Austausch waren perfekt. Ich bin wirklich unglaublich dankbar dafür, dass ich dieses kleine Abenteuer wagen durfte und der Verlag mir so viel Vertrauen entgegengebracht hat. Denn vor allem zu Beginn hatte ich Sorgen, ob ich dieser tragisch-schönen Lebensgeschichte gerecht werden kann. Doch ich wollte sie unbedingt schreiben, weil sie es verdient hat, erzählt zu werden. Zwar deutlich heller und zuckriger, als Kevin sie erlebt hat, aber mit ebenso viel Mut und Hoffnung.

Falls ihr euch fragt, warum *Sunshine* eine Rom-Com geworden ist, obwohl ich schwere Themen darin verarbeite, dann liegt das wohl auch an Kevin und seiner positiven Einstellung (und dem kleinen Fakt, dass ich Rom-Coms liebe). Klar, ich hätte auch eine wesentlich düsterere Geschichte schreiben und mich noch intensiver an der schmerzvollen Vergangenheit festbeißen können, aber wozu? Sie ist abgehakt – für Emilian und vor allem für

Kevin. Warum ihr noch Macht geben? Nein, viel lieber habe ich mich auf das konzentriert, was in Kevins Leben nun dominiert: Hoffnung, Glück, Freiheit und Liebe … und natürlich ganz viel Sonnenschein, den auch ihr hoffentlich alle finden werdet.

Einigen Menschen möchte ich von Herzen danken – ohne sie gäbe es *Sunshine* nicht.

An erster Stelle steht natürlich Kevin, der die Scheiße gelebt hat, von der ich geschrieben habe. Seine Lebensgeschichte wurde zu meiner Buchgeschichte, und ich hoffe, dass ich ihm gerecht wurde, auch wenn der Protagonist den goldigen Namen Emilian bekommen hat (I am obsessed!).

Ohne meine Agentin Ebru Adin würde ich sicherlich noch immer in meinem kleinen Kämmerchen Geschichten für die Schublade schreiben. Bis heute weiß ich ja nicht, was du in mir gesehen hast, aber ich bin dankbar, dass du es getan und mich unter deine Fittiche genommen hast. Ich bin unendlich stolz, ein Adinchen zu sein. 💗

Danke an meine Lieblingsansprechpartnerin Caro bei heartlines. Ich war sooo nervös vor unserem ersten Call, und jetzt erwische ich mich dabei, wie ich mir einfach Fragen aus den Fingern saugen will, damit ich mit dir reden kann. Du hast mich so unglaublich toll betreut. Ich wertschätze sehr, wie sehr du mich wertschätzt und mir das auch immer gezeigt hast. Danke für deine Geduld, deine Kreativität, deine Offenheit, deinen Witz und dass ich bei dir sein darf, wie ich nun mal bin: aufgedreht, wohoo.

Falls ihr euch fragt, warum sich der Text so logisch und flüssig liest: Das haben wir meiner Redakteurin Steffi zu verdanken, mit der ich schon in der Vergangenheit arbeiten durfte! Danke, Steffi, für all deine Mühe. 💗

Und weil ich mal nicht so bin, verteile ich auch Danke-Küsschen an wunderbare Menschen, die mich aushalten.

Zuallererst natürlich an meine Mama, der ich so ziemlich alles im Leben zu verdanken habe. Tut mir leid, dass ich mich so oft fürs Schreiben in meiner Wohnung verschanze.

Patrick, mein Bro, unterstützt mich im Hintergrund immer zu 100 Prozent. Danke!

Alicia, danke, dass du mich davor bewahrst, zu einer ausgetrockneten Rosine zu werden, und mich daran erinnerst, dass ich auch Pausen machen muss. Du hast mir dank deines Wissens außerdem viele Zweifel beim Schreiben genommen. 🩷

Dann geht ein Kuss raus an mein Habibi, Ebru! Du bist toll, und wahrscheinlich bin ich wegen dir beim Schreiben nicht wirklich durchgedreht. 🩷

Mein Lieblingsmensch Vivi, ich hätte dir so gern direkt alles zu dem Projekt erzählt, aber es war süß, wie du das Verlags-Bingo gemacht hast. Du bist auch toll und verdienst die Welt. Blub.

Maika (Jenni)! Look. At. Us. Wow. Ich kann es immer noch nicht fassen. Wie viele Stunden wir gemeinsam an unseren Texten gefeilt haben. Und jetzt … sind wir beide bei Penguin! Wenn es einer verdient hat, dann du. Mein Lieblingskeks.

Meine letzten vier Dankesküssle gehen raus an Elke, Sarah, Annette und Kevin, meine Crew abseits der Schreib-Bubble. Danke, dass ihr mich und mein Schreibgedöns akzeptiert und mir tatsächlich (zum Teil) gerne zuhört, wenn ich es mal nicht aushalten kann, NICHT darüber zu reden. ☺

Und danke DIR, liebe*r Leser*in! Danke, dass du zu meinem Buch gegriffen und mir eine Chance gegeben hast. Ich hoffe, dass ich dir ein paar schöne Lesestunden schenken konnte.

Danke, dass ihr mich alle meinen Traum leben lasst! 🩷

Cassie

KEVINS NACHWORT

Sonnenstrahlen statt Regentropfen – das war und ist immer mein Motto. Und wie ihr wisst, auch das von Em. Es war für mich spannend zu lesen, wie viele Ähnlichkeiten zwischen Em und mir zu finden sind. Ob die Tattoos auf der Haut, die Liebe zum Sport (nur schauen, nicht machen, lieber Em!) oder die vielen Kleinigkeiten, angefangen bei den blöden Sprüchen über das Faible für Harry Potter bis zu den zerzausten Haaren.

Der Austausch zwischen Cassidy und mir war immer so direkt und offen, dass es mir leichtgefallen ist, von mir zu erzählen. An manchen Stellen waren die Übereinstimmungen so treffend, dass ich mich richtig ertappt gefühlt habe und schon gar nicht mehr wusste, was ich Cassidy erzählt habe und was nicht. Sie hat mich einfach sehr, sehr gut getroffen – verblüffend gut.

Eine der großen Parallelen zwischen Ems und meiner Geschichte ist, die Liebe in der Arbeitswelt gefunden zu haben. Etwas, das wir beide so nicht geplant hatten, aber am Ende unsere Leben nicht nur verändert, sondern vollkommen gemacht hat. Auch ich habe meine Frau, die bereits ein kleines Kind hatte, im Büro kennen und lieben gelernt. Das ist die heitere Seite unserer Geschichte!

Doch es gibt einiges mehr: Gerade Ems seelischen Konflikt – die innere Schwere und das Bemühen um Leichtigkeit nach außen – kenne ich nur zu gut. Außerdem verbindet uns die

Liebe zum Schreiben, die aus Wut und Enttäuschung entstanden ist. Denn gerade Menschen, die einem sehr nahestehen, können einen großen Schaden anrichten. Sie rauben Energie, anstatt sie zu geben. Sie bedeuten Negativität statt Antrieb.

Obwohl Ems Stiefvater eine fiktive Figur ist, habe ich beim Lesen oft an meine eigenen Eltern denken müssen und habe durch Ems Augen auf meine eigene Kindheit geblickt. Ich habe mit den Menschen, die keine Eltern für mich sein konnten, abgeschlossen. Das ist ein Tabuthema, das kein Tabu sein sollte. Doch in meinem Leben ist kein Platz mehr für Regenwolken. Von außen die schwierigste Entscheidung, von innen heraus die beste. Auch ich habe meinem Vater geschrieben – aber nur einen einzigen Brief. Es war der Brief, mit dem ich den Schlussstrich gezogen habe. Das Schreiben hilft, das wissen Em und ich. Und vor allem haben wir beide das Wissen: Die Vergangenheit ist nie eine Entschuldigung, nie eine Ausrede. Egal wie gut, egal wie schlecht. Und: Sie läuft immer auch mit auf dem Weg. Auch wenn man mit ihr abgeschlossen hat. Diese Kapitel gehören zu unserer Geschichte. Zwangsläufig. Das ist okay, das ist sogar gut so. Und trotzdem muss man diese Kapitel beenden.

An manchen Stellen hat Cassidy zugunsten der Geschichte ein paar Details angepasst und verändert. Em zum Beispiel ist ein »Schnittchen«. Da fühle ich mich gleich richtig unwohl beim Lesen. Wieso ist der denn so hot geworden!? 😌 (Der Smiley an der Stelle muss erlaubt sein!) Und glaubt mir: Es ist sehr komisch, sich in eine Person hineinzuversetzen, die dann ganz schön unanständige Dinge macht.

Schnittchen oder nicht: Em ist mir ans Herz gewachsen, wie er in dieser Geschichte gewachsen ist, wie ich selbst über all die Jahre gewachsen bin. Leben ist nie einfach und nie geradeaus. Ein Lebenslauf ist Hürdenlauf und Fluchtweg – diesen Weg sind wir beide gekrochen, gegangen und gerannt. Oft allein, zum Glück aber am Ende nicht einsam.

Bei Em ist es am Ende gut gegangen – nicht einfach, aber echt. Er kriegt das ganz gut hin, ich bin stolz auf ihn, dass er sich getraut hat. Und stolz auf Cassidy, wie sie mit dieser herausfordernden Geschichte umgegangen ist. Danke für die vielen kleinen und großen Momente in diesen Zeilen. Nur du konntest dieses Projekt so zum Projekt Sonnenschein machen.

Nach all diesen Seiten kann ich euch sagen: Ich versuche auch ein bisschen zu sein wie Em, in seiner mutigen Art, in seinem Streben nach Zufriedenheit, nach einem Zuhause. Ich gebe mir Mühe. Für noch mehr Sonnenschein – neben den ganzen Regentropfen. Denn hinter der dicksten Wolke warten die wärmsten Strahlen.

Danke an dich, liebe Leserin, lieber Leser, dass du Ems Geschichte – und damit auch meine – gelesen hast. Und vielleicht hast du ja auch ein Stück Wärme gefühlt und ein bisschen Sonnenschein gefunden. Behalte ihn im Herzen. Is' wichtig.

K.

LESEPROBE

LEONIE LASTELLA

YOUR
EYES
ON
me

BASED ON ALEXA'S TRUE STORY

ISBN 978-3-453-29269-7

Über den Roman
Die WG in einer renovierungsbedürftigen Villa am Hamburger Elbstrand ist Aleas Zuhause, die Freunde dort ihre Familie. Hier konnten die seelischen Verletzungen durch ihren Vater heilen, der sie immer wieder wegen ihres Gewichts bloßgestellt hat. Als erfolgreiche Plus-Size-Influencerin hat Alea gelernt, ihren Körper zu lieben und ihre Vergangenheit hinter sich zu lassen. Doch niemand darf ihr zu nahe kommen, schon gar nicht Titus, der Neue in der WG. Unverschämt attraktiv und durchtrainiert steht er für einen Typ Mann, der Aleas neu gewonnenem Selbstvertrauen gefährlich werden könnte. Was sie nicht ahnt: Titus kämpft mit seinen eigenen Dämonen. Nach außen hin scheint sein Leben perfekt, aber das ist nichts als fake, weshalb ihn Aleas Stärke fasziniert. Bald schon können beide die Anziehungskraft zwischen sich nicht mehr leugnen – doch es steht zu viel auf dem Spiel. Werden sie ihre selbst gesetzten Grenzen überwinden und der Liebe eine Chance geben?

Über die Autorin
Leonie Lastella wurde in Lübeck geboren und lebt mit ihrer Familie in einem Dorf bei Hamburg. Sie liebt das Schreiben, taucht begleitet von Musik tief in die Welten ein, die sie erschafft. Einen Roman zu verfassen, der auf Alexas Story und auf echt erlebten Gefühlen basiert, Alexa damit eine Stimme zu geben, war etwas ganz Besonderes und eine spannende Herausforderung.

Über die Storygeberin
Alexa Black kommt aus Baden-Baden und lebt heute in Kiel. Sie steht kurz vor dem Abschluss ihres Masters in Medienkonzeption und arbeitet als Journalistin beim NDR. Sie liebt es, kreativ zu sein – sei es in er Küche, auf der Bühne oder auf dem Papier. Sie engagiert sich für die Rechte der LGBTQIA+-Community und setzt sich gegen Fettfeindlichkeit ein. Ein offener und toleranter Mensch zu sein ist ihr bei all ihren Projekten besonders wichtig.

> **LIEBE DICH SO, WIE DU BIST.**
> **NICHT WIE ANDERE DICH GERN HÄTTEN.**

Alea

Ich starre auf die Kommentare unter meinem letzten Beitrag. Ein Posting über drei verschiedene Sommeroutfits, passend zum Beginn der Semesterferien. Outfits, die zu meinen Lieblingslooks gehören. Ein Sommerkleid, kombiniert mit einer oversized Jeansjacke, eine weite Marlenehose und ein Crop-Top, das meine Figur betont. Denn ja, ich habe eine Figur. Mit Rundungen. Mit Ecken, die ich mag und gern zeige. Und Stellen, die mich vor Herausforderungen stellen, die ich aber akzeptiere. Mittlerweile. Weil sie zu mir gehören. Das letzte Outfit ist ein Bikini mit einem halb durchsichtigen geblümten Kaftan. Meine beste Freundin Luca und ich haben ihn zusammen geshoppt, und ich liebe das Teil.

Der Großteil meiner Community auch. Fast dreihundert positive, wertschätzende Kommentare stehen unter dem Beitrag. Aber da sind auch die anderen. Die hasserfüllten. Und obwohl ich es nicht will, kratzen sie an mir.

So was wie dich will doch keiner sehen.

*Die Outfits sind echt nichts für deine Figur,
obwohl ich das Gewicht jetzt gar nicht so schlimm finde.
Noch bist du ja nicht total eklig.*

Das ist doch krank. Und sich dann noch so anzuziehen.

*Boah, ich würde die Outfits nicht mal selbst tragen,
weil ich mich dafür zu fett fühle,
aber du solltest das echt nicht anziehen.*

Das sind nicht alle, aber ich gebe es mir nicht, die übrigen negativen Äußerungen auch noch zu lesen, sondern blockiere die Leute einfach, bei denen schon die Emojis scheiße sind. Danach atme ich. Ich sitze einfach auf dem Bett, atme und sehe aus dem Fenster meines Zimmers über den Elbstrand aufs Wasser, das ganz ruhig dahinfließt und dem es völlig egal ist, was irgendwelche Trolle auf Instagram schreiben. So egal, wie es mir meistens ist. Aber eben nur meistens. Und heute ist kein Meistens-Tag.

Ich rapple mich vom Bett hoch und gehe zu der flaschengrünen Cordcouch, die in einer Ecke meines Zimmers steht. Darüber der pinke Leuchtschriftzug. *Be yourself.* Etwas, woran ich mich mit jedem Posting auf meinem Body-Positivity-Account erinnere. Man sollte sich immer selbst lieben, auch wenn es Dinge gibt, die man besser wertschätzen kann als andere.

Ich befestige mein Handy in dem Stativ, das immer bereitsteht und so ausgerichtet ist, dass es genau meine Lieblingsecke der Couch und den Schriftzug im Fokus hat. Dann schalte ich noch das Mikro ein und drücke auf Aufnehmen.

»Wie vielleicht einige von euch gesehen haben, gab es unter meinem letzten Posting einige unschöne Kommentare«, beginne ich das Video. »Ich habe die meisten gelöscht. Alles Negative zu blockieren schafft eine Bubble. Ich weiß das, aber das hier soll ein positiver Ort bleiben. Für euch und für mich. In meinem virtuellen Wohnzimmer lasse ich mich nicht abwerten. Dazu hat niemand das Recht. Deswegen hier ein kleiner Reminder an mich und euch: Wenn dich andere Menschen aufgrund deines Körperbildes bewerten, sagt das immer mehr über sie aus als über dich. Konzentrier dich auf die Menschen, die dir guttun, nicht auf Kommentare im Internet. Denn die richtigen Menschen wissen, du bist mehr als dein Gewicht, und eine Waage kann niemals deinen Wert als Person bestimmen. Lieb dich so, wie du bist, nicht wie andere dich gern hätten. Steh zu allem, was an dir perfekt ist, und genauso zu allem, was nicht so perfekt ist. Denn die Summe macht dich erst einzigartig und wunderschön. Stay body positive and be yourself.« Ich lächle, deute auf den leuchtenden Schriftzug hinter mir und beende die Aufnahme wie jedes meiner Videos. Und ja, ich glaube, was ich sage. Ich glaube es wirklich. Und mich und meine Follower daran zu erinnern, hilft mir, es niemals wieder zu vergessen. Trotzdem klingen die fiesen Kommentare nach, die ich zwar aus meinem Thread löschen kann, aber leider hat mein Gedächtnis keine solche Löschtaste. Und der Hass nagt an dem wackligen Frieden, den ich mit mir geschlossen habe.

Ich schneide das Video und lade es dann hoch. Keine Filter, die ein verzerrtes Bild von mir wiedergeben würden. Einfach ich. Und sofort trudeln erste Kommentare ein.

Das ist, was ich heute Morgen hören musste.

Deine Worte tun so gut.

Word, beautiful.

Ich lege das Handy beiseite, als Luca mein Zimmer betritt.

»Netter Pep Talk, A.« Luca ist die Einzige, die mich so nennt, und damit ihrer Vorliebe für *Pretty Little Liars* frönt. Sie wirft sich neben mich auf das Sofa. »Ein superschöner Beitrag. Ich habe die Kommentare nicht gesehen, aber wenn du darüber reden willst – ich bin da.« Sie sieht mich ernst an. Luca weiß so ziemlich als Einzige, wie sehr ich früher gegen mich gekämpft habe, wie sehr mich Kommentare getroffen haben, die mich auf mein Gewicht reduziert haben. Luca war eine der Ersten, die mich einfach so geliebt hat, wie ich bin. Und sie tut es jetzt, auch über ein Jahr nach unserer Trennung. Sie sieht mich, nicht mein Gewicht oder eine wandelnde Problemzone. Durch sie habe ich angefangen zu sehen, dass ich schön bin. Nicht trotz meiner Makel, sondern wegen ihnen. Wegen allem, was mich ausmacht.

»Das sind nur Internettrolle. Die habend doch keine Ahnung.« Ich zucke die Schultern und puste mir die Haare aus der Stirn. »Lohnt sich nicht, ihnen noch mehr Aufmerksamkeit zu schenken, indem wir über sie sprechen.« Das ist meine Art, damit umzugehen. Stellung beziehen und versuchen, es abzuhaken, bevor die Kommentare Zweifel streuen können, wo keine hingehören.

»Okay.« Luca setzt sich auf und drückt mich fest an sich. Sie kommt gar nicht auf die Idee, meinen Wunsch nicht zu respektieren oder mich vom Gegenteil überzeugen zu wollen. So ist Luca. Wild, einzigartig und absolut wunderbar. Ihr Haar riecht nach Farbe und Holzstaub. Seitdem sie die alte Kapitänsvilla im Treppenviertel von Hamburg von ihrer Oma geerbt hat und neben ihrem Studium von Grund auf renoviert, gehört dieser Geruch zu ihr. Wie ich in diese WG. Ich mag es. Genau wie die Farbkleckse auf ihrer Latzhose und die Tatsache, dass sie vollkommen unbeirrt von den Katastrophen, die sie bei ihrem

Do-it-yourself-Großbauprojekt heraufbeschwört, nie aufgibt, immer fröhlich ist und fehlendes Können durch Kreativität ersetzt. Sie ist meine Familie. Genau wie Hope und Jasper. Vielleicht etwas mehr als die beiden, auch wenn ich es nicht geschafft habe, sie nah genug an mich heranzulassen, damit wir als Paar eine Chance gehabt hätten. Aber ich liebe sie alle drei.

»Komm, ich mache uns einen Tee.« Luca sieht mich erwartungsvoll an und flitzt los, als ich nicke. Ich höre, wie sie in der Küche zu rumoren beginnt, und stehe auf, um ihr die Treppe hinunter ins Erdgeschoss zu folgen. Gemeinsam tragen wir wenig später die Tassen, eine Schale mit Kandis und ein paar Kekse auf die winzige Terrasse vor dem Haus, die den Großteil des noch winzigeren Gartens einnimmt, und setzen uns.

Mit Blick auf den Strand, den schmalen Gehweg, eine der vielen Treppen des Viertels und die Elbe trinken wir unseren Tee. Luca erzählt von ihrem neuesten Projekt. Sie will das untere Badezimmer rausreißen und komplett neu einrichten. Ich verkneife mir, ihr zu raten, wenigstens für die Anschlüsse einen erfahrenen Klempner zu beauftragen. Sie wird es sowieso selbst machen.

»Das geht doch schief.« Jasper springt die drei Stufen zur Terrasse hinauf und lässt sich auf einen der freien Stühle fallen. Er sieht müde aus. Der bevorstehende Launch seiner Modelinie Gymbeam vereinnahmt ihn. Letzte Nacht hat er wieder mal durchgearbeitet, und allmählich macht sich die Mehrbelastung bemerkbar. »Und wenn das ganze Haus unter Wasser steht und ich zwei Stunden warten muss, bis Hope das obere Badezimmer freimacht, verspreche ich, dich mit einer Rohrzange durchs Haus zu jagen.«

Ich ziehe die Augenbrauen hoch. »Du weißt, was eine Rohrzange ist?« Jasper hat viele Stärken, aber bis gerade eben hätte ich gedacht, er hätte noch nie ein Werkzeug aus der Nähe gesehen.

»Mein Opa war Handwerker. Ich weiß also zumindest, wie die Teile aussehen. Und jemanden damit zu hauen, dürfte selbst ich hinkriegen.« Er lacht, schließt die Augen und reckt das Gesicht in Richtung Sonne. Ein Seufzen dringt aus seinem Mund. »Vielleicht ist aber auch egal, was du mit dem Bad anstellst, weil ich einfach nie wieder von diesem Stuhl aufstehen werde.«

»Nicht mal für Caipirinhas?« Zweifelnd sehe ich ihn an, aber er öffnet die Augen nicht.

»Nope.«

»Und wie sieht es mit meinen sensationellen Erdbeer-Daiquiris aus?«

Luca sieht mich besorgt an, als Jasper noch mal den Kopf schüttelt. »Er ist krank«, wendet sie sich an mich. »Vielleicht hat er Fieber oder noch schlimmer, seine Genialität könnte über die Hirnschranke getreten sein und verursacht jetzt einen Kurzschluss.«

»Ich kann dich hören«, brummt Jasper.

»Das spricht gegen einen kompletten Kurzschluss.« Ich stehe auf und streiche ihm liebevoll die Haare aus der Stirn, aber er reagiert nicht mehr, und sein Atem wird tiefer und gleichmäßig. »Ich bringe ihm eine Decke mit«, sage ich. »Muss sowieso meine Unterlagen holen, damit ich mit meiner Hausarbeit weiterkomme.« Und was wäre ein besserer Platz dafür als in der Sonne, umgeben von Freunden? Okay, von einem schlafenden Freund und einer Freundin, die plant, uns eines von zwei Badezimmern zu rauben. Ich lache leise, weil es trotzdem kein besseres Zuhause gibt, verschwinde nach drinnen, schnappe mir eine Wolldecke, den Laptop und eine Flasche Wasser und kehre zu den beiden zurück.

Luca kämpft mit der Bearbeitung ihres letzten Videos und schimpft leise vor sich hin. Sie teilt ihre DIY-Exzesse noch nicht so lange auf Social Media. Eigentlich erst seit Jasper, Hope und ich bei ihr wohnen und sie ermutigt haben, die Verwandlung der Villa auf Social Media zu posten und dadurch vielleicht ein wenig Geld für die Renovierung dazuzuverdienen.

»Wieso macht das Ding nie, was ich will?«, stöhnt sie gerade. Nachdem ich die Decke über Jasper ausgebreitet habe, setze ich mich zu ihr.

»Hier«, sage ich und zeige ihr einen Trick, wie sie das Video ganz einfach trennen kann. »Und ich würde den Teil hier schneller machen, sonst wird das insgesamt zu lang.«

»Jetzt sehe ich ein bisschen aus wie der Roadrunner, aber du hast recht, so ist es besser.« Luca lacht und gibt mir einen Kuss auf die Wange. »Danke.«

»Stets zu Diensten im Kampf gegen die Technik.« Ich streiche mir die Haare aus dem Gesicht, klappe den Laptop auf und rufe die Hausarbeit auf, die ich nach den Semesterferien abgeben muss. *Inwiefern wirkt sich die Berichterstattung in den sozialen Medien auf das kollektive Handeln aus?* Ich seufze und verbringe die nächsten Stunden damit, wahlweise an meiner Arbeit zu schreiben oder Jasper beim Schlafen und später beim hektisch Aufwachen und Schimpfen zuzusehen, weil er zu viel Zeit verloren hat.

Luca geht nach ihrer Pause nach drinnen, und dem Poltern und Knirschen aus der Villa nach zu urteilen, geht es dem Haus an die Eingeweide.

Am frühen Abend trudelt endlich auch Hope ein. Sie arbeitet als Produktmanagerin in einem Start-up, das Apps entwickelt, in der HafenCity. Ich würde gern mehr Interesse für ihren Job zeigen, aber ich verstehe im Grunde nie, was genau die Firma entwickelt. Aber Hope liebt ihren Job, genau wie ihren Social-Media-Account @Konterbunt, dessen Name nicht nur erahnen lässt, wie intelligent, differenziert und wichtig ihre Beiträge sind, sondern auch wie kreativ Hope ist.

»Wie war dein Tag?«

Hope grinst schief. »Wochenend-Erdbeer-Daiquiris-würdig.« Sie zeigt zum Haus. »Jasper hat mir geschrieben, dass ihr vorhabt, ihn mit jeder Menge davon davor zu bewahren, sich zu überarbeiten.« Mit einem Zwinkern lässt sie sich auf einen der Stühle fallen. »Da bin ich auf jeden Fall dabei.«

Sie nimmt sich einen Keks und verdreht genießerisch die Augen, was mich zum Lachen bringt.

»Hab übrigens einige der Kommentare gesehen, bevor du sie gelöscht hast.«

Sie sieht mich ernst an. Auf die Weise ernst, die ich nicht mag, weil Mitleid und Verständnis darin mitschwingen und ich mich klein fühle. Ich weiß, Hope meint es nicht böse, aber es fühlt sich einfach nicht gut an.

»Die Art von Menschen kann man nur blockieren oder alternativ an die Wand hauen«, sagt sie in diesem Moment und macht damit den Blick hundertmal wieder wett. Wie immer ist sie verbal-radikal. »Was nehmen sich solche Leute nur raus?« Sie schüttelt den Kopf. »Mich hat heute tatsächlich ein Kunde gefragt, ob ich ihm ein Glas Wasser servieren könnte. Als er seinen Fehler bemerkte, hat er noch dumme Witze gerissen und hätte mich am liebsten den Rest des Meetings über ignoriert. Da sieht man mal wieder, wie struktureller Rassismus und fehlende Repräsentation die Meinung der Gesellschaft bilden.«

Ich bin fassungslos und kappe den Gedanken, ob es im Angesicht dieser rassistischen Ausgrenzung überhaupt legitim ist, mich wegen meiner Figur diskriminiert zu fühlen. Aber man sollte eine Ungerechtigkeit nicht an einer anderen messen. »Was hast du zu ihm gesagt?«

Hope grinst und wiegt ihren Kopf. »Dass mich wirklich sehr interessieren würde, in welchem Jahr seine Lebensrealität stehen geblieben ist, und wenn er an einer Zusammenarbeit interessiert ist, müsste er schon mit mir als schwarzer Produktmanagerin reden. Zum Glück bin ich in einer Position, in der ich mir das nicht gefallen lassen muss.« Sie lehnt sich zurück, und es scheint, als wäre Hope aus Teflon, an dem all der Mist einfach abperlt. Aber das ist auch nur eine Schicht von vielen. Und jede solcher Äußerungen ist nicht nur unnötig, respektlos – sie trifft. Immer. Auch wenn Hope lernen musste, damit umzugehen, und das besser beherrscht als ich.

»Was sagst du?« Ich stupse sie an. »Ich hole die Gitarre. Luca mixt unsere Getränke, und du schaffst Jasper aus seinem Elfenbeinturm an den Strand?«

Hope wirft einen gespielt vorsichtigen Blick zum Nachbarhaus hinüber. »Du meinst, wir nichtsnutzigen Hausbesetzer arbeiten schon wieder aktiv am Verkommen der noblen Nachbarschaft, indem wir ein alternatives, diverses Sit-in am Strand machen?«

»Ja, so in etwa.« Ich kann mir ein Grinsen nicht verkneifen. Die Nachbarschaft hat noch …, sagen wir, gewisse Anpassungsschwierigkeiten mit unserer WG. Zu bunt, zu anders, zu unpassend. Das sagt zumindest unsere Nachbarin Margarete, die Jasper konsequent nur Gretchen nennt, was wohl seine Art des passiven Widerstands gegen das Establishment ist und Gretchen langsam, aber sicher zur Weißglut treibt.

Dabei sind wir alle super bodenständig, ehrgeizig und sehr angepasst, wenn man uns an Studium, Arbeit, Hobbys und der Sauberkeit in der WG misst – und nicht an gesellschaftlichen Normen, die sowieso nicht mehr aktuell sind.

> **THE ONLY BAD WORKOUT IS THE ONE THAT DIDN'T HAPPEN**

Titus

Ich bin so lange an der Isar entlanggerannt, bis ich das Gefühl hatte, nach Hause kommen zu können, ohne an all den ungesagten Worten zwischen Johanna und mir zu ersticken.

Aber mit jedem Meter, den ich mich der Wohnung nähere, verfliegt die Ruhe, das Gefühl von Kontrolle, das ich während des Sports empfunden und versucht habe abzuspeichern. Fühlt sich unstet an und so, als sollte ich besser noch weitere zehn Kilometer rennen.

Aber das geht nicht. Ich muss dringend etwas essen, noch die Videos von gestern bearbeiten und mit Jo absprechen, in welchem Intervall sie sie gepostet haben möchte. Videos, die so fake sind, dass ich kotzen möchte.

Trotzdem stecke ich den Schlüssel ins Schloss und drücke die Tür auf. Ich muss es nicht lieben, aber unser gemeinsamer Account, der uns als Paar zeigt, unseren Lifestyle und unseren Sport, bringt die Kohle, die ich zum Leben und Studieren brauche. Und ich habe keine Alternative. Kein Nebenjob bringt genug, um sich die Mieten in München leisten zu können. Und eine Familie, die mich finanziell auffangen könnte, habe ich nicht. Ich habe niemanden. So einfach. So beschissen.

Im Inneren ist es still. Jo mag es so. Dann kann sie in Ruhe arbeiten, ohne abgelenkt zu werden. Ich drehe durch, wenn meine Gedanken in der Stille zu viel Raum bekommen.

Mit einem Seufzen werfe ich den Schlüssel auf die Kommode hinter der Tür und biege in die Küche ab. Sie ist klein, aber exklusiv eingerichtet. Hat ein Schweinegeld gekostet. Geld, das ich gern gespart hätte, aber Jo meinte, es wäre eine gute Investition. Unsere Wohnung wäre schließlich in fast jedem Video zu sehen und müsse was hermachen. Etwas hermachen, was sie nicht ist. Denn fünfeinhalb Quadratmeter sind niemals fucking Gatsby, egal wie teuer die Arbeitsplatte war. Aber immerhin haben die Küche, Jo und ich etwas gemeinsam: Wir tun so, als wären wir etwas, das wir nicht sind.

Mit dem Messlöffel gebe ich Proteinpulver in einen Shaker, fülle das Ganze mit Wasser auf und schüttle das Zeug. Das ist keine Mahlzeit im eigentlichen Sinne, aber es wird erst mal reichen. Ich habe einfach keine Lust zu kochen. Früher haben wir das oft zusammen gemacht. Jo saß auf der Küchenzeile (da war sie noch von Ikea), wir haben geredet, sie hat mir das klein geschnippelte Gemüse geklaut, bevor ich es in die Pfanne werfen konnte, und hat gelacht, wenn ich versucht habe, das Essen zurückzuerobern. Wir haben Bier aus Flaschen getrunken, uns geküsst und danach im Wohnzimmer gegessen, Serien gebingewatcht und Sex auf dem Boden gehabt. Ich schließe die Augen. Diese Version von uns haben wir irgendwo auf dem Weg verloren. Jo hat sich verloren. Oder vielleicht gab es diese Version von uns auch nie. Vielleicht wollte ich sie einfach so sehr, dass ich gesehen habe, was ich sehen wollte. Fakt ist, jetzt ist nichts mehr davon da.

Ich nehme einen tiefen Schluck des Proteinshakes und gehe zurück auf den Flur, von dem die anderen vier Räume abgehen.

Alle sind nur minimal größer als die Küche – trotzdem kostet die Wohnung ein Vermögen.

Nach Jo zu rufen, wird sofort den nächsten Streit provozieren, weil ich sie wie immer bei etwas extrem Wichtigem störe oder gar in ein Live stolpere. »Dabei hast du kein Recht mehr, überhaupt in mein Leben zu platzen«, Zitat Jo vor drei Tagen. Also lasse ich es und gehe sie einfach suchen.

Hinter der Tür zum Arbeitszimmer höre ich Stimmen und drücke die Tür leise auf. Sicher ist sie gerade live und wird mich gleich zu sich vor die Kamera ziehen, mich küssen und den Followen vorspielen, wir wären glücklich, zusammen, verliebt. Einen Moment wird es sich anfühlen wie früher in der Küche, auf der Ikea-Küchenzeile. Aber Jo ist nicht mehr die Jo von damals. Und ich bin nicht mehr der Typ, in den sie bis über beide Ohren verknallt war. Der sie genau so verrückt zurückgeliebt hat. Alles, was gleich passieren wird, ist rein geschäftlich. Würde unser Erfolg nicht maßgeblich davon abhängen, dass wir vor der Kamera so tun, als wären wir immer noch ein Paar, würden wir wohl längst nicht mehr zusammen hier wohnen. Dass wir es trotzdem tun, ist Folter, der größte Scheiß, aber vielleicht auch unsere einzige Chance. Oder ich bin einfach nur zu stur, um aufzugeben, wer weiß?

Ich bin im Türrahmen stehen geblieben. Das Bild, das sich mir bietet, braucht, bis es von grobpixelig zu gestochen scharf hochfährt. Rasierklingenscharf.

Jo ist nicht in einem Live. Die PCs sind nicht mal an. Ihr Handy liegt umgedreht vor ihr. Das Tablet daneben. Dabei ist sie immer auf irgendeinen Bildschirm fokussiert. Immer.

Jetzt nicht. Sie redet mit einem Typen. Himmelt ihn an. Nicht irgendeinen Typen. Sie himmelt Nick an. Meinen Kumpel Nick. Meinen engsten Freund hier in München. Dachte ich. Ihr Bein hängt lässig über seinem. Wie früher bei mir. Und seine Hand liegt auf ihrem Schenkel. Auf der fucking Innenseite und zu weit oben, als dass es unverfänglich sein könnte. Er setzt eine Flagge mit seiner Scheißhand. Jo ist jetzt Nick-Land. Was für ein Arschloch! Das Blut rauscht in meinen Ohren, und alles in mir wird kalt und hart.

»Titus«, ist alles, was Jo sagt. Aber sie klingt nicht schuldbewusst, nicht entschuldigend, eher genervt, weil sie ahnt, dass ich eine Szene machen werde. Sie nimmt nicht mal ihr beschissenes Bein von seinem. »Nick ist vorbeigekommen.«

»Sehe ich.« Klingt wahrscheinlich eher wie *ich töte ihn, wenn er sich nicht in der nächsten Sekunde von dir entfernt.* Am besten weit, weit weg. Ein anderes Bundesland wäre gut.

Aber er geht nicht. Stattdessen sieht er mich mitleidig an. Mitleid? Sein Ernst? »Hey, Titus. Ich wollte nicht ... aber ihr seid jetzt ja auch schon eine ganze Weile nicht mehr zusammen und ...«

Als gäbe ihm das das Recht, mit der Frau rumzumachen, mit der ich seit vier Jahren zusammen bin. Ohne mich vorzuwarnen? Ohne mich zu fragen, ob ich fine damit bin? Bin ich nicht. Fuck!

Da ist dieser Druck in meiner Brust. Ich kenne ihn von früher und weiß, er muss irgendwo hin, wird aus mir herausbrechen, wenn ich nicht aufpasse. Ich balle die Hände zu Fäusten. Aber das reicht nicht. Früher hätte ich Nick eine reingehauen. Aber ich bin nicht mehr der Titus von früher. Will es nicht mehr sein. Kontrolle. Ich muss die Kontrolle behalten, aber das werde ich nicht schaffen, wenn Nick mich weiter so ansieht, als müsste ich für diese Scheiße hier Verständnis haben. Erwartet er ernsthaft, dass ich fine damit bin? »Verpiss dich«, zische ich ihm zu und halte seinem Blick stand, aber er bleibt einfach, wo er ist, legt seinen Arm um Jos Taille. Und die Kontrolle in mir wird zu etwas Heißem, das meine Selbstbeherrschung wegbrennt.

Ich konzentriere mich auf Jo. Zwischen uns liegt Stille. Nichts als Stille. So wie sie es mag. Und ich es hasse. Ich hasse sie in diesem Moment. »Ich erwarte nicht, dass du mich noch liebst«, stoße ich durch zusammengepresste Kiefer. »Aber wir waren vier Jahre zusammen, also wie wäre es mit etwas, das weniger Faust ins Gesicht ist. Musste es echt Nick sein? Hier?« Sie hätten verdammt noch mal in seiner Wohnung rummachen können. Deren Küche ist auch weitaus fancier. Ich atme in meine Handfläche, atme, um nicht durchzudrehen.

Jo scheint das Ganze total kaltzulassen. Sie spielt inzwischen an ihrem Handy, als ginge sie der ganze Mist nichts an, und ich frage mich nicht zum ersten Mal, wo das Mädchen hin ist, in das ich mich damals verliebt habe. Der Erfolg hat sie total verändert. Zu einer Person gemacht, die ich kaum wiedererkenne, nicht mehr lieben kann, und trotzdem hofft ein verzweifelter Teil von mir immer noch, ich könnte die echte Jo wieder ausgraben. Hofft, das hier ist nicht das Ende. Weil ich echt krass scheiße darin bin, Dinge zu verlieren.

»Warum nicht, Nick?«, fragt sie gelangweilt. »Er ist nicht so … schwierig wie du. Ich habe Spaß mit ihm, und by the way, ich will, dass wir das hier lassen. Es wird Zeit. Nick wird hier einziehen.« Sie streicht mit ihrer Hand über sein Polohemd.

»Du willst, dass er hier einzieht? Das ist …« Keine Ahnung. Es gibt kein Wort, das auch nur annähernd umreißt, wie egoistisch das ist. »Du benutzt ihn doch nur, um mir eins reinzuwürgen. Das ist so erbärmlich.« Und das Schlimmste ist, es funktioniert. Denn ich fühle mich, als hätte sie mein Scheißherz rausgerissen und wäre anschließend darauf herumgehüpft.

»Hey, Mann, red nicht so mit ihr.«

Keine Ahnung, warum es heißt, man würde rotsehen. Meine Wut ist nicht rot. Sie ist gleißend hell und bricht durch immer größer werdende Risse. Ich kontrolliere meinen Atem, jeden

Muskel, schlucke an den Worten, die sich in meinem Hals verkanten, aber ich verliere. Ich muss ... hier raus. Bevor das in einer Katastrophe endet.

In einer kantigen Bewegung drehe ich mich um und gehe zurück zur Tür. Auf dem Weg nehme ich den Schlüssel mit, ziehe die Tür hinter mir zu, bringe Abstand zwischen Jo, Nick und mich, indem ich die Treppe hinablaufe und die Haustür aufdrücke, die immer klemmt. Alltägliche Bewegungen, die sich so weit entfernt anfühlen, als würde ich mich unter Wasser bewegen. Ich stoße gegen jemanden, höre, wie er sich beschwert. Will um mich schlagen, weil ich Nick nicht geschlagen habe. Weiß, dass ich nicht so sein, will und lasse es. Gehe nicht mehr, sondern laufe. Renne, weil Sport schon immer das Einzige war, wodurch ich mich kontrollieren konnte. Quer durch die Stadt renne ich. Mit hämmerndem Herzen. Meine Seiten stechen. Es ist heiß. Ich habe zu wenig gegessen, kaum getrunken, seit Tagen zu wenig geschlafen. Mir ist schwindelig und kotzübel. Aber ich laufe weiter. Um nicht durchzudrehen und etwas Unüberlegtes zu tun, wie zurück zur Wohnung zu gehen und Nick so lange zu schütteln, bis er sieht, was für ein Scheißfreund er ist. Wie Jo anzuschreien, bis sie zur Einsicht kommt, dass wir einander brauchen. Wirklich brauchen. Vielleicht nicht als Paar, aber als Geschäftspartner und Mitbewohner. Als Freunde. Fuck. Ich brauche diese Dinge von ihr, will die Jo von früher zurück. Aber sie braucht nur Nick, und ich bin im Weg.

Obwohl ich völlig fertig bin, ziehe ich das Tempo noch mal an. Weil das Gefühl, mir würde die Lunge aus der Brust springen, zumindest das ätzende Gefühl in mir überlagert, alles verloren zu haben. Ich sprinte durch den Olympiapark und dann den Berg hinauf.

Völlig fertig erreiche ich die Spitze und werfe mich schwer atmend ins Gras. Unter mir, im Olympiastadion, spielt irgendeine

Band. Die Musik ist so gut zu hören, als würde ich im Innenraum stehen. Das hier sind die billigsten, aber besten Konzertplätze in ganz München. Doch ich bin nicht da, um den Abend zu genießen, wie früher mit Jo. Ich will ihn einfach nur überstehen. Der Abendhimmel wird dunkler, die Temperaturen kühlen ab, und ich friere. Weil meine Klamotten verschwitzt sind und alles in mir kalt, aber ich bleibe liegen, starre in den Sternenhimmel, lasse Musik und Stimmen über mich hinwegfluten. Wie zum Henker soll es jetzt weitergehen? Zurück in die Wohnung kann ich nicht. Nicht, wenn ich vermeiden will, auch noch den letzten schmalen Streifen Erde zwischen mir und Jo zu verbrennen. Aber es ist nun mal auch nicht so, dass ich einfach meine Tasche packen und für ein paar Wochen zu meiner Familie fahren könnte, bis ich weiß, wie es weitergehen soll. Ich habe keine F... Mit einem Ruck setze ich mich auf und ziehe das Telefon aus meiner Hosentasche. Jasper. Wir sind das, was Brüdern am nächsten kommt. Wir sind zusammen in einer Einrichtung aufgewachsen, zusammen durch jeden Scheiß. Er hat mich zum Sport und weg vom Abgrund gebracht. Seitdem es ihn in den Norden und mich in den Süden verschlagen hat, haben wir zwar kaum noch Kontakt, aber Jasper ist die Sorte Mensch, die man auch nach einem Jahr Funkstille anrufen und um einen Gefallen bitten kann, und er sagt ohne zu zögern Ja. Selbst wenn der Gefallen so groß ist wie meiner. Das hoffe ich zumindest.